汉 武 帝 传

杨生民 著

人民出版社

目　　录

前　言 ……………………………………………………（1）

第一章　传奇的少儿时代 ……………………………（1）

　第一节　梦日入怀 ………………………………………（1）

　　一、在其兄弟中的序次 …………………………………（2）

　　二、生母的家世 …………………………………………（3）

　　三、被立为太子的原因 …………………………………（5）

　　四、废立太子的代价 ……………………………………（9）

　第二节　治国理想蓝图与面临问题 …………………（13）

　　一、治国的理想蓝图 ……………………………………（14）

　　二、面临的问题 …………………………………………（16）

第二章　尊儒术　重法治　悉延百端之学 …………（26）

　第一节　"罢黜百家,独尊儒术"考释 ………………（27）

　　一、建元初年尊儒活动的失败 …………………………（28）

　　二、置五经博士,罢诸子传记博士 ……………………（29）

　　三、罢黜百家与悉延百端 ………………………………（31）

　第二节　尊儒术 ………………………………………（33）

　　一、汉初社会思潮与治国理论 …………………………（33）

　　二、尊儒术与董仲舒的对策 ……………………………（36）

　　三、置五经博士与兴学校 ………………………………（43）

　第三节　重法治 ………………………………………（49）

　　一、汉武帝的法治思想 …………………………………（50）

　　二、增订法律，以法治国 ……………………………………（52）

　　三、重法治与尊儒术的结合 …………………………………（55）

　第四节　悉延百端之学 …………………………………………（57）

第三章　施德治安定社会 ……………………………………（64）

　第一节　调整生产关系　稳定小农经济 ……………………（64）

　　一、改变土地占有形式 ………………………………………（66）

　　二、中原地区官营农业的剥削方式 …………………………（69）

　　三、西北边郡的民屯与军屯 …………………………………（72）

　第二节　兴修水利　发展生产 ………………………………（75）

　　一、元封前的水利兴修 ………………………………………（75）

　　二、元封后兴修水利高潮 ……………………………………（78）

　　三、兴修水利所取得的成就 …………………………………（81）

　第三节　关心民众疾苦的具体措施 …………………………（83）

　　一、赈济灾民 …………………………………………………（83）

　　二、恤鳏寡孤独、尊孝悌力田与老人 ………………………（86）

　　三、赦官奴婢、刑徒、罪人与赦天下 ………………………（89）

　　四、施德治的作用与原因 ……………………………………（91）

第四章　财政危机与经济改革措施 …………………………（93）

　第一节　财政危机的出现 ……………………………………（93）

　第二节　改革货币制度 ………………………………………（98）

　　一、汉初币制存在的问题 ……………………………………（98）

　　二、币制改革与"五铢钱"法 ………………………………（100）

　第三节　增加财政收入的几项措施 …………………………（104）

　　一、盐铁官营 …………………………………………………（104）

　　二、均输与平准 ………………………………………………（111）

　　三、酒类专卖 …………………………………………………（116）

　　四、算缗与告缗 ………………………………………………（119）

五、卖爵、卖官与赎罪 ……………………………………（122）

第五章 政治体制改革 ……………………………………（126）

第一节 改革选官制度 ……………………………………（126）

一、唯才是举 ………………………………………（126）

二、广开仕途 ………………………………………（130）

第二节 抑相权设置中（内）朝 …………………………（138）

一、抑制相权与中朝出现 ………………………………（138）

二、中朝人员组成与组织机构 …………………………（144）

第三节 改革与创设监察制度 ……………………………（149）

一、汉初监察制的特点与设置司直 ……………………（149）

二、设置司隶校尉与十三部刺史 ………………………（151）

第四节 改革分封制度 打击割据势力 …………………（158）

一、分封制的历史演变 …………………………………（158）

二、镇压诸侯王叛乱 ……………………………………（160）

三、改革分封制度 ………………………………………（162）

四、打击地方豪强势力 …………………………………（166）

五、调整关东、关中人口结构 …………………………（169）

第五节 亲统兵权 改革军制 ……………………………（171）

一、省太尉，慎择将军 …………………………………（171）

二、扩充宫廷禁军 ………………………………………（175）

三、改革南军与北军 ……………………………………（177）

四、征发地方军、谪戍及少数民族武装 ………………（180）

第六章 外事四夷 教通四海 ……………………………（186）

第一节 北击匈奴 …………………………………………（186）

一、匈奴对汉朝的威胁 …………………………………（187）

二、反击匈奴的准备与马邑之谋 ………………………（190）

三、历次反击战争的胜利 ………………………………（192）

四、汉匈双方休战与和谈 ·············· （198）

五、汉匈双方重开战局 ·············· （206）

六、武帝去世后汉匈关系的发展 ·············· （213）

七、武帝时汉匈关系余论 ·············· （215）

第二节 通西域 ·············· （217）

一、张骞通西域 ·············· （218）

二、征楼兰、姑师，与乌孙和亲 ·············· （225）

三、李广利征伐大宛 ·············· （229）

四、汉朝与西域的经济文化交流 ·············· （236）

第三节 统一两越、西南夷与平定朝鲜 ·············· （243）

一、统一南越 ·············· （243）

二、东越归降与迁徙江淮 ·············· （248）

三、通西南夷 ·············· （251）

四、平定朝鲜 ·············· （257）

第四节 汉武帝"外事四夷"成功的原因和意义 ·············· （260）

一、综合国力强与方针正确是统一的根本原因 ·············· （261）

二、"一国两制"是成功的重要条件 ·············· （263）

三、统一有利于各民族的共同发展 ·············· （265）

第七章 文化、科技方面的贡献 ·············· （270）

第一节 搜求遗书与乐府、汉赋的发展 ·············· （270）

一、搜求、收藏遗书对文化的贡献 ·············· （270）

二、乐府曲词歌诗的发展 ·············· （275）

三、汉赋的兴盛 ·············· （280）

第二节 科技方面的光辉成就 ·············· （282）

一、太初历的颁布 ·············· （282）

二、炒钢技术与原始纸的出现 ·············· （287）

三、推广新式农具 ·············· （289）

第八章　祭祀礼仪大典与方士、神仙 ······················· (293)

　第一节　祭礼与礼仪大典 ······························· (293)

　　一、祭五帝、三一、后土与名山大川 ··············· (294)

　　二、泰山封禅 ····································· (297)

　　三、立明堂 ······································· (302)

　　四、改制 ··· (304)

　　五、重视祭祀与礼仪大典的原因 ··················· (307)

　第二节　方士与神仙 ······························· (308)

　　一、李少君求长生不老 ··························· (308)

　　二、少翁通鬼神 ································· (309)

　　三、栾大求神仙 ································· (310)

　第三节　祥瑞与灾异 ······························· (312)

第九章　晚年的形势与悔过 ····························· (316)

　第一节　阶级矛盾尖锐与镇压农民起义 ··············· (316)

　　一、国家开支巨大与农民负担加重 ··············· (316)

　　二、农民流亡及其对策 ··························· (321)

　　三、对农民起义的镇压 ··························· (324)

　第二节　巫蛊之祸与统治集团内部矛盾 ··············· (326)

　　一、巫蛊之祸的由来与发生 ····················· (326)

　　二、巫蛊之祸的发展与镇压谋反者 ··············· (332)

　　三、巫蛊之祸发生原因考察 ····················· (337)

　第三节　悔过与转轨 ······························· (342)

　　一、轮台诏与悔过 ······························· (342)

　　二、推行富民政策 ······························· (346)

　　三、昭帝继位,霍光辅政 ························· (348)

第十章　汉武帝和他的臣下 ····························· (353)

　第一节　武帝和他的丞相 ··························· (353)

一、十三位丞相概况 ………………………………（353）

二、四位贵戚丞相的遭遇 …………………………（356）

三、公孙弘、石庆与车千秋 ………………………（363）

第二节 纳谏、拒谏与有关臣下结局 …………………（369）

一、虚心纳谏概况 …………………………………（369）

二、对不同意见的态度 ……………………………（372）

三、诛杀不同意见者事例 …………………………（375）

第三节 文化人与酷吏的结局 …………………………（377）

一、文化人的结局 …………………………………（377）

二、酷吏的结局 ……………………………………（383）

第四节 武帝与其军事将领 ……………………………（388）

一、武帝与三大军事将领 …………………………（388）

二、李广家族的悲剧 ………………………………（398）

三、其他将领的结局 ………………………………（410）

第五节 武帝与其兄弟姊妹 ……………………………（412）

第十一章 后宫制度与淫侈生活 …………………………（420）

第一节 后宫制度的发展变化 …………………………（420）

一、皇后、嫔妃与宫女制 …………………………（420）

二、后宫等级与人数增加 …………………………（422）

第二节 皇后、嫔妃与淫侈生活 ………………………（424）

一、陈皇后与卫皇后 ………………………………（424）

二、几位宠妃 ………………………………………（428）

三、淫侈生活 ………………………………………（433）

第十二章 汉武帝的历史地位 ……………………………（435）

第一节 汉武帝评价种种 ………………………………（435）

一、功过论与代价论 ………………………………（435）

二、事业成败与政策转变说 ………………………（441）

三、高指标是失误的主要原因 ······················ （445）

第二节　汉武帝的历史地位与贡献 ···················· （446）

一、汉武帝的历史地位 ···························· （446）

二、汉武帝的创新精神 ···························· （449）

三、武帝创设对后世的影响 ······················ （452）

第三节　武帝成就事业的深层原因 ···················· （456）

一、历史的蕴积 ································ （456）

二、爱好、思维、性格特点的作用 ·················· （459）

后　记 ·· （465）

前　　言

汉武帝是汉朝文景之治以后,中国历史上出现的一位雄才大略的皇帝。

中国历史上人们常常把"秦皇汉武"并称。这是有道理的。二人确有相似之处,如:在统一中国方面,汉武帝就继承、发展了秦始皇的事业,就连在追求长生不老方面二人也有惊人的相似之处。然而,汉武帝与秦始皇也有许多不同之处。如:秦始皇"坑儒"、汉武帝"尊儒";秦始皇重法治、专任刑罚,汉武帝却是德治、法治兼用,仁义、刑罚同施等等。这些不同方面,反映了秦朝灭亡后,封建统治阶级吸取了秦二世而亡的历史教训,在治国的思想、方法方面向前发展了一大步;在处理历史的继承与发展的关系方面也前进了一大步,秦始皇"废先王之道"、汉武帝则采"先王之道"和秦制的合理方面而兼用之就表现了这一点。因此,可以说汉武与秦皇相比是"青出于蓝而胜于蓝"。

汉武帝,景帝后三年(前141)正月即帝位,后元二年(前87)二月去世,在位五十四年零一个月。武帝是位富于创新、开拓、进取的人。他在位的半个多世纪中,中国又处在充满生机活力的改革与发展时代。在这样一个时代,汉武帝通过他一生的活动对中国历史发展做出了重大贡献。这主要表现在以下方面:

一、在继承、发展中国传统文化方面做出了重大贡献。汉武帝与秦始皇的一个显著不同,就是尊儒术,以儒家学说作为国家的指导思想或统治思想。这是汉武帝的一个首创。在尊儒术的同时,他又重法治,对其他各家各派的学者也统统加以任用,让他们在朝中做官。如:黄老学派的汲黯;纵横学派的主父偃、严助;杂家的东方朔;阴阳家的方士和占卜的术士等。所以当时人太史公称赞汉武帝"博开艺能之路,悉延(引)百端之学"①,这一称赞是符合历史实际的。因此,可以说汉武帝奉行的学术思想政策是尊儒术、重法治、"悉延(引)百端之学"。此后中国封建社会的各个朝代,在一般情况下,也是尊儒术,而兼用诸子百家的。从这种意义上说,汉武帝可以说是中国封建时代文化思想政策的奠基人。

汉武帝与秦始皇的另一显著不同是秦始皇"焚书",汉武帝却大力搜求遗书。搜求遗书不始于武帝,秦"焚书"后,汉初就注意搜求遗书。然而,到汉武帝搜求遗书才形成制度,如置写书之官、建藏书之所等。不仅搜求儒家经籍,诸子传记、诗词歌赋都在搜求之中。刘歆《七略》中说:"孝武皇帝,敕丞相公孙弘,广开献书之路,百年之间,书积如丘山,故外则有太常、太史、博士之藏,内则有延阁、广内、秘室之府。"②不仅汉中央政府在大力搜求遗书,地方政府也对此十分重视,如河间献王刘德在搜求遗书方面就做出了突出贡献。可以说,武帝时期全国曾出现了一个搜求遗书的热潮。搜求遗书推动了古籍整理、目录学、经学、史学、文学和各种学科的发展与繁荣。此外,汉武帝制礼作乐,大大促进了诗歌、音乐和汉赋的发展。据上述情况,可以说汉武帝是一位在继承、发展中国传统文化方面做出了重大贡献的皇帝。

二、统一中国,奠定了现代中国辽阔疆域的初步基础。中国是个多民族的国家,古代在中国建立统一国家的既有汉族,也有少数民族。现在的中国是各民族共同缔造的。追求统一是中国古代历

---

① 《史记》卷128《龟策列传》。
② 《艺文类聚》卷12《帝王部·汉武帝》。

史发展的一个特点。统一有利于和平、安定,有利于经济发展,有利于各民族的共同进步。商周秦汉时期,北方的游牧民族——匈奴,与南方的农业民族进行了长期斗争。从西戎族的叫犬戎的一支攻灭西周王朝后,春秋时期出现了"南夷与北狄交,中国不绝若线"①的局面,少数民族挺进中原,中原华夏诸国为生存相互拼斗。战国时期,北方的燕、赵、秦都北筑长城,赵国曾在今内蒙河套北阴山(今大青山)一线筑长城,防御匈奴。秦始皇统一中国后又北筑长城,说明对北方的游牧民族——匈奴,一直采取着守势。楚汉战争时期,匈奴冒顿单于统一了北到贝加尔湖一带,西边臣服西域,东至辽东,南至长城的广大地区。并常常入塞掳掠汉朝境内的财富、人口。甚而挥大军南下,给西汉王朝以巨大威胁。汉武帝时改变了被动挨打的战略态势,以大无畏的精神,派大军深入匈奴腹地决战,屡败强敌,给了匈奴以沉重打击。这使汉强匈奴弱成了不可逆转之势,发展到宣、元时期,匈奴向汉朝称臣,成了汉朝北方的藩属。为断匈奴右臂,汉武帝又经营西域,使西域三十六国臣服汉朝,并在西域屯田。宣、元时,在西域设置西域都护、戊己校尉,管理西域事务。为断匈奴左臂,汉武帝又经营辽东以东地区,在今朝鲜境内置乐浪等四郡。此外,汉武帝还统一了两越、西南夷等地。由于汉武帝的统一,促进了中原地区先进的经济、文化的发展。所以,受到后世史家的高度评价。又因汉武帝统一的地区比秦始皇要大得多,其中大多数地区都在今天中国境内,所以人们又称赞汉武帝奠定了现代中国辽阔疆域的基础。

三、汉武帝几乎终生都在孜孜不倦地兴修水利。他兴修水利数量之多、地域之广,两汉以前的最高统治者中,无人能与之相比。他不仅兴修了关中地区的水利灌溉网络,还在西北的朔方、西河、

---

① 《春秋公羊传》僖公四年。

河西、酒泉和东部的汝南、九江、东海、泰山等地穿渠溉田。元封二年(前109),武帝亲临现场堵塞黄河瓠子决口,使东南 16 郡无水患。武帝后期又推广新式农具和新的耕作方法。这些活动大大提高了农业生产潜力,为农业发展打下了基础。

四、汉武帝还进行了经济改革和政治体制改革。经济方面改革的目的是扩大国有经济成分,增加国家财政收入。政治体制改革的目的是通过选官制度、设立中朝、监察制度、分封制度诸方面的改革,加强封建专制主义中央集权。这些改革措施反映了中国封建制度的演变和发展,对后世有着深远的影响。

五、悔过与改弦更张。汉武帝后期出现了严重失误。这表现在:广大地区小股农民起义不断发生;对匈奴战争接连失败;统治集团内部矛盾尖锐导致巫蛊之祸发生。《汉书·昭帝纪》赞中说武帝后期出现了"天下虚耗,户口减半"的局面。在严重形势面前,武帝下轮台诏,认真悔过,改弦更张,从此不再出兵,推行富民政策,"思富养民",发展农业生产。武帝这一政策转轨,使国家避免了一次社会大动乱,为昭、宣时期国家的进一步发展、强盛创造了条件。

六、武帝在统一中国的过程中,派张骞通西域,打通了中西交通的丝绸之路,促进了中西经济、技术、文化的交流。

由于汉武帝是位功绩大、过失也较大的皇帝,所以评价武帝常常发生激烈争论。宣帝时下诏,说他功劳大,应如高帝(高祖)、文帝(太宗)一样为他(世宗)立宗庙,用乐祭祀,当即受到一些朝臣的坚决反对。立了宗庙后,有的朝臣认为应毁其宗庙。汉哀帝时,争论又起,中垒校尉刘歆等极力称赞武帝功绩,宗庙才免被毁。对武帝的评价有个如何认识他的"功"与"过"的问题,还因为他的事业是多方面的,对其认识不同,评价也就不同。东汉末应劭评价武帝时说:

世宗(武帝)攘夷辟境,崇演礼学,制度文章,冠于百王矣![1]

应劭的这一评价是从三个方面讲的,即从"攘夷辟境,崇演礼学,制度文章"三个方面看,说汉武帝的功绩都是"冠于百王"的。稍后,曹植称赞汉武帝说:

世宗(武帝)光光,文武是攘,威振百蛮,恢拓土疆,简定律历,辨修旧章,封天禅土,功越(超)百王。[2]

曹植这一段话,从统一中国,修订历法,"辨修旧章"三方面,说汉武帝是"功越百王"的。客观而论,从继承、发展中国的传统文化和统一中国等方面来看,汉武帝是对我们国家和民族的发展做出过重大贡献的皇帝。

汉武帝一生的活动,大大提高了汉朝的国力,使汉朝成为"当时世界上最强大的国家"。[3] 汉朝以一个世界性的帝国屹立在世界的东方就是从汉武帝时期开始的。这是与当时世界的形势有关的。汉武帝在位五十四年,在他即位之前南亚次大陆已因孔雀帝国的衰亡而陷于分裂,约在今阿富汗境内的巴克特利亚王国(大夏)已臣服于大月氏。两河流域的塞琉古王朝(条支)和今埃及地区的托勒密王朝已处于衰落之中。西方的马其顿、希腊已为罗马所统治,而在武帝统治的后期欧洲强国罗马又陷入了不断的奴隶起义和民主与独裁的两派斗争之中。当时匈奴是东亚北部占领辽阔领土的军事强国。在这种形势下,汉武帝打败匈奴,就使汉朝以一流强国出现于世界历史舞台上。这一点对当时的中国和东亚都有着重大的意义。

---

① 应劭:《风俗通义》卷一《皇霸》。见王利器:《风俗通义校注》上册,49 页。

② 《艺文类聚》卷 12《帝王部·汉武帝》。

③ 张维华:《论汉武帝》,上海人民出版社 1957 年版。

汉武帝能成就其事业,原因是多方面的。其中原因之一,就是他所从事的事业,从某些方面和某些时间内,如反击匈奴战争、兴修水利等等是有群众基础的,是受到了人民群众支持的。《汉书》卷57下《司马相如传》载武帝《告巴蜀檄》说:"夫边郡之士,闻烽举燧燔,皆摄弓而驰,荷兵(拿着兵器)而走,流汗相属,惟恐居后,触白刃,冒流矢,义不反顾,计不旋踵,人怀怒心,如报私仇……。计深虑远,急国家之难,而乐人臣之道也。"《汉书·沟洫志》载汉武帝堵黄河瓠子决口后,"用事者争言水利"。这些事实说明武帝在反击匈奴战争、兴修水利方面是得到了臣民积极支持的。这种支持无疑是他的事业成功的基础。

本书在写作过程中,学习、参考了有关汉武帝问题的一部分专著、论文,现特此向这些学者表示诚挚的谢意。有关引用,均见本书注释,此不一一赘述。

汉武帝及其事业,是中国古代历史蕴积的产物,牵涉到了思想文化、礼乐习俗、科学技术、社会经济、政治制度等社会生活的各个方面的发展演变,以及中国古代各族的状况等等。作者力图从历史实际出发,求实、创新,争取把一个符合客观实际的汉武帝奉献给读者。作者希望本书能受到读者的认可和欢迎。

有感于汉武帝在振兴中国方面所成就的巨大业绩和那时人民群众所进行的惊心动魄的斗争,特录今人所作《赞汉武帝》古诗一首,以纪念那个伟大的时代,并供评价汉武帝时参考:

> 武帝雄才意欲何?文武兼资振古国。
>
> 绍发华统彰九野,敢击匈奴正六合。
>
> 悔过曾使众心恪,富民又启谱新辙。
>
> 风雨茂陵依旧在,春秋千古瓠子歌。

第一章 传奇的少儿时代

汉武帝的童年、少年时代,充满着传奇色彩。他虚岁 4 岁被封为胶东王,7 岁时被立为太子,16 岁登皇帝位。在当皇帝后,提出了一个他想建立的理想的社会蓝图,并为实现这一蓝图向知识分子征求治国的方略和办法,勇敢地付诸实践。按照历史记载和传说,汉武帝是以神童、天才少年和传奇式的故事为背景登上皇帝宝座的。这基本上是历史事实,尽管某些地方用词上有夸大之处。

第一节 梦日入怀

汉景帝前元年(前 156),中国干支纪年的乙酉年,七月七日早晨,皇宫猗兰殿诞生了一个男孩。由于怀这个孩子时,孩子的生母王美人说“梦日入怀”,当时为太子的景帝说“此贵征也”①。这个孩子是他母亲梦中的太阳,初名彘,7 岁时因聪明过人,能透彻地明白事理,景帝就给他改名为彻。② 刘彘,就是后来的汉武帝。按辈数计算,刘彘是汉景帝刘启的儿子,文帝刘恒的孙子,高帝刘邦的曾孙。

---

① 《史记》卷 49《外戚世家》。
② 《汉武故事》载,刘彘三岁被封为胶东王,七岁立为皇太子,“上(景帝)曰:‘彘者,彻也。’因改名曰彻”。《太平广记》卷 3《汉武帝》:刘彘“至三岁,……心藏洞彻。”“至七岁,圣彻过人,景帝令改名彻。”

一、在其兄弟中的序次

景帝的皇后是薄皇后。薄皇后无子、无宠，后被废。景帝有14个儿子，均系嫔妃所生。景帝不同时间宠幸的嫔妃不同，所以先宠幸的嫔妃生儿子早，就是兄。后宠幸的嫔妃生子晚，就是弟。景帝宠幸的嫔妃中有六位给他生了儿子。

据《汉书·景十三王传》等有关记载，在景帝生了儿子的六位嫔妃中，生子的先后序次如下：栗姬生子三人，即临江王刘荣、河间献王刘德、临江哀王刘阏；程姬生三人，即鲁恭王刘余、江都易王刘非、胶西于王刘端；贾夫人生二人，即赵敬肃王刘彭祖、中山靖王刘胜；唐姬生一人，即长沙定王刘发。以上共9人。其下，武帝生母王美人生一子，即汉武帝刘彻，所以汉武帝在其兄弟中序次为第十，即排第十。武帝生母王美人之妹王夫人生四人，即广川惠王刘越、胶东康王刘寄、清河哀王刘乘、常山宪王刘舜。

从上述序列中，武帝排行第十是无问题的。《汉书·武帝纪》注引《索隐》曰："景十三王传广川王以上皆武帝兄。"广川惠王刘越以上九人排在武帝之前，皆武帝兄。武帝排在第十是很明显的。正因如此，所以明代人李贽说"孝武皇帝，景帝第十子也"①。

《汉书·诸侯王表》中在景帝诸子中，武帝排第九，但武帝长兄废太子刘荣排在了武帝之后。如果把刘荣提前，则武帝仍然排第十。②

上述事实说明，景帝14个儿子均系嫔妃所生，武帝又排行第

---

① 李贽：《藏书》卷3《世纪·孝武皇帝》，中华书局1959年版。
② 《汉书》卷14《诸侯王表》实际是按封王先后排序的，此表中在景帝所封诸子中武帝排第九，武帝兄长废太子刘荣反而排在了武帝之后。《史记·外戚世家》载刘荣为景帝长子，先立为太子，被废后才封为王，因封王晚于武帝，所以排在其后。如刘荣提前，则武帝仍排第十。

十。如按那时的惯例,皇后无子,在其他嫔妃生子中应择长而立,根本轮不到刘彘。如果择贤而立,在刘彻的兄长中如河间献王刘德也颇具德才。刘德"修学好古,实事求是"。在征求遗书时,他采取种种措施,充分照顾了献书者的利益,鼓励了他们献书的积极性,获得了很大的成功。武帝即位后,献王曾来朝,武帝下诏书"策问三十余事",对答均能"推道术而言,得事之中"。献王去世后,汉朝中央有关大臣认为他"身端行治,明知深察"。然而,武帝这位有德有才的兄长并未立为太子。立太子、继皇位有时是由各种因素和因缘机遇的巧合而凑成的。所以,武帝的九个兄长、四个弟弟都未能继承皇位,恰恰排行第十的刘彻就继承了皇位。刘彻确实是个幸运儿。

二、生母的家世

刘彻的生母史籍中一般称王夫人,有时也称王美人。按照汉代的制度,夫人是对皇帝妾的统称,美人则是夫人中一个特定的等级。王美人之父叫王仲,扶风郡槐里或曰废丘(今陕西兴平县东南)人。母名臧儿,系汉初燕王臧荼的孙女。王仲、臧儿夫妇生育了一男两女,男名信(武帝舅父),两女中长女名娡(武帝刘彻的生母)、次女名叫儿姁。刘彻立为太子后,景帝封其舅王信为盖侯。[①]

王仲去世后,武帝的外祖母臧儿带着她的两个女儿又改嫁长陵(今陕西咸阳市东北)田氏,生两男,即田蚡、田胜。[②] 长女娡原嫁金王孙,生一女名俗。臧儿问卜,卜者告诉她,她的两个女儿都要富贵。金王孙是个平民怎么能富贵呢? 因此,臧儿就要把娡从金王孙那里夺回来,金氏怒,不给。你不是不给吗? 于是臧儿就把

① 《汉书》卷18《外亲恩泽侯表》载,景帝中五年(前145)五月封王信为侯。
② 武帝即帝位后封其舅田蚡为武安侯,田胜为周阳侯。

媮送进了太子宫。① 我看你金王孙敢怎么样？太子就是后来的景帝刘启。媮入宫后得到太子的宠幸，生三女一男。三女：长女曰平阳公主；次女为南宫公主；三女为隆虑公主，后为避东汉殇帝讳改称林虑。所生一男名彘，就是后来的汉武帝刘彻。臧儿的长女媮入了太子宫，后来次女儿姁也入了太子宫，也受到了刘启的爱幸，生四子，即前述广川惠王刘越、胶东康王刘寄、清河哀王刘乘、常山宪王刘舜。

总之，从刘彘生母王媮娘家的家庭背景来考察，刘彘的外祖父王仲系一般平民，对他能否立为太子起不了什么作用。刘彘外祖母臧儿及其后嫁的田氏家也属平民，在刘彘能否立为太子的问题上也起不了什么作用。

汉初的后妃制度因袭"秦之称号，帝母称皇太后，祖母称太皇太后，適（嫡）称皇后，妾皆称夫人。又有美人、良人、八子、七子、长使、少使之号焉。"武帝时制定倢伃、婕娥、傛华、充依，各有爵位。元帝时又加昭仪之号。这就形成了除皇后之外的，从昭仪以下至无涓等秩百石的十四等制度。② 武帝生母王媮封号美人，为十四等中的第五等。"美人视二千石，比少上造"，禄粟月百二十斛，一岁凡得 1440 石。少上造为二十等爵制中的第 15 等爵。总的看来，美人的地位较高，能受到皇帝的宠幸，常与皇帝接触，能对皇帝施加影响。刘彘的生母王美人正是一位工于心计，在刘彘立为太子问题上起过重大作用的女人。而景帝的姐姐、刘彘的姑姑名嫖的长公主在这个问题上是另一位起了重大作用的女人。此外，这也是已立为太子的刘荣的生母栗姬的失误造成的。

---

① 《汉书》卷97《外戚传》载："臧儿卜筮，两女当贵，欲倚两女，夺金氏。金氏怒，不肯与决，乃内太子宫。"
② 《汉书》卷97上《外戚传》。

刘彘所以能立为太子,表面上看就是三位女人互相勾心斗角的产物。

三、被立为太子的原因

中国封建社会在皇位继承问题上,通行的办法是嫡长子(皇后所生长子)继承制,皇后无子则在其他嫔妃生的儿子中择长而立。这种办法是为保证一家一姓专制皇权世袭统治的有序性。然而,实行起来却困难重重。其原因,一是由于皇帝周围的特权者常常为个人的私利破坏长子继承制,立幼不立长;二是立长不等于立贤,所以在立长与立贤的问题上常常发生矛盾与斗争。因此,在私利的驱动下,经常在这个问题上发生斗争,几乎历代不断。如:秦始皇病危之时欲让长子扶苏继承皇位,而赵高因惧怕扶苏即位于己不利,遂勾结少子胡亥等人矫诏赐公子扶苏、大将蒙恬死,而由少子胡亥继承皇位。汉初,高帝刘邦认为太子刘盈(后来的惠帝),"仁弱",不类似自己,又认为戚姬生的儿子赵王刘如意"类我",所以要立刘如意为太子。此事赖大臣和叔孙通的争谏,及张良用计请出商山四皓之策,才保住了太子刘盈的地位。然而太子即位七年而亡,吕后又两次挑选非惠帝子的后宫小孩为少帝,而由她自己专权。吕后死后,又爆发了刘、吕两姓争夺皇权的大斗争。总之,从公元前210年始皇帝死到公元前180年汉文帝立,秦汉两朝争夺皇位的内争持续不断。

景帝即位后,在废立太子的问题上,斗争又起。关于景帝时废立太子的原因及其斗争,从下述几点中可以看出:

1. 武帝生母与姑母的作用。在景帝废栗太子、立刘彻为太子的过程中,武帝生母与其姑母长公主嫖起了很大的作用。

汉武帝的生母王娡入太子宫以后,太子幸爱之,生三女一男,"男方在身时,王美人梦日入其怀,以告太子。太子曰:'此贵征也.'未生而孝文帝崩,景帝即位,王夫人生男(后来的武帝)"①。这个情节无疑是重要的。王夫人说她"梦日入怀",实际上等于说她怀的是龙种,是真命天子,太子景帝回答说"此贵征也"。此事对后来刘彻被立为太子的影响无疑是重要的。

景帝薄皇后无子,栗姬所生刘荣为长子,按惯例应立刘荣为太子。景帝前四年(前153)立刘荣为太子,因其是栗姬所生,所以也称之为栗太子。这年又封王美人子、四岁的刘彘当胶东王。长公主嫖与景帝同为文帝窦皇后生的同父母姐弟,因为在文帝的子女中最为年长,所以称长公主。长公主想把自己的女儿许配给太子刘荣为妃,遭栗姬拒绝。长公主碰壁后,又想把女儿许配王美人之子刘彘,王美人慨然允诺。从此,长公主就在景帝面前进"谗言",诬陷、中伤栗姬,同时又赞美王美人的孩子刘彘。景帝自己也认为刘彘"贤",与其母怀孕时"梦日入怀"的"贵征"相符合。这时,薄皇后已废,于是景帝就在立谁为皇后、是否要废立太子问题上,处于矛盾、犹豫状态。

这时王美人知景帝对栗姬不满,就暗使人唆使大臣奏请立栗姬为皇后,负责掌宾客礼仪的大行(武帝太初元年改名大鸿胪)奏请说:"'子以母贵,母以子贵',今太子母宜号为皇后。"景帝听后大怒说:"这样的事情是你这样的臣下所应当说的!"②于是诛杀大行,③废太子刘荣为临江王。栗姬更加怨怒,又见不到景帝的面,遂忧愤而死。最后,景帝立王美人为皇后,刘彘为太子。

2. 栗姬的失误。在景帝废、立太子的过程中,栗姬和栗太子刘荣成了牺牲者。其实他们也有自己的优势,只是没有发挥出来。

---

① 《史记》卷49《外戚世家》。
② "是乃所当言邪",见《汉书》卷97上《外戚传》。
③ "非所宜言"是汉代的一条法律,犯此律者,受重处。见程树德著:《九朝律考》,中华书局1963年版,105页。

6

《史记·外戚世家》载薄皇后无子、无宠，栗太子刘荣是长子。而且，已被景帝立为太子。这是很大的优势。在优势条件下而遭失败，一半原因是栗姬心胸狭窄（如爱吃醋、不习惯宫廷生活）所导致的失误造成的。这表现在两个问题上：

一是长公主曾提出把她的女儿许配太子刘荣，但却为栗姬所拒绝，其结果是把长公主推到了自己的对立面。拒绝的原因是宫中"诸美人皆因长公主见（景帝）得贵幸，栗姬日怨怒"长公主。这是栗姬因心胸狭窄所导致的一个重大失误。

二是景帝曾提出把他与诸姬所生儿子托付于栗姬，说："我死后，请好好照顾他们"①。这是景帝打算立栗姬为皇后的一个表示，然而栗姬不仅不答应，反而出言不逊，骂景帝"老狗"。由于汉初吕后专权时曾因妒忌毒死赵王刘如意和用极残忍的办法害死戚姬，甚而连她的儿子汉惠帝都说这不是人干的事情，②所以后来的皇帝总是想方设法防止类似事情的发生。景帝向栗姬托付后事就是这种心情的反映。没想到栗姬却如此对待。试想，当着皇帝的面栗姬都不作任何承诺，皇帝死后她会如何呢？这是促使景帝下决心不立栗姬为皇后、而废栗太子的一个重要因素。所以，栗姬、栗太子刘荣的失败有一半原因是栗姬自己的失误造成的。

3. 刘彻自身的条件。《史记·外戚世家》与《汉书·外戚传》对刘彻被立为太子、继皇位的记载大同小异、基本一致，其共同点都是强调成人在这次废立活动中的作用，而忽略了刘彻幼年聪明过人在其中的作用。而《汉武故事》等有关材料却恰恰弥补了这一不足，《汉武故事》载：

---

① "吾百岁后，善视之"，《史记》卷49《外戚世家》。
② 吕后鸩死赵王刘如意，"断戚夫人手足，去眼……命曰'人彘'……"，惠帝说"此非人所为"，事见《史记》卷9《吕太后本纪》。

汉景皇帝王皇后内太子宫,得幸,有娠,梦日入其怀,帝又梦高祖谓己曰:"王夫人生子,可名为彘。"及生男,因名焉,是为武帝。帝以乙酉年七月七日旦生于猗兰殿,①年四岁,立为胶东王。数岁,长公主嫖抱置膝上,问曰:"儿欲得妇不?"胶东王曰:"欲得妇。"长公主指左右长御百余人,皆云不用。末指其女问:"阿娇好不?"于是乃笑对曰:"好!若得阿娇作妇,当作金屋贮之也。"长公主大悦,乃苦要上,遂成婚(指景帝答应了这一婚事)焉。②

长公主嫖,嫁给堂邑侯陈午③生女陈阿娇。上述故事发生在刘彘六岁左右。金屋藏娇的故事从此流传后世。刘彘也由此深得姑母长公主的喜爱,在长公主的"苦要"下,景帝同意了刘彘与阿娇的婚姻,后又导致了刘彘立为太子,继承皇位。这个故事乍看起来有点近乎儿戏,然而在儿戏中刘彘的聪明机灵、善于应对却得到了显示。《太平广记》卷3《汉武帝》载:刘彘三岁时,景帝抱于膝上问:"儿乐意做天子吗?"刘彘回答说:"由天不由儿,愿每日居宫垣,在陛下面前戏弄,也不敢安逸享乐,失去作儿子的本分。"这样小的孩子竟然说出如此深明事理的话来,景帝大为惊奇。有一天,景帝又抱着刘彘,问他学习何书,刘彘立即背诵伏羲以来,"群圣所录"的

---

① 《汉武故事》此处讲,景帝为太子时武帝生母已怀武帝,而生于乙酉年即景帝前元年(前156)七月七日。《汉书·景帝纪》载文帝后七年(前157)六月,文帝崩,同月景帝即位。如景帝前元年(前156)七月七日生武帝,则景帝是在景帝即位后的第13个月出生的。又《汉武帝内传》说其母怀14个月而生武帝。又《汉书·外戚传》载昭帝为钩弋夫人"任身十四月乃生"。一般均认为此不可能。这是否是一种特殊现象,值得注意。
② 《汉武故事》有不同版本,互有出入。本书主要采用经鲁迅先生整理校点收入古小说《沉钩》的版本。此外,还有清代洪颐煊辑录的《汉武故事》(二卷)等版本。
③ 陈午,汉初堂邑侯陈婴之曾孙,袭爵,见《史记·外戚世家》注引《索隐》。

各种书籍"数万言","无一字遗落"。这一表述难免有所夸大,不过倒颇像近现代人们推崇的公认的神童所具有的惊人的记忆力。[①]刘彘七岁时,因其"圣彻过人",景帝令改名为彻。

上述记载有的明显有夸大之处,但透过这些传说,可以看出刘彘从小聪明过人应是事实。怀孕时的"梦日入怀"、六岁时"金屋藏娇"的故事、三四岁时能背书数万言的惊人记忆力、七岁时因过人的理解力、领悟力被景帝改名"彻"。这些应当说是景帝立刘彻为太子的一个重要原因。也就是说刘彻被立为太子也与其自身条件有关。

景帝前七年(前150)春正月,废栗太子刘荣为临江王。[②] 这年夏四月又立王美人为皇后,同月又立胶东王刘彻为太子。至此,废立太子的活动方告结束。

四、废立太子的代价

封建时代废立太子是国家的大事。它与皇室及其成员甚至有关大臣利害相连,甚而生死攸关。由于对皇帝来说国与家难分,所以有的皇帝也常把立后、立太子视为家事,拒绝臣下干涉。在这种情况下,一些明智的大臣一般都不公开介入。景帝这次废栗太子刘荣、立刘彻为太子,付出的代价是很沉重的。不仅栗姬为此忧愤而亡,栗太子刘荣也被废为临江王。景帝中元二年(前148),栗太子因在封国建宫室,侵宗庙地被征赴管京师治安的中尉(武帝太初元年改为执金吾)府接受审讯,畏罪自杀。朝廷官员,不仅大行因奏请立栗姬为皇后而被诛身亡,连平定吴楚之乱有大功的太尉、后

---

①　梁启超是中国近代一位公认的神童。"他聪明灵悟,脑力慧敏,读一书过目成诵;他四岁入学,6岁读毕《五经》,……"见《清华逸事》,辽海出版社,1998年9月版,6—7页。为有助于读者了解这类现象,故录于此。

②　《汉书·景帝纪》载,景帝"七年……春正月,废皇太子刘荣为临江王"。

为丞相、被封条侯的周亚夫和太子傅窦婴也被牵连其中。

周亚夫乃汉初名将周勃之子。《史记·绛侯周勃世家》载"景帝废栗太子,丞相(周亚夫)固争之,不得。景帝由此疏之。"①这说明在废立太子问题上周亚夫与景帝的争执,是后来景帝疏远、冷落他的主要原因。其后,窦太后与景帝要封刘彻舅父王信为侯,周亚夫不同意,又使矛盾进一步激化。刘彻立为太子后,景帝又很注意为其继皇位扫清道路,周亚夫因此又成了被扫除的对象。

景帝有次宴请周亚夫,席上放着大块肉,无切肉、筷子。亚夫叫侍者取筷子,心中不快。景帝笑着说"不是有意不放食具,而是偶然的疏忽。"此时,太子刘彻又用眼老是盯着他。周亚夫感到浑身不舒服,于是在"免冠"叩谢景帝后,就赶快告辞出来。景帝目送他出去说:"如此怏怏不服,怎么能做少主的臣下?"不久,周亚夫的儿子为父亲买尚方令监造的甲盾五百具,准备殉葬用,有人告发这是违法盗买官府的器物,事情牵连到周亚夫,官吏责问亚夫,亚夫拒不回答。景帝大怒说:"我用不着你回答!"于是把此案移廷尉办理,廷尉责问说:"君侯想造反吗?"亚夫回答说:"我家买的是送葬用的器物,怎么能是造反呢?"廷尉说:"纵然你不是想活着在地上造反,也是为了死后埋在地下造反。"于是拘捕亚夫受审,亚夫在狱中绝食五日,吐血而亡。②景帝为太子坐稳江山,诛杀了一位功高而倔强的大臣。

在这次废立太子的过程中,窦太后的侄儿魏其侯窦婴也被牵连,窦婴在平定吴楚七国之乱时为大将军,有功,景帝前四年(前153年)"立栗太子,使魏其侯为太子傅。孝景七年,栗太子废,魏

---

① 《汉书》卷40《周勃传》附子亚夫传载景帝"废栗太子,亚夫固争之,不得,上由此疏之。"

② 《汉书》卷40《周勃传》并参阅《汉武故事》。

其数争不能得。魏其谢病,屏居蓝田南山之下数月,……莫能来。"正在窦婴称病不朝数月,无法下台时,有个叫高遂的说客对他说:"能富贵将军者,上(景帝)也;能亲将军者,太后也。今将军傅太子,太子废而不能争,争不能得,又弗能死。自己称病引退,闲居而不朝,……是张扬主上的过失。如果景帝、太子两宫怒而惩罚将军,则将军与妻子受诛灭而无遗类矣。"[1]窦婴觉得说客说得对,遂上朝如故。因此,免了一死。

这次废立太子过程中,景帝弟梁孝王刘武也深陷其中。文帝共有四子,其中景帝与刘武为窦皇后所生。窦太后对她这个小儿子非常偏爱,视如掌上明珠。梁孝王侍母至孝,如闻太后病,就不能进食,常想留在长安侍太后。刘武原封代王,后徙为淮阳王(治陈,今河南淮阳)、十二年后又徙封为梁王(治睢阳,今河南商丘南)。梁孝王与景帝的感情也非常好。景帝未生太子时,梁孝王来朝,景帝与其宴饮之后,对他说:"我千秋万岁后,皇位传于王。"孝王听后内心喜欢,窦太后也很喜欢。不料,窦婴却进言说:"天下者,高祖天下,父子相传,是汉代的约法,上(景帝)怎么可以传位给梁王!"窦太后因此憎恶侄儿窦婴,窦婴也轻薄其官,因此以病免官。不仅如此,窦太后还除去窦婴门籍,不许他上门请安。

平灭吴楚七国之乱后,梁孝王有功,太后赏赐不可胜数,孝王筑东苑方三百余里,出入拟于天子,府库金钱且百巨万,珠玉宝器多于京师。孝王入朝,与景帝入则同辇,出则同车,游猎上林苑中。景帝废栗太子刘荣后,梁孝王为当储君积极活动,太后想以梁孝王继位,[2]袁盎及众大臣力谏景帝不可,最后立胶东王刘彻为太子。梁孝王怨恨袁盎及众议臣,遂指使刺客羊胜、公孙诡等人暗杀了袁

①　《史记》卷107《魏其武安侯列传》。
②　《汉书》卷47《文三王传》载"上废栗太子,太后心欲以梁王为嗣。"

盎和众议臣十余人。景帝查明案情,派专使追捕刺客,梁孝王竟然把刺客藏于后宫。在臣下的谏止下,梁孝王为灭口,才迫使刺客羊胜、公孙诡自杀。景帝由此怨怒梁孝王。梁孝王就使人通过长公主嫖向窦太后谢罪,获得赦免。梁孝王从此失宠,郁郁不乐。景帝中元六年(前144年),梁孝王打猎,有人献牛,牛脚竟然是从牛背上长出来的,遇此不祥之兆,心中厌恶。这年六月,梁孝王病死。

景帝这次废立太子付出的代价是很大的。值得庆幸的是,新立的太子刘彻表现出了过人的才干。《汉武故事》说:"刘彻十四岁那年,廷尉判了一件杀人案,杀人犯防年,因继母杀死生身父亲,防年就杀死他的继母。依照法律,防年杀死了母亲,判为大逆罪。景帝对这个案件有怀疑,诏问刘彻怎样判这个案子才准确。刘彻回答:说继母如同生母,说明继母与生母有不同,因为父亲娶继母为妻,她的地位才有如生母。今继母杀了防年的生父,继母与防年就断绝了母子恩情。因此,防年杀继母应按一般杀人罪判处,而不应以大逆罪判刑。"景帝听从了他的意见,把判防年"大逆罪"改为"弃市罪"。人们称赞这个案子判得好!考虑到刘彻才十四岁,景帝越发感到他是个奇才。

《汉武故事》说刘彻"少而聪明有智术。与宫人、诸兄弟戏,善征其意而应之,大小皆得欢心。及上在前,恭敬应对,有如成人"。① 这说明刘彻早慧,像个小大人,在景帝面前恭敬有礼,应对得体。并受到周围人的欢迎。在景帝看来,他是个合格的太子。

刘彘,景帝前元年(前156)7月生,景帝前7年(前150)虚岁7岁立为太子。景帝后三年(前141)正月景帝崩,太子刘彻即皇

---

① 罗义俊:《汉武帝评传》,上海人民出版社,1988年版,第30页。

帝位,时虚岁 16 岁,尊皇太后窦氏为太皇太后,王皇后为皇太后。三月,封其舅田蚡为武安侯、田胜为周阳侯。一位少年天子君临天下了。他就是被史学家称之为"雄才大略"的汉武帝。

第二节　治国理想蓝图与面临问题

汉武帝于景帝后三年(前 141)正月即皇帝位。在中国古人的观念中,皇帝就是天子。何谓天子?"父天母地,故称天子","天子无外,以天下为家,故称天家。"①因此,皇帝拥有至高无上的权力,这些权力包括全国最高的土地所有权、行政权、财政权、军事权、司法权、监察权等。为示特殊,皇帝的称号等等在制度上都有严格规定。蔡邕在《独断》卷上说:"汉天子正号曰皇帝,自称朕,臣民称之曰陛下。其言曰:制、诏。史官记事曰:上。车马衣服器械百物曰:乘舆。所在曰:行所在。所居曰:禁中,后曰省中。印曰:玺。所至曰:幸。"

汉武帝登上皇帝宝座,就标志着他掌握了国家的最高权力。掌握这个权力的汉武帝要做什么呢? 在即帝位 9 个月后,即武帝建元元年(前 140)十月,②他召开了举贤良对策会议,会上,汉武帝连下三道制书,讲明自己治国所追求的理想社会蓝图,并要求参加会议的贤士大夫指出现在存在的问题,提出治国应采取的措施、办法等。元光元年(前 134 年)五月再一次召开举贤良对策会议,会议讨论的主题与前次完全相同。要了解汉武帝,那么了解他在这两次会议上提出的治国的理想蓝图无疑是很重要的。

----

① 蔡邕:《独断》卷上。

② 当时以十月为岁首。

一、治国的理想蓝图

武帝是汉朝继高帝、惠帝、吕后、文帝、景帝之后的第六位最高统治者。他没有选择做一位守成的君主,而选择了大展宏图、开拓进取,创建理想社会的道路。

建元元年(前140)十月,武帝在举贤良对策会议的制书中,开宗明义指出:"朕承继先帝极尊之位、至美之德,传之无穷,而施之无限,任大而守重,是以夙夜不敢闲暇安乐,深思万事之端绪,犹惧有缺点失误,因此广泛招徕聘请四方之豪俊,郡国诸侯公选贤良修洁博习之士,欲闻大道之要,至论之极。……朕垂听而问焉。"这就是说武帝要听的是治国的大道理中最精要、最高的理论问题。接着,武帝谈了他治理国家所想达到的理想目标:

> 盖闻五帝三王之道,改制作乐而天下洽和,百王同之。当虞氏(舜)之乐莫盛于韶,于周莫盛于勺。圣王已没,钟鼓管弦之声未衰,而大道微缺,……至乎桀纣之行,王道大坏矣。……

> 惟欲风流(风俗教化流行)而令行,刑轻而奸改,百姓和乐,政事宣明,何修何饰而雨露降,百谷丰登,德润四海,恩泽至于草木,三光全,寒暑平,受天之福,享鬼神之灵,德泽洋溢,施乎方外,延及群生?①

从汉武帝开头说的"夙夜不敢闲暇安乐,深思万事之端绪,犹惧有缺点失误",并广招贤良之士讨论,说明他对治国是非常重视和认真的。而他所提出的上述治国的理想蓝图,其内容主要有以下几点:

其一,以历史上五帝三王"改制作乐"大治天下实行王道作为

---

① 《汉书》卷56《董仲舒传》。

自己治国的楷模。

其二,实现天人合一、人类社会与自然界的高度和谐统一。在社会方面,要做到通过教化而使政令措施得到执行,刑罚轻而奸邪的事情都得到改正,百姓和乐而政事宣明。自然界方面要作到"雨露降、日月星三光全,寒暑平,受天之祐佑,享鬼神之灵。"

其三,要做到百谷丰登,而使皇帝"德润四海,恩泽至于草木",进而"德泽洋溢,施乎方外,延及群生。"这是何等的胸襟,何等的气概,何等的理想,何等的宏图远略与雄心壮志。

元光元年(前134年)五月,汉武帝又一次召开举贤良对策会议,会上再一次下诏申明自己治国所要达到的理想境界,内云:

> 朕闻昔在唐(尧)虞(舜),画二帝的形象而民不犯法。日月所照,莫不驯服而顺从。周之成康,刑错不用,德及鸟兽,教通四海。海外肃慎,北发渠搜,氐羌来服。星辰不孛,日月不蚀,山陵不崩,川谷不塞;麟凤在郊薮,河洛出图书。何施而臻此与!今朕获奉宗庙,夙兴以求,夜寐以思,若涉渊水,未知所济。……何行而可以章先帝之洪业休德,上参尧舜,下配三王!……贤良明于古今王事之体,受策察问,咸以书对,著之于篇,朕亲览焉。①

诏书下发的历史背景虽与上次所下制书有所不同,但诏书依然强调:其一,以历史上尧舜治国作为自己的榜样,效法周代成康的刑错不用;要把国家治理得"德及鸟兽,教通四海"。其二,要实现天人合一,人类社会与自然界的和谐统一。提出要使"星辰不孛(彗星不现),日月不蚀,山陵不崩,川谷不塞";②还要让祥瑞并出,如麟凤在郊薮,河洛出图书等。其三,由于当时外事四夷的活动正在

---

① 《汉书》卷6《武帝纪》。

② "星辰不孛"指星星不变色,主要指彗星不出现。

展开,所以强调了海外肃慎、北发渠搜、氐羌来服等。

上述武帝的两段话,是治国理想蓝图的袒露。对此应怎样评价呢? 恐怕有以下几点是值得注意的。

其一,这个理想蓝图中的一部分通过努力是完全可以实现的。如"百谷丰登",虽然要求各种谷物都年年丰收是不可能的,但通过兴修水利等措施使一部分土地上谷物丰收、多打粮食则是完全能够做到的。再如,通过招徕可以使周边一些少数民族臣服,通过反击匈奴的战争可以打败匈奴,大大阻止其对中原地区的侵扰等等。这个理想蓝图一部分在一定条件下可变为现实,就成了后来汉武帝成就事业的一个思想基础。

其二,这个理想蓝图中的一部分根本无法实现,如要求"星辰不孛(彗星不出现)、日月不蚀"等等是根本办不到的。有的事情一代人是完不成的,如汉武帝生前要匈奴臣服汉朝,到他死时匈奴也没有臣服。有些事情根本无法实现,有的事情一代人无法实现,武帝也力求去实现,这就成了后来武帝失误的一个重要思想根源。

其三,这个理想蓝图对了解武帝是很重要的。如武帝想"德润四海,恩泽至于草木","施乎方外,延及群生","德及鸟兽,教通四海"等,这反映了当时中国新兴封建制度、封建阶级的总代表对自己的事业、对国家前途充满着自信和美好的憧憬。虽然汉武帝未能完全实现他的理想,但他在为此而奋斗的过程中所取得的成就却是永世长存的,是留给后世的一座丰碑。

二、面临的问题

汉武帝所要达到的治国理想蓝图,说明他想使国家、社会的治理达到一个理想的境界。为达此目的,就必须解决汉初六十余年发展所面临的紧要问题。这些问题主要有以下一些:

1. 国家的指导思想问题。汉初以黄老"无为而治"思想为指导。这明显是当时历史条件和社会背景下的选择。如果历史条件与背景变了，国家的指导思想也需要发生变化。汉初人们对"无为而治"的理解，有的仅仅认为是"柔身以寺（待）之时"①，就是说是当做术，当做统治方法来理解的。汉初对诸侯王、对匈奴采取妥协、退让政策，是因为朝廷没力量不能不如此。如果有力量，条件变了当然也就会发生变化。文帝时贾谊就提出应以儒家思想为指导而治国。他认为：秦之所以二世而亡，是因为不施仁义，不行德治，而专任刑罚造成的。贾谊在《治安策》中指出："人主之所积，在其取舍。以礼义治之者，积礼义；以刑罚治之者，积刑罚。刑罚积而民怨背，礼义积而民和亲。"因此，贾谊认为：以德教治国者，"德教洽而民气乐"；以刑罚治国者，"法令极而民风衰"，"衰乐之感，祸福之应也"。贾谊认为儒家治国的特征是德治，法家治国的特点是刑罚，其结果是行德治者国运长久，任刑罚者短命而亡。他举例说：

> 汤、武置天下于仁义礼乐，而德泽洽，禽兽草木广裕，德被蛮貊四夷，累子孙数十世，此天下所共闻也。秦王置天下于法令刑罚，德泽亡（无）一有，而怨毒盈于世，下憎恶之如仇仇，祸几及身，子孙诛绝，此天下所共见也。……今或言礼义之不如法令，教化之不如刑罚，人主胡（怎么）不引殷、周、秦事以观之也。②

贾谊以秦二世而亡为诫，讲专用刑罚治国之害和以仁义治国的优越性，就是希望朝廷以儒家思想为指导而治理国家。如把贾谊的上述言论与董仲舒《天人三策》一些言论加以比较，二者简直如出一辙。然而，汉文帝时由于条件的限制，不能不以无为而治的思想

---

① 马王堆汉墓帛书《十大经·前道》，《文物》1994 年第 10 期。
② 《汉书》卷 48《贾谊传》。

为指导。汉文帝需要在这一思想指导下,崇节俭、少兴作,以便让民众集中力量,从事生产、恢复经济。他也需要在这一思想的指引下,在一定条件下,对吴王濞那样的诸侯王和匈奴单于进行妥协,以免把全国拖进战乱中去。因此,汉文帝没有采纳贾谊以儒家思想作为统治思想的建议。

总之,秦统一中国后以法家为统治思想,西汉初期以黄老无为而治思想为指导。究竟应否以儒家学说作为指导思想,究竟在什么条件下以儒家学说作为指导思想,这是汉武帝即位后首当其冲的一个重要问题。

2. 汉初的文化复兴与国家的文化、学术思想政策问题。秦始皇三十四年(前213)下达焚书令、挟(藏)书律。此后,项羽又火烧秦宫,使秦宫中的藏书也付之一炬。① 所以,汉初社会处于文化沙漠的境地,迫切需要恢复文化,开放书禁。惠帝四年(前191年)"除挟书律"②。此后口授的书可写在竹、帛上传阅,藏于夹壁墙中的书不断被发现。所谓"汉兴,改秦之败,大收篇籍,广开献书之路"。③ 文帝时"天下众书往往颇出,皆诸子传说"。④

汉初以黄老"无为而治"为指导思想,在学术讨论中,即使在皇帝面前,各学派的不同意见都可以进行辩论,并不因尊黄老,就对其他各学派实行专制。如景帝时,齐诗博士辕固与道家黄生辩论汤武革命。辕认为汤、武诛桀、纣,天下人心皆归汤、武,所以是正义行为。黄生则认为:帽子虽破还得戴在头上,鞋虽新也应当穿

---

① 《史记》卷6《秦始皇本纪》载"史官非秦记皆烧之。……天下敢有藏诗、书百家语者,悉诣守、尉杂烧之。有敢偶语诗、书者弃市,以古非今者族。""令下三十日不烧,黥为城旦。"史官所藏秦记博士官藏图书和医药卜筮种树之书不烧。后项羽到咸阳,火烧秦宫,秦宫中藏书也应在被烧之列。

② 《汉书·惠帝纪》载四年"除挟(藏)书律",注引张晏曰:"秦律敢有挟者族。"

③ 《汉书》卷30《艺文志》。

④ 《汉书》卷36《楚元王传》附刘歆传。

在脚下,这是为什么呢?因为有上下之分也。桀、纣虽失道,然而是君上;汤、武虽圣明,却是臣下。以臣下诛君上,不是弑君是什么?辕固生最后指出:按黄生的理论,汉代秦,也是臣弑君吗?双方上纲都很高。汉景帝作结论时,只是说:"食肉不食有毒的马肝,不算不知味。学者不言汤、武革命,不算是愚蠢!"①如此息事宁人,不强求一律,不扣帽子,不打棍子,同时又引导双方不要去争论这种问题,这样开明的态度在古代应当说是很难得的。

汉初的学术思想政策,应当说是相当宽松和自由的,最高统治者问什么,学者似乎都可以直言相告,景帝时窦太后好老子书,召齐诗博士辕固问老子书。辕回答说"此是家人言耳。"窦太后认为他贬低老子,于是令他入猪圈刺猪,景帝认为辕无罪,给了他一把刀子,一刀正中猪心,猪应手而倒,太后默不作声,再没给他加罪。景帝认为辕廉直,拜其为清河王太傅。

在汉初开明的学术政策下,实际上形成了尊黄老而兼用各家的局面。文帝就是一位以黄老"无为而治"为指导,又推行儒家"德治",同时又是一位"好刑名之言"重法的君主。受文帝信任的晁错,则是既学"申商刑名"、又从伏生"治尚书"的兼学儒、法两家的学者。汉武帝即位之后,面临着能否继承汉初开明的学术思想政策的问题,是尊儒术而兼用百家呢?还是尊儒术而对百家实行专制呢?

3. 汉初恢复、发展经济的过程中所出现的社会问题。由于秦的暴政和其后战乱,汉初社会残破、经济凋敝。陆贾在《新语·无为》中说"道莫大于无为"。所谓"无为"在当时条件下,就是要"因民之疾秦法,顺流而与更始(除旧布新)"②,就是要"扫除苛

---

① 《汉书》卷88《儒林传·辕固传》。
② 《史记》卷53《萧相国世家》。

烦,与民休息"①。这也就是《汉书·刑法志》所说的"填以无为,从民之欲,而不扰乱",而去"便民"、"利民"、"便万民之利"。② 这也就是说汉初的"无为而治"是以民众的愿望、利益为其出发点和归宿的。在这一思想指导下,汉初废除了秦代一系列的苛法,并采取了轻徭、薄赋、省刑等措施,促进了农业的恢复、发展。同时又采取措施发展工商业,如文帝前五年(前175)"除盗铸令","听民放铸"。文帝前十二年(前168)"除关无用传(通行证)"。文帝后六年(前158)又"弛山泽"。师古曰:"弛,解也,解而不禁,与众庶同其利。"在这种情况下,工商业蓬勃发展。《史记·货殖列传》说:"汉兴,海内为一,开关梁,弛山泽之禁,是以富商大贾周流天下,交易之物莫不通,得其所欲。"

汉初在"无为"思想指导下经济上取得的成就是巨大的。孝惠、高后时,"君臣俱欲休息乎无为,……天下晏然,刑罚罕用,罪人是稀,民务稼穑,衣食滋殖。"文帝"专务以德化民,是以海内殷富","孝景遵业"。社会经济发展表现在人口方面,正如《史记·高祖功臣侯者年表》说:"天下初定,故大城名都散亡,户口可得而数者十二三,是以大侯不过万家,小者五、六百户。后数世,民咸归乡里,户益息,萧、曹、绛、灌之属或至四万,小侯自倍,富厚如之。"从这个情况看,列侯封邑在西汉前期的几十年间,人口大增,为原来人口的二倍至四倍。从物价方面来看,汉初"物踊腾粜,米至石万钱",后随着生产发展,粮食增加,谷价一般在30至80钱之间,低时仅十余钱或更少,高时百余钱。从劳动生产率看,每个农业劳动力年产粮两千斤。每个农业人口年口粮486斤。③ 汉初,马匹

① 《汉书》卷5《景帝纪》。
② 《汉书》卷4《文帝纪》。
③ 宁可:《汉代农业生产漫谈》,《光明日报》1979年4月10日。

缺乏,天子找不到四匹颜色一样的马拉车,将相或乘牛车,马一匹值百金(百万钱)。到武帝即位初年,"众庶街巷有马,阡陌之间成群",马的价格也降至一匹数千。社会上呈显出一派繁荣景象。司马迁说:"汉兴七十余年之间,国家无事,非遇水旱之灾,民则人给家足,都鄙廪庾皆满,而府库余货财。京师之钱累巨万,贯朽而不可校。太仓之粟陈陈相因,充溢露积于外,至腐败不可食。……守闾阎者食粱肉,为吏者长子孙,居官者以为姓号。故人人自爱而重犯法,先行义而后绌耻辱焉!"①

然而,"物盛而衰,固其变也",随着经济的发展和繁荣景象的出现,又出现了新的社会问题:

(1)"网疏而民富,役财骄溢,或至兼并豪党之徒,以武断于乡曲。"《索隐》曰:"谓乡曲豪富无官位,而以威势主断曲直,故曰武断也。"《汉书·食货志》师古注认为"武断乡曲"是"持其饶富,则擅行威罚也"。这就是说,随着经济发展,出现了贫富分化,出现了兼并土地对劳动者"擅行威罚"的豪强地主。

(2)商人太富。文帝时,贾谊就痛切陈言:庶民买卖的奴婢穿着丝织品做的衣服、鞋的边缘上绣着美丽的花纹,这是古代皇后的服装;而现在下贱的庶人却用这样的衣服给奴婢穿。用"白縠"这种高级的丝织品为表,以"薄纨"为里,织成特定的斧形,绣着美丽的花纹,这是古代天子穿的衣服;而现在"富人大贾"召会宾客时却把它装饰在墙壁上。皇帝身上穿着厚缯,富民的墙屋上披着文绣;天子皇后的衣领上绣着花纹,而庶民婢妾的鞋子缘边也绣着花纹,这不是很荒谬的事情吗? 富商大贾及其婢妾服饰竟然超过皇帝、皇后,这是多么荒唐的事情啊! 贾谊这些话无疑会激起封建统治者对商贾的歧视和愤慨。

---

① 《史记》卷30《平准书》。

（3）"宗室有土，公卿大夫以下争于奢侈，室庐车服僭上亡（无）限。"尤其是诸侯王骄奢淫逸想造反值得注意。早在文帝时，贾谊就说，诸侯王强者先反，他们太强大了，好似人的身体，一条小腿几乎比腰还粗，一个手指几乎比小腿还大。患了这种病，如果不快治，后虽有扁鹊再世，也无办法了。这种病正是天下可痛哭的事情啊！吴楚七国之乱后，诸侯王的势力虽已削弱，但他们在国内草菅人命，劫掠财物、土地，杀死朝廷派去的官吏。"缓则骄奢易为淫乱，急则阻其强而合从以逆京师"①。这仍然是威胁中央的一个值得注意的重要问题。

（4）随着经济发展和土地兼并、贫富分化，一部分穷困的个体小农生活更困难了。文帝时晁错在《贵粟疏》中说，当时五口之家，耕田百亩的小农，亩收一石，百亩之收不过百石。这比战国初期李悝所说魏国五口之家耕田百亩的小农，亩收一石半的亩产量还要低。而当时自然灾害频频发生。如文帝十二年（前 168 年）河决酸枣。文帝三年（前 161 年）秋，关中"大雨，昼夜不绝三十五日，蓝田山水出，冲没九百余家。汉水出，淹坏民室八千余所，杀三百余人"。三年后的春天，又发生"天下大旱"。景帝中五年（前145），又发生大水灾，"天下大潦"。② 在上述情况下，部分农民在自然灾害打击下和地主、商人的兼并下，生活困苦，日益陷入破产。这是摆在汉武帝面前的又一重大社会问题。

总之，随着汉初社会经济的向前发展，社会又出现"武断乡曲"的豪强地主、商人太富、王侯官僚生活奢侈不遵法度、部分农民贫困化等这些问题都需要解决，汉武帝将怎么来处理呢？

4. 汉与匈奴的关系怎么办？从汉初以来汉朝一直对匈奴单

① 《汉书》卷 61《主父偃传》。
② 以上材料分见《汉书·文帝纪》、《景帝纪》。

于奉行着屈辱妥协的和亲政策。白登之围后，高帝"乃使刘敬奉宗室女主为单于阏氏，岁奉匈奴絮缯酒食物各有数，约为兄弟以和亲，"①吕后时，冒顿单于遗书高后侮辱戏弄，极为无理。吕后却卑辞求和，赠送大量金絮缯和亲，以换取暂时的边境安宁。虽然如此，匈奴还是不断地对汉朝进行侵扰劫掠。如：

文帝前 3 年(前 177)，匈奴右贤王入河南地，丞相灌婴率车骑八万五千，逐匈奴出塞。文帝极重视，亲到北方劳军，先到上郡高奴，又至太原，留十余日，举功行赏，又赐民牛酒，免晋阳等地民三岁租。此时，济北王刘兴居听说文帝"欲自击匈奴，乃反，发兵欲袭荥阳"。文帝罢丞相军，急令柴武为大将军将四将军，率十万大军击济北王，自己也回长安，发诏讨逆，这次叛乱才平定了下去。

文帝前 14 年(前 166)，匈奴老上单于发 14 万骑入塞至雍(今陕西凤翔南)、甘泉(今陕西淳化县)，后被汉军击退。

文帝后 6 年(前 158)匈奴军臣单于率部大举向汉攻掠，从上郡、云中分两路向南袭来，每路三万大军，首都长安报警，朝廷部署长安防守，紧急调动军队，令河内太守周亚夫为将军，率军驻长安西细柳；宗正刘礼为将军驻渭北霸上；祝兹侯徐历为将军驻渭北棘北。文帝曾亲赴军营视察，了解防卫情况。

面对匈奴不断的内侵劫掠，文帝时贾谊在《治安策》中痛切地指出："今匈奴嫚侮侵掠，至不敬也，为天下患，至亡(无)已也。"他认为：天下之势方倒悬。凡天子者，天下之首，何也？上也。蛮夷者，天下之足，何也？下也。……而汉岁致金絮采缯以奉之。夷狄征令，是主上之操(持)也；天子共贡，是臣下之礼也。足反居上，首顾居下，倒悬如此，莫之能解(救)，怎么能说国家有明智之人乎？非但倒悬而已，就如同足生了病无法走路，受了风，患了痱子，

① 《汉书》卷94上《匈奴传》。

身上非常难受，……所以臣认为是一方病矣。医能治之，而皇上不使用，让人为之流涕者的就是此事。接着贾谊又说："陛下怎么能忍心以帝皇之号而为戎人的诸侯，势既卑辱，而患不息，怎么能长期安于处在这样穷困的境地呢?"总之，在贾谊看来，汉与匈奴的关系已经到了必须解决的关头。文帝并非不知，只是当时的历史条件决定了他无法解决这样重大的问题。

然而，斗转星移，武帝即位后条件发生了很大变化，不仅经济上出现了大好形势，平定吴楚七国之乱后威胁汉中央政权诸侯王的势力遭到了重大打击，反击匈奴的条件日益成熟。在这种情况下，汉武帝应怎样去处理汉匈关系呢? 此外，又怎样处理与南越、闽越这类分裂割据势力和周边少数民族的关系呢? 这也是摆在汉武帝面前的一个重大问题。

5. 关于使用、提拔有实际才能的人材和培养有知识、有文化的官吏治国的问题。汉初高帝从实践中提拔了大量有才能的人材。另外，高帝礼遇儒生，不轻易杀害，如楚怀王曾封项羽为鲁公，后刘邦灭楚后围鲁（今山东曲阜），鲁不降。诸儒犹自讲习礼乐，弦歌之音不绝，表示忠于鲁公项羽。刘邦并未因此屠戮，而是引兵北去，让人持项羽头令鲁人视之，鲁父兄乃降。为表示尊重，又以鲁公礼葬项羽，并为之发哀。高帝 12 年（前 195）过鲁，又以太牢礼祀孔子。太牢是古代帝王、诸侯祭祀社稷时，牛、羊、豕三牲齐备的祭礼。这次祭祀，是历代帝王祭孔之始。高帝尊重儒生的态度，曾得到儒生的回报，如秦博士叔孙通曾率鲁诸生为汉制礼仪，刘邦过鲁，《诗》学者浮丘伯曾率弟子申公进见刘邦。

汉初，从高帝开始虽然对各学派的知识分子采取尊重的礼遇的态度，然而由于当时历史条件的限制，通过兴办教育，培养人材，直接任用他们执政治国不够。关于这一点，《史记》卷 121《儒林列传》指出：高帝时因"尚有干戈"，为"平定四海"，顾不上兴学、办教育。孝惠、高后时"公卿皆武力有功之臣"。文帝时虽稍"征用"一些文学之士居位，然而文帝"本好刑名之言"，对贾谊等儒家学者并未加以重用。"及至孝景，不任儒者，窦太后又好黄老之术，故诸博士具官待问，未有进者"。汉武帝即位后，条件发生了变化，过去以军功当官的因年老已退了下去，而治理国家又需要大量有知识、有文化的官吏，儒家作为一个百科全书式的学派又恰恰能在这方面提供大量人材。因此，兴学，办教育，培养大量有知识、有文化的官吏就成了当务之急。此外，由于汉武帝抱负大、要成就的事业大，所以还需要通过各种途径提拔各学派中有用人材，选拔各种有实践经验有才能的人为国效力。能否完成这一任务也属事关全局的重大问题。

汉初六十多年历史的发展出现了三个潮流。一个是思想文化恢复发展的潮流，一个是经济恢复发展的潮流，一个是中国由分裂走向大一统的潮流。汉武帝就是在这三个潮流发展过程中孕育出来的历史人物。他能不能解决这三个潮流发展所积淀下来的一系列问题，能不能把这三个潮流的发展进一步推向高峰，能不能振兴国家、民族，使其登上一个新的台阶呢？这就是历史所赋予的任务。汉武帝正是在逐步解决这些问题的过程中展示他的宏图远略和雄心壮志的。

第二章 尊儒术 重法治
悉延百端之学

中国从统一国家出现以后,就出现了全国以一家思想为统治思想的现象。秦统一后以法家思想为统治思想、西汉初期以黄老"无为而治"思想为指导就是其表现。在这种情况下,对其他学派持什么态度呢? 一般是朝廷设博士官,任用其他学派的学者为博士,朝廷开会各学派的人都可以发言,提出自己的看法,供咨询、顾问,朝廷可以采纳,也可以不采纳。其他学派的人也可以在朝廷做官。秦始皇在"焚书坑儒"以前就是这样做的,西汉初期也是这样做的。秦始皇"焚书坑儒"是个特例,并不代表一般情况。

汉武帝时,董仲舒建议汉武帝"罢黜百家,独尊儒术"。其后,班固在《汉书·武帝纪》赞中说"孝武初立,卓然罢黜百家,表彰六经"。一直到现在一些权威辞书和中学教材都在强调汉武帝"罢黜百家,独尊儒术"。然而,在这个问题上自古至今都存在着不同意见。汉武帝同时的人太史公在《史记·龟策列传》"太史公曰"中就称赞汉武帝"悉延(引)百端之学"。今人张维华先生指出汉武帝在尊儒的同时"也采用了法家的手段进行统治。……方士的学说,也有被采用于当时的政治制度的"。[①] 罗义俊说:"汉武帝在学术、思想领域走的是'悉延百端之学'的路子"。[②] 从客观事实

---

① 张维华:《论汉武帝》,上海人民出版社 1957 年版,90—91 页。
② 罗义俊:《汉武帝评传》,上海人民出版社 1988 年版,58 页。

上来看,汉武帝"尊儒术",就是提升儒学的地位,尊为国家、社会的指导或统治思想。在尊儒术的同时,汉武帝又重法治,让张汤、赵禹增订法律,以严刑峻法治国。在此同时,又兼用百家。因此,可以说汉武帝推行的学术思想政策是:尊儒术,重法治,悉延百端之学。究竟汉武帝尊儒术是怎样尊的、重法制又是如何重的、对其他各学派又是如何用的? 这就是本章所要论证和说明的问题。

第一节 "罢黜百家,独尊儒术"考释

"罢黜百家,独尊儒术"是董仲舒提出的建议。所以,现在探讨这一问题,就需从董仲舒的建议谈起。董仲舒在《举贤良对策》(《天人三策》,以下简称《对策》)中说:

> 今师异道,人异论,百家殊方,指意不同,是以上亡(无)以持一统;法制数变,下不知所守。臣愚以为诸不在六艺之科、孔子之术者,皆绝其道,勿使并进。邪辟之说灭息,然后统纪可一而法度可明,民知所从矣。[1]

董仲舒在此要求对儒家以外的百家学说"皆绝其道",使"邪辟之说灭息"。这是一个要"绝灭"百家,在思想领域实行专制的建议。这个建议很容易让人理解为不让读儒家以外各家的书,不让儒家以外各家的学者做官。有的辞书说:"罢黜诸子百家,只有通晓儒家学说的人才能做官"就说明了这一点。[2] 问题在于汉武帝是否采纳了这一建议呢? 这从汉武帝尊儒活动的过程、内容中可以看出。

---

[1] 《汉书》卷56《董仲舒传》。董仲舒《举贤良对策》一文提出的时间,《通鉴》认为在建元元年十月,并附有考证。《汉书·武帝纪》则记载在元光元年五月。此处仍从《通鉴》。

[2] 《辞海·罢黜百家条》。

一、建元初年尊儒活动的失败

汉武帝即位的建元元年(前140)就出现了一次尊儒活动。这年十月"诏……举贤良方正直言极谏之士"。在这次活动过程中,丞相卫绾奏:"所举贤良,或治申、商、韩非、苏秦、张仪之言,乱国政,请皆罢,奏可。"这一奏议提出要罢申、商、韩法家和治苏秦、张仪纵横家两个学派的学者,罢除的范围也只限制在这年所举贤良方正之中。这样做决非偶然,由于酷爱黄老之学的窦太后健在,武帝正迷信阴阳家、方士,提"罢黜百家"显然不合时宜。值得注意的是,参加这次活动的会稽人庄助(严助)因对策深受武帝赏识,被擢为中大夫,而庄助就恰是一位治纵横术的学者。① 这次会议之后过了八个月,建元元年六月卫绾以"景帝病时诸官囚多坐不辜(罪)者……不任职"为名被免去了丞相职务。

在罢免卫绾丞相的同月,任命窦太后的侄儿窦婴为丞相,武帝舅父田蚡为太尉。《汉书·田蚡传》载,窦、田二人"俱好儒术"。这使政治、学术思想领域内的斗争进一步激化。在窦、田二人推动下,儒家治《诗》学者申公的两个弟子,赵绾为御史大夫、王臧为郎中令,二人议立明堂、尊儒。武帝用安车蒲轮请来申公,并接见。不仅如此,赵绾出面要求不向窦太后奏事,把窦太后排除于朝政之外。为此,窦太后大怒,遂导致赵绾、王臧下狱自杀,丞相窦婴、太尉田蚡免职。关于此事,《汉书·武帝纪》载:建元二年(前139)冬十月"御史大夫赵绾坐请毋奏事太皇太后,及郎中令王臧皆下狱,自杀。丞相婴、太尉蚡免。"注引应劭曰:"太后素好黄老术,非

---

① 《汉书》卷64《严助传》载严助于建元元年冬十月曾参加举贤良对策,为武帝赏识,擢为中大夫。后为会稽太守,武帝赐书曰:"久不闻问,具以《春秋》对,毋以苏秦纵横",可知严助原治纵横术。

薄五经,因欲绝奏事太后,太后怒,故杀之。"这次事件是对儒家执政者的一次严重打击。此后,武帝又把杂家东方朔、纵横家主父偃、徐乐等人罗致在左右。[①]

上述事实说明建元一、二年的尊儒活动遭到了重大挫折,至于董仲舒"罢黜百家"的建议根本就没有执行。

二、置五经博士,罢诸子传记博士

汉武帝建元五年(前136)又发生了"置五经博士"和罢各家传记博士的事件。这是武帝尊儒的又一重大举措。

《汉书·武帝纪》载建元五年春"置五经博士"。东汉经学家赵岐在《孟子题辞解》中说:"汉兴,除秦虐禁,开延道德,孝文皇帝欲广游学之路,《论语》、《孟子》、《孝经》、《尔雅》皆置博士,后罢传记博士,独立五经而已。"注疏中说:《论语》、《孟子》等为传。既然如此,自然"黄老、刑名百家之言"等有关的传记博士统统被罢黜了。而所谓"独立五经",就是国家只立儒学的五经博士,儒学成了国学、官学,其他国立的传记博士统统被罢除,地位下降。从这个意义上,有的学者认为,这就是"罢黜百家,独尊儒术"。这个解释应当说是有一定道理的,然而,仔细推敲,这个解释存在着以下两个问题:

其一,当时《论语》、《孟子》也被列入传记博士而被罢除,既然其他各家的国家所立传记博士被罢除被视为"罢黜百家",《论语》、《孟子》所设传记博士被罢除,是否可以说儒家也被"罢黜"了呢?

其二,罢除了各家的传记博士,并不是不让读各家的书。

这两个问题,王国维先生说得很清楚。他说:置五经博士后,

---

① 王益之撰《西汉年纪》载建元三年武帝把东方朔、徐乐、主父偃、司马相如、枚皋等人罗致在左右。

"《论语》、《孝经》、《孟子》、《尔雅》虽同时并罢，其罢之意则不同。《孟子》以其为诸子而罢之。至《论语》、《孝经》，则以受经与不受经者皆诵习之，不宜限于博士而罢之者也"。并进而明确指出："武帝罢传记博士，专立五经，乃除中学科目于大学之中，非遂废中小学也"。① 据王国维先生的意见，六艺（经）为汉大学科目，《论语》、《孝经》为汉代中学必修科目。这就是说《论语》、《孝经》等儒家经典虽国家不设博士，但并未罢除。至于《孟子》等诸子传记虽非中小学必修科目，也可以学习、流传、收藏，所以也未罢除。《汉书·艺文志》说武帝时搜求遗书，不仅搜求儒家经籍，"诸子传说，皆充秘府"，也妥为搜求、保存、收藏。

武帝在置五经博士后，社会上也可以收藏、学习、研究诸子百家的著作。如"杨王孙者，孝武时人也，学黄老之术，家业千金，厚自奉养生"。② 再如成帝时成都严君平研究黄老之术，并著书十余万言，曾教"授老子"。③ 基于上述情况，可以说武帝罢各传记博士与董仲舒建议的"皆绝其道"，使"邪辟之说灭息"的"罢黜百家"的做法迥然不同，因此说武帝罢各家传记博士就是"罢黜百家"显然是不妥当的。

值得注意的是，建元五年置五经博士后，不仅各家的书可以读，各学派的人仍然可以在政府当官、升官。建元六年发生了两件事就说明了这一点：一件事是这年二月到四月，辽东高帝庙与长陵高园便殿相继起火，董仲舒从"天人感应"的学说出发讥刺朝政，被爱好纵横学的主父偃揭发，被免官。此后，主父偃一度很活跃，不断升官。另一件事是这一年以治黄老学起家的汲黯由东海太守

---

① 王国维：《魏晋博士考》，《观堂集林》第一册，中华书局 1959 年版，178—179页。

② 《汉书》卷 67《杨王孙传》。

③ 《汉书》卷 72《王贡两龚鲍传》。

升为主爵都尉,位列九卿。他升官的原因,是武帝令其视察河内大灾,在路上汲黯未经请示擅自"持节发河南仓粟以振贫民",回到长安自请"伏矫制之罪"①,武帝"贤而释之",此后汲黯曾在一段时间深受武帝重视。上述事实说明,从参政角度讲,也未罢黜百家。

三、罢黜百家与悉延百端

据《史记·儒林列传》与《汉书·儒林传》载建元六年(前135),太皇窦太后去世,汉政权才罢黜百家的。今据《史记·儒林列传》的记载引证如下:

> 及窦太后崩,武安侯田蚡为丞相,绌(黜)黄老、刑名百家之言,延文学儒者数百人(以百数),而公孙弘以《春秋》白衣为天子三公,封以平津侯,天下之学士靡然乡风矣。②

从这一记载可以看出,汉政权"黜百家"是在建元六年窦太后去世、武安侯田蚡为丞相之后才推行的。据《汉书·武帝纪》载窦太后去世的次年,即元光元年(前134年)五月又举贤良对策,在这次会议上田蚡"绌黄老、刑名百家之言","延文学儒者数百人",公孙弘就是在这次会议上受到武帝赏识以平民而被提拔做官,最后做到丞相封侯,天下学士就竞相仿效,尊儒就成了社会风尚。这次"黜黄老、刑名百家之言"的范围也仅限于元光元年五月对策会议所举贤良文学之中,并未扩大到社会与国家各级机构之中。此后,武帝于元朔五年(前124)六月,又为五经博士置弟子50名,并按其学习儒家经典的成绩优劣选拔其作官吏。这为儒生参加封建官僚集团大开方便之门。由于这一活动只适用于儒生,其他各派的

---

① 《汉书》卷46《汲黯传》。
② 《史记·儒林列传》载"延文学儒者数百人",《汉书·儒林传》为"延文学儒者以百数"。

学习者没有此待遇,所以这一活动也是武帝尊儒术的一个重要表现。至此,武帝的尊儒活动基本上告一段落。

从建元五年(前136)到元光元年(前134)五月武安侯田蚡"绌黄老、刑名百家之言",再到元朔五年(前124)为五经博士置弟子员,这十二年是武帝尊儒活动取得成功的主要时期。这些尊儒活动的成功主要表现在:(1)儒学取代黄老之学成了国家的指导思想。这一点表现在国家政策上,以儒家的伦理道德作为约束臣民的行为准则;甚而以《春秋》决狱,把儒家经典当法典用;(2)国立太学中,只设儒家《易》、《书》、《诗》、《礼》、《春秋》五经博士,其他诸子传记博士被罢除;(3)不断从太学中选拔弟子加入国家官僚集团。

在上述尊儒过程中及其以后,其他各学派的地位下降。然而,武帝并没有对其"绝其道""灭"其说。相反,各学派的著作均可收藏、流传供人学习、研究。并且,汉武帝还把法家、道家、纵横家、杂家甚而方术之术等各家各派的人物通过公车上书、征召、任子、资选、从小吏中逐级提升等方式罗致在左右,让他们作官、出谋划策,辅佐自己治理国家。因此,可以说汉武帝实际上并没有"罢黜百家",而是兼用百家。这点汉代人是认可的,太史公就说他"悉延(引)百端之学"。汲黯则说汉武帝"内多欲而施仁义",汉宣帝也说"汉家自有制度,本以霸王道杂之",据此人们常说汉武帝是外儒内法、儒法并用。《汉书》卷77《盖宽饶传》载宣帝时盖宽饶说"方今圣道浸废,儒术不行……,以法律为诗、书"云云,不恰恰说明武帝之后汉朝还在重法治、以法治国吗? 总之,应该说汉武帝继承了汉初开明的文化思想政策,并没有返回到秦始皇在文化思想方面实行专制的政策中去。

然而,汉武帝的"悉延(引)百端之学"并不是说各学派都是平等的,而是把各学派分层次地加以兼用的。尊儒术,是把儒术作为国家的指导思想或统治思想;重法治,是把法家学说中的以法治国作为治国的方法、制度用的;此外又兼用各家。这就是太史公所说的"悉延(引)百端之学"。

总之,所谓"独尊儒术",汉武帝是确实尊了。所谓"罢黜百家"如果像董仲舒建议所说的那样"诸不在六艺之科、孔子之术者,皆绝其道",使"邪辟之说灭息",汉武帝并没有采纳。相反,汉武帝是在尊儒术的前提下,采取的是百家兼用,"悉延(引)百端"的方针。

第二节 尊儒术

从春秋末期以来,儒家学说及其代表人物孔、孟在政治上并不得意,为什么到汉武帝时尊儒术,儒术一变而为国家的指导思想呢? 其原因究竟是什么? 又是怎样尊起来的呢? 这些问题牵涉到了中国古代政治与学术思想发展的深层次的道理。

一、汉初社会思潮与治国理论

从战国中期至西汉中期,社会的发展变化是巨大、迅速和惊人的。伴随社会发展变化,有两次大的思潮值得注意。

1. 五德终始说与三统说。战国中期,激烈的兼并战争出现了国家向统一发展的趋势,人们渴望早日结束战乱实现统一、安定。孟子提出五百年必有王者兴就反映了这一心理。当时还出现了另一影响很大的社会思潮就是齐人邹衍的"五德终始说"。[①]

这一学说认为,天是宇宙的主宰,天子要受命于天,接受上天赐给的拥有、治理四方的命令,又把天命与五行相胜(尅)的学说

---

① 邹衍的学说,可参见《史记》卷74《孟子荀卿列传》,和《吕氏春秋》的《有始》、《应同》两篇。另外可参阅顾颉刚《汉代学术史略》第一章、第四章。

结合起来,鼓吹金、木、水、火、土就是五德,历史上一个朝代代表其中的一德,如果一德衰了,另一德就取而代之。五德循环更替,按五行相胜次序,周而复始。凡帝王将兴,上天就降下符应或祥瑞,以表示受命于天。在这一学说的指引下,就编造出黄帝得土德,所以天就显示了黄龙地蝼(大蚯蚓)之祥瑞,黄帝就做了帝王,制度是尚土的,颜色是尚黄的。后来土德衰,木剋土,禹就据木德而兴,因此得了秋、冬草木不杀的祯祥,建了木德制度,换用了青色衣服。后来汤以金德取代了夏的木德,周文王又以火德取代商的金德。各德的取代都有其相应的符应、制度、服色,等等。这样,"五德终始说"的鼓吹者就编造出了一部帝王受天命发展演变的有规律的历史。

在科学不昌明的古代,这一充斥着宗教迷信色彩的学说,竟然流传开来,倍受重视,成了帝王统治是否符合天意的准则。秦始皇相信它,以贾谊为代表的一部分知识分子,对"五德终始说"也很相信,所以主张"更秦之法",秦为水德,汉应为土德,并相应的改制度、易服色等等。

西汉初期还出现了一种三统说。三统说是谁最先提出的不太清楚,不过董仲舒是其积极鼓吹者。三统说从历史循环论的观点出发,认为历史的发展就是黑、白、赤三统的循环。夏为黑统,建寅,以农历(夏历)正月初一为岁首;商为白统,建丑,以农历十二月初一为岁首;周为赤统,建子,以农历十一月初一为岁首。继周者又应当是黑统。这就是天道。三统说与五德终始说都是历史循环论,主宰循环的决定力量都是天。二者的差别是:五德终始说认为秦是水德,在五德循环中占有一德的席位;三统说则认为黑、白、赤三统指夏、商、周,秦被排斥在三统之外,因为秦不符合三代的道统。三统说非常符合儒家的思想,可能是儒家改造五德终始说而提出的。

上述二说都鼓吹新王朝应受命、改制。董仲舒在《举贤良对策》中要求改正朔、易服色、更化，也就是要求汉武帝要受命改制。

2. 德治、王道与法治、霸道①。商朝崇拜天、迷信上帝，然而天并没有能保祐商，商朝亡国了。周朝接受了教训，强调敬天保民，重视德。王国维先生曾在《殷周制度论》一文中说："殷周之兴亡，乃有德与无德之兴亡。故克殷之后，尤兢兢以德治为务。《召诰》曰：'我们不可不借鉴于夏代，也不可不借鉴殷。夏代、殷代，受天命该有多少时间，我不知道。我只知道，夏、殷的国运没有延续下来，是因为他们不敬其德，才失去了天命。'……周之君臣，于其嗣服之初反复教诫也如是，则知所以驱草窃奸宄相为敌仇之民而跻之仁寿之域者，其经纶固大有在，欲知周公之圣，与周之所以王，必于是乎观之矣！"②郭沫若也说："敬德的思想在周初的几篇文章中就像同个母题的和奏曲一样，翻来覆去地重复着。这的确是周人所独有的思想。"③如《尚书·君奭篇》载："天不可信，我道惟文王德延。"《尚书·康诰篇》："文王克明德慎罚，不敢侮鳏寡。"《尚书·召诰篇》："天亦哀于四方民，其眷命用懋，王其疾敬德。……王敬作，所不可不敬德。"等等。

了解西周重德治的思想，我们就可以知道儒家德治思想的源头就是从西周继承来的。孔子说，仁者，"爱人"，④也就是说仁，就是爱护人，尊重人，把人当作人去对待。这和上引《尚书·康诰

---

① 此处的德治、王道与法制、霸道，泛指儒法两家治国的思想、制度、办法。《辞海》："德治，儒家的政治思想，主张用统治阶级的道德感化来统治人民。""王道，儒者主张以仁义治天下，称为王道。""法治，中国古代以法治国的政治主张。""霸道，古代指国君凭借威势、利用权术、刑法的统治政策。同王道相对。"这些解释可供参考。

② 王国维：《观堂集林》第 2 册，中华书局 1959 年版，479—480 页。

③ 郭沫若：《先秦天道观之进展》，《青铜时代》，科学出版社 1957 年版，21 页。

④ 《论语·颜渊篇》。

篇》:"文王克明德慎罚,不敢侮鳏寡"的德治思想是何等一致。至于孟子的仁政、王道思想则是从周代的德治思想发展而来的。然而,在春秋战国孔、孟的这套宣扬仁义教化、仁政、王道治国之道却备受冷落,四处碰壁。与此相反,讲法治、霸道的法家,却大见成效。尤其是秦国,竟然以法家思想为指导,使国家富强,并灭了六国。然而,秦朝最后却落了个短命而亡。

汉初,秦朝为什么会短命而亡成了人们探讨的热门话题。《汉书·刑法志》说:"春秋之时,王道浸坏,教化不行。""秦始皇,兼吞战国,遂毁先王之法,灭礼谊(义)之官,专任刑罚,……奸邪并生,赭衣塞路,囹圄成市,天下愁怨,溃而叛之。"贾谊在《过秦论》中把秦朝灭亡的原因归结为"仁义不施"。总之,认为秦的灭亡是由于不施仁义、不用德治、专任刑罚、废弃三代的传统所造成的。

德治、王道与法治、霸道的争论,反映了汉初社会对治国思想、制度、方法的争论与选择。

这就是汉武帝即位后,面对的两大社会思潮。

二、尊儒术与董仲舒的对策

由于前述两大社会思潮的发展及其对治国理论的探讨,西汉初期关心国家前途的人们是回避不了的。而且这些问题用以前的现成的结论也是回答不了的。汉武帝即皇帝位后,年龄小,好奇心强,希望找到治国的重大理论和方法问题,以大治天下。所以即位不久就召开了举贤良对策会议,会上连发三制,希望得到满意的回答。他提出的问题是什么呢?"人们都认为五帝三王(夏商周三代)实行王道,改制作乐而使天下洽和。为什么他们死后大道微缺,败坏到了桀纣当权、王道大坏。近五百年间,守文的君主,当途的贤士,想着按先王的法则治理天下,然而仍不能返回正道,而使社会一天一天衰乱下去。王道到后王就终止了,是不是因为他们操持不准确陷入谬误而失去了原意？还是上天降命使其不可复返，一定要到大衰败而后才能停止呢？呜呼！现在所干的都是些屑细的事情，早起晚睡，想效法上古，又有什么补益呢？三代受命的符应表现在什么地方呢？灾异之变因何而起呢？性命之情，有的夭折、有的长寿、有的仁爱、有的贪鄙，道理究竟何在呢？"接着武帝又谈了他治国所要达到的理想，即"百谷丰登，德润四海，恩泽至于草木……施乎方外，延及群生。"并要求"明先圣之业"，"终始之序"的贤士大夫"明以谕朕"，"朕将亲览焉"。

在这次会上，董仲舒是参加会议的贤良之一，针对汉武帝所发三制提出的问题，他三上对策，就天人关系、儒学的价值、天与儒学的关系等问题作了回答，其主要观点有下列几点：

1. 关于天和天人关系的问题，董仲舒回答说："天者，群物之祖也，所以天覆盖、包涵着万物，对它们一视同仁，建日月风雨以和美之，经阴阳寒暑使万物成长"。"人受命于天"，王者受命的符应就是祥瑞，今文《尚书·泰誓》说："白鱼入于王舟，有火复于王屋，流为鸟，此受天之符也。"又"观天人相与之际甚可畏也。国家将有失道之败，而天乃先出灾害以谴告之，不知自省，又出怪异以警惧之，尚不知变而伤败乃至。以此见天心之仁爱人君而欲止其乱也。"

2. 性、命、情与教化问题。董仲舒认为："命（命运）者，天之令也；性者，人生来的资质也；情者，人之欲望也。人的夭亡、长寿、仁爱、贪鄙，是陶冶而成的，不能整齐划一，是由社会的治乱所造成的。如尧舜行德教而民仁爱、长寿，桀纣行暴虐而民贪鄙、夭亡。"还认为：教化很重要，"教化不立而万民不正，万民之从利，如水之走下，不以教化堤防之，不能止也。教化废而奸邪并出，刑罚不能胜者，其堤防坏也。古之王者明于此，是故……莫不以教化为大务。"为了搞好教化，所以要："立大学以教于国，设地方上的学校庠、序以化于邑。太学者，教化之本原也。"

"道,乃治理天下之路也,仁义礼乐皆教化之具(工具)也。故圣王已没,而子孙长久安宁数百年,此皆教化之功也。王者功成作乐,乐其德也。乐者,所以变民风,化民俗也。其变民也易。周宣王,明文武之业,能使周道粲然复兴。后世称诵,至今不绝。孔子曰:'人能弘道,非道弘人'。"

3. 在以德治国,还是以刑罚治国,以及德、刑与天的关系方面,董仲舒认为:"天道之大者在阴阳。阳为德,阴为刑;刑主杀而德主生。……以此见天之任德不任刑也。""王者承天意以从事,故任德教而不任刑。……为政而任刑,不顺于天,故先王莫之肯为也。"

董仲舒又认为:"天使阳出有施于上而主岁功,使阴入伏于下而时出佐阳;阳不得阴之助,亦不能独成岁。""爵禄以养其德,刑罚以威其恶,故民晓于礼谊(义)而耻犯其上。"在《春秋繁露·天辨在人篇》则说:"刑者德之辅,阴者阳之助也。"

仁、义、礼、知、信为德教之五常。五常就是治理天下原则,五常修饰好,就可"受天之祐,而享鬼神之灵,德施于方外,延及群生也。"

4. 关于改制、更化,董仲舒认为:"三王之道所视不同,非其相反。……改正朔,易服色,以顺天命而已。……故王者有改制之名,亡(无)变道之实。"道是什么呢? 道就是治国的道路、方法。因此,"继治世者其道同,继乱世者其道变。"

"至周之末世,大为亡(无)道,以失天下。秦继其后,独不能改,又益甚之,重禁文学,不得挟书……,其心欲尽灭先王之道,故立为天子十四岁而国亡矣。自古以来,未尝有以乱济乱,大败天下之民如秦者也。其遗毒余烈,至今未灭,……窃比之琴瑟不调,甚者必解而更张之。当更张而不更张,虽有良工不能善调也;当更化而不更化,虽有大贤不能善治也。"

"春秋谓一元之意,一者万物之所从始也,元者辞之所谓大也。谓一元者,视大始而欲正本也。……故为人君者,正心以正朝廷,正朝廷以正百官,正百官以正万民,正万民以正四方。四方正,远近莫敢不壹于正,而亡(无)有邪气奸其间者。是以阴阳调而风雨时,群生和而万民殖,五谷熟而草木茂,天地之间被润泽而大丰美,四海之内闻盛德而皆徕臣,……莫不毕至,而王道终矣。"

5."春秋大一统者,天地之常经,古今之通义也。"此处所说的"大一统",不仅仅在于要以儒家学说统一思想,同时,还要据儒学思想正君臣、父子、夫妇等伦理纲常,还要"尊王攘夷"。所以,"大一统"思想非常适于汉武帝加强专制主义中央集权和实现国家大统一的需要。而且,这种"大一统"是"天地之常经",换句话说,就是说实现"大一统"是天意。

董仲舒在三上《对策》中,就天人关系;天与人的命运、性情与教化问题;天与德治、刑罚治国的关系问题;天与改制、更化问题;大一统五个问题等系统地阐发了自己的观点,这些问题正是汉武帝大治天下所需要解决的问题。因此,他的《对策》得到了汉武帝的认可,《对策》后,他被任命为江都王相。

上述五条是三上《对策》的主要思想。这些思想反映了董仲舒与先秦儒家思想有显著差别,也反映了他把先秦儒家思想发展了一步。《汉书·五行志》载:"汉兴,秦灭学之后,景、武之世,董仲舒治《公羊春秋》,始推阴阳为儒者宗。""始推阴阳为儒者宗",就是说董仲舒是首先把阴阳五行家的学说与儒家学说结合起来成为儒家宗师的。董仲舒对儒家学说的发展主要就表现在他把邹衍的阴阳五行学说与儒家学说结合了起来,以适应当时社会思潮与政治发展的需要。他在《对策》中就很明显地表现了这一点。

其一,在《对策》中对汉武帝提出三代受天命的符应等问题都作了明确的回答。董仲舒认为天是万物之祖，覆盖、包含着万物，建日月风雨调和万物，经阴阳寒暑以成长万物。这种天可以说是自然之天，客观存在的物质之天。但天在决定人间的事情上却变成了有意志有感情的神。天可以把拥有与治理天下的天命授与王者，受命的符应就是祥瑞，为爱护人君又可用灾害、怪异对他进行谴告、使其惊惧而改正失误。这种王权天授的理论，实际论证了汉室江山存在的合理性、神圣性。这一点恰是汉武帝令学者对策所要达到的目的。

其二，董仲舒对儒家所主张的治国的方略、办法都说成是天命、天意。如说："天任德不任刑"，"王者承天意以从事，故任德而不任刑"。这里说的德包含两个方面：一方面是德治，就是用儒家仁义等思想为指导所制定的政治制度、措施；另一方面是教化，就是道德教化。又指出如果用刑罚治国使天下衰败了，就要改制、更化、改正朔、易服色，这样做是"顺天命"。并认为只要按儒家这些治国的办法办，就会使王道复兴、天下大治。这些自然是汉武帝乐意接受和需要的。正因为他把儒家的主张都披上了天、天命的外衣，所以说他把阴阳五行家和儒家学说结合了起来，发展了儒家学说。

董仲舒在《对策》中虽把阴阳五行说与儒家学说结合了起来，然而他毕竟是儒家的经学大师而不是阴阳五行家的方士。这表现在以下三方面：

首先，董仲舒维护儒家的道统。所谓道统，就是治国的道路、方法。儒家治国的主要特点是以德教（德治、教化）治国。仁义礼乐是进行德教的工具，仁义礼知信是德教的五个常用原则。在董仲舒看来，时代在变化，朝代在更替，儒家治国的道，即治国的道路、方法是不变的。所以说"道之大原出于天，天不变，道亦不变"。秦朝治国专用刑罚，使天下大乱，这是废先王之道的后果。

因此就要改制、更化,重新改为用儒家的德教治国。这就维护了儒家治国的道路、办法,维护了儒家的治国传统,维护了儒家的道统。

其次,强调德教,即德治和教化。所谓德治就是董仲舒所说"诗云:'宜民宜人,受禄于天。'为政而宜于民者,固当受禄于天"。这就是说国家的施政要适合人民的愿望、利益,就应当领受天的俸禄,实际是要求实行儒家的仁政。据此推理,也可以说,在董仲舒看来,适合民意,也就符合天意,从而达到天人合一。这就坚持了儒家的民本思想。这一思想在一定条件、在一定程度上是能够实现的,对社会发展有着积极意义。而所谓教化,就是道德教化,他强调教化,说"古者修教训之官,务以德善化民,……今世废而不修,亡(无)以化民,民以故弃行谊(义)而死财利,是以犯法而罪多"等等。在他看来,教化可以提高民众的道德素质,而防止民众犯上作乱,统治者的统治就会巩固。总之,董仲舒阐发以德教治国,可以达到使天下洽和的理想境界。

再次,董仲舒从其天人感应的理论出发,认为天降灾害、怪异是对帝王失道的谴责,目的是引起其惊惧而改正其错误。这实际上就是要限制、监督皇权。怎样限制、监督皇权呢?董仲舒是治公羊大师,所以他说"《春秋》之所讥,灾害之所加也;《春秋》之所恶,怪异之所施也"。这就是说他企图以儒家的经典来匡正皇权。在中国封建社会中,皇权具有无限性、绝对性。而处在两千多年前的董仲舒却试图借天来限制、监督皇权,这在当时是很有新意的大胆的理论。这一理论填补了中国古代政治学说中的一个空白。这一点不仅继承了儒家的精神,而且有新的发展。至于这一学说借助了"天"的形式,则是历史条件的限制和当时思潮影响所致,我们无法苛求于古人。不仅如此,在实践中董仲舒还真的借天降灾异来限制、监督汉武帝,结果险些被处死。这正说明他是个严肃的学者。

基于以上三点，所以说董仲舒是儒家的经学大师，而不是阴阳五行家。

　　由于董仲舒适应形势的需要发展了儒学，所以人们称他的儒学为新儒学。汉武帝的尊儒术与董仲舒的新儒学有密切关系。董仲舒重建了天的权威，吸收阴阳五行家邹衍的学说，给儒学、也给皇权披上了神光圣彩。这正符合了汉武帝大治天下的需要，因此在汉武帝尊儒的活动中董仲舒起了重要作用。然而，儒学被尊，也和儒学本身所具备的条件有关。如儒学是个百科全书式的学派，《易》、《尚书》、《春秋》、《诗》、《礼》、《乐》都是统治阶级离不开的有用的学问。孔子倡导的君臣、父子、夫妇的伦理纲常也是统治阶级所竭力维护的。儒家的德治学说所包含的民本思想，反映了民众的正当利益和愿望，又是统治阶级巩固统治长治久安的需要。再如，儒家学说包容性大，不走极端，其他学说很容易融会到儒家学说中去。如孔子在《论语·为政》中既说"为政以德"，又说"齐之以刑"。可见在"为政以德"的同时，并不排除用刑罚。董仲舒也说"爵禄以养其德，刑罚以威其恶"也是二者兼用的。只是说如同"阴为阳之辅"一样，以德为主以刑为辅罢了。再如汉初的无为而治，在太史公看来实行的就是仁政。太史公曰："汉兴，至孝文四十有余载，德至盛也。……呜呼，岂不仁哉！""孔子言：'必世然后仁。'"《集解》注引孔安国曰："三十年曰世。如有受命王者，必三十年仁政乃成。"①既然受命王者，行仁政，三十年就会成功。汉朝建立到文帝已历四十余年，在太史公看来这四十余年实行的"无为而治"就是"仁政"。道、儒两家竟然如此会合到了一起。《汉书·文帝纪》赞曰："孝文皇帝即位二十三年，……专务以德化民，是以海内殷富，兴于礼义，断狱数百，几致刑措。呜呼！仁

---

　　①　《史记》卷10《孝文本纪》。

哉!"请看,实行"无为而治"的文帝,在班固看来实行的也是仁政。"无为而治"等于"仁政"。道、儒两家巧妙地融会到了一起。郭沫若在《秦汉之际的儒者》一文中说:"所有先秦以前的诸子百家,差不多全部会合到秦以后的所谓儒家里面去了"①。在这种情况下,应当说,汉武帝尊儒术是做了一次符合历史发展趋势的英明抉择。

三、置五经博士与兴学校

汉武帝从即帝位不久,就不断进行尊儒活动,如元光元年(前134)五月举贤良对策会议上,丞相田蚡黜百家之言,尊儒术,提拔平民公孙弘当官,后来做到丞相,在社会上产生了不小影响等。然而,武帝的尊儒活动产生了深远影响的,还要以置五经博士、兴学校两件事为最大。

1. 置五经博士。博士一职,据王国维先生考证,战国末已经设立。如《汉书》卷51《贾山传》载贾山"祖父祛,故魏王时博士弟子也",则知战国末魏国设博士职,而且教授学生。秦博士始皇帝时多至七十人,"秩比六百石","掌通古今"。秦所置博士除儒家经学博士如叔孙通等外,还有治诸子学、诗赋、方技、术数、占梦、卜筮等有专长的人。此外,秦博士可以置弟子。②《史记·叔孙通传》载"博士诸生",又说"叔孙通之降汉,从儒生弟子百余人",则知秦博士可置弟子。③秦博士可在朝廷需要时议典礼政事,如《史记·秦始皇本纪》载"议帝号"时,丞相绾等奏"臣等谨与博士议",又《叔孙通传》载陈胜起义后,"二世召博士诸生问"等,都说明博士可供垂询政事。

① 郭沫若:《青铜时代》,科学出版社1957年版,293页。
② 王国维:《汉魏博士考》,《观堂集林》第一册,174—217页。
③ 《史记》卷99《刘敬叔孙通列传》。

汉初承秦制置博士,文帝时博士多达七十余人,博士的构成、作用与秦相似。汉初,儒家经学就有博士:

其一,《诗》,鲁有申公、燕有韩婴,文帝时二人均为诗博士。景帝时又立讲《诗》的齐人辕固为博士。这样,《诗》博士就有鲁诗、韩诗、齐诗三家。《史记·儒林列传》载,韩婴孙韩商"为今上博士",即为武帝时的《诗》博士。

其二,汉初治《书》以济南伏生最为有名,伏生乃秦博士,文帝时求治尚书者,天下无有,伏生能治,年已九十余,于是令太常掌故晁错从伏生受尚书。伏生的尚书在秦焚书时藏于夹壁墙中,汉初丢失几十篇,得二十九篇,伏生教济南张生、欧阳生。《史记》《汉书》均载文帝时张生为博士。《汉书·儒林传》云,欧阳生,字和伯,千乘人,事伏生,授儿宽,宽授欧阳生子,世世相传,至曾孙欧阳高,为博士,高孙欧阳地余亦为博士,宣帝时曾在石渠阁论学。又说,欧阳、大小夏侯学皆出儿宽。这里讲了《书》的传承关系:伏生传张生(博士)和欧阳生。欧阳生传儿宽。儿宽传欧阳生子,大、小夏侯。欧阳家世世相传,传至欧阳生曾孙欧阳高为博士,欧阳高子欧阳地余亦为博士。[①]

其三,景帝时治《公羊春秋》的学者以齐人胡母生和董仲舒最为著名,二人均为博士。这样,在武帝之前,文、景时,已置了《诗》、《书》、《公羊春秋》三经博士。

《汉书·武帝纪》载建元五年(前136)春,置五经博士。由于这时《乐》已失传,儒家的六经只剩五经,而《诗》、《书》、《春秋》三经已置,所以,要置的只是《礼》、《易》两经。

---

① 《史记·儒林列传》与《汉书·儒林传》未载欧阳生为博士。儿宽在《尚书》传授过程中作用大,但儿宽武帝时为御史大夫,比博士地位要高得多,《儒林传》也未载其为博士,儿宽传《尚书》于欧阳生之子,欧阳尚书此后名声大振。

关于《礼》的传授,《汉书·儒林传》载:"汉兴,鲁高堂生传《士礼》十七篇"。"孟卿,善为《礼》、《春秋》,授后苍"等人,又云"后苍字近君,东海郯人也。……苍亦通诗、礼,为博士,至少府"。"仓说《礼》数万言,号曰:《后氏曲台记》",后苍又授礼于戴德、戴圣、庆普。后苍是见于《汉书·儒林传》记载的第一个礼博士,他是何时为博士的呢?由于王国维先生曾说后苍"在昭宣二帝之世"①容易引起误会,应作说明。《汉书·儒林传》赞曰:"自武帝立五经博士,……。初,《书》唯有欧阳、礼后(后苍)、易杨(杨何)、春秋公羊而已。至孝宣世,复立大小夏侯尚书,大小戴礼,施、孟、梁丘易,谷梁春秋。至元帝世,复立京氏易。"这段记载把武帝立五经博士后经学的传授讲得清清楚楚,传授的《尚书》是欧阳尚书,《礼》是后氏礼,《易》是杨何传授的易。到宣帝对经学的传授又增加了几家,至元帝时又增加了京氏易。如果这个记载不错,后苍就应是武帝时所立博士。况且,在宣帝即位的第二年即本始二年,后苍已由博士升为少府两年。②昭帝在位时间仅十四年,而且文献上无昭帝立经学博士的记载,所以后苍立为《礼》博士只能是在武帝时期。

关于《易》学的传承,《史记·儒林列传》载:"自鲁商瞿受《易》孔子,孔子卒,商瞿传《易》,六世至齐人田何,……而汉兴。田何传东武人王同子仲,子仲传蓄川人杨何。何以《易》,元光元年徵,官至中大夫。……然要言《易》者本于杨何之家"。

以上为五经的传承和汉武帝置五经博士时情况。

汉武帝置五经博士,是由于《易》、《书》、《诗》、《礼》、《春秋》

---

① 《观堂集林》第一册,中华书局 1959 年版,178 页。
② 《汉书》卷 19 下《百官公卿表下》载宣帝即位第二年,即本始二年"博士后苍为少府,二年"。

这五经对治理国家有重要作用。以《易》而言,《史记·日者列传》载:"自古受命而王,王者之兴何尝不以卜筮决于天命哉!"《史记·龟策列传》载:"太史公曰:自古圣王将建国受命,兴动事业,何尝不宝卜筮以助善!……王者决定诸疑,参以卜筮,断以蓍龟,不易之道也。"这就是说研究《易》的目的就是为了知天命、知兴替、决诸疑等等。汉武帝尊儒术的目的是为效法先王的德治、王道而大治天下,孔安国在《尚书序》中说孔子编订《尚书》的目的就是为"垂世立教"、"恢弘至道,示人主以轨范",使"帝王之道,坦然明白,可举而行"等等。知道了五经的用途,则武帝置五经博士的目的也就不言而喻了。自然置五经博士这一措施对儒学发展的促进作用是无法低估的。

2. 兴学校。据典籍所载,中国在夏、商、周时已有学校。汉代国立大学称太学,是武帝时创立的。郡国地方办的学校称庠序,①在武帝之前如蜀郡已有设置,武帝时"乃令天下郡国皆立学校官(校舍)"②,学校才普及于全国。

兴办国立太学是董仲舒在《对策》中提出的建议,他说"陛下……务以求贤,此亦尧舜之用心也",然而"不养士而欲求贤",就如同不琢玉而求文采,怎么能得到呢?因此,应明白"养士之大者,莫大乎太学;太学者,贤士之所由出也,教化之本原也。""臣愿陛下兴太学、置明师,以养天下之士,数考问以尽其材,则英俊宜可得矣。"这里提出了兴太学的建议和办学的具体措施。这些具体措施:一是"置明师",就是设置明儒家经学之师,也就是后来武帝所设置的五经博士。二是"养天下之士",就是培养来自全国的学

① 《汉书》卷88《儒林传》载"乡里有教,夏曰校,殷曰庠,周曰序"。《礼记·学记》曰:"古之教者,家有塾,党有庠,术有序,国有学。"

② 《汉书》卷89《循吏传》文翁传。注引师古曰:"学官,学之官舍也。"即官府建的校舍。

生。三是通过"数考问"了解学生的才学。这样国家就能够得到"英俊"之材。

汉武帝采纳了董仲舒的建议,并付诸实施。建元五年(前136)春"置五经博士",为兴建太学准备了教师条件。过了十二年,到元朔五年(前124)六月,武帝下了一道兴学的诏书,诏书中讲了制礼作乐进行教化的重要性,并指令太常商议为博士置弟子的事情,以使乡里能崇尚教化,并达到砥砺贤才的目的。诏书下达后,丞相公孙弘与太常孔臧、博士平等商议,为执行汉武帝诏令的精神,决定采取以下具体措施,并上报汉武帝批准。决定采取的具体措施如下:

(1)陛下劝学兴礼,崇教化,砺贤才,以化四方,这是谋求天下太平的本原,先要把京城建成一个"首善"的模范地区。

(2)请求对旧的屋舍加以修建而兴办学校,为博士官设置五十位弟子,免除他们的徭役。太常要负责选择十八岁以上容貌端正的民众,补博士弟子的名额。各郡国及县、道、邑中有爱好文学、敬重长上、尊崇政教、顺和乡里、言行不违背他所学的人,县令、侯相、县长、县丞必须报到上属的郡守或诸侯王国相那里,这些上司经谨慎的考察认为可以的,就应当叫他和郡国"计吏"一同到京师晋见太常,让他们和博士弟子一样受教育。

(3)经一年学习期后,不管是太常所补博士弟子或郡国所选的学生,都要考试。能通一经以上的,可以补文学掌故的缺额。名列前茅可以当郎官的,太常要列名簿上奏。如有才学特别优异的,也要随时把姓名奏上。这些人中有不事学习和才具下等的,及不能通达一经的,就罢除他,推荐他的单位也要受罚。

(4)中央机关和地方政府需要的治礼和治掌故两种官职,往往以文学和礼义之士担任,因此,请选择博士弟子中名列前茅,俸禄"比二百石以上"的郎,及俸禄百石而能通一经以上的官吏,补左右内史、大行卒史。比百石以下的官吏，补郡太守的卒史，每郡各二人，边郡一人。先用背诵经书多的，如人数不够，再选择掌故中的优异者补俸禄为"中二千石"的属吏，文学掌故补太守的属吏。由这些人备员，递补缺额。

（5）以上新立的条文，请著录在法规上，其他仍如旧律。皇帝批示说："可以"。从此以后，公卿大夫和一般官吏，很多都是文质彬彬的文学之士了。

从上述内容可知，武帝时兴办了太学，太学的老师就是儒家的经学博士，太学的学生有两部分，一部分是太常遣派的博士弟子五十人，另一部分是郡国选送经太常批准的"得受业如弟子"地方派遣生。这两部分学生学习一年后要经严格考核，并按学习的等次分派到皇帝身边做郎官，和被委派到中央一些机构和郡国守相下作属吏，学习不及格的罢除。武帝之后博士弟子名额逐渐增加，昭帝时增加到一百人，宣帝时增加二百人，元帝时增至千人，成帝末增至三千人，到东汉末增加至三万人。

地方办的学校以景帝后期文翁在蜀郡办学最早。《汉书》卷89《循吏传》载：文翁，少好学，通春秋，先作郡县小吏，后经察举升官，景帝后期为蜀郡太守，好教化，因蜀僻陋、习俗落后，就选择聪明有才干的郡县小吏十余人送京师随博士受业或学律令。数年后，学成归蜀，文翁让他们作了郡县的高官，其中有的还经察举"官有至郡守、刺史者"。[①] 后来，文翁又在成都为学校建起校舍，招属县子弟为学校学生，并免除徭役，学习成绩好补郡县官吏，其次为孝悌力田。县邑中的官吏都以此为荣，数年后，争当学校的学生，富人家出钱争当。蜀地教化大进，到京师学习的人可与齐、鲁相比。武帝时，令郡国"皆立学校官（校舍）"，地方办的学校在全

① 《汉书》卷89《文翁传》。

48

国才普及起来。

汉武帝即位后,通过诸如《对策》活动、置五经博士、兴办太学和使地方学校得到普及等,促进了教育与儒学的发展及使儒生加入国家官吏集团。《汉书·儒林传》赞曰:"自武帝立五经博士,开弟子员(为博士置弟子),设科射策,劝以官禄,迄于元始,百有余年,传业者浸(渐)盛,支叶蕃(多)滋,一经说至百余万言,大师众至千余人,盖禄利之路然也。"不仅当时培养了大量儒生充任了各级政府官吏,而且这种现象以后维持了两千多年,对中国古代的政治、文化生活都发生了重大影响。

第三节　重法治

汉武帝重法治是公认的事实。有的认为武帝是外儒内法,有的则说儒法兼用,有的则说武帝时期"申商韩非之言,倒成了政治的指导思想",[①]提法虽然不同,但武帝重法治这一点,却是人们所公认的。

值得注意的是,先秦法家的法治思想与改革思想是结合在一起的。先秦法家以法治国是为了推动改革,保证改革的顺利推行。汉武帝也是如此。《史记·平准书》载汉武帝说:"朕闻五帝之教不相复而治,禹汤之法不同道而王,所由殊路,而建立的功德业绩却是相同的。"[②]这句话与商鞅所说的"治世不一道,便国不法古,故汤武不循古而王,夏殷不易礼而亡"的改革思想如出一辙。正因为汉武帝要改革,要前进,就需要通过法治清除前进道路上的障

---

① 　金春峰:《汉代思想史》,中国社会科学出版社1987年版,19页。

② 　《史记》卷68《商君列传》。

碍。此外，"法治"作为一种治国的重要方法，想把国家治理好是不能不用的。这就是汉武帝重法治的原因。

一、汉武帝的法治思想

周代重德治，对旧贵族的利益和特权是很维护的，所以《礼记·曲礼上》说："礼不下庶人，刑不上大夫。"有的学者指出，周代的礼，也包含着法。① 春秋战国随着法家的出现提出了法治思想。先秦法家的法治思想有两个显著特点：一是用法"不别亲疏，不殊贵贱，一断于法"。"刑过不避大臣，赏善不遗匹夫"（《韩非子·有度》）。二是公正执法，要求"言无二贵，法不两适。故言行而不轨于法令者，必禁"（《韩非子·问辨》）。这就要求以法治国，要求在法律面前人人平等。韩非也称这一学说为"刑名之术"。他认为，具体的法令条文叫名，依据法令条文进行赏罚叫刑。名是刑的根据，刑应合乎名。这就叫"刑名之术"。② 由于中国的法治思想是先秦法家提出的，所以探讨汉武帝的法治思想离不开先秦法家的法治思想。

汉代的学者为了把礼、法与刑、德的关系说清楚，也谈了他们自己的观点。如《汉书·贾谊传》载贾谊说"夫礼者禁于将然之前，而法者禁于已然之后"，也就是说礼义教化是在事前规范人行为的准则，法是在人犯罪后进行惩罚的规章。二者相辅相成。《春秋繁露·阴阳位》载董仲舒说"刑者德之辅，阴者阳之助"，是主张"德主刑辅"二者兼用的。这些论断说明礼、德与法、刑是可同时并用的。它对武帝法治思想的形成无疑是起了作用的。

汉朝重法治是有传统的。《史记·儒林列传》说，汉文帝"本好刑名之言"。所以，他一方面以无为而治为指导，约法省禁；一

---

① 周密：《中国刑法史》，群众出版社 1985 年版，123 页。
② 《韩非子·问辨》。

方面又依法办事、严肃执法。如一次有人惊了文帝驾舆,文帝要处重刑,廷尉张释之说:"法者天子所与天下公共也。今法如是,更重之,是法不信于民也,且方其时(惊驾之时),上使使诛之则已。今已下廷尉,廷尉,天下之平也,壹倾,天下用法皆为之轻重,民安错其手足?唯陛下察之。"文帝深思"良久"说:"廷尉当是也。"①这里所说的"法者天子所与天下公共",就是说法是天下人共同遵守的规则。

汉武帝继承了先秦和汉初执法公平"不别亲疏,不殊贵贱"的法治思想,以法治国,是突出的。武帝妹妹隆虑公主之子昭平君,又是武帝女儿夷安公主的丈夫,犯法当死,隆虑公主临死前,以金千斤、钱千万为其赎罪。按汉朝的法律是可以以钱赎罪的,所以武帝批准了。隆虑公主死后,昭平君又犯法当死,因为是公主之子,廷尉不敢作主处决他,又请示武帝决处其罪。《汉书》卷65《东方朔传》载:武帝"为之垂涕叹息,良久曰:'法令者,先帝所造也,因弟(妹)故而诬先帝之法,吾何面目入高庙乎?又下负万民。'乃可其奏,哀不能自止,左右尽悲。朔前上寿,曰:'臣闻圣王为政,赏不避仇仇,诛不择骨肉。《书》曰:'不偏不党,王道荡荡。'此二者,五帝所重,三王所难也。陛下行之,是四海之内元元之民各得其所,天下幸甚!……''"。汉武帝在处理这一案件时可以说继承了先秦法家的法治思想。

武帝执法严明,如方士栾大,在乐成侯丁义的推荐下来到了武帝身边,靠诈骗博得了武帝的信任。武帝赏给他大量财富,并封其五利将军、天道将军、乐通侯等官、爵,骗得了六颗金印,武帝还把自己的女儿、卫皇后生的长女嫁给了他。但后来武帝发现了他的诈骗活动后,坚决处死了他,并对推荐他的乐成侯丁义也判处弃

---

① 《汉书》卷50《张冯汲郑传》。

市。王船山就此事说:"乐成侯丁义荐栾大,大诈穷而义弃市。小人不耻不仁,不畏不义,小惩而大诫,小人之福也,惩一人而天下诫,国家之福也。……义既诛,大臣弗敢荐方士者,畏诛而自不尝试也。义诛,而方士公孙卿之宠不复如以前的方士文成、五利之显赫。其后求仙之志亦息矣,无有从谀(奉承)之人也。故刑赏明而巧言谀媚之人收敛。武帝淫侈无度而终不亡,赖此也夫!"从王船山称赞汉武帝的严明执法起到了除奸、防奸的作用,甚而说武帝最后没有亡国,就依赖于他的执法严明。

从上述两个例子来看,武帝不分亲疏贵贱、公正执法,确实得到了先秦法治思想的真传,从这个意义上也可以说,汉武帝的法治思想是吸收先秦法家思想而形成的。

二、增订法律,以法治国

汉武帝重法治也是当时客观形势的需要。武帝即位不久外事四夷、内事兴作,尤其是对匈奴的战争势必激化各方面的矛盾,为此就需要增订法律,严明赏罚,以推动事业前进。《汉书·刑法志》说:"及至孝武即位,外事四夷之功,内盛耳目之好,征发烦数,百姓贫耗,穷民犯法,酷吏击断,奸轨不胜。"在这种情况下,元光五年(前130)七月,武帝任命张汤、赵禹定律令。这次条定的律令有以下两个特点:

1. 法令文深、严酷:《汉书·张汤传》说"张汤与赵禹共定律令,务在文深"。《汉书·刑法志》说:"张汤、赵禹之属,条定法令,作见知故纵、监临部主之法,缓深故之罪,急纵出之诛。其后奸猾巧法,转相比况,……或罪同而论异。奸吏因缘为市,所欲活则傅生议,所欲陷则予死比。"从这一记载中可以看出所谓律令文深、严酷主要表现在张汤、赵禹条定的几种律令上。

其一,"作见知故纵、监临部主之法",即各官府负责的官吏

（监临部主）如果"见知故纵"也就是"见知而故不举劾,各与同罪",①或谓"见知故纵以其罪罪之"。②

其二,"缓深故之罪",注引孟康曰:汉武帝"欲急刑",所以"吏深害及故入人罪者",都得到了"宽缓",也就是从宽处理了在执法过程中犯罪的官吏。

其三,"急纵出之诛",师古注:"吏释(放出)罪人,疑以为纵出,则急诛之。"

由于以上所述法律条文的深刻、严酷,及在执行过程中对犯法官吏的"宽缓"优待,所以又出现了执法时"奸滑"之徒巧妙地解释法律,转相比较,想让罪人活命则比附让活的法律,想让罪人死就采用死的法律给予解释。因此,奸吏常常通过对法律作不同解释而接受财物贿赂,就像在市场上作交易一样,等等。

2. 法令条文繁多、严密。《汉书·刑法志》说武帝时法网渐密,"律令凡三百五十九章;大辟四百零九条,一千八百八十二事;死罪决事比一万三千四百七十二事。文书盈于几阁,典者不能遍睹"。上述记载说明,汉朝的律、令、科、比四种法律形式,其中律、令是两种最基本的形式。各种法律形式的条文都增加了很多——

律,律是皇帝令制定的一种稳定的基本的法律形式,是判定犯罪性质、名称、轻重的准绳。刘邦在公元前206年入咸阳时与民约法三章:"杀人者死,伤人及盗抵罪",其后由于"三章之法,不足以御奸",相国萧何又依据"秦法,取其宜于时者,作律九章"。③此后,高帝又让叔孙通作关于朝仪的《傍章律》十八篇。《汉书·礼乐志》说"叔孙通所撰礼仪,与律令同录",故称傍章。上述法律共

---

① 《晋书·刑法志》:"张汤、赵禹始作监临部主、见知故纵之例。其见知而故不举劾,各与同罪;失不举劾,各以赎论,其不见不知,不坐也。"
② 《汉书·张汤传》注引张晏曰。
③ 《汉书》卷23《刑法志》。

27篇。汉武帝时,据《晋书·刑法志》说张汤作宫廷警卫的"《越宫律》二十七篇",赵禹作"《朝律》六篇"共计33篇。上述高帝、武帝共作律60篇,武帝时制定33篇,占总数的55%。上引《汉书·刑法志》说"律令凡三百九十五章",统称汉律,后亡佚。后世所说汉律,就是上述这些篇章。

令,就是皇帝的诏令。《汉书·宣帝纪》注引文颖说"天子诏所增损,不在律上者为令"。令的数目繁多,涉及社会生活的各方面,所以后来按发布先后编为《令甲》、《令乙》、《令丙》。《晋书·刑法志》说"汉时决事,集为令甲以下三百余篇"。其重要性可想而知。

科,按犯罪性质分类进行处罚的条律称科或科条。《释名·释典艺》云:"科,课也,课其不如法者,罪责之也。"《后汉书·陈宠传》载"汉兴以来,……科条无限"。《后汉书·梁统传》载"武帝军役数兴,豪杰犯禁,奸吏弄法,故重首匿之科"。上引《汉书·刑法志》说死罪之中有"大辟四百九条",就是说死罪中的大辟一项就有科条409条。

比,是以旧的案例作为判决的标准,遇有案子与其比较进行判定,所以称为"决事比"。上引《汉书·刑法志》载,汉武帝时"死罪决事比万三千四百七十一事"。

法律条文增加太多了,所以出现了"文书盈于几阁,典者不能遍睹"。

汉宣帝曾说:"汉家自有制度,本以霸王道杂之,奈何纯任德教,用周政乎!且俗儒不达时宜,好是古非今,……何足委任!"汉武帝就是"霸王道杂之"的开创者和实践者,尊儒而重法,任用儒法兼用的公孙弘和从狱吏中提拔起来的张汤、杜周等执法大臣,用严刑峻法打击诸侯王叛乱、豪强、商人、农民起义。因此以法治国是汉武帝治国的重要的办法和制度。

三、重法治与尊儒术的结合

汉武帝时期值得注意的一种现象就是"重法治"与"尊儒术"相结合,这是过去所没有的。这种现象表现在以下两方面。

其一,以"《春秋》决狱"。这是汉武帝时法律形式的一个新发展,所谓"《春秋》决狱"就是把儒家五经之一的《春秋》作为判断案件的法典。《春秋》一书维护君臣、父子、夫妇的纲常伦理,春秋大一统思想对维护专制主义中央集权十分有利。汉武帝尊儒的目的之一就是要以《春秋》之义正君臣关系。汉武帝大搞《春秋》决狱。如令董仲舒弟子"吕步舒持节使决淮南狱,于诸侯擅专断不报,以《春秋》之义正之,天子皆以为是"。① 董仲舒病退后,"朝廷每有政议,数遣廷尉张汤至陋巷,问其得失",问的就是关于春秋决狱之事,董仲舒"动以经对,言之详矣。"②公孙弘所谓"习文法吏事,缘饰以儒术",搞的就是春秋决狱。

"春秋决狱"不仅在镇压诸侯王叛乱中起了作用,并以此严格规范臣下的行为。而且,汉武帝开创的这一先例,对后世有深刻影响。如成帝时丞相乐安侯匡衡非法扩大封邑四百顷,收租谷千余石,以"春秋之义,诸侯不得专地"为据,判匡衡"专地盗土"之罪,"免为庶人"等。这种风气发展到东汉马融、郑玄等以儒学回答法律问题的"章句十有余家,家数十万言。凡断罪所当由用者,合二万六千二百七十二条,七百七十三万二千二百余言,言数益繁,览者益难"。③

以《春秋》决狱,说明已把儒家经典作法律用,这说明儒、法两

---

① 《史记》卷121《儒林列传》。
② 《晋书》卷30《刑法志》。
③ 同上。

家已日趋合流。

其二,武帝时"赦天下"、"赦徒"与特别赦免某一地区、某一事件中罪人的次数频繁。武帝时断狱数比过去大为增加。据《汉书·刑法志》载,西汉时断狱最少的文帝,年"断狱四百"。武帝断狱次数大增,年"天下断狱万数",或"断狱岁以万千数"。虽然如此,但武帝时"赦天下"、"赦徒",特别赦免某一事件、某特定地区罪人方面,并不比其他皇帝为少。今据各帝纪所载有关材料列表如下:

赦免罪人、刑徒次数表

帝号	当政年数	大赦次数	赦徒次数	别赦次数	总计次数	平均次数
惠帝	7	1		1	2	3.5 年 1 次
文帝	25	4	1	1	6	4.1 年 1 次
景帝	16	5	1	2	8	2 年 1 次
武帝	55	18	1	5	24	2.4 年 1 次

从上列表中可以看出,武帝赦免罪人、刑徒年平均次数上多于惠、文二帝;稍少于景帝,是一位在这方面做的比较突出的皇帝。赦免罪人刑徒一般发生在新皇帝即位,有重大礼仪活动、祥瑞出现、皇帝驾临某一地区时所采取的措施。这样做是为与民更始,也就是给罪人、刑徒以重新做人的机会。这是皇帝关心民众疾苦,施恩德于民的重要表现。这对尊儒术的汉武帝来说自然是他以德化民的重要表现。

从武帝处理一些案件来看,是注意缩小打击面和恩威并举的,如元光六年(前129)卫青率众将出击匈奴,李广、公孙敖"失师而还",回师后,李广、公孙敖下廷尉,以法定罪,对士卒则统统赦免。武帝在诏令中说,"将军已下廷尉,使理正之(以法定罪)。而又加法于士卒,二者并行,非仁圣之心。朕闵众庶陷害,……其赦雁门、代郡军士不循法者"。① 这样一下就赦免了众多士卒的罪。对领兵的将领武帝也是如此,一方面依法惩处,判处死刑,一方面又让其赎为庶民,到以后需要时,又让其为将军,立功补过。对民众犯罪的案件也是如此,如元狩六年(前117年)这一年因盗铸钱依法当处死刑的太多了,所以武帝"赦吏民之坐盗铸金钱死者数十万"。② 这些事实说明,武帝在重法治、依法治国的同时,又贯彻着儒家以"德教"化人的精神。

总之,以《春秋》决狱和不断赦免罪人、刑徒说明,汉武帝的重法治是与尊儒术结合在一起的。这一点是汉武帝与秦始皇等只知用严刑峻法治国的皇帝的区别。这正是汉武帝的高明之处。

第四节　悉延百端之学

《史记》卷128《龟策列传》太史公曰:

> 至今上(汉武帝)即位,博开艺能之路,悉延(引)百端之学,通一伎(技)之士咸得自效。绝伦超奇者为右,无所阿私。

现存的《史记·龟策列传》分两部分,一部分为"太史公曰",有约八、九百字,是从历史发展的观点讲述卜筮在历史上的作用及其发展变化的。另一部分为褚先生曰,约有五千字左右。后边这部分人们公认"言辞最鄙陋,非太史公之本意也"③。前边那一部分并非如此,就在这部分讲到卜筮的发展时太史公讲了上述的话。

---

① 《汉书》卷6《武帝纪》。
② 《史记·平准书》。
③ 《史记》卷130《太史公自序》《集解》引张晏曰。

这几句话用今天的话说就是：汉武帝即位后，广开艺能之路，延引百家之学，有一技之长的士人都可为国效力。只要有卓越的超人的才干就能出人头地，而且公正无私。既然如此，那么武帝的用人就包含着儒、法、道、纵横、杂家、阴阳五行、术数、方士等各家各派。太史公还说，由于武帝执行这样的政策，所以"数年之间，太卜大集"。

《汉书·东方朔传》也说"武帝既招英俊，程（计量、考核）其器能（才能），用之无不及"。这一记载与太史公上述对武帝的称赞是一致的。《汉书·武帝纪》载元朔五年夏六月的诏书说"详延天下方闻之士，咸荐诸朝"。师古曰"详，悉也。延，引也。方，道也。闻，博闻也。言悉引有道博闻之士而进于朝也。"这与上述太史公说的"悉延百端之学"的精神也是一致的。

任用既学儒学又学各家之学者，或先学各家之学后学儒学者是"悉引百端之学"的表现形式之一。司马谈曾从唐都学天文，从菑川人杨何学《易经》，又追随黄生学黄老之学，在武帝建元至元封年间为太史令。① 武帝时的名儒夏侯始昌，是位"通五经，以齐诗、尚书教授"的儒家学者，但又是一位"明于阴阳"，善推言灾异的阴阳五行家，曾预言"柏梁台灾日，至期日果灾"。在董仲舒、韩婴去世后，"武帝得始昌，甚重之，曾被选为昌邑王太傅。"② 曾任太尉、丞相的田蚡曾治"盘于诸书"，据注家解释，盘于二十六篇系兼儒、墨、名、法的杂家书，后转好儒术。③ 再如公孙弘，元光元年举贤良对策，后为御史大夫、丞相，封平津侯，是武帝从儒家学者中提拔起来的。然而，公孙弘却是个"习文法吏事，缘饰

---

① 《史记》卷130《太史公自序》。
② 《汉书》卷75《夏侯始昌传》。
③ 《汉书》卷52《田蚡传》。

以儒术",又"著《公孙子》,言刑名事",①所以公孙弘是一位兼治儒、法两家的学者。尤其值得注意的是,在汉武帝强化法制的举措下,儒学经典如《春秋》也被当作法典使用。《史记·平准书》载"自公孙弘以《春秋》之义绳臣下取汉相,张汤用峻文决狱为廷尉,于是见知之法生,②……穷治之狱用矣"。董仲舒也"作《春秋》折狱二百三十二事,动以经对,言之详矣"。③ 上述这些现象,都可以视为武帝"悉延百端之学"的一种表现形式。

汉武帝"悉延百端之学"的另一形式是直接任用各学派的人做官,如对法家是很注意任用,并发挥其作用的。《汉书》卷52《韩安国传》载,韩安国字长孺,"尝受韩子、杂说,邹田生所"。师古曰:"田生,邹县人",可知韩安国曾在邹县田生所学习过法家韩非和杂家学说。武帝时,韩安国失官闲居,武帝先后任他为北地都尉、大司农、御史大夫、代丞相等职。马邑之谋时,武帝令他率三十万大军伏击匈奴。

再如,张欧"孝文帝时以刑名侍太子",景帝时位列九卿,武帝元朔年间曾"代韩安国为御史大夫"。④ 张汤自幼学习决狱文书律令,武帝时与赵禹"共定诸律令",汤常"决大狱",治淮南、衡山、江都王谋反案件,"皆穷根本"。为御史大夫后,又承武帝旨"请造白金及五铢钱,笼天下盐铁,排富商大贾,出告缗令,钼(锄)豪强并兼之家",在这一过程能以巧妙的言词文饰法律严惩违禁者。张汤以法治国的才干深受武帝赏识,所以常奏事至日晚,使武帝忘食,并让丞相成为无用的摆设,于是出现了"天下事皆决汤"的局

① 《汉书》卷58《公孙弘传》、《西京杂记》卷3。
② "见知之法"或"见知故纵"之法,谓见知不举事不举报,以故意纵放罪人罪论处。
③ 《晋书》卷30《刑法志》。
④ 《汉书》卷46《张欧传》。

面。张汤生病时,武帝亲至其家探视,"其隆贵如此",可见武帝对他倚重之深。①

另外,与张汤"共定律令"的赵禹和杜周,都是武帝时重用的法家在政府任要职的官员。其中,赵禹历任御史、中大夫、廷尉、少府。杜周则历任廷尉史、廷尉、执金吾、御史大夫等。② 同时,崇尚法治、信奉管商的法家桑弘羊又是为武帝所重用的理财专家,茺盐铁、均输、平准等措施的有力推行者,后为御史大夫。黄霸"少学律令,喜为吏,武帝末以待诏入钱赏官,补侍郎谒者",后补河东均输长。宣帝时曾官居颍川太守、京兆尹、丞相等职。③ 汉武帝时期所任用的上述法家官吏,不仅在当时政治、经济生活中起了重大作用,到昭、宣时期的作用也不可忽视。

汉武帝不仅从儒、法两家中选择官吏,也从其他学派中选拔官吏。如主父偃"齐国临菑人也,学长短从(纵)横术,晚乃学易、春秋、百家之言"。《汉书·艺文志》所著录的纵横家书目中有《主父偃》二十八篇。这说明主父偃主要是学纵横术起家的,并有专门著作问世。元光元年主父偃上书武帝,早上上书,晚上就被召见,所言九事,其中八事均被著为律令。主父偃也深为武帝赏识,一年中四次升官,至中大夫,最后为齐王相。值得注意的是,主父偃的一些意见,正是通过与公孙弘这位以儒术起家的官僚通过辩论、斗争而付诸实施的。例如主父偃建议中提出筑朔方城"内省转输戍漕,广中国,灭胡之本也"。武帝"下公卿议,皆言不便"。其时,作御史大夫的公孙弘"数谏,以为罢弊中国以无用之地,愿罢之。"④后经辩论,公孙弘才认错。事实证明,元朔二年(前127)武帝徙十

---

① 《汉书》卷 59《张汤传》。
② 分见《汉书》《赵禹传》、《杜周传》。
③ 《汉书》卷 89《循吏列传》。
④ 《汉书》卷 64《主父偃传》,卷 58《公孙弘传》。

余万人筑朔方城,此后开始向西北大移民,是其开发西北边郡的开端。而西北边郡的建立既可以阻止匈奴南犯,又是反击匈奴的前方基地,对稳定北方局势有重要作用。徐乐也是一位以学纵横家之言起家的,并有著述的学者。《汉书·艺文志》著录的纵横书目中有《徐乐》一篇。徐乐在给武帝的上书中,把陈涉起义比作土崩,把吴楚七国之乱比作瓦解,指出"臣闻天下之患,在于土崩,不在瓦解,古今一也",以此提醒武帝在年成不好、民多困穷时,要注意稳定形势。① 元光元年与主父偃一同上书的有徐乐、严安,武帝召见他们时说:"公等安在,何相见之晚也!"这说明武帝对主父偃等纵横家一类的人材是很器重的。②

黄老之术西汉初是国家的指导思想。武帝即位后黄老学说的地位大大降低,但是武帝仍然任用学黄老之术的人当官。汲黯就是一例。汲黯学黄老之学起家,景帝时曾为太子洗马,武帝时先后任用为荥阳令、中大夫、东海太守,"黯学黄老言,治官民,好清静,……黯多病,卧阁内不出,岁余,东海大治,称之。上闻,召为主爵都尉,列于九卿。治,务在无为而已,引大体,不拘文法"。武帝对他"无为"的治理方法和直言的性格都很赞赏,称赞他是"社稷之臣"。郑当时也是位治黄老学的,景帝时为太子舍人,武帝即位先后为济南太守、江都王相、至九卿为右内史、大司农,"当时好黄老言"。③ 楚元王后人刘德"修黄老术,有智略","常持《老子》知足之计"。武帝曾在甘泉宫召见他,因其年轻,称其为"千里驹"。④ 另外,司马谈、司马迁父子是尊黄老的,先后被任用为太史令,司马迁还被任用为中书令。再如郎中婴齐、杨王孙等人都是当

①《汉书》卷 64 上《徐乐传》。
②《汉书》卷 64《主父偃传》。
③《汉书》卷 50《郑当时传》。
④《汉书》卷 36《楚元王传》。

时治黄老之术有影响的社会人物。

此外，武帝对杂家、术数家等均一概任用。东方朔就是位杂家，他说自己"讽诵《诗》、《书》百家之言不可胜数"，又说他"十六学《诗》、《书》，诵二十二万言。十九学孙、吴兵法，……亦诵二十二万言"。他曾上书武帝陈述农战强国之计，其言专用"商鞅、韩非之语"。① 王鸣盛说东方朔戒子"亦宗黄老"②。汉武帝在宫中曾令诸术数家"射覆"，所谓"射覆"是将物件预为隐藏让人猜度的一种游戏，东方朔说曾学《易》，请求猜度，结果屡猜屡中，使左右大惊。这说明东方朔还是一位善卜筮、占候、起课的术数家。东方朔从年青时到武帝身边，先后为常侍郎、太中大夫，曾多次进言。淮南王刘安也是位杂家，招致宾客方术之士数千人，作内书二十一篇，外书甚众，又有中篇八卷。刘安入朝，"献所作内篇，新出"，武帝"爱秘之"。③

汉朝建立后，对兵家非常重视，汉初让"张良、韩信序次兵法，凡百八十二家，删取要用，定著三十五家"。武帝时又让"军政杨仆"，取其"遗逸，纪奏兵录"。霍去病"为人少言不泄，有气敢任，天子尝欲教孙吴兵法"，当时人称赞大将军卫青"虽古名将不过也"。汉武时出了卫青、霍去病等杰出军事将领，与当时重视研讨兵家著作是分不开的。《汉书·艺文志》兵书技巧类著录书目中有《李将军射法三篇》，此处所说李将军即李广也。

此外，武帝对术数家、方士也是重用的。《史记·龟策列传》载太史公说对卜筮的"赏赐至或数千万，如丘子明之属，富溢贵宠，倾于朝廷"。尤其是对方士更加信用，武帝可说一辈子都在受

---

① 《汉书》卷 65《东方朔传》。

② 王鸣盛：《十七史商榷》卷 6。

③ 《汉书》卷 44《淮南衡山济北王传》。

方士的骗,到最后才清醒了过来。

上述事实说明,武帝"悉延百端之学"确系历史事实。这就是说,武帝在尊儒术、重法治的同时,又兼用百家。

汉武帝"悉延百端之学"是当时历史条件决定的,有着深刻的历史原因。首先,文景时期的"无为而治",决定了学术思想上的"各家共进",从那时遗留下的人才各家各派都有,无法把他们统统罢黜。其次,武帝时期是个开拓进取的时代,需要很多各方面的人才,即使在元朔年间为博士置弟子之后,一年也不过培养50名,根本不够用,不用其他学派的人根本不可能。再次,其他各学派也确实能提供许多人才。这就决定了,汉武帝必然要各家兼用。至于这样做的利弊得失,读者从有关事实中就可以得出自己的结论,这里无需多作评述。

第三章　施德治安定社会

汉武帝即位之初,就想着要"德润四海,恩泽至于草木"。所以他对发展农业生产,安定农民生活、稳定社会是非常重视的。他曾说:"间者河溢,岁数不登,故巡祭后土,祈为百姓育谷。"[1]又说:"朕……亲奉祀,为百姓蒙嘉气,获丰年焉。""以四时祠江海洛水,祈为天下丰年焉。"[2]所以,汉武帝即位以后采取了一系列的调整生产关系、兴修水利、关心民众疾苦的措施。

第一节　调整生产关系　稳定小农经济

秦汉时期土地占有状况呈两重性。一方面皇帝对全国土地拥有最高所有权。如秦始皇在《琅邪台刻石》中说"六合之内,皇帝之土"。贾谊也说秦始皇"贵为天子,富有天下","以六合为家,肴函为宫"。[3]刘邦当皇帝后对其父说:"始大人常以臣亡(无)赖,不能治产业,不如仲力。今某之业所就孰与仲多?"[4]蔡邕的《独断》是记载汉代典章制度的书,《独断》卷上说"天子无外,以天下为家,故称天家"。这些记载都说国家对全国土地是有最高所有权的。

---

① 《汉书》卷25 上《郊祀志上》。
② 《汉书》卷25 下《郊祀志下》。
③ 《史记》卷6《秦始皇本纪》。
④ 《汉书·高帝纪》。

并且,这种所有权还可分封给臣下,《汉书·食货志》说"宗室有土",颜师古解释说"有土,谓国之宗室受封邑土地者也",也就是说受分封后,封邑中的土地归国家所有,被分封者只有占有权。上述记载说明秦汉时期国家拥有全国的最高土地所有权无疑是存在的。

另一方面,经战国到西汉时期的发展,可以转让、买卖、出租土地的私有法权也得到了承认、确立。所以,武帝时土地兼并发展了起来。董仲舒在《对策》中就说"身宠而载高位,家温而食厚禄"的官僚地主"众其奴婢,多其牛羊,广其田宅,博其产业,畜其委积,务此而亡(无)已,……富者奢侈羡溢,贫者穷急愁苦,……民不乐生,尚不避死,安能避罪!"①《史记·货殖列传》也说从事农业、畜牧业、手工业、商业以及山泽产品开发、销售的(虞)人"为权利以成富,大者倾郡、中者倾县、下者倾乡里,不可胜数"。从事各种行业最后发展为中小地主的人是大量的、普遍的。《史记·货殖列传》称有封邑的衣食租税的特权地主,对封邑中的民户每户每年平均收二百钱,有千户的封君每年收二十万,"朝觐聘享出其中",生活快乐美满。而"无秩禄之俸、爵邑之入"的从事农、工、商的庶民地主,家产一万钱每年平均可增殖二千钱,有百万家产的每年收入二十万,"而更徭租赋出其中",其生活也同样快乐美满。因为他们没有封邑,所以称之曰"素封"。随着社会上各种地主的发展,社会上出现了"耕豪民之田,见税什伍。故贫民常衣牛马之衣,而食犬彘之食"的佃农。这些记载又说明,随着土地私有制的发展,各种地主发展了起来,贫富两极分化,阶级矛盾又趋于尖锐。

在上述情况下,据《汉书·食货志》载,董仲舒曾提出"限民名田,以澹不足,塞兼并之路,然后可善治也"的建议。汉武帝则采取了一系列的措施,抑止土地兼并、缓和阶级矛盾、稳定小农经济,

---

① 《汉书》卷56《董仲舒传》。

使老弱孤寡的生活也得以维持。正因如此,他的统治能维持半个多世纪,他的事业才得以实现。现把武帝这方面的措施分述如下:

一、改变土地占有形式

汉代虽然皇帝或国家对全国土地有最高所有权,然而对土地的占有却存在不同形式。其一,属于国家各级官府的无主荒地、草地、山川、园林、池泽等,这些土地一般称为公田,有的可以开垦。其二,国家各级官府直接经营管理的耕地、牧场、苑囿、池泽等等。其三,地主占有、经营的耕地、牧场、山林、池泽等。其四,农民占有、使用的耕地、牧场、山林等。这种土地占有的不同形式彼此间是可以转化的。

汉武帝时期,国家及其各级官府直接经营、管理的耕地、牧场、山林、池泽土地占有形式大大扩大是一个显著特点。《盐铁论·复古篇》说:"孝武皇帝攘九夷,平百越,师旅数起,粮食不足,故立田官,置钱,入谷,射官,救急,赡不给。"《盐铁论·园池篇》也说:"县官开园池,总山海,致利以助贡赋,修沟渠,立诸农,广田牧,盛苑囿。太仆、水衡、少府、大农,岁课诸入,田牧之利,池篽之假,及北边置任田官,以赡诸用而犹未足。今欲罢之,绝其源,杜其流,……如之何其可也。"这些记载说明,汉武帝时因"师旅数起,粮食不足",为"赡诸用",所以要立"田官",在国有土地上直接经营农、牧业。这些官营农牧业像官营工商业一样是国家财政收入的重要来源。这些官营农业中央分别由大司农(管理国家财政并兼管农业)、少府(管皇室财政)、太仆(掌马政畜牧)、水衡(掌山林池苑)管理。此外,地方政府,如京师三辅地区、郡国及其下属县在所属公田上也设置官营农业,并设劝农掾、田曹等农官管理。西北边郡的屯田上也设置农官,如农都尉、护田校尉等进行管理。

既然汉武帝时国家各级官府直接经营的官营农牧业所占土地

大为扩大,那么这些公田即国有土地是从那里来的呢？据历史记载,这些公田有以下几种来源。

1. 高资富人、豪杰名家迁徙后留下的土地。迁徙东方大族高资富人、豪杰名家是西汉的传统国策。《汉书·娄敬传》载,汉初娄敬曾建议"徙齐诸田、楚昭屈景、燕、赵、韩、魏后,及豪杰名家"十余万口于关中地区。理由是:关中人口稀少,北近胡寇,东有六国强族。迁十余万口于关中,无事可以防胡,东方六国如发生叛乱可率领他们东伐。这就是"强本弱末"的治国之术。高帝九年十一月"徙齐、楚大族昭氏、屈氏、景氏、怀氏、田氏五姓关中,与利田宅"。这些人迁走后,据说出现了一个意想不到的经济后果,就是"邑里无营利之家,野泽无兼并之民"。① 高帝以后,迁徙高资富人及豪杰名家成了一种传统。武帝时有关徙民的记载有三次:建元三年(前138)"赐徙茂陵者户钱二十万,田二顷"。元朔二年(前127)"徙郡国豪杰及资三百万以上于茂陵"。太始元年(前96)"徙郡国吏民豪杰于茂陵、云陵"。把这些人迁走后留下的土地如何处理呢？《汉书·陈汤传》载陈汤曾对成帝说"关东富人益众,多规良田,役使贫民,可徙初陵,以强京师,衰弱诸侯,又使中家以下,得均贫富"。这就说明,这种迁徙主要是从"强本弱末"的政治需要出发的,当然,"使中家以下,得均贫富"也是一个重要的经济目的。如何使"中家以下,得均贫富"呢？高资富人、豪杰迁入关中后,国家要给与田地等财产、资金,那么他们迁走后留下的田地等财产按理亦当交公,变为国家或郡国的公田,这些国有的公田再以"假与"、"赐与"等形式交给农民占有、使用,就会使中家以下"得均贫富"。因此,汉武帝时三次迁徙东方高资富人、豪杰于关中,留下的土地归郡国政府处理使用应无疑问。这些土地就应是

① 《后汉书·五行志三》注引《东观书》载杜林上疏。

地方郡国公田的来源之一。

2. 打击商人、豪强没收的土地。据《汉书·食货志下》载元狩四年颁算缗令时就下令"贾人有市籍，及家属，皆无得名田以便农。敢犯令，没入田货。"①元鼎三年(前114)，杨可告缗遍天下，商贾中家以上大都破产，没收了商人地主遍及各地的大量土地，"大县数百顷，小县百余顷"，"而水衡、少府、大农、太仆各置农官，往往即郡县比没入田田之"。这就是说在大量没收商人地主的土地之后，把土地交归大农等四个部门管理经营，其范围遍及中原地区各郡县。这样，商人地主私人占有的土地就转化成了国有的公田。

汉武帝还通过打击豪强地主，没收土地。《汉书·张汤传》载：御史大夫张汤"承上旨，……钮(锄)豪强并兼之家"。这就是说锄除豪强抑兼并，是汉武帝推行的一项政策。为此武帝设刺史监察郡国，以六条问事，第一条就是"强宗豪右，田宅逾判，以强凌弱，以众暴寡"。武帝又任用酷吏打击豪强。如酷吏王温舒为河内太守时，"捕郡中豪滑，相连千余家。上书请(办其罪)大者至族(灭族)，小者乃死，家尽没入偿臧(赃)"。再如宁成，南阳郡人，在其家乡"买田千余顷，假贫民，役使数千家"，酷吏义纵为南阳太守后，"至郡，遂案宁氏，尽破碎其家"。这样，被打击诛杀的豪强的土地就转化成了公田。

3. 开发各级官府掌握的荒地和开发西北边郡的土地。西汉时期从中央到地方政府都掌握着有待开发的荒地、山林、苑囿。有的土地就是武帝时开发出来的，如河东渠田，原计划开发五千顷水浇地，工程完成不久因河道迁徙，工程报废，但田地仍有一定的使用价值，所以给了越人使用，而由少府收少量租税。

----

① 《史记·平准书》载"贾人有市籍者，及其家属，皆无得籍名田，以便农。敢犯令，没入田僮。"

西北边郡原来的一些郡县就有很多可开发的土地。其后,随着反击匈奴战争的胜利,又设置了新的郡县,如元朔二年(前127)置朔方郡,元鼎二年(前115)以后又逐渐设置了酒泉等河西四郡。这些郡县有大量土地可开发。武帝就在西北边郡大量开发荒地,实行屯垦。

4. 改革亩制增加农民耕地使用面积。汉武帝通过迁徙东方大族、打击豪强、没收商人土地、开发荒地等方式扩大国有土地,而后又通过"假民公田",屯田等方式把这些土地转给农民使用。值得注意的是他还推行大亩制,增加农民的耕地使用面积。西汉初期,有的地区在亩制上使用周制,"六尺为步,步百为亩",①一百方步为一亩,折合等于今0.288市亩。有的地区用秦制,宽一步(六尺),长240步为一亩,折合等于今0.691市亩。② 汉武帝时推行大亩制。《盐铁论·未通篇》御史说:"古者制田百步为亩,民井田而耕,什而借一。……先帝哀怜百姓之愁苦,衣食不足,制田二百四十步而一亩,率三十而税一。"推行大亩制后,耕种面积增加了约1.4倍,有利于稳定和发展农民经济。所以盐铁会议上御史把汉武帝时推行大亩制后耕地面积增加,而赋税还是三十税一而未增加,作为当时德政加以申述。而贤良文学也未就推行大亩制提出反驳,可见这在当时确系公认的事实。

二、中原地区官营农业的剥削方式

中国从秦朝起,官营农业就是采取把公田"假"给民人的方式经营的。《史记·匈奴列传》载"始皇帝使蒙恬将十万之众……悉取河南地。……又度河据阳山北假中。"注引《集解》说"北假,北

---

① 《汉书·食货志》。
② 梁方仲:《中国历代户口、田地、田赋统计》,上海人民出版社1980年版,547页。

① 《汉书·食货志》。
② 梁方仲:《中国历代户口、田地、田赋统计》,上海人民出版社1980年版,547页。

方田官。主以田假与贫人,故云北假。"

汉武帝时通过迁徙富民、打击商人、豪强、开发荒地在中原地区设置官营农业也是用假民公田的方式经营的。《汉书·昭帝纪》的记载和注中说,那时公田上有专门管理稻田的"稻田使者",其职责就是把稻田"假与民",并"收其税"。① 那么什么是"假"呢?假可作借讲。贫人无田,假(借)别人的田耕种,出假(借)税,②这就是最初的租佃关系。后来,唐朝人颜师古注释《汉书》时说假的含义是"权以给之,不常与",又说"假,亦谓贫人赁富人之田也"。唐人李贤注《后汉书》时说"假,犹租赁"。③ 这样,"假"就成了秦汉时期租佃关系的代名词。汉代所谓"假民公田"就是这种经济关系的反映。

京师三辅地区的公田,称三辅公田,由于秦汉时期京师长安的长官称内史,所以也叫内史公田。武帝建元六年(前135)分为右内史、左内史,太初六年(前104)又把长安及属县分为三区:京兆尹、左冯翊、右扶风,称为三辅。《汉书·沟洫志》载:"上(武帝)曰:今内史稻田租挈重,不与郡同,其议减。"师古曰:"租挈,收田租之约令也。郡谓四方诸郡也。"这一记载和有关注释说明:一是农民"假"种公田是有租约的;二是不仅内史所辖三辅公田采取"假"田方式经营,其他郡国也是如此,二者的区别仅仅在于"内史"所辖京师地区的稻田征收的假税过重而已;三是三辅公田上征收的假税显然不是一般民田的三十税一的田租,如果是三十税一的田租就不会发生租额重不重的问题,也不会发生议定减轻的问题。这种类型的"假民公田"明显是用租佃方式经营的,其租额比

---

① 《汉书》卷七《昭帝纪》载,桑弘羊暗通燕王旦谋害霍光,为"稻田使者燕仓先发觉"。注引如淳曰:"特为诸稻田致使者,假与民收其税也。"
② 《说文解字》云,"假,非真也","借,假也"。这说明假、借二字相通。
③ 分见《汉书·宣帝纪》、《后汉书·和帝纪》等有关注释。

"耕豪民之田,见税什伍"要轻得多,但比"三十税一"的田赋一般来说又要重。而这里耕种公田的民户一般来说应是官府的佃户。

国家管理机构在公田上收的假税较轻是明显的事实。《盐铁论·园池篇》说:

> 今县官多张苑囿、公田、池泽,公家有鄣假之名,而利归权家。三辅迫近于山河,地狭人众,四方并臻,粟米薪菜,不能相赡。公田转假,桑榆菜果不殖,地力不尽,愚以为非。先帝之开苑囿、池籞,可赋归之于民,县官租税而已。假税殊名,其实一也。

这一记载涉及了土地所有权归属和假税征收多少的问题,所以下述两点值得注意:一是国家假给农民土地后,收的假税少,所以权家插入其中,先接受"公家"假给的公田,而后再转假给民众,"公家转假"后,权家征收高额地租,所以利归权家。但土地所有权仍属国家。二是"先帝(武帝)之开苑囿、池籞、可赋归之于民,县官租税而已。假、税殊名,其实一也"。盐铁会议是昭帝时召开的,这里所说"先帝之开苑囿、池籞"云云指的是武帝。看来汉武帝把公田"假"与农民后,并未征收高额地租,收的与政府收的"三十税一"的田租差不多。所以说"假、税殊名,其实一也"。既然如此,那么为什么要把"假"给农民的土地,改为"赋(给与)归之于民"呢? 这就是说把公田"假与"或"赋"与民户土地所有权的归属是不同的。在"假民公田"时不管收租税如何轻,土地所有权归国家;在把公田"赋归"与民时土地所有权就归了民户。

那么,汉武帝为什么要在"假民公田"保持国家对土地所有权的同时,收的假税又相当轻呢? 汉武帝即位之初土地兼并已相当严重,董仲舒建议"塞兼并之路,以赡不足",司马相如在《上林赋》也希望他"以赡氓隶(贫穷农民)"。而汉武帝"假民公田"的对象就是贫穷破产的农民。这些贫穷农民"假"到国有土地后,就有了土地使用权,收的假税又轻,这就使他们的个体小农经济得以维持和休养生息。这样做的结果使贫困农民能够生活下去,统治者的统治也就能维持下去,阶级矛盾、社会矛盾也就得到了缓和。这正是汉武帝英明睿智之处,也是他实行儒家"德治"、"仁政"的一个产物。不仅如此,从武帝开始"假民公田"成了汉代的一个传统,如宣帝地节元年(前69)诏"假郡国贫民田",宣帝地节三年(前67)诏"假公田,贷种食"等等,一直到东汉还是如此,这也是值得注意的。

三、西北边郡的民屯与军屯

汉武帝时随着反击匈奴战争的胜利,通过徙民屯田和军屯,开发西北地区。东汉应劭说,"武帝始开三边,徙民屯田",就是说汉代开发西北等边地是从武帝时开始的。从有关记载看武帝时大规模徙民进行民屯和军屯的记载有以下几次。

1.《汉书·武帝纪》载元朔二年(前129)春匈奴入上谷、渔阳,杀略吏民千余人。武帝派遣将军卫青、李息出云中,至朔方以北的高阙,又向西至符离,斩获数千,大胜,收复今河套一带的河南地,置朔方、五原两郡。为巩固对这一地区的统治,这年夏天"募民徙朔方十万口"。

2. 元狩四年(前119),山东遭水灾,民多饥乏,武帝派遣使者调拨郡国仓库中的粮食救济灾民,仍不足,又"募豪富"把钱粮"假贷"给穷人,还不能相救,于是让"关东贫民徙陇西、北地、西河、上郡、会稽凡七十二万五千口"。①

3. 元狩四年是卫青、霍去病分道袭击、大败匈奴的一年,此后匈奴远遁,漠南无王庭。这一年军屯也有大发展,《史记·匈奴列传》载此年"汉度河自朔方以西至令居(今甘肃永登西北),往往通

① 《汉书》卷24下《食货志》、《汉书》卷6《武帝纪》。

渠置田官,吏、卒五六万人,稍蚕食,地接匈奴以北"。

4. 元狩五年(前118)"徙天下奸猾吏民于边"。①

5. 元鼎五年(前112),《史记·平准书》载"初置张掖、酒泉郡,而上郡、朔方、西河、河西开田官,斥塞卒六十万人戍田之"。

6. 元鼎六年(前111),《汉书·武帝纪》载:"乃分武威、酒泉地,置张掖、敦煌郡,徙民以实之。"

上述六条记载除第3条、第5条是描述西北边郡屯田的规模、地域、人数的记载外,其他四条都直接是徙民实边的记载,这四条:一是"募民徙朔方十万口"、二是"关东贫民"七十二万五千口徙"陇西、北地、西河、上郡、会稽"。三是"徙天下奸猾吏民于边"。四是元鼎六年(前111)"徙民以实之"。究竟这四次一共徙了多少人去边地,确切数字已无法知道,但至少也有一百万左右。

这些人去西北边郡后,是在怎样的经济关系和剥削方式下从事生产、生活呢?《史记·平准书》记载元狩四年那次徙民时说"乃徙贫民于关以西,乃充朔方以南新秦中,七十余万口,衣食皆仰给县官。数岁,假予产业,使者分部护之,冠盖相望,其费以亿计,不可胜数,于是县官大空"。徙去这七十多万人,国家在"数岁"之内,是要"假予产业"的,这些"产业"中都包括什么呢? 首先应包括土地,否则这些关东迁去的无地贫民怎么生活呢? 而国家在西北边郡又拥有大量待开发的土地,所以"假予"土地不存在问题。此外,还"假予"犁牛,《汉书·昭帝纪》载元凤三年"边郡受牛者勿收责(债)",注引应劭曰:"武帝始开三边,徙民屯田,皆与犁牛。"这说明武帝在徙民屯田时,"假予产业"中包括土地和犁牛。这些民屯户最初应是官府的封建依附农,后来发生两极分化,有的变为地主、有的变为自耕农、佃农。王船山在《读通鉴论》中说:

---

① 《汉书》卷6《武帝纪》。

"武帝……救饥民也为得。虚仓廪以振之,宠富民之假贷者以救之,不给,则通其变而徙荒民于朔方、新秦者七十余万口,仰给县官,给予产业,民喜于得生,而轻去其乡以安新邑,边因以实。……武帝乘其时而为民利,故善于因天而转祸为福,国虽虚,民以生,边害以纾(舒),可不谓术之两利而无伤者乎!"①

从上述材料还可看出,汉武帝时在西北边郡的军屯,也是规模巨大。如元狩四年从朔方(今内蒙黄河河套地区)到今甘肃永登一带通渠置田官,有吏、卒五六万人屯田。元鼎五、六年则有张掖、酒泉、朔方、上郡、西河、河西等地开田官,有六十万人屯田。这种巨大的屯田规模已为后世发现的居延汉简的有关记载所证实。②最初国家对军屯吏士实行供给制,士卒在屯田上的收谷亦当交公。后来由于军屯的士卒可以带家属,军屯上出现了民屯户,封建租佃关系可能得到一定程度发展,东汉初马援在上林苑屯田就采用封建租佃关系可说明这一点。③

汉武帝在西北边郡的民屯、军屯对中国后世有着重大影响。曹操在《置田令》中就说:"孝武以屯田定西域,此先代之良式也。"④曹操在许昌等地屯田就是在总结汉武帝在西北边郡屯田的基础上而推行的。因此应当说,武帝在西北边郡的大规模屯田功在当代、惠及后人。

① 王船山:《读通鉴论》卷3《武帝》17,中华书局1976年版。
② 《居延汉简》载:元帝、成帝时的大司农奏疏中说"武(威)以东至西河郡十一农都尉官"。农都尉,武帝时设置,秩比二千石,郡中管理屯田殖谷的高级官吏。武威以东有十一个农都尉官,说明屯田规模很大。简文见《居延汉简释文合校》上册,337页。
③ 《后汉书》卷24《马援传》载马援"以三辅地旷土沃而所将宾客猥多,乃上书求屯田上林苑中,(帝)许之……"。《水经注》卷二《河水》云:"马援请与田户中分,以自给也。"
④ 《三国志·魏志·武帝纪》注引《魏略》。

第二节　兴修水利　发展生产

《史记·河渠书》记载了中国从古到汉武帝时兴修水利的概况。《汉书·沟洫志》记载了中国从古至西汉末兴修水利的概况。从中可以看出,中国兴修较大的水利工程是从春秋时开始的,经战国而至西汉兴修水利工程出现了一个高潮。西汉时期全国兴修水利的高潮就是在汉武帝时期出现的。而且,汉武帝是秦汉时期历史上兴修水利工程最多的一位皇帝。

汉武帝时期兴修水利有两个时期,一个时期在元封元年之前,这一时期兴修水利主要是在以关中为中心的中原地区兴修的。另一个时期是元封二年堵塞黄河瓠子决口后,群臣争言水利,兴修水利也发展到河西地区、淮河流域、山东等地。

一、元封前的水利兴修

汉武帝从即位到元封前所修水利主要是在关中、河东、汉中等地进行的。关中地区是秦汉政权的首都所在地,战国时期秦就注意在关中兴修水利,秦王嬴政在统一六国前就修了郑国渠。郑国渠是一条沟通泾、洛二水,经泾阳、三原、高陵、富平、蒲城等县,长约三百余里,可灌溉四万多顷(约合今 200 多万市亩)的大型水利灌溉工程。汉武帝时期全国出现了兴修水利的高潮,也是从关中开始的。汉武帝之所以如此,主要是由两个原因造成的。(一)关中是全国政治、经济文化中心首都长安的所在地,消费的粮食和物资数量大。而从外地运输粮食等物资,耗费民力巨大,成本太高。所以需要增加粮食产量,开拓水路交通、方便运输。(二)武帝时大规模开发西北,关中成了主要的后方供应基地、军事基地,所以需把关中建设成为供应前方的粮仓。

在上述情况下,武帝就不能不重视关中农业生产的发展和水利的兴修,解决的问题主要是灌溉和方便运输。元封以前在关中及周围地区所修水利主要有以下几项:

1. 修建漕渠。漕渠是一条运输与灌溉两用的水利工程。开凿的主要目的是为了漕运。漕渠自长安西南昆明池起,经今临潼、渭南、华县、华阴、潼关,直达黄河,长三百余里,完成这一工程,可使山东物资从水路直达长安。同时,还可灌溉渠旁万余顷良田。武帝元光六年(前129)大司农郑当时上奏说:"以前关东的粮食从渭水运来,预计六个月才能结束,而水路有九百余里,且时有难走的地方。引渭水从长安开渠,从南山下去到黄河三百余里,路直,容易漕运(水路运输),预计三个月可以结束。而渠下民田万余顷,又可以得以灌溉;这样,既可以减少漕运时间又减省了运输的士卒,而使关中之地更加肥美,收得的谷更多。"武帝认为他的话是对的,所以令齐人水工徐伯测量土地,征发几万"卒"挖漕渠,三岁而成。漕渠完成后,用以漕运,非常便利,后来漕运日多,渠下百姓也得以利用渠水溉田。

值得注意的是,汉初高帝时从关东运粮每年数十万石,漕渠建成后猛增至四百万石,到武帝元封年间(前110—前105)增加到每年600万石。这说明漕渠的修成,对从关东地区向关中运送粮食等物资确实起了重大作用。

2. 修建河东渠田。漕渠建成后,河东郡守名叫番系的上言说:"从山东运粮至关中,每年百余万石,而且要经历砥柱山下的艰难危险,丢失很多而费用很大。如果能穿渠引汾河水灌溉皮氏(县城在绛州龙门)县、汾阴县,再引黄河水灌溉汾阴、蒲坂下的土地,估计可得田地五千顷,都是河旁边闲弃的土地,现在用水灌溉后,预计每年可得谷二百万石以上。谷物沿渭水运上去,与关中没有什么差别,这样砥柱山艰险地带以东就可以再不必运粮去关中"。武帝认为他说的对,就"发卒数万人"作渠田。几年后,河道移徙了,渠无法用,种田的人连种子费用都收不回来。时间久了,河东渠田荒废,给了迁来的越人用,由少府收少量租税。

3. 修建褒斜道运河。这一时期有人曾上书讲修汉中褒斜水道运送粮食的问题,武帝把此事交给御史大夫张汤办理,张汤问此事,回答说:"到蜀地从故道走,多斜坡,弯曲遥远。现在凿穿褒斜道,少斜坡,近四百里;而且褒水与沔(汉水)相通,斜水与渭水相通,都可行运粮船。运粮从南阳上沔(汉水)转入褒水,从褒水到斜水时,中间有百余里陆路,用车转运,而后从斜水转入渭水。这样,汉中的谷物就可运到关中。而山东的谷物从沔(汉水)可源源运来,比经砥柱山艰险要方便,而且褒、斜木材竹箭丰富,可与巴蜀比美。"皇帝认为讲得有道理,任命张汤子卯为汉中郡守,征发几万人建褒、斜水道五百多里,道路果然又方便又近,然因水湍急多石,不能运粮。

4. 修建龙首渠。此渠修建时间应在元封前,这条渠修了"十余岁",大约是在元朔、元狩、元鼎之时修建的。这是一项引洛水灌溉的工程。修渠的原因是,有个叫庄熊羆的人上言说:"临晋(今大荔)①的百姓希望穿凿洛水灌溉重泉(今陕西蒲城县东南)以东一万多顷盐卤地。这些地如用水灌溉,可以亩收十石。于是武帝发卒万余人穿渠,从徵(澄城)引洛水到商颜山下,岸易崩塌,因此凿井,深的有四十多丈,往往挖很多井,井下相通行水,水往下流穿过商颜山,井渠之生自此始。"由于穿渠时挖到了龙骨所以称为龙首渠。渠修了十余岁,才修通,而其效益还未发挥出来。②

---

① 临晋,在左冯翊境,晋时改为大荔。
② 《汉书·沟洫志》:"作之十余岁,渠颇通,犹未得其饶。"

龙首渠建造时一项新的技术突破是用"井渠"法输水,即"井下相通行水"。《史记·河渠书》说"井渠之法自此始"。后人认为"井渠"输水是中国人民的一个创造。并以武帝太初三年(前104)李广利围大宛城时,大宛城断水,得城中汉人帮助学会了掘井法,证明中亚的掘井技术是从中国传去的。法国学者伯希和说中国的井渠技术(坎儿井)是从波斯经新疆传入内地的。王国维先生《西域井渠考》认为:中亚、波斯等地均有坎儿井,"此中国旧法也"。[①] 论证了井渠输水是中国先发明的。

二、元封后兴修水利高潮

汉武帝元封元年(前110)封禅泰山,元封二年塞黄河瓠子决口。此后,用事之臣争言水利。这一时期兴修水利无论在数量上、地区上都远远超过前一个时期。汉武帝时兴修水利的高潮就出现在这一时期。所修水利工程主要有下列一些:

1. 堵塞黄河瓠子决口。黄河穿过黄土高原的山、陕峡谷进入下游平原,带有大量泥沙,常常泛滥成灾。西汉时期也是如此。文帝前十二年(前168),河决酸枣(河南延津县境),东溃金堤(今河南滑县北,又名千里堤)。因此,"大兴卒塞之"。过了三十六年,武帝元光三年(前132)黄河又从瓠子(今河南濮阳县)决口,向东南经过巨野泽流入淮泗,泛滥地区遍及十六郡,给人民带来很大灾难,使这一地区"岁以数不登,而梁、楚之地尤甚"。武帝令大臣汲黯、郑当时征发服役的民众和刑徒填塞决口,常是填好后又坏了。此时武安侯田蚡为丞相,他的封邑在黄河以北的鄃(今山东夏津县),黄河从南边决口,则鄃地无水灾,封邑的收入增多。于是田蚡就对武帝说:"江河之决皆天事,不容易用人力勉强堵塞,堵塞

---

① 王国维:《西域井渠考》,《观堂集林》(二),中华书局1959年版,620页。

未必合天意。"一些望云气用术数的方士也以为如此,因此武帝好久也没有堵塞。

从瓠子决口二十多年后,因常年不收,梁楚之地最为严重。所以,武帝在元封元年到泰山封禅后的第二年,即元封二年(前109),天旱少雨,武帝到了瓠子决口,沉白马、玉璧于河中祭祀河神,任命汲仁、郭昌征发数万卒塞瓠子决口,令群臣自将军以下都背负着柴草填堵决口,因东郡当时烧草,柴薪少,而砍伐淇园的竹子竖插于河中而填柴和土石筑堤。士卒堵塞决口后,在上面建造了一座宫,名曰宣防宫。从此,梁、楚一带地方没有水灾,得到了安宁。在堵塞决口过程中,武帝作了两首《瓠子歌》,其歌辞曰:

(一)

瓠子决兮将奈何?浩浩洋洋兮虑殚为河!殚为河兮地不得宁,功无已时兮吾山平。吾山平兮巨野溢,鱼沸郁兮柏冬日。延道弛兮离常流,蛟龙骋兮方远游。归旧川兮神哉沛,不封禅兮安知外!为我谓河伯兮何不仁,泛滥不止兮愁吾人?啮桑(采桑)浮兮淮、泗满,久不反兮水维缓。

(二)

河汤汤兮激潺湲,北渡污兮浚流难。搴长茭兮沉美玉,河伯许兮薪不属。薪不属兮卫人罪,烧萧条兮噫乎何以御水!颓林竹兮揵石菑,宣房塞兮万福来!

从武帝堵塞黄河瓠子决口的全过程看,瓠子决口后,他重视治理,立即让汲黯、郑当时征发卒塞决口,未成功。后听丞相田蚡和方士之言二十多年搁置了此事。元封元年封禅的路上他了解了事情的真相,《瓠子歌》第一首"不封禅兮安知外"即指此事而言。后来他在一个诏书中曾说,封禅过程中,曾"问百年民所疾苦"。得到的回答是"惟吏多私,征求无已"云云。《史记·封禅书》也载武帝封禅过程"方忧河决"。所以,迅即在封禅后的第二年,即元封二年,亲临决口,督率治河,终于堵塞了河决,完成了一件了不起的大事。武帝是中国历史上第一位亲临现场治理黄河的皇帝,这一点将永垂青史。两首瓠子歌抒发了武帝在堵塞河决过程中的感情和克服困难决心,以及成功后的喜悦。

2. 灵轵、成国、沣渠。据《汉书·沟洫志》所载武帝元封二年修好黄河瓠子决口后,"用事者争言水利",于是有灵轵、成国、沣三渠的修建,其具体时间当在武帝元封年间及其以后,三条渠共溉田万顷。今分述如下:

(1)灵轵渠:从陕西周至县灵轵起,向东北,注入渭水。灌溉今周至、户县及咸阳渭河南几千顷田地。

(2)成国渠:从渭水北岸的眉县引渭水向东流入蒙笼渠,大约在汉长安北又注入渭水。灌溉今眉县、扶风、武功、兴平、咸阳等县市的田地。

(3)沣渠:沣渠是引渭水支流沣水灌溉田地的工程。沣渠故址约在今扶风、武功县境内,灌沣水河谷里的田地。

3. 六辅渠。郑国渠凿成"百三十六岁"后,武帝元鼎六年(前111)左内史(左冯翊市长)儿宽建议、监督下开凿的。六辅渠具体开凿、完成的时间应在元封元年(前110)以后。六辅渠是在郑国渠上游南岸今泾阳、三原县境挖六条辅渠,灌溉郑国渠旁地势较高的田地。六辅渠能把郑国渠水引到地势高仰的田地里灌溉,表明西汉兴建水利工程的技术有了新的进步。

4. 白渠。武帝太始二年(前95),赵国中大夫白公又奏请在郑国渠上穿渠,引泾水从谷口起,到栎阳入渭水。因白公奏请开凿的,所以称为白渠。白渠流经今泾阳、三原、高陵、临潼,长二百里,灌田四千五百顷。由于引水灌溉,农业产量提高,民众深受其利。

所以歌曰:"田于何所,池阳、谷口。郑国在前,白渠起后,举臿为云,决渠为雨。泾水一石,其泥数斗。且溉且粪,长我禾黍。衣食京师,亿万之口"。这说明白渠的修建,获得了良好的经济效益。

5. 其他水渠。除上述修建的水渠外,还在全国其他地区建有水利工程。关于这点,《汉书·沟洫志》载从堵塞黄河决口后,"用事者争言水利。朔方、西河、河西、酒泉皆引河及川谷以溉田。……汝南、九江引淮;东海引巨定,泰山下引汶水,皆穿渠为溉田,各万余顷。它小渠及陂山通道者,不可胜言也。"这就是说当时全国所修水利工程除小的不计外,著名的有以下几项:(1)西北边郡朔方、西河、河西、酒泉引河及川谷溉田;(2)九江、汝南引淮水;(3)东海郡引巨定;(4)泰山下引汶水。这四处所修水渠各溉田万余顷,总计在四万多顷。

三、兴修水利所取得的成就

汉武帝在兴修水利方面超过了以前的帝王,在数量之多、地域之广、规模之大诸方面都是空前的。在重视程度、技术进步、水运与溉田数的增加方面都有较大成绩。今简单列表如下,以供参考。

武帝时兴修水利成绩简表

名　　称	时　　间	溉田等成就	意　　义
塞瓠子决口	元封二年(前109)	东南16郡无水患	中国历史第一次
漕渠	元光六年(前129)始建	漕运与溉田溉田万顷	中国统一国家第一次修筑与首都联系的运河
龙首渠	元朔到元鼎时(前128—前112)	用井渠法输水溉田万顷	世界历史上的首创
西北边郡水利	元封二年(前109)以后	朔方、西河、河西、酒泉引河、川谷溉田万顷	在西北大规模兴修水利
灵轵、成国、沣	元封后	万顷	

名　称	时　间	溉田等成就	意　义
白　渠	太始二年(前 111)	4500 顷	
汝南、九江引淮	元封后	万顷	
东海引巨定	元封后	万顷	
泰山下引汶水	元封后	万顷	
共　计		溉田　74500 顷	

　　上表所列是汉武帝一生修水利的一些突出业绩,并非全部。武帝一生兴修水利的举措也并非全部成功,如河东渠田、褒斜道两项工程虽都全部完成,但却因河移徙和水流湍急又多石,没有经济效益,应该说是失败了。这些失误应当说是当时缺乏科学决策造成的,应引以为戒。然而,这些失败的工程有的也给后人留下了启迪,如修建褒斜道,企图从沔(汉水)通过褒、斜二水,再进入渭水把粮食运到关中。这种打通南北水上交通的思路对今天治水(尤其是南水北调工程)不能说毫无启迪作用。汉武帝时修建的水利工程到底溉田多少,表中所列 74500 顷只是个概数,虽然如龙首渠估计溉田万余顷,修通后,效益还未见到,似乎以万顷计不合理。但是,有许多水利工程根本没有溉田数的记载,也不能因此说没溉田数吧! 另外,还应考虑西北边郡屯垦规模是很大的,把从朔方郡到酒泉的广大地区溉田数说成万余顷恐怕也太保守了。总之,上表所列溉田数字并不是浮夸数字,而是个相当稳妥的数字。汉武帝治水,有的是他通过巡视,发现问题后下决心修治的,如堵塞黄河瓠子决口。大多数水利工程的兴修是采纳了臣下的建议。无论是在何种情况下兴办的,都说明汉武帝对兴修水利的重视和认真,这一点是很难得的。另外,一个值得注意的问题是武帝兴修水利所使用的劳动力主要是卒,据《汉书·沟洫志》所载,汉武帝“发卒数万人穿漕渠”,修河东渠田时“发卒数万人作渠田”,修龙首渠

"发卒万人穿渠",又"发卒数万人塞瓠子决河"。所谓卒是服徭役的农民和服兵役的农民。这说明汉武帝统治、役使的劳动者是农民,所以兴修水利征发的对象主要也是农民。

总之,汉武帝是历史上一位在兴修水利方面作出重大贡献的皇帝,兴修水利是他"德润四海"治国理想的有机构成部分,是他力图富国安民的重要表现。

第三节　关心民众疾苦的具体措施

汉武帝尊儒术,行德治。建元元年(前140)四月下诏说"扶世导民,莫善于德"。元朔元年(前128)十一月诏:"夫本仁祖义,褒德禄贤,劝善刑暴,五帝三王所繇(由)昌也。"①而施德治的一个重要方面,就是关心民众疾苦,推行赈济灾民、抚恤鳏寡孤独、尊奖孝悌力田、赦免罪人、刑徒。

一、赈济灾民

汉武帝在位五十四年,据《汉书·武帝纪》等有关文献记载,水、旱、蝗、地震等灾害计约三、四十次。今把一些主要灾害列表如下:

汉武帝时主要灾害一览表

发生时间	灾　情	治理措施	材料来源
建元三年(前138)	春,河水溢于平原大饥,人相食		《汉书·武帝纪》

---

① 《汉书》卷6《武帝纪》。

发生时间	灾 情	治理措施	材料来源
建元四年(前137)	夏,六月,旱。		同上
建元五年(前136)	五月,大蝗。		同上
建元六年(前135)	河内失火,烧千余家上使汲黯往视之。河内贫人伤水旱千余家,或父子相食。	汲黯持节发河内仓粟以振贫民	《汉书·汲黯传》
元光三年(前132)	春,河水徙,从顿丘东南流入勃海。夏,……河水决濮阳,氾郡十六。	元封二年(前109)夏,武帝临濮阳瓠子决河,塞决口,东南十六郡免水害。	《汉书·武帝纪》《史记·河渠书》
元光四年(前131)	夏四月,陨霜杀草。五月,地震。		《汉书·武帝纪》
元光五年(前130)	秋七月,大风拔木。		同上
元光六年(前129)	夏,大旱,蝗。		同上
元朔五年(前124)	春,大旱。		同上
元狩元年(前122)	十二月,大雨雪,民冻死。		同上
元狩三年(前120)		遣谒者劝有水灾郡种宿麦,举吏民能假贷贫民者以名闻。	同上
元狩四年(前119)	山东水灾,民多饥之。	天子遣使虚郡仓廪振贫;又募豪富相假贷;乃徙贫民于关以西,及充朔方以南新秦中,七十余万口,衣食皆仰给县官。	《汉书·食货志》
元鼎二年(前115)	三月,大雨雪。夏,大水,关东饥死者以千数。		《汉书·武帝纪》
元鼎三年(前114)	夏四月,雨雹,关东郡国十余饥,人相食。		同上

发生时间	灾情	治理措施	材料来源
元鼎六年(前111)	山东被河灾,不登数年,人或相食,方二三千里。	天子……令饥民得流就食江、淮间;使者冠盖相属于道护之,下巴蜀粟以振。	《汉书·食货志》《史记·平准书》
元封四年(前107)	夏,大旱。关东流民二百万,无名数者四十万。	公卿议请徙流民于边。武帝认为:徙四十万口,摇荡百姓,……朕失望焉。	《汉书》卷46《石庆传》
元封六年(前105)	秋,大旱,蝗。		《汉书·武帝纪》

上表所列十七次灾荒中,官府采取什么措施救灾,多数史籍均未载,而记载了救灾措施的仅六次。从这六次中可以看出以下问题:

其一,汉武帝对救灾的态度是认真的,如建元六年"河内失火,烧千余家",为此,武帝派汲黯为使前往视察,汲黯回来报告说:民人家中失火,房屋相近延烧,没有什么可忧虑的。臣路过河内,贫穷民人有万余家因水旱受灾,有的竟"父子相食",所以臣以持有的皇帝所给的"符节"为凭证用河内仓库中的粟赈济贫民。现在请归还"符节",并请治臣假托君命之罪。武帝认为汲黯贤德就释免了他。另外元光三年黄河在瓠子决口后,因种种原因未能堵塞,元封二年武帝亲临决口,堵塞成功,使东南十六郡免去水害。这都说明武帝对治理灾害的认真态度。

其二,用徙民的办法解决灾荒问题。用这种办法解决灾民问题似乎是汉政权的传统,如汉二年(前205)"关中大饥,米斛万钱,人相食",刘邦采取"令民就食蜀汉"的办法来解决问题。汉武帝也采用徙民的办法解决灾民问题,只是规模更大、组织更严密、迁徙地更远,如前述元狩四年迁灾民七十余万口至朔方以南新秦中等地就是一例。元鼎六年(前111),由于崤函山以东遭水灾,数年不收,有的地方人相食,方二、三千里的地区都受了灾。《史记·平准书》载武帝下诏说:"江南火耕水耨,令饥民得流徙就食于江淮之间,想留居那里,就可以在那里留下居住。"又派遣使者沿途不断地加以关照,并运来巴、蜀地区的粮食赈济贫民。

其三,让富豪用"假贷"方式救济灾民。如元狩三年汉武帝曾派"谒者"为使除"劝水灾郡种宿麦"外,一个重要的职能就是"举吏民能假贷贫民者以名闻"。元狩四年赈灾时也有一条措施是"募豪富相假贷"。

其四,汉武帝对元封四年关东流民数量多的处理值得注意。元封四年,夏,大旱,关东流民二百万,其中无名数(无户籍)者四十万。公卿都建议"徙流民于边",丞相石庆自请辞职。武帝认为:问"民所疾苦,惟吏多私,征求无已,迁走的可以免去官吏征求,留居原地的则被烦扰,所以朝廷特设流民法,以禁官吏重赋。"又指出:"现在流民愈多,丞相不以法绳责长吏,而请求迁徙四十万贫民,摇动百姓,幼儿年不满十岁,也得跟随家长迁徙受罪,朕失望焉!"①到底在元封四年是如何采取措施安置这些流民的,史籍已无记载。而且,从此以后,再未见到汉武帝有什么较大的安置受灾和贫困破产民众的措施。这种现象的出现是值得注意和研究的。

二、恤鳏寡孤独、尊孝悌力田与老人

中国古代有恤贫养孤、尊老爱幼的传统。《礼记·礼运篇》在描述人们对理想的大同社会的向往时说"使老有所终,壮有所用,幼有所长,鳏、寡、孤、独、废疾者皆有所养"。这个思想就成了儒家德治思想的内容之一和中国的传统美德。汉代的皇帝从文帝开

---

① 《汉书》卷49《石庆传》。

始对关照鳏寡孤独的生活就很注意,如文帝十二年(前168)遣"谒者"赐"孝者,帛人五匹;悌者力田二匹"。十三年(前167)在下诏改革刑罚和减轻田租的同时"赐天下孤寡布帛絮"。"谒者"是从事礼义活动的官员,汉政权在探视灾民时,有时常派"谒者"为使,含有关照、慰问、礼遇之意。汉武帝即位后,对关心民众疾苦的这些活动,非常重视。从其有关活动看,以下几点值得注意。

1. 尊、恤的内容。元狩元年(前122)四月下诏:

> 朕嘉孝悌力田,哀夫老耄(八十以上曰耄)孤寡鳏独或匮于衣食,甚怜闵焉。其遣谒者巡行天下,存问致赐,曰:"皇帝使谒者赐县三老、孝者帛,人五匹;乡三老、弟者、力田帛,人三匹;年九十以上及鳏寡孤独帛,人二匹,絮三斤;八十以上米,人三石。"

从这一诏书可以看出,武帝恤鳏寡孤独的目的就是为解决他们的生活问题,这从诏书中所说"哀夫老耄孤寡鳏独或匮于衣食,甚怜闵焉"即可看出。至于尊奖孝悌力田则是倡导一种良好的社会风气。孝,指孝顺、善事父母;悌,敬爱兄长,顺从长上。在宗法家长制社会中,家族内部能够孝悌,在社会上则对上级官吏就能忠顺。力田,指尽力于农业生产而言。在中国封建社会中,以农为本,把农业生产搞好,社会才有个稳定的基础。因此,汉代在乡、里设有孝悌、力田的乡官,负责督导这两方面的事情。从这一诏书中还可看出,赏赐时分为四个级别:一是"赐县三老、孝者帛,人五匹";二是赐"乡三老、弟(悌)者、力田帛,人三匹";三是赐"年九十以上及鳏寡孤独帛,人二匹,絮三斤";四是赐"八十以上米,人三石"。赏赐的物品是帛、絮、米,说明解决的主要是吃、穿问题。诏书中还特别强调规定了"县、乡即赐",不要再召集县、乡三老、孝悌、力田者聚会。

2. 次数:文帝时恤鳏寡孤独赐帛只有一次,景帝时一次也没有,武帝在这方面远远超过了他的祖父和父亲,他在这方面有七次,除上述元狩元年赐鳏寡孤独帛人"二匹,絮三斤"外,还有如下六次:(1)元狩六年(前117)六月:"遣博士大(褚大)等六人分循行天下,存问鳏寡废疾,无以自振业者贷与之。"(2)元封元年(前110)夏四月在泰山封禅后诏书中要求对封禅所至的博、历城、蛇丘、梁父等四县"加年七十以上孤寡帛,人二匹。"(3)元封二年夏四月,又"赐孤独高年米,人四石"。(4)元封五年,武帝南巡,又封禅泰山,又"赐鳏寡孤独帛,贫穷者粟"。(5)元封六年(前104),幸河东,祠后土,"赐天下贫民布帛,人一匹"。(6)太始三年(前94),武帝幸东海、琅邪,赐所过地方"鳏寡孤独帛,人一匹"。

3. 尊老活动:尊老是一种传统的习俗,汉文帝元年下诏说:"老者非帛不煖(暖),非肉不饱。今岁首,不时使人存问长老,又无布帛酒肉之赐,将何以佐天下子孙孝养其亲?"有关机构请中原地区的县和少数民族地区相当于县一级的道赐给年老者米、肉、酒、帛、絮,规定年八十以上,赐米人月一石,肉二十斤,酒五斗。九十以上,又赐帛人二匹,絮三斤。"《汉书·贾谊传》载,文帝时礼遇老人,九十者,一子免去赋役;八十岁者,可以免去二人的算赋。武帝在尊敬老人方面,继承了其祖父文帝的传统,但在尊赐的次数方面却远远超过了他的祖父。据《汉书·武帝纪》载有以下四次:(1)建元元年(前140)春二月,规定:年八十免二口之算赋,九十复(免)甲卒。(2)同年四月武帝下诏说:今天下的孝子、顺孙是愿意竭尽其力以事奉亲人的,然而由于外迫于公事,内乏资财,所以无法尽孝,朕甚哀之。民年九十以上,已有受鬻(粥)法(给米粟以为粥),有子即免其子的赋役,无子即免其孙子的赋役。令他们得以身帅妻妾遂其供养之事。(3)元狩元年(前122),遣谒者赐九十以上帛,人二匹,絮三斤;八十以上米,人三石。(4)元封二年(前109),"赐高年米,人四石"。

总之,从恤鳏寡孤独、赐帛、米等的次数和尊高年、免赋役、赐帛和米的次数来看,武帝时远远超过了文帝、景帝时期,而且其措施更为具体,有利于执行。

三、赦官奴婢、刑徒、罪人与赦天下

汉武帝即位后,注意施行德治,还表现在对因种种原因沦为官奴婢与刑徒、犯罪的人进行赦免和大赦天下方面。

武帝即位,建元元年(前140)五月"赦吴楚七国孥(妻、子)输在官者"。注引应劭曰:"吴楚七国反时,其首事者妻子没入为官奴婢,武帝哀焉,皆赦遣之也。"吴楚之乱发生在景帝前三年(前154),距武帝建元元年已有14年,武帝即位后对参加吴楚七国之乱官员的没为官奴婢的妻子,加以赦免,其目的明显是为缓和统治阶级内部的矛盾,给这些人以自新的机会。

汉代赦免刑徒、罪人。汉文帝时有两次,一次是文帝二年(前178)春正月诏"民谪作县官(官府)及贷种食未入,入未备者,皆赦之"。第二次发生在文帝三年秋七月、八月因济北王刘兴居反,赦免了与此次事件有关的吏民和士兵。汉武帝时因重大祭祀活动和其他特殊原因赦免刑徒、罪人,共六次,今分列如下:

1. 元光六年(前129)春,"赦雁门、代郡军吏不循法者"。

2. 武帝元封二年(前109)到雍(今陕西凤翔境),祭祀五帝,春止缑氏(今河南偃师东南),又至东莱(郡名,治所在山东掖县),夏四月又至泰山祭祀。后又至黄河瓠子(今河南濮阳南)塞决口。下令"赦所过徒"。

3. 元封四年(前107)祭后土,"赦汾阴、夏阳、中都死罪以下"。

4. 元封六年(前105)三月,祭后土,"赦汾阴殊死以下"。

5. 元封六年三月,"益州、昆明反,赦京师亡命令从军,遣拔胡将军郭昌将以击之"。

6. 太初二年(前103)四月,祭后土,"赦汾阴、安邑殊死以下"。

文帝在位二十三年,在一定范围、地区内赦免刑徒、罪人两次;武帝在位五十四年,赦免刑徒、罪人六次。武帝在这方面远远超过了文帝。

汉武帝在"赦天下"的措施上也大大超过了他的祖父和父亲。据《汉书》各帝纪所载,文帝在位二十二年,"赦天下"四次;景帝在位十五年,"赦天下"五次;武帝在位五十四年"赦天下"和"大赦天下"十九次。武帝的次数为何如此多呢?这是由以下原因促成的:

其一,文、景时一般都在即位和有大事时"赦天下,汉武帝则除此之外,还在改年号时赦天下。汉武帝一生共用了十一个年号,一般改一个年号就"赦天下"或"大赦天下"。建元元年、元光元年、元朔元年、元狩元年、元鼎元年、元封元年、天汉元年、太始元年、征和元年、后元元年都有"赦天下"或"大赦天下"的记载。①每个皇帝即位第一年和武帝一般改一次年号要"赦天下",是为"与民更始"。如元朔元年春三月,武帝就下诏说:"朕嘉唐(尧)虞(舜)而乐殷周,据旧以鉴新,其赦天下,与民更始"。那么为什么武帝每六年改一次年号呢?为什么元狩之前未建年号制度时也是六年"赦天下"一次呢?这和秦的水德制度有关,水德制度下数以六为纪,已成习惯,所以武帝就沿用了下去。

其二,受天人感应思想的影响,如果发生灾异和祥瑞,这年也"赦天下"。如元光四年五月地震,"赦天下";元封二年六月,因甘泉宫内产芝(灵芝),九茎连叶,武帝以为是上帝降临的祥瑞,所以下诏"赦天下"。

其三,武帝对祭祀很重视,进行了重要的祭祀活动后,也"赦天下"。如元封五年春三月,武帝至泰山,增封,祠高祖于明堂,以

---

① 据《史记·封禅书》载元封元年武帝泰山封禅后曾"大赦天下",《汉书·武帝纪》和《郊祀志》失载,此处以《史记·封禅书》记载为准。

配上帝。夏四月,下诏:"增修封禅,其赦天下"。天汉三年,武帝于三月,幸泰山,修封,祀明堂,因受计(接受郡国上计)。夏四月,"赦天下"。太始四年,武帝幸泰山,祀高祖于明堂,因受计,后又祀景帝于明堂,又修封。这年五月,武帝"还,幸建章宫,大置酒,赦天下"。

由于以上原因,武帝"赦天下"的次数就比文、景时期要多。而"赦天下"次数多,又说明了他给罪人、刑徒重新做人的机会多。

四、施德治的作用与原因

以往人们谈到汉武帝时常常与文景时期相比,强调他如何奢侈挥霍、如何加强对民众的压迫、盘剥等等。这当然是不能忽视的事实。然而,如果从兴修水利、发展农业生产,假民公田、徙民实边,赈济灾民、恤鳏寡孤独、尊老及孝悌力田、赦天下罪人和刑徒,迁徙和打击地方豪强势力等方面来考察,汉武帝也大大超过了文景时期。汉武帝封禅泰山时刻石纪功辞中说"育民以仁",并非虚夸,而是确有事实。这样说并不是要说明汉武帝与文帝一样是个实行了"仁政"的封建君主,而仅仅是想说明了解这方面对于正确认识汉武帝也是非常重要的。正是这方面的措施,发展了生产、缓和了阶级矛盾与社会矛盾、使一部分贫穷农民得到了实际利益等,也是汉武帝内外兴作能够成功的重要因素。

秦汉时期社会的主要矛盾是以封建国家为代表的地主阶级和农民阶级的矛盾。秦王朝被农民起义所推翻给汉初的统治者留下了难忘的教训。文帝时贾谊上书说:"汉之为汉几四十年矣。公私之积,犹可哀痛。故失时不雨,民且狼顾。岁恶不入,请卖爵、子,……天下临危(危险)者若是,而上不惊者!"其后,晁错又上书文帝说农民在赋敛不时、水旱灾荒的重压下,已处于"卖田宅、鬻子孙以偿债"的境地。武帝即位后,元朔元年(前128),徐乐上书武帝把吴楚七国之乱称为瓦解,把秦末农民起义称为土崩。并认

为天下之患在"土崩",不在瓦解。他在上书中说:

> 臣闻天下之患,在于土崩,不在瓦解,古今一也。何谓土崩?秦之末世是也。陈涉无千乘之尊,尺土之地,身非王公、大人、名族之后,无乡曲之誉,非有孔、曾、墨子之贤,陶朱、猗顿之富也。然起穷巷,奋棘(戟)矜(戟把),偏袒大呼,天下从风,此其故何也?由民困而主不恤,下怨而上不知,俗已乱而政不修,此三者陈涉之所以为资也。此之谓土崩。故曰:天下之患在乎土崩。
>
> ……
>
> 间者,关东五谷数不登,年岁未复,民多穷困,重之以边境之事,推数循理而观之,民宜有不安其处者矣。不安故易动,易动者,土崩之势也。故贤主独观万化之原,明于安危之机,修之庙堂之上,……使天下无土崩之势而已矣。

徐乐的上述论断指明了危及西汉王朝统治的主要危险是"土崩",即农民起义。可以说,上述汉武帝兴修水利、发展农业生产,赈济灾民等等一系列的德治措施,其主要目的就是为了缓和阶级矛盾,防止"土崩",即防止农民起义。

总之,徐乐的上书揭示了武帝种种德治措施出台的原因和所要达到的目的。

第四章　财政危机与经济改革措施

　　西汉文景时期"无为而治"，轻徭、薄赋、省刑，与民休息。国家没有大的兴作，又注意节约。所以到武帝即位之初出现了《史记·平准书》所说的"府库余货财，京师之钱累巨万（万万），贯朽不可校。太仓之粟陈陈相因，充溢露积于外，至腐败不可食"。《汉书·贾捐之传》也说"太仓之粟，红腐不可食；都内（国库）之钱，贯朽不可校"。当时太仓中存了多少粮食、国库中存了多少钱，已无可考。据《汉书·王嘉传》载元帝"奉承大业，温恭少欲"，属于大农的国家财政的"都内"存钱四十万万，属于皇帝私人财政的少府存钱十八万万，属于皇帝私人财政的水衡存钱二十五万万①，共计存钱八十三万万。这是武帝之后，经昭、宣二帝的发展，元帝时国家财政、帝室财政存钱的最高数字。估计汉武帝初年的存钱不会超过这个数字。然而，这点钱遇到大的灾荒和大的战争是不够用的。所以，武帝时期财政危机出现和经济改革就成了经济上的重要问题。

第一节　财政危机的出现

　　汉武帝执政时期，用费浩巨，在他即位以后的前三十年中多

---

① 《汉书·宣帝纪》应劭注："水衡与少府皆天子私藏耳。"

次出现国库空虚的财政危机，这种状况的出现是什么原因造成的呢？

首先是边境用兵耗费了巨额钱财。边境多事最早是从东南发生的，建元三年（前138）闽越（今福建北部，浙江南部），又称东越，攻击另一支越人东瓯（今浙江温州一带），东瓯向汉求救，武帝派严助发会稽兵往救，后东瓯请内徙，得允许，"悉举其众来，处于江淮之间"。建元六年闽越又攻南越，南越求助于汉，武帝派王恢、韩安国击闽越。后闽越数滋事，武帝又派朱买臣为会稽太守，发兵"击破东越"。"事两越"花费不小，从东瓯迁江淮后，《平准书》说："江淮之间萧然烦费矣"。

元光五年（前130），为"通西南夷"，武帝要修从蜀地到夜郎（今贵州西北部）的道路，"发巴、蜀、广汉卒，作者数万人。治道二岁，道不成，士卒多物故（死亡），费以巨万（万万）计"。①《史记·平准书》："开路西南夷，凿山通道千余里"，"作者数万人，千里负担馈粮，率十余钟致一石"。一钟为六石四斗，运送十余钟到达时只剩一石，可见运费之巨。

元光二年（前133）武帝诱歼匈奴的"马邑之谋"失败，匈奴攻扰更甚，从此揭开了反击匈奴战争的序幕。元朔二年（前127），匈奴攻上谷、渔阳，卫青、李息反击，取河南地（今河套），遂立朔方、五原郡，徙十余万人筑朔方城。《史记·平准书》说，这使转送水路运来的粮食遥远，"自山东咸被其劳，费数十百巨万，府库益虚"。元朔五年（前124），武帝派大将军卫青率六将军统兵十余万，击匈奴右贤王，大胜，斩首一万五千级。元朔六年，又派大将军率六将军击匈奴，斩首一万九千级，赏赐斩杀敌人首级的将士"黄

---

① 《史记》卷117《司马相如传》。另外，《史记·平准书》，《集解》引韦昭曰："巨万，今万万。"

金二十余万斤"，折合铜钱二十余万万。① 俘虏数万人"皆得厚赏"，他们的衣食全部由官府供给；汉军的士兵、马匹"死者十余万，兵甲（兵器、盔甲）这类人员物资和运输粮饷的花费还未计算在内"。"因此大农上报：'所积藏的钱已经耗尽，赋税收入也已用完，还是不足以供给战士。'②

元狩二年（前121）武帝派骠骑将军霍去病出陇西击匈奴，深入两千余里，至祁连山，斩获四万首级。匈奴浑邪王率数万人降，汉发车二万辆迎接。浑邪王率众来到后，受了赏赐，又赏赐有功之士。这一年花费"凡百余巨万（一百多万万）"。

这时期为讨伐匈奴，盛行养马。马来长安饲养的有"数万匹"，关中养马的人不够，就从邻近郡县中征调。而投降的匈奴人也由官府供给衣食。官府无法供给，武帝就减损自己的膳食和车马，拿出"御府"（皇帝私人府库）中的藏钱来供给。

元狩四年（前119），武帝又命卫青、霍去病分道击匈奴，"得首虏八九万级"，"赏赐五十万金"，折合铜币五十万万钱。汉军的马匹就死了十余万匹，转运车辆、粮草、盔甲的费用还未计算在内。这时财用匮乏，战士常常领不到薪俸。③

今据上述材料，把边境的开支和反击匈奴战争中的花费，列简表如下：

据表，边境因事及反击匈奴战争，只计记载中花费所用钱数，

----

① 《史记·平准书》如淳注曰：汉代"黄金一斤值万钱"。
② 《史记·平准书》载："捕斩首虏之士受赐黄金二十余万斤，虏数万人皆得厚赏，衣食仰给县官；而汉军之士、马死者十余万，兵甲之财转漕之费不与焉。于是大农陈：藏钱经耗，赋税既竭，犹不足以奉战士。"
③ 《史记·平准书》原文为："大将军、骠骑大出击胡，得首虏八九万级，赏赐五十万金，汉军马死者十余万匹，转漕车甲之费不与焉。是时财匮，战士颇不得禄矣。"

年　代	事　件	花　费	材料来源
建元三年	东瓯徙江淮	江淮之间烦费	《史记·平准书》
元光五年	通西南夷	费以巨万(万万)计	《史记·司马相如列传》
元朔二年	取河南地筑朔方城等	费数十百巨万(万万)	《史记·平准书》
元朔五年 元朔六年	卫青率六将军两次反击匈奴	赏赐有功将士黄金二十余万金,折合铜钱二十余万万。俘虏数万皆得厚赏,死的士兵、马匹运费未计在内。	《史记·平准书》
元狩二年	霍去病出陇西击匈奴	"是岁费凡百余巨万(百余万万)"	同上
元狩四年	卫青、霍去病分两路北击匈奴	赏赐将士"五十万金"合铜钱五十万万。死马匹十余万和运费未计算在内。	同上
共　计		仅计钱数约270余万万	

其他不计,共用钱已达二百七十余万万。这一数字是这样计算出来的:元光五年通西南夷"费以巨万(万万),"可以1万万计;元朔二年取河南地,筑朔方城等等费用"费数十百巨万(万万)",应以百万万计;元朔五年、六年赏赐将士二十余万金折合二十余万万钱;元狩二年霍去病出陇西战役,用费"百余巨万"以百余万万计;元狩四年卫青、霍去病北击匈奴赏赐将士"五十万金"折合铜钱五十万万。这些数字加在一起约共计270余万万。而且,战争中死去兵士的费用、死去马匹和运输粮草、盔甲的费用等等未计算在内。

96

据《汉书·王嘉传》所载汉元帝时属于大农国家财政和属于帝室财政的少府、水衡共存钱 83 万万,而上述仅几次战事的部分花费即达 270 余万万,为上述所存 83 万万的三倍多。而且,这里计算的数字是很不全面的。如果把士兵、马匹的死亡数字,把运输过程中的消耗,把供给俘虏衣食、赏赐等都计算在内,定会比 270 万万多出若干倍。

其次,武帝时不仅外事四夷用费浩大,而且兴修水利、救济灾民的用费也很可观。今择其要者,简述如下:

武帝元光三年黄河在东郡濮阳瓠子决口,吴、楚之地受害最深,沿黄河郡县筑堤堵塞,总是筑好又坏,前后耗费官府的钱财多到无法计算。

河东郡太守建议开发河东渠田,引黄河水灌溉汾阴、蒲坂的河滩地,参加穿汾河、黄河灌渠的有几万人;郑当时建议修长安至华阴的漕渠,参加劳动的也有几万人;在朔方修渠,参加劳动的也有几万人。这三处的工程,各经过了二三年,还未完成,其"费亦各巨万十数",即花费各达十几万万。此外,修筑褒斜水道、龙首渠等也耗费了巨资。

元狩四年,即卫青、霍去病分两路北击匈奴的那一年,山东广大地区遭水灾,"民多饥乏",武帝派遣使者调空郡国仓库中的粮食赈济灾民,又招募豪富用借贷的方式救济贫民,还不能解决问题。因此,迁徙贫民到函谷关以西,或朔方南边的新秦中地区七十余万口,衣食均由官府供给。几年以后,政府又"假予产业"等,花费数以亿计,无法计算,甚而造成"县官大空"。

元鼎二年,山东又遭水灾,数年不收,人或相食,武帝令民就食江淮间,下巴、蜀粟赈之,花费也很巨大。

武帝时期,汉政权的开支是多方面的。然而,仅仅以上两方面的开支,已经用尽了库存和赋税收入。因此,武帝为达到自己的目的,就只能进行经济改革,解决面临的财政危机。这是武帝进行经济改革的主要原因。

第二节 改革货币制度

汉武帝经济改革的重头戏是货币改革。

货币是人类社会交换物品、交换劳动价值的工具,在社会经济生活中有重大作用。汉初的币制存在两个问题:一是金属货币是有价值的,然而铸造的铜币却远远离开了其实际价值,从而造成物价不稳;二是国家无法垄断铸币权。武帝改革币制首先就需要解决这两个问题。

一、汉初币制存在的问题

秦始皇统一六国后,曾试图统一货币。其办法是废除战国时混乱的币制,规定货币分为两等:黄金称上币,重一镒(二十两);铜钱为下币,重半两(十二铢)①,重如其文。但在一般民众中多用铜钱,所以铜钱成了通用的货币。汉朝建立后又改革币制,上币黄金重一斤(十六两),又认为"秦钱重难用,更令民铸钱",民间铸的这种铜钱称为荚钱或榆荚钱。榆荚钱按规定重三铢,后来越铸越轻,有的甚而实重不过一铢(24铢为一两)。因为钱的方孔大,圆周像四片榆荚,薄而小,故称之为"荚钱"或"榆荚钱"。钱铸得越轻价值就越小,对铸钱者越有利。货币减重,再加上当时物资匮乏,商人囤积居奇,导致物价暴涨,"米每石万钱,马一匹则百金"。因币轻难用,所以高后二年(前186),"行八铢

---

① 《汉书·律历志上》载:"二十四铢为两,十六两为斤"。

钱"，因八铢钱太重，铸造货币用铜太多，又禁止私人铸钱。因此，从财政需要出发，高后又为货币减重，高后六年（前182）"行五分钱"，即半两十二铢的五分之一，重2.4铢。民众也称为荚钱，虽禁止民间盗铸，实际依然如故。

文帝五年（前175），因为荚钱太多、重量又轻，价值小，为方便使用，又改革币制，铸四铢钱，币文为半两，实际重量为半两（十二铢）的三分之一，所以又称三分钱。文帝又"除盗铸令，使民放铸"。贾谊在谏词中指出，让私人铸钱，祸害太多，祸害主要有以下几点：一是犯罪的人太多，法律规定铸铜锡为钱，"敢杂以铅铁"等作伪者，犯黥罪，然而不夹杂者就无利可图，夹杂铅铁之类虽少，但"利甚厚"，所以犯罪的人越来越多，禁止不了；二是各郡国铸的钱轻重不一，彼此换算麻烦，有的地方对太轻或太重的钱不予接受；三是社会发生了弃农而去采铜铸钱的现象，即所谓："今农事弃捐而采铜者日蕃（多），释其耒耨，冶熔炊炭，奸钱多，五谷不为多。"因此，贾谊要求政府把铜收归国有，禁私人铸钱。文帝没有接受这个建议。

国家允许私铸、开放铸钱，为分裂割据势力和某些官僚提供了可乘之机。《汉书·食货志》载：

> "是时，吴以诸侯即山铸钱，富埒（等）天子，后卒叛逆。邓通，大夫也，以铸钱财过王者。故吴、邓钱布天下。"

这说明文帝开放铸钱，吴王濞就在铜山中铸钱，壮大了经济势力，富等天子，最后发动了叛乱。邓通是个佞臣，由于文帝把蜀郡严道（今四川荥经县）铜山赐给他铸钱，发了大财，财过王者。国家开放铸币权，获利最大的是他们。

由于国家放弃垄断铸币权，危害甚大。这种情况急需改变，景帝即位后，以"盗出徼（边境）外铸钱"罪抄没邓通全部家产，又平定吴王濞等的叛乱，消灭了两个铸钱大户。景帝中六年(前144)"定铸钱、伪黄金弃市律"①，即私铸钱和伪造黄金判死刑，禁止采黄金、珠玉作货币使用，景帝后三年(前141)诏："吏若征发民众采黄金珠玉就如同雇佣工采黄金珠玉一样，坐臧(赃)为盗，二千石(郡守)听者，与同罪。"②这说明景帝试图通过严厉打击制止货币制造方面存在混乱现象。

二、币制改革与"五铢钱"法

武帝即位后，承汉初继续进行币制改革，一共进行了六次。

1. 建元年间的两次改革：建元年间有两次币制改革。第一次发生在建元元年。《汉书·武帝纪》载建元元年"行三铢钱"。③师古曰："新坏四铢钱，造此钱也，重如其文。"

第二次是建元五年"罢三铢钱，行半两钱。"师古曰："又新铸作也。"《史记·汉兴以来将相名臣年表》载："建元五年行三分钱"。后人认为所谓三分钱即半两十二铢的三分之一重，故称三分钱，实际是重四铢。文帝时所发行的四铢钱，其文半两。所以，这次武帝的"行半两钱"(一两为二十四铢)，实际是恢复文帝时四铢钱。《史记·平准书》说："今半两钱法重四铢"就说明了这一点。这次改革由于盗铸的缘故又未成功，盗铸的办法是铸重量轻的钱或磨取四铢铢钱的铜屑再用而铸新钱，这样就发生了"钱益轻薄而物贵"，"远方用币烦费不省"，所以，不能不进行新的币制改革。

---

① 《汉书》卷5《景帝纪》。
② 《汉书·景帝纪》：三年春正月诏曰："黄金珠玉，饥不可食，寒不可衣，以为币用，不识其终始。……吏发民若取庸采黄金珠玉者，坐臧为盗。二千石听任者，与同罪。"
③ 马元材先生认为这是武帝时进行的"第一次币制改革"，见《桑弘羊年谱订补》，中州书画社1982年版，18页。

2. 元狩四年的第三次改革:元狩四年(前119),在卫青、霍去病分道北击匈奴,又迁关东贫民于关以西七十余万口之时,财政严重困难,汉武帝进行了第三次币制改革,这次改革的内容有以下几点:

(1)发行新币"白金三品":所谓"白金三品"是以银与锡白色合金铸造的三种货币:一种是龙文币,重八两,圆形,名"白选",值三千钱;第二种是马文币,重六两,方形,值五百钱;第三种是龟文币,重四两,狭长形,值三百钱。据吴慧先生计算此时银一两值三铢钱四十二文。[①] 而政府却规定,白金龙文币、重八两,值三千钱;马文币、重六两,值五百;龟文币、重四两,值三百钱。这些都大大超过了它的实际价值。在这种情况下,盗铸白金币,自然会获厚利。所以发生了《史记·平准书》所说的"盗铸诸金钱罪皆死,而吏民之盗铸白金者不可胜数"。《史记·酷吏列传》也说,当时"民为奸,京师尤甚"。发行"白金三品"的目的本来是为"造币以赡用,而摧浮淫并兼之徒"。在"吏民"如此"盗铸"的情况下,这一目的自然无法达到。后来政府稍为降低了白金币的作价,民众并不重视、使用,政府以法令强制无用。所以又过了一年多,到元鼎二年终于废除了。

(2)发行白鹿皮币:以一尺见方的白鹿皮作皮币,价值四十万。王侯宗室朝见天子聘享献礼时,要用皮币垫着所献的币才能行通。造了皮币后,武帝与张汤问大农颜异,异回答说:"现在王侯朝贺用的是苍璧,价值数千,而垫着它的皮币反而要四十万,璧是主要礼物,皮币是陪衬,这不是本末不相称吗?"颜异后因此被张汤判处死刑。然而,皮币价格之不合理是显而易见的,所以后来也被废除。

---

① 吴慧:《桑弘羊研究》,齐鲁书社1981年版,204页注②。

（3）"销半两钱（四铢钱），更铸三铢钱，文重其文"。这时之所以要销熔半两（四铢钱），更铸三铢钱，是因四铢钱已被磨损减重，近于三铢，所以不如更铸三铢，以求一律。至于钱上所刻铸"半两"二字已无意义，不如取消。更铸的三铢钱，就把三铢二字也刻铸在钱上面，名实相符，重如其文。更铸三铢钱的另一目的是为了让它和标价高的白金币共同流通，彼此相补。虽然如此，三铢钱仍然出了问题，问题出在盗铸者为三铢钱减重，或盗铸时杂以铅锡，或销熔旧"四铢钱"铸比三铢钱轻的三铢钱。在这种情况下，法定的三铢钱维持不下去了。所以，有关机构陈言："三铢钱轻，易奸诈"，需要进一步改革币制。

3. 元狩五年的第四次改革。元狩五年（前118），"乃更请诸郡国铸五铢钱，周郭其下，令不可磨取"。① 这是第四次改革，其特点是铸钱技术有了显著改进，就是以往铸钱只一面有文，背面无文，可磨取无文的背面铜屑铸钱。这次规定背面再加铸一道边，使人无法磨取铜屑，再熔铸新币。这是防止盗铸的一个重要的技术措施。虽然如此，但因这次铸钱是令各郡国铸，郡国官吏多铸奸钱，钱轻，所以又出了问题。

从造白金币和五铢钱以后五年中，赦免官吏和民人因盗铸金钱被判处死刑的几十万人；那些没有被发觉因争利互相攻杀的，无法计算；因自首而被赦免的又有百余万人。然而自首的人还不到盗铸金、钱人数的一半；天下有许多人都在盗铸金、钱。犯法的人太多了，官吏无法尽诛，于是派遣博士褚大、徐偃等分路巡行郡国，检举、弹劾郡国守、相中兼并土地的非法谋利之徒。

4. 元鼎元年的第五次改革。元鼎元年（前116），武帝进行了第五次币制改革。《史记·平准书》云："郡国多奸铸钱，钱多轻"。

---

① 《史记》卷30《平准书》。

在这种情况下,公卿请下令,"京城铸造钟官所铸的'赤侧(边)钱'①,一个'赤侧(边)钱'等于五个旧铜钱,交纳赋税和官用的非用'赤侧钱'不行"②。赤侧钱发行后,白金币价格减贱,过了一年多,白金币废不行。过了两年,"赤侧钱"贬值,想了种种办法使用,还是不便,就被废除了。

5. 元鼎四年的第六次改革。元鼎四年(前113)又进行第六次改革,这次在废"赤侧钱"的同时"悉禁郡国无铸钱,专令上林三官铸。钱既多,而令天下非三官钱不得行,诸郡国所前铸钱皆废销之,输其铜三官。"武帝在元鼎二年初置水衡都尉,掌上林苑,其属官有均输、钟官、辨铜三令。武帝在这次币制改革时主要采取了二个措施:一是完全禁止地方郡、国铸钱,专令上林苑三官铸钱,三官一般认为就是均输、钟官、辨铜三令。这说明铸币权完全收归了中央或皇帝。二是下令天下非三官钱不能流通,地方郡国以前所铸货币全部作废销熔,其铜转归上林三官。这样,国家就完全控制了货币的铸造权。由于上林三官铸的五铢钱成色好、分量足,又难于磨取铜屑,私人盗铸这种钱不合算。所以出现了《史记·平准书》所说的"而民之铸钱益少,计其费不能相当,唯真工大奸乃盗为之"。这是说基本上制止了盗铸现象。

汉武帝时期反复进行币制改革,最后终于解决了汉初币制遗留下来的两个急需解决的问题。发行成色好、重量适中、难于盗铸的五铢钱,使币制稳定。不仅后来汉代沿用五铢钱,而且历魏晋南北朝仍在不断地铸造和使用五铢钱。国家垄断铸币权是需要的,一直到近现代各国都垄断着制造、发行货币的权力。武帝在当时

---

① 《史记·平准书》如淳注:所谓"赤侧","以赤铜为其郭也"。
② 《史记·平准书》所载原文:"而公卿请令京师铸钟官赤侧,一当五,赋官用非赤侧不得行。"

实行了这一点是个了不起的成就,它有利于解决政府的财政危机和稳定国家的经济生活。因此,不难看出,武帝时期的币制改革最后是成功的,在中国货币史上具有重要意义。

第三节 增加财政收入的几项措施

武帝即位后,随着边境多事和灾荒发生,财政日渐困难,尤其是从元朔年间到元狩四年几次出击匈奴,再加上移徙灾民,使国家财政空前困难,"而富商大贾或蹛(贮)财役贫,转毂百数,废居居邑,封君皆低首仰给,冶铸煮盐,财或累万金,而不佐国家之急,黎民重困"。在这种情况下,打击工商业者、增加国家财政收入的盐铁官营、均输平准、酒类专卖与算缗告缗等改革措施逐渐出台。

一、盐铁官营

中国古代的私人煮盐、冶铁业主要是从战国至西汉初期发展起来的。其著名的猗顿、邯郸郭纵、宛孔氏、鲁曹邴氏、齐刁闲、蜀卓氏、程郑等。中原地区的煮盐、冶铁业者使用的劳动者主要是民。《管子·轻重甲篇》载战国时齐国地区"聚庸(佣工)而煮盐",即聚集佣工煮盐。《史记·平准书》载武帝官营盐铁之前盐铁业中"浮食奇民欲擅管山海之货,以致富羡,役利细民,其沮事之议,不可胜听"云云,十分明显地说明当时盐铁业中经济关系是一种"浮食奇民""役利细民"的经济关系。其中,盐铁业主称"浮食奇民",劳动者则是"细民"。《盐铁论·复古篇》则说:"往者(武帝官营盐铁之前)豪强大家,得管山海之利,采铁石鼓铸,煮海为盐。一家聚众或至千余人,大抵尽收放流人民也,远去乡里,弃坟墓,依倚大家,聚深山穷泽之中,成奸伪之业,遂朋党之权,其轻为非亦大矣。"这清楚说明当时的盐铁业主"豪强大家"使用的劳动者是"放流人民",在数量上一家聚众有时竟至"千余人"。这些"放流人民"远离家乡、"依倚大家",并与他们发生了类似"朋党"的封建依属关系。上述记载指的均系当时社会上普遍存在的一般情况。《史记·货殖列传》载"齐俗贱奴虏,而刁闲独爱贵之。桀黠奴,人之所患也,唯刁闲收取,使之逐渔盐商贾之利",正说明刁闲使用"桀黠奴"是个一般人都不愿干、不肖干的极为特殊的事情,从刁闲使用这种奴婢"连车骑、交守相"看,这种奴婢当然是奴婢管家。

西汉初期西南地区冶铁业中奴隶制成分较严重。蜀临邛(今四川邛崃县)卓氏冶铸"富至僮千人",程郑亦以冶铸富至"僮……数百人"。临邛距出"僰僮"闻名的少数民族地区很近,卓氏、程郑又"贾滇、蜀民","贾椎髻之民",可在少数民族地区买到廉价奴婢。因此,这两个以盐铁业起家的奴隶主不能代表中原地区的一般情况,只能说明临近西南少数民族地区的冶铁业中奴隶制经济成分较为严重。

由于盐是人民的生活必需品,"十口之家,十人食盐","无盐则肿"。铁器是劳动人民的主要生产工具,《盐铁论·水旱篇》说:"农,天下之大业也,铁器,民之大用也。器用便利,则用力少而得作多,农夫乐事劝功。"《盐铁论·禁耕篇》说:"铁器者,农夫之死士也。死士用则仇仇(草莱)灭,仇仇灭则田野辟。"铁器还是制作兵器的主要原料,《盐铁论·复古篇》说:"铁器兵刃,天下之大用也。"因此,盐铁有广阔的销路和市场。因此,战国至汉初涌现出的大富豪以盐铁业者最为突出。这些大盐铁业者"上争王者之利,下锢齐民之业",即向上与国家争利、对下又垄断人民的谋生之路。而在国家遇到财政危机时,这些大富豪竟然无动于衷。因此,汉武帝经济改革的一项重要措施就是筦盐铁,即实行盐铁官

营,其目的就是把盐铁业的收益收归国有,以解决财政困难。官营盐铁业有以下几个问题,值得注意:

1. 实施盐铁官营的措施。汉武帝为实行盐铁官营,采取了以下措施:

其一,元狩四年,武帝任用齐地大煮盐者东郭咸阳、南阳大冶铁业者孔仅为大农属官大农丞,主管盐铁方面的事情,侍中桑弘羊以会计计算用事"言利事析秋毫"。这三人筹备盐铁等有关经济、财政改革方面的事情。

其二,山海、天地出产的自然资源的税收原归掌握天子私人财政的少府管理,实行盐铁官营时转归掌握国家财政的大农管理。这是一个大的变化,所以《史记·平准书》载孔仅、东郭咸阳上书说:"山海、天地之藏也,皆宜属少府,陛下不私,以属大农佐赋。"《盐铁论·复古篇》载大夫说"山海之利,广泽之畜,天地之藏也,皆宜属少府。陛下不私,以属大司农,以佐助百姓"。这一变化有利于大农以国家代表组织全国盐铁的生产和销售,并以其收入充作国用。

其三,元狩五年(前118)孔仅、东郭咸阳提出实行盐铁官营的具体办法如下:一是禁止私人经营盐铁业,规定"敢私铸铁器、煮盐者,钛左趾,没入其器物",即对敢于私铸铁器、煮盐的人,用铁钛这种刑具带在左脚上,并没收其从事生产的器具。二是出产铁的郡自然要设铁官,不出产铁的郡则设置"小铁官"冶炼废铁,属所在县管辖,即《史记·平准书》所说"郡不出铁者,置小铁官(冶炼废铁),便属在所县"。

其四,令孔仅、东郭咸阳乘驿遍巡天下盐铁处,设置盐铁官,取缔私营盐铁业。并任命原来的盐铁业主为官营冶铁业中的官吏。元封元年(前110),又令桑弘羊为治粟都尉,领大农,主管天下盐铁事务,进一步,推行官营盐铁,"置大农部丞数十人,分部主郡国,各往往置均输盐铁官,……天子以为然,许之"。在这一过程中,推行盐铁官营的政策是认真的,违背政策的官吏要依法严惩,如元鼎六年博士徐偃等循行天下,"矫制(假托君命)"让胶东、鲁两国煮盐铸铁,被处死就是一例。

据《汉书·地理志》所载,全国有二十七郡设有盐官,共设盐官 37 处或 36 处;有 40 个郡国设有铁官,共设铁官 48 处、49 处或更多。其具体数字各家所说常互有出入。《汉书补注》引钱大昭说"有盐官者 36,有铁官者 50"。设盐官最多的为今山东地区,设12 个。其次为今河南省,设八个等等。值得注意的是今云南安宁县(益州连然),西北方地处今内蒙自治区的朔方、五原,今宁夏固原县(安定三水),今广东广州市(番禺)都设有盐官。今湖南郴州市(桂阳郡)、四川宜宾市(犍为郡)、甘肃临洮县(陇西郡)也设有铁官。各郡国的盐铁官直属大农丞管辖。

2. 官营盐铁业中的主要生产者。官营盐铁业中的主要生产者是民、卒、徒、佣工、工匠等。

《史记·平准书》载盐铁丞孔仅、东郭咸阳上书谈到煮盐业中的经济关系时说:

"愿募民,自给费,因官器,作煮盐,官与牢盆。"

据各家注释的解释,这句话的意思应是:由官府招募民人从事煮盐,官府供给煮盐用的大铁盆(牢盆)等生产工具,并按煮盐数量给生产者以雇佣价值(包括口粮),产品全部由官府统销。①

除上述招募民工之外,服役的卒及其代役佣工是煮盐、冶铁业中的主要劳动者,《盐铁论·禁耕篇》说:"故盐冶之处,大校皆依

---

① 《汉书·食货志》注引苏林曰:"牢,价直也。今世人言顾手牢。"王先谦《汉书补注》说:"顾手牢不知何语,译其文义,当是雇佣价耳。"如淳曰:"牢,廪食也。""廪食,即给食。"盆,即煮盐大铁盆。另一种解释:牢盆即煮盐用大铁盆。"官与牢盆"就是官府按民工煮盐盆数给予工价报酬。

山川,近铁炭,其势咸远而作剧。郡中卒践耕者多不堪,责(债)取庸代。"这说明煮盐、冶铁的地方路途遥远,劳动强度大,服役卒无法忍受,所以借债雇人替自己服役。这说明服役的卒及其雇来的代役庸工是官营盐铁业中的劳动者。《盐铁论·禁耕篇》又说"县邑或以户口赋铁,而贱平其准。良家以道次发僦(雇工)运盐铁,烦费,百姓病苦之"。这说明官府按户口给铁让民户运输,官府又压低运输价格(贱平其准),"良家"又得按道路远近"发僦"(雇工)运输,费用大,百姓深受其苦。这也说明运铁的劳动者是民人及其雇佣的佣工。《盐铁论·水旱篇》则说:"卒、徒作不中呈,时命助之,发征无限,更徭以均剧,故百姓病苦之。"这又说明盐铁业中卒、徒是主要生产者,卒是服徭役、兵役的农民。徒是刑徒,是罚服苦役的罪人。汉代的罪人服有期徒刑按法律规定一般是一年至五年,期满释放。刑徒在服役期间不能任意买卖和杀害。刑徒不是国家的财产和物件。所以,刑徒与奴隶是性质不同的劳动者。刑徒在法律地位上是民的一部分。[1] 而且,由于卒、徒的工作达不到标准(作不中呈),就令征发服役的民众去帮助,使更役越来越频繁,百姓深受其苦。《盐铁论·水旱篇》说官营盐铁业中的劳动者为"卒、徒、工匠"。卒、徒上已谈及。这里的"工匠"一般认为是有一定技能的服役的或受雇在官府作工的手工业工人。

此外,官营盐铁业中劳动的也有奴婢。如武帝后元元年(前88)让赵过推行代田法,曾在"大农置工巧奴与从事,为作田器"[2]就说明盐铁业中有奴婢从事劳动。虽然如此,但官营盐铁业中的主要劳动者不是奴婢。《盐铁论·散不足篇》说:"今县官(官府)

---

① 《史记·平准书》载:武帝言"朕闻五帝之教不相复而治⋯⋯。议,令民得买爵及赎禁锢免减罪。"这说明可以赎罪的刑徒一类人是民的一部分。
② 《汉书》卷24上《食货志上》。

多畜奴婢，坐禀衣食，私作产业为奸利，力作不尽，县官失实。百姓或无斗筲之储，官奴累百金；黎民皆晨不释事，奴婢垂拱遨游也。"这一记载说明在武帝、昭帝时官府奴婢普遍不事生产，而是"坐禀衣食"、"垂拱遨游"的寄生者。

总之，武帝官营盐铁之后，官营盐铁业中的劳动者是服役的卒、刑徒、招募的民、佣工、工匠。虽有奴婢，但奴婢不是主要成分。

3. 盐铁官营的作用、意义。汉武帝实行盐铁官营的作用，意义主要在于下列几点：

其一，大大缓解了财政困难。在元封元年桑弘羊为治粟都尉、领大农、主管盐铁之前的元鼎五、六年间汉连年出兵，用费大，都是靠盐铁官营等经济改革的收入来解决的。关于这一点，《史记·平准书》载："汉连（出）兵三岁，诛羌、灭两越，番禺以西至蜀南者置初郡十七，且以其故俗治，无赋税"，于是从邻近的南阳、汉中以南的各郡，供给新设立郡吏卒所需的食、币、物，而新设郡又常常反叛，杀官吏，汉发南方的官兵征伐，一二年内用了一万多人，其用"费，皆仰给大农，大农以均输调盐铁助赋，故能赡之"。这就是说上述费用是靠均输官调拨盐铁卖的钱而供给的，说明盐铁官营在解决财政危机方面所起作用是重大的。

《盐铁论·轻重篇》说："今大夫……总一盐铁，通山川之利而万物殖。是以县官（国家）用饶足，民不困乏，本末并利，上下俱足。"又说："当此之时，四方征暴乱，车甲之费，克获之赏，以亿万计，皆赡大司农。此皆扁鹊（指桑弘羊等人）之力，而盐铁之福也。"这些论述说明了盐铁官营在解决国家财政困难和社会经济生活方面所起的重大作用。

其二，有利于抑止兼并。《盐铁论·复古篇》载大夫的话说："今意总一盐铁，非独为利入也，将以建本抑末，离朋党，禁淫侈，绝并兼之路也。"也就是说，盐铁官营并不仅仅是为了增加国家的财政收入,还是为了建本业抑末业,防止盐铁业主利用经济力量结成封建依附集团即"朋党"与官府对抗,禁其"淫佚"生活,防止其兼并农民的土地。这个目的在一定程度和一定时间内应当说是能够达到的。

其三,有利于打击分裂割据势力。《盐铁论·禁耕篇》说:"异时盐铁未笼,布衣有胸邴(曹邴氏),人君有吴王。……吴王专山泽之饶,薄赋其民,赈赡穷乏,以成私威。私威积而逆节之心作。"这就是说让诸侯王专山泽之饶,煮盐铸铁,经济势力膨胀,收买民心,势力壮大,最后会导致叛乱。而盐铁官营,有助于削弱诸侯王的经济势力,使其无法与中央抗衡和发动叛乱。

其四,官营冶铁业规模大、人力充足、资金雄厚,专业分工明确,有利于生产技术和产品质量的提高。如汉代河南巩县铁生沟冶铁遗址场地二万一千多平方米、有二十座冶炼炉,使用煤饼炼铁,有时可直接炼出熟铁和钢就是其例。官营冶铁业中所制造的大型、中型犁壁、犁铧、犁冠齐全的犁头和赵过推行代田法时使用的新式农具耧犁有助于农业技术、新的耕作方法的发展、推广。《盐铁论·水旱篇》载大夫曰,"家人合会"的小作坊生产,炼出的铁质量差,使"铁力不销炼,坚柔不和"。而实行盐铁官营,则"卒徒工匠以县官日作公事,财用饶,器用备。……吏明其教,工致其事,则刚柔和,器用便"。这一论断当反映了一定的客观事实。

武帝时的盐铁官营也有其问题和失误,这主要表现在以下两方面:一是盐铁官营是一种垄断性的经营,产品的品种少,社会需要又呈多样性,其他各种冶铁业又被禁止,因此无法满足社会多种需求。《盐铁论·水旱篇》说:"县官鼓铸铁器,大抵多为大器,……不给民用。民用钝弊,割草不痛,是以农夫作剧,得获者少,百姓苦之矣。"这些情况应是符合实际的。二是官府管理盐铁的官吏多是从盐铁业主转化来的,这些人从中作弊、扰民。《盐铁

110

论·复古篇》所说,"而吏或不良,禁令不行,故民烦苦之。"就反映了这一点。《盐铁论·水旱篇》所说"今县官作铁器,多苦恶",民众买铁器时"壹其贾(价),……善恶无所择",这就说不管铁器质量的好坏,都是一个价,民众不能选择,很不方便。又说"盐铁贾(价)贵,百姓不便"等等现象都发生了。虽然有这些问题和等等失误,武帝在当时条件下实行盐铁官营的重大作用和意义仍然不能全部加以否定。

二、均输与平准

均输、平准是国家垄断商品的运输、买卖、价格以增加国家财政收入的改革措施。在解决国家财政困难方面曾起过重大作用。

1. 均输的含义与作用。均输一词,古已有之。如《越绝书》卷二载:"吴两仓,春申君所造。西仓名曰均输,东仓周一里八步。"这说明战国时期已有"均输",不过这种均输与经商活动无关。《盐铁论·本议》说:"盖古之均输,所以齐劳逸而便贡输,非以为利而贾万物也。"这说明古代的这种"均输"活动与武帝时官府通过均输从事商业经营为国家谋利是不同的。要了解武帝时的均输,应注意以下三点:

其一,均输的推行经历过两个时期:一是元狩五年(前118)铸五铢钱,孔仅、东郭咸阳提议实行盐铁官营,过了三年,到元鼎二年(前115)置均输。关于此事,《史记·平准书》载,"桑弘羊为大农丞,筦(管)诸会计事,稍稍置均输以通货物"。看来,这次实行还处于试验阶段,所以说"稍稍置均输以通货物";二是元封元年(前110)桑弘羊为治粟都尉,领大农,置均输到了实质性的推行阶段。这一年因为诸官府囤积货物在市场上出售,互相争利,使物价上涨,而转输所得的货物有时还不够抵偿雇工运输的费用,所以桑弘羊"请置大农部丞数十人,分部主郡国,各往往县置均输盐铁官,……天子以为然,许之。"经过上述两个时期的试办、推行,各地设立了均输官,均输法才在全国得以实行。

其二,关于均输的含义。什么是均输?有关材料和解释是有出入的,所以应当首先看一看当时人的解释,《盐铁论·本议篇》大夫曰:

> 往者郡国诸侯各以其方物贡输,往来烦杂,物多苦恶,或不偿其费。故郡国置输官以相给运,而便远方之贡,故曰均输。

这里的大夫应指当时已任御史大夫桑弘羊,桑弘羊是"均输"的创办者,对均输的解释最有权威性。按他所说,原来各郡国都有一定数量地方特产贡输,但不考虑道路远近,路远的自然花费大,由于种种原因有的物产经过运输变成了"多苦恶"的次品、劣品,所以运来的货物有时还抵偿不了运费。因此在各郡国设立的输官,专门负责营运,这样就节省了路远郡国的运费,因此就名曰:均输。《史记·平准书》载元封元年桑弘羊推行均输时"令远方各以其物贵时商贾所转贩者为赋,而相灌输"。这句话的意思是:令远的地方贡给的物产最贵时商贾转运贩买的价格作为贡赋,而货物由各地均输官互相转运到价高的地方出售和买进。这一叙述又揭示了均输的一个重要职能,就是在运输过程中通过卖买物品赚钱赢利。

《汉书·百官表》注引"孟康曰"对均输作了个全面的解释,内云:

> 谓诸当所输于官者,皆令输其土地所饶,平其所在时价,官更于他处卖之,输者既便,而官有利。(《汉书·百官表》大司农属官有均输令注)

这一解释概括了均输对纳贡赋的郡国地方有利、又对国家有利这两种功能,把上述《盐论·本议》大夫所说的对郡国地方有利与司马迁所说国家也以均输物资转卖赢利都概括了起来,是比较全面的。

从上述有关均输的记载,可以把均输法的内容归结如下:在大农设均输令、群国地方设均输官,负责办理有关均输的事务;把各地输京的贡赋等物品按时价转运至价高的他地出售,再收购其他物品,辗转贩运,最后把国家所需物资运到长安。这样做的目的是为了减省远方郡国的运费负担;又可使国家在辗转贩运中赢利,并得到质量好的物资。通过均输国家转运贩卖了一些什么物资呢?从有关文献资料来看,通过均输转运的物资有盐铁、丝麻织品、布帛、粮食等。

其三,均输的作用与利弊。均输好的作用有以下几点:首先,均输的实行与盐铁官营等措施结合,解决了当时政府的财政危机。据《史记·平准书》载就在桑弘羊大力推行均输的元封元年(前110)武帝"北至朔方,东到泰山(封禅),巡海上,并北边以归。所过赏赐,用帛百余万匹,钱金以巨万计,皆取足大农",后又推行"吏得入粟补官"等措施,使"边余谷诸物、均输帛五百万匹,民不益赋而天下用饶"。这说明武帝任用桑弘羊等人推行的均输、盐铁官营等措施在解决国家面临的财政困难方面是成功的。

其次,均输转贩运来的物资还起了供"兵师之用"、防水旱灾荒的作用,同时也减轻了偏远地区运输的负担。《盐铁论·力耕篇》载大夫曰:"往者财用不足,战士或不得禄,而山东被灾,齐、赵大饥,赖均输之畜(蓄),仓廪之积,战士以奉,饥民以赈。故均输之物,府库之财,非所以贾万民而专奉兵师之用,亦所以赈困乏而备水旱之灾也。"如元封四年(前107)大灾荒,关东流民"二百万口,无名数(户籍)者四十万"等等就是靠均输贮存的物资赈济的。同时,有利于减轻偏远地方的运输负担和减轻徭役。这就是《盐铁论·本议篇》所说的"均输则民齐劳逸"。

再次,打击了靠贩运物品发财的大商人。从春秋末到战国就

113

有靠转贩物品发财的大商人。《史记·货殖列传》载,"汉兴,……富商大贾周流天下,交易之物莫不通,得其所欲",在这种情况下,他们"蹛财役贫、转毂百数"贩运物资经商成为巨富,洛阳的史师财至七千万就是一例。而均输实行后,许多物资转运由均输官组织进行、赢利归了国家,这对转运商是一个重大打击。

均输在执行过程中也出现了弊病,这就是国家原来是要求把各地出的物产、特产输往中央,但执行时却发生了舍弃农民生产的东西、索取农民不生产的东西,又设法迫使农民贱卖货物以供上求。有的郡国还用行政命令的办法让农民制作布絮,官吏任意刁难,收购入官。这些情况又加重了农民的负担。所以,《盐铁论·本议篇》文学曰:"今释其所有,责其所无,百姓贱卖货物以供上求。间者,郡国或令民作布絮,吏恣(任意)留难,与之为市。……行奸卖平,农民重苦,女工再税,未见输之均也。"应当说在封建官僚政治下这种不合理现象的发生是难免的,贤良文学的这些指责当是事实。只看均输执行的好的一面,不见其弊病,也是一种片面性。

2. 平准的含义与作用。平准是在元封元年(前110)桑弘羊在各郡国设均输官之时于京师长安设立的。设置的意图,《盐铁论·本议篇》大夫曰:"开委府于京师,以笼货物。贱即买,贵则卖。是以县官不失实,商贾无所贸利,故曰平准。……故平准、均输所以平万物而便百姓。"其意是说:在京师设立"委府",接受、储存各郡国均输官输入京师的货物,即收笼天下货物。货物贱时就买进来,贵时就卖出去。因此,国家掌握着物资,商贾无法经商谋利。所以称之曰:平准。平准、均输结合起来就可收到"平万物的物价而便百姓"的效果。《史记·平准书》则进而陈述了平准设置的背景、采取的措施、出现的情况、所要达到的目的,有利于我们全面地了解平准。内云:

114

置平准于京师，都受天下委输。召工官治车诸器，皆仰给大农。大农之诸官尽笼天下之货物，贵即卖之，贱则买之。如此，富商大贾无所牟大利，则反本，而万物不得腾踊。故抑天下物，名曰："平准"。

结合《盐铁论·本议篇》大夫的话，这段话的内容有以下几点：一、是在郡国设均输官的同时，在京师设平准官，接受均输官输送来的货物；二是令工官制造车子和其他器具，供均输、平准官用，所需费用都由大农供给；三是大农所属诸官掌握了天下的货物，物价贵就卖出去，物价贱了就买进来；四是这样做的结果，使富商大贾无法谋大利，天下就会反回到立国的根本"重农"上去，而一切物价也就不会暴涨。这就使天下的物价得到抑制，所以名曰平准。

从上述两段话的内容可以看出：平准的主要作用有二：一是由大农各官掌握天下货物，通过贱买贵卖，增加国家收入，解决财政困难，同时又使富商大贾无所牟大利。二是平抑物价，有利民众。这就是《盐铁论·禁耕篇》所说"贵贱有平而民不疑，县官设衡立准，人从所欲，虽使五尺童子适市，莫之能欺"。具体执行时则由大农下属的平准令负责。平准令，秩六百石，相当于大县县令，下属员吏一百九十人。

平准与战国初期李悝在魏国实行的平籴法有相通之处。《汉书·食货志》载李悝说："籴甚贵伤民（非农业平民），甚贱伤农。民伤则离散，农伤则国贫，故甚贵与甚贱，其伤一也。"所以，李悝主张统治者要了解年景的丰歉，在丰收时用比较公平的价格把农民的余粮购回来，在歉收时又以比较公平的价格把粮食籴出去。李悝仅仅是把这一办法用在粮食的购销上，桑弘羊则把这一办法用在国家所能垄断的一切货物上。应当说平准的推行在其初期或贯彻的好的时期对平抑物价、增加国家财政收入、防止商人牟取暴利诸方面都曾起了积极作用。平准与均输、盐铁官营等措施一起对解决武帝时的国家财政困难都起了良好的作用。然而,平准的推行也有消极作用。一是平准是国家对商业活动的垄断,即所谓的"擅市",这就免不了用封建专制的办法通过行政命令经商。而所谓"猥发"(乱发号令)来经营商业,就难免要侵犯一般消费者的利益;二是官吏不可能都是良吏,贪官污吏杂混其中,与奸商互相勾结,强迫百姓贱卖贵买,从中渔利,结果就会扰民、乱民;三是平准使"商贾无所贸利",必然会侵犯一些中小商人的正当利益。因此,在均输、盐铁官营、平准推行过程中,就有人对国家垄断性的商业经营提出责难,《史记·平准书》载卜式指出:"郡国多不便县官(官府)作盐铁,铁器苦恶,贾(价)贵,或强令民卖买之。""今弘羊令吏坐市列肆(吏坐市肆行列之中),贩物求利。烹弘羊,天乃雨。"《盐铁论·本议篇》载"文学"说的一段话,集中责难平准的弊病,内云:"县官猥发(乱发号令),阖门擅市(官府垄断市场),则万物并收。万物并收,则物腾跃。腾跃,则商贾侔(谋)利。自市,则吏容奸,豪吏富商积货储物以待其急。轻贾奸吏收贱以取贵,未见准之平也。"这就说明平准在推行过程中也出现了种种弊端。

总之,均输、平准是国家通过垄断商业活动增加收入以解决财政困难的办法。虽然有其积极作用,执行过程中也难免出现种种弊病。

三、酒类专卖

酒类专卖是武帝实行的最后一项官商垄断经营,也是最早被解除的一项官商专卖经营。

1. 汉初酒类买卖政策的演变。酒类专卖当时叫"榷酤"。"榷"的最初含义按《说文解字》和有关注释是过河的横木,即现在人们所说的独木桥,后来转义指专卖而言。"酤"通沽指买酒、卖酒而言。这就是武帝时所说的"榷酤"。中国古代不少与酒有关的故事,据说殷代亡国的原因之一就是酗酒、嗜酒,周初接受了这个教训就严禁周族酗酒。西汉初年,因缺乏粮食,所以要节约粮食,重本抑末。《汉书·文帝纪》载文帝后元年(前163)诏曰:"间者数年频频年成不好,又有水旱疾疫之灾,朕甚忧之。……以口量地,其于古犹(还)有余,而食之甚不足者,其咎(过失)安在? 是不是因为百姓从事工商业而有害农业者的人数太多,为酿造酒与带汁滓的酒耗费的粮食太多,六畜吃的粮食太多呢? ……"在这种情况下就发生了禁止买卖酒的现象。《汉书·景帝纪》载景帝中三年(前154),夏,因天旱,"禁酤酒",实际上是通过禁止买卖酒,而达到让人们少酿造酒而节约粮食的目的。景帝末年,随着经济繁荣,粮食充足,就解除了买卖酒的禁令。景帝后元年(前143)夏,令"大酺(大聚饮)五日,民得酤酒"。根据文献记载西汉解除酒禁就是从此时开始的。此后,武帝元光二年(前133)、元朔三年(前126)、太初二年(前103)、太始三年(前94)都有令天下或令民"大酺五日"的记载,遇大的礼仪活动也有赐民牛酒的记载①。随着酒禁的解除和酿酒业的发展,酿造和买卖酒就成了一项显著的能够获利的事业。

2. 酒类专卖实行的原因与酒类专卖被罢除。武帝所推行的几项经济改革,盐铁官营是在元狩四、五年开始实行、元封元年进一步推行;均输则在元狩五年试办、元封元年推行并在此同时设置平准。所以,元封元年是武帝推行其主要经济改革措施重要的一年。正是这些官营工商业措施帮助武帝渡过了当时的财政困难。收入增多了,开支也很巨大。元封年间以后主要的开支有以下几项:一是礼仪活动,从元封元年武帝封禅泰山后,按规定每五年要

① 《汉书·武帝纪》载,武帝元鼎四年(前113),行幸雍,祠五畤,"赐民爵一级,女子百户牛酒。"

去泰山修封、增封一次,有时不到五年就去一次,每次都花费巨大的钱财。此外,还要不断地到汾阴祭后土、到雍祭五帝、到各地去祭名山大川,这类礼仪祭祀活动所用钱财加起来就是一笔巨大的开支。二是元封二年堵塞黄河瓠子决口后,在全国兴起了一个兴修水利的高潮。这一活动虽是正当的发展生产的需要,但也要花费巨大的人力、物力。三是元封以后水旱灾荒频繁,有时受灾面积大、灾情重、流民多,赈济灾民也是一笔巨大的开支。四是新开拓地区修建障塞等军事设施、戍守士卒给养、新置二十多郡的开销用费等等都是庞大的。五是武帝奢侈的生活、慷慨的赏赐也是用费浩巨。如果再加国家机构运转所需正常的费用如官吏的俸禄等等,其耗费真可以说是天文数字。所以,尽管桑弘羊等人绞尽脑汁地进行经济改革、增加收入,国库中仍然不会有太多的积存。

太初元年(前104)武帝使李广利率"六千骑及郡国恶少年数万人"伐大宛,次年败还敦煌,太初三年,又增六万人令李广利伐大宛。太初四年春,李广利斩大宛王首、获汗血马归。这次战争两次共征兵数十万人,前后四年,路途遥远,最后胜利返回至玉门者仅万余人、马千余匹。天汉二年李广利又率三万骑出酒泉至天山击匈奴先胜后败而归,李陵率步卒五千败降匈奴。此时,又重新出现财政困难。《汉书·武帝纪》载:天汉三年(前98)春"初榷酒酤",这一条法令禁止民间酿酒、卖酒,这一财源遂为国家垄断。应劭曰:"县官自酤榷卖酒,民不得复酤也。"韦昭曰:"以木渡水曰榷。谓禁民酤酿,独官开置,如道路设木为榷,独取利也。"此后,酒类专卖就成武帝后期设置的官营专卖事业。

武帝去世以后,昭帝始元六年(前81)二月诏郡国贤良文学开了盐铁会议,问民疾苦。会上,贤良文学全面否定了武帝时盐铁官营、均输平准、酒类专卖等经济改革措施,并提议罢除。然而,如果全部罢除这些措施,国家的财政开支又从哪里来呢?因此,这年七月,下令"罢榷酤官",取消了酒类专卖,其他的经济改革措施仍然保留了下来。面对当时尖锐的社会矛盾和客观现实当政者也只能如此。

四、算缗与告缗

算缗是国家征收的财产税。告缗是没收隐瞒向国家少缴纳、不缴纳财产税的有产者的财产。这两项政策主要打击对象是中家以上的工商业者。

1. 算缗的来源与内容。缴纳财产税,原是西汉初期规定的一种制度。《汉书·景帝纪》载景后二年五月诏曰:"今訾(资)算十以上乃得官",服虔曰:"訾(资)万钱,算百二十七也。"这里"七"应是衍文,实际是资万钱,缴一算,一算一百二十钱。此处的财产税是针对有产民户的,并不是专门针对工商业者的。

武帝即位后,逐步通过征收财产税方式把打击的矛头指向商贾,《汉书·武帝纪》载元光六年(前129)"初算商车"注引李奇曰:"始税商贾车船,令出算。"至于商贾车船如何出算赋,则无说明。

元狩四年(前119),冬,"初算缗钱"。所谓缗,就是穿钱的丝线,用丝线穿钱,一千钱一贯,一贯出算二十钱,实际等于 100 钱出二钱,税率为 2%。这是现金税。《史记·平准书》载这一年公卿上言:"郡国颇被灾害,贫民无产业者,募徙广饶之地。陛下损膳省用,出禁钱(少府存钱)以振(赈)元元(民众)……异时(昔时)算轺车(小车)、贾人缗钱皆有差,请算如故。"接着又提出以下征收财产税的办法:

〈1〉诸贾人末作贳(赊)贷卖买,居邑贮积滞留诸物,及商以取利者,虽无市籍,各以其物自占(自报),率缗钱二千而一算。即缗钱二千纳税一百二十钱,税率为 6%。

〈2〉对于各种要缴纳租税及铸做器物的"手力"做工的"诸作","率缗钱四千一算",一算百二十钱,平均一千钱纳三十钱,一百钱纳三钱,税率为3%。比商人减少了一半,算是对手工业者的优待。

〈3〉不是吏但可以和吏相比的三老、北边骑士的轺车(小车)一算;商贾轺车二算(二百四十钱);船五丈一算。

〈4〉隐匿财产不申报和申报不全的,罚戍边一年,没收全部本钱。揭发申报不实的商人者,以没收钱财的一半给之。

〈5〉有市籍的贾人及其家属,不准占田,以便农。如果违令占田,就没收他的土地、奴婢在内的所有财产。①

以上算缗钱的条文中第4、5两条,说明算缗钱的规定具有强制性。这些规定的推行受到了以商人为主的豪富们的强烈抵制,以商人为主的豪富们争相隐匿财产,逃税、漏税。针对这种情况,武帝发动了一场全国性的告缗运动,从而使向商人征收财产税的算缗钱,发展成为一场剥夺商人财产的运动。这就是元狩四年的告缗令。

2. 告缗令的颁发、执行与作用。武帝发动全国性的告缗运动是有一个发展过程的。元狩四年发布告缗令后,原想树立正面典型,鼓励富豪把财产税缴给国家。恰巧那时有个叫卜式的人,曾上书愿以家产之半捐给国家,以助边费。元狩四年,卜式又捐钱二十万,以助国家徙民实边的费用。因此,武帝就拜卜式为中郎,赐爵左庶长,赐田十顷,布告天下,使民众都知道这件事情。哪知此后,百姓还是没有人捐献财产帮助国家,而且还隐匿财产,逃缴财产

---

① 《汉书·食货志下》载,"敢犯令,没入田、货"。田,指耕田、土地;货指什么呢? 按《食货志下》所说"凡货,金钱布帛之用",实际是指货币。所以说"没入田、货",就是没收耕地与货财。

税。在此情况下,武帝就想通过告缗来解决这一问题。元狩六年(前117)冬,武帝开始令杨可告缗,而右内史义纵竟然认为这是扰民,于是令其部下捕杨可的使者,武帝大怒,遂判处义纵死刑。《汉书·武帝纪》载元鼎三年(前114)十一月,"令民告缗者以其半与之"。武帝令杨可主持告缗,让杜周处理有关案件。于是,杨可告缗遍天下,中家以上大抵皆遇告,乃分遣御史、廷尉、正监等官吏分赴郡国各地治缗钱,"得民财物以亿计,奴婢以千万数,田大县数百顷,小县百余顷,宅亦如之。于是商贾中家以上大率破"。《文献通考·征榷考》则说"不商贾而有蓄积者,皆被告矣"。所以,这次告缗,打击的不仅仅是商贾,非商贾的一些富豪也被打击而家产被没收。

这次告缗所得的财物,据《史记·平准书》所载,作了如下的处理:1. 所得到的缗钱分给各官府;2. 水衡、少府、大农、太仆各置农官,耕垦郡县所没入官府的田地;3. 没入的奴婢,分到各苑养狗马禽兽,或分给各官府。

据《史记·平准书》载,元鼎五年(前112)武帝在新秦中地"除告缗"①;据《汉书·食货志》载元封元年(前110)桑弘羊为治粟都尉,领大农,管天下盐铁、推行均输、在京师立平准,国家财政方面有了新的来源,所以"不复告缗"。

告缗的开展,使汉武帝为代表的封建国家通过剥夺商人等的财富,确实得到了大量的财物、土地、奴婢等。《史记·平准书》说"及杨可告缗钱,上林(苑)财物众,……上林既充满、益广",又云"而县官(以天子为代表的国家)有盐铁缗钱之故,用益饶矣"。等等。但告缗所起的破坏、阻碍经济发展的作用也是严重的。《史

①　《史记·平准书》载:"在新秦中,令民得畜牧民县,官假母马,三岁而归,及息什一,以除告缗"。

121

记·平准书》载"而船有算,商者少,物贵"。"民众苟且偷安,贪图吃得好、穿得好,再没有蓄藏财物治产业的打算"。① 这说明,告缗令的消极作用是巨大的,如果民众只想吃喝玩乐,社会还能有什么前途。好在告缗令推行了四年,到元封元年就停止执行了。也算是一种幸运。

五、卖爵、卖官与赎罪

汉代的卖爵、卖官、赎罪等措施武帝以前就实行过。武帝只是在新的条件下进一步推行这些措施,以增加国家财政收入。

1. 汉初卖爵、赎罪制的演变。卖爵赎罪的制度,始于汉初,《汉书·惠帝纪》载惠帝元年(前194)规定:"民有罪,得买爵三十级以免死罪。"注引应劭曰:"一级直钱二千,凡为六万。"这项制度一举两得:对罪人来说可通过出钱赎罪,一级二千,出六万,买爵三十级免死罪,获解脱;对国家来说这除了是一种德政外,还可得到一笔收入,以解决当时的财政困难。

文景时卖爵赎罪制度又有发展,《汉书·食货志》载晁错所说,"募天下入粟县官,得以拜爵,得以除罪","令民入粟受爵至五大夫以上,乃复一人耳"。文帝接受了晁错的建议,规定:"令民入粟边,六百石爵上造(第二等爵),稍增至四千石为五大夫(第九等爵),万二千石为大庶长(第十八等爵),各以多少级数为差。"景帝时,"复修卖爵令,而裁其贾(价)以招民,及徒复作(一年刑),得输粟于县官以除罪"。文景时期卖爵比惠帝时的发展变化有以下几点:一是惠帝时卖爵以钱计,文帝时则以粟计;二是惠帝时卖爵级别共三十级,一级二千;文帝时期是按二十等爵制卖爵,从二等爵

---

① 《史记·平准书》原文为:"于是商贾中家以上大率,民偷甘食好衣,不事畜藏之产业。"

上造与九等爵五大夫,相差七级,每级平均差价级为484石余。从五大夫至十八等爵差九级,平均每级差价为888石多。可知文帝时卖爵是卖的级越高,差价也就越大。三是惠帝时仅能卖爵赎罪,文帝时发展为卖爵不仅可以赎罪,还可以免除徭役;四是景帝时除"复修卖爵令",减其价外,还特别提到一年刑的称复作或罚作的刑徒可通过"输粟县官"除罪。这一点与惠帝、文帝时的卖爵赎罪也有差别。

2. 武帝时的卖爵、卖官、赎罪。汉武帝时期随着内外兴作的增多,国家财政时常出现困难,而卖爵、卖官与赎罪制度作为一种解决财政困难的应急措施而被采用,据《平准书》、《食货志下》所载有下列几次。

(1)元朔二年(前127),遣卫青等率数万骑击匈奴取河南地,又徙民十余万人筑朔方城等导致"费数十百巨万,府库并虚","乃募民能入奴婢得以终身复、为郎增秩(俸禄),及入羊为郎,始于此"。

(2)元朔五年(前124),大将军卫青率六将军与十余万军队击右贤王。元朔六年大将军又率六将军击胡,府库耗竭。为解决财政困难,武帝令有关机构商议"令民买爵及赎禁锢免减罪",商议的结果,奏请置武功爵及其有关的买卖、减罪、补吏、封官的办法。有关内容有以下几点:其一,武功爵共十一级,一级曰造士、二级曰闲舆卫、三级曰良士、四级曰元戎士、五级曰官首、六级曰秉铎、七级曰千夫、八级曰乐卿、九级曰执戎、十级曰左庶长、十一级曰军卫。其二,买武功爵时起初一级为十七万,以上每增一级加二万,买十一级,共计三十七万。其三,买到武功爵第五级官首的,可以优先补吏;武功爵的第七级千夫相当于二十等爵的第九等爵五大夫,如果有罪可以减二等;武功爵的目的之一是为了显示军功,所以军功大的可以越等授爵,大的封侯或授卿、大夫,小的可以为郎、吏。这些规定曾付诸实施,如楼船将军杨仆就曾以武功爵的第七等千夫而为吏。

(3)元鼎二年(前115),"始令吏得入谷补官,郎至六百石"。以往是让民买爵、买官、赎罪,这次则是吏"入谷补官",值得注意。

(4)元封元年(前110),桑弘羊为治粟都尉,领大农,"又请令吏得入粟补官,及罪人赎罪。令民能入粟甘泉各有差,以复终身,不告缗"。

(5)天汉四年(前97)秋,"令死罪(入)赎钱五十万减死一等"。

(6)太始二年(前95)秋,"募死罪(入)赎钱五十万减死一等"。

从上述事实中可以看出,从惠帝、文帝时的令民出钱、出粟,到武帝时的入奴婢,入羊可以买爵、买官、赎罪;又从令民、募民这样作,发展而为令吏也这样作。这说明从惠、文、景到武帝时卖爵、卖官、赎罪制总的趋势是在发展和扩大之中。有的学者认为这种制度有像近现代发行公债的制度。这应该说是有道理的。从国家有了财政困难要私人拿出钱帮助国家解决困难这一点二者是相同的。但也有不同之处,近现代国家发行公债到期还本付息,汉代买爵到一定级别可以免除徭役似乎与还本付息有点相似,但总的看来汉代是以爵位、官位、减罪来抵消私人出的钱、粟、奴婢、羊,这与近现代发行公债就显著不同。有的富人买到爵位、官位后得到了相应的特权,又利用这种特权去加倍搜刮钱财、勒索民众就必然造成不良的后果。从这个意义上讲,武帝的卖爵、卖官、赎罪制度也可以说是饮鸩止渴。

除上述经济改革的措施之外,武帝还采取了其他一些措施。如:在通西南夷的过程中,曾"募豪民田南夷,入粟县官,而内受钱于都内(国都长安内)",此法与宋代的折中法、明代的开中法颇有相似之处。再如:武帝为增加财政收入曾改革口赋制度,原来七岁至十四岁出口赋钱,武帝改为三岁起征;又口赋原规定人二十钱,武帝令加三钱,以供"车骑马"。这类措施就不一一赘述了。

武帝所推行的经济改革,由于不仅损害了富商大贾的利益,而且也常常损害了一般民众的利益。所以,对这些措施的评价自古以来就有正、反两种不同的意见。武帝在世时,卜式就对经济改革的一些措施持否定态度,而在昭帝时召开的盐铁会议上贤良文学则对这些措施持全面否定的态度。问题不在于这些措施在当时有没有消极作用,而在于它有没有起积极的进步作用。从《史记·平准书》、《汉书·食货志》等有关文献记载看,武帝推行这些经济改革措施的目的主要是为解决当时面临的财政困难,而这些措施推行的结果成功地解决了这种困难。不仅如此,这些措施的推行还大大加强了封建专制主义中央集权的经济力量,而这种封建专制制度在当时正起着进步作用。因此,如果从具体历史条件出发,就不难看出,武帝推行的经济改革措施尽管有种种弊端,但在历史上确实起了积极的进步的作用。因此,不能简单否定。

第五章　政治体制改革

　　中国封建专制主义中央集权的政治体制始于秦始皇。这种体制是秦统一六国后出现的,采取这种体制是为了巩固统一,长治久安。然而,秦朝二世而亡,统治全国仅短短十四年,政治制度并不完备。汉初经六十年的实践,政治体制上的问题进一步暴露。汉武帝时为适应形势发展的需要,遂大刀阔斧地进行改革。汉武帝自己曾说:"汉家庶事草创……,朕不变更制度,后世无法。"这就是说他变更制度的目的不仅仅为当时的需要,而且要为后世立法。而汉武帝所变更的制度中的一部分就是政治体制。

第一节　改革选官制度

　　周代世官制度占统治地位。春秋战国,出身低下的士人日益加入官僚集团,战国末年,韩非主张"明主之吏,宰相必起于州郡,猛将必发于卒伍"(《韩非子·显学》)。汉武帝即位距刘邦即帝位已六十二年,汉初的勋臣已退出历史舞台,而其时又恰处在开拓、进取的强劲势头上,所以对选拔官吏的制度进行了大胆改革。改革的特点有二:一是唯才是举,二是广开仕途。

一、唯才是举

　　汉武帝选拔官吏的一个显著特点是唯才是举。他即位不久,建元元年十月召开了《举贤良对策》会议，即把严助等人选拔出来，据《资治通鉴》的记载，董仲舒也是在这次会议中选拔出来的。据说武帝"自初即位，招选天下文学材智之士，待以不次之位。四方士多上书言得失，自眩鬻者以千数。上简拔其俊异者宠用之。庄助最先进，后又得吴人朱买臣、赵人吾丘寿王、蜀人司马相如、平原东方朔、吴人枚皋，济南终军等，并在左右"。① 据宋朝人王益之所撰《西汉年纪》主父偃、严安、徐乐也是在这时被罗致在武帝左右的。《汉书·东方朔传》就说武帝时期"朝廷多贤材"，并称赞"武帝即招英俊，程（量计）其器能，用之如不及。"这里所说"程（量计）其器能"加以任用，就是唯才是举。元封五年（前106）大将军、大司马卫青去世，此前霍去病、公孙弘等人也已去世，而武帝的事业仍在开拓之中，在这种形势下，武帝下了一道《求茂材异等》诏，充分反映了他在用人上唯才是举的政策。内云：

> 盖有非常之功，必待非常之人。故马或奔（奔跑）、踶（踢）而致千里，士或有负俗之累（为世俗所讥议）而立功名。夫泛驾之马（驾车不循轨辙之马），跅弛（放荡不羁、不循规矩、不遵礼度）之士，亦在御（用）之而已。其令州郡察吏民有茂材异等可为将相及使绝国者。②

这一诏书译为白话文就是：大凡有非常之功，必然要有非常之人。所以有的又狂奔而又踢人的马能日走千里，有的士人为世俗所讥议而能立功名于世。驾车不循轨辙奔驰的马，放荡不羁、不遵礼度的士人，也在任用之列。因此，令州郡察吏民之中有优异的可以为将相和出使绝域的等人才都要选拔上来。这一诏令中所说"驾车不循轨辙奔驰的马，不遵礼度的士人，也在任用之列"就是唯才是

---

① 《资治通鉴》卷17《汉纪》9载；武帝在建元三年前招选人才的状况。
② 《汉书·武帝纪》元封五年诏。

举。这与曹操后来在《求贤令》所说"唯才是举",有像陈平一类"盗嫂受金"①的人也在被推举和任用之列是完全一致的。因此说汉武帝推行"唯才是举"的用人政策是实事求是之论并非过誉。

汉武帝的同时代人太史公也对他唯才是举的用人政策作过评述,这就是上引《史记·龟策列传》太史公曰:"至今上(武帝)即位,博开艺能之路,悉延百端之学,通一伎(技)之士,咸得自效。绝伦超奇者为右,无所阿私。"这里所述汉武帝即位之后,广开艺能之路,悉引百端之学,有一技之能的士人,都可为国效力,而且"绝伦超技者为右(上)"②即谁有出类拔萃的才干、技能谁就为上,无所偏私。太史公这段话是对武帝唯才是举用人政策的高度赞扬。

从提拔、任用人的年龄结构来看,有霍去病那样的年轻人,也有公孙弘那样六十岁对策入仕、八十而终的老者。武帝对一些无机遇做官的老者深表同情,了解后,也封其为官。《汉武故事》载武帝"至郎署,见一老翁,须鬓皆白,衣服不整,上问曰:'公何时为郎,何其老也?'对曰:'臣姓颜名驷,江都人也,以文帝时为郎。'上问曰:'何其老而不遇也?'驷曰:'文帝好文而臣好武;景帝好老而臣尚少;陛下好少而臣已老,是以三世不遇,故老于郎署。'上感其言,擢为会稽都尉。"

班固在《汉书·公孙弘卜式儿宽传》赞中对武帝求贤用才的情况有个概括的论述,内云:

> 是时,汉兴六十余载,海内艾安,府库充实,而四夷未宾,制度多阙。上方欲用文武,求之如弗及,始以蒲轮迎枚生(枚乘),见主父而叹息。群士慕向,异人并出。卜式拔于刍牧,弘羊擢于贾竖,卫青奋于奴仆,日磾出于降虏,……。汉之得

---

① 《三国志·魏志·武帝纪》。
② 汉代以前以右为上,如《史记·廉颇蔺相如列传》说蔺相如"位在廉颇之右"。

人,于兹为盛,儒雅则公孙弘、董仲舒、儿宽,笃行则石建、石庆,质直则汲黯、卜式,推贤则韩安国、郑当时,定令则赵禹、张汤,文章则司马迁、相如,滑稽则东方朔、枚皋,应对则严助、朱买臣,历数则唐都、洛下闳,协律则李延年,运筹则桑弘羊,奉使则张骞、苏武,将率则卫青、霍去病,受遗则霍光、金日磾,其余不可胜纪。是以兴造功业,制度遗文,后世莫及。

上述班固的论述,除了说明武帝求才心切的原因之外,还着重从以下几方面说明其用人的多样性、广泛性。其一,所用人才的出身职业的多样性,如有的拔于刍牧,有的擢于贾竖,有的曾为奴仆,有的出于降虏等等。其二,性格的多样性,有的儒雅、有的笃行(忠实)、有的质直等等;其三,特长和所担当工作的多样性,如有的定律令、有的文章好、有的滑稽、有的善于应对、有的长于历数、有的长于音律,有的长于运筹和管理经济,有的长于奉命出使绝远国度,有的能作将帅统兵打仗,有的则受命辅佐幼主等等。各种各样有才能的人应有尽有。在这些人中,有儒、黄老、法家、纵横、兵家、阴阳诸家,再加上武帝宠信的方术之士、卜筮之人,战国时的各家各派几乎都应有尽有了。因此,可以说武帝的用人的特点之一是:唯才是举、用人不拘一格。这一点当时的臣下看得也很清楚,如《汉武故事》载汲黯说:"上(武帝)喜接士大夫,拔异取异,不问仆隶,故能得天下奇士。"

武帝如此注意选拔人才,是当时时代和他所要从事的事业的需要。因此,就难免与一些大臣发生矛盾。有的大臣思想保守,对武帝所要开拓的事业想都不敢想,所以处处发生冲突,汲黯就是典型的一例,《汉武故事》载:"时北伐匈奴,南诛两越,天下骚动。黯数谏争,乃发愤谓上曰:'陛下耻为守文之士君,欲希奇功于事表;臣恐欲益反损,取累于千载也。'上怒,乃出黯为郡吏。黯忿愤,疽发背死,谥刚侯。"汲黯无疑是一位忠直的臣下,其犯颜直谏的精神也是可贵的。然而,他的保守思想和武帝的进取精神之间存在着尖锐的矛盾,这是汲黯悲剧下场的真正原因。为了事业的成功,武帝就必须注意选拔人才,这是武帝唯才是举的主要原因。

二、广开仕途

汉武帝在继承西汉初期选拔官吏制度的基础上,大胆发展、创新,形成了适应多种需要,多途径、多元化的选拔、任用官吏的制度。

1. 察举。汉武帝时的察举分贤良、孝廉、茂(秀)材异三科。

贤良科。汉十一年(前196),高帝下求贤诏说"贤士大夫有肯从我游者,吾能尊显之",并要求诸侯王、郡守举荐贤士大夫遣诣(至)相国府,并签署上姓名、行状、年纪。如果有贤士大夫而不举荐即所谓"有而弗言",免职。① 这份求贤诏是汉王朝最早要求举荐贤良的诏书。文帝时开始正式举贤良,文帝前二年(前178)诏"举贤良方正能直言极谏者,以匡朕之不逮(及)"。文帝前15年(前165)"诏诸侯王、公卿、郡守举贤良能直言极谏者,上亲策之,傅纳以言"。② 汉武帝建元元年(前140),"诏丞相、御史、列侯、中二千石、二千石、诸侯相举贤良方正直言极谏之士";后于元光元年五月又诏贤良对策。③ 元光五年复诏贤良文学。武帝以后举贤良成为定制,历昭、宣、元、成而不断。

贤良科是汉代选拔高级统治人材的途径。文帝时晁错曾应"贤良文学"之选,经策试以高第任中大夫,景帝时升为御史大夫。武帝时董仲舒亦应"贤良"之选经策试为江都王相,公孙弘经此科

---

① 《汉书·高帝纪》。
② 《汉书·文帝纪》。
③ 《汉书·武帝纪》。

之选最后升为丞相。贤良一科,在皇帝策试时讨论的是重大政策方面的问题,如董仲舒《举贤良对策》讲的是统治思想和重大政策、制度方面的问题。昭帝时贤良文学参加的盐铁会议讨论的也是重大政策问题,等等。此科选举的重要性由此可见。此科选举时,先由皇帝下诏施行,名之曰"制选"。其所以称为"制选"是因为皇帝关于重大制度而颁布的命令称为制书,选贤良是据皇帝之命而选举的,所以称为"制选"。① 根据皇帝制书的内容,中央有关机构和王国相、郡守等地方官员再结合乡里评议,选拔出符合条件的适当人选,这叫做"察选"。"察选"出来的人,再上报、遣送至丞相府等有关机构。然后再由皇帝亲自策试,策试的题目是由皇帝出的政治、政策方面的问题,被策试的贤良写成文章对答,这就是对策。此种对策又名为射策,"有似于射箭之人,以求中鹄为目的"②。对策如为皇帝所赏识,就可以授以官职,或再经试用而后授以官职。

孝廉科。举孝廉在武帝前已有,最初是孝廉与力田等是一同举荐的。文帝前十二年(前168)诏:"孝悌,天下之大顺也。力田,为生之本也。……廉吏,民之表也。朕甚嘉此二三大夫之行。今万家之县,云无应令(无人应察举之令),岂实人情? 是吏举贤之道未备也。"③这说明文帝时已有举孝悌、力田、廉吏之事。从史籍记载来看"举孝廉"作为单独的一科,最初可能是武帝时正式开始的,《汉书·武帝纪》载:"元光元年(前134)冬十一月,初令郡国举孝廉各一人。"这里说的"初令"应指最初让举孝廉的诏令,让"郡国举孝廉各一人"是说各郡与诸侯王国要分别举"孝"、"廉"各一名。"孝"与"廉"是两种德行高尚、嘉美的人,举孝子为官,显

---

① 《史记·秦始皇本纪》载皇帝"命为'制',令为'诏'"。

② 张维华:《论汉武帝》,上海人民出版社1957年版,68页。

③ 《汉书·文帝纪》。

然让他们作表率、标兵,优化那时的社会风尚与精神文明建设,用当时的话说是为了"广教化、美风俗"、"仕元元,移风易俗也"。因此,武帝对举孝廉是十分重视的,元朔元年(前128)下诏:朕深诏执事,兴廉举孝,今或至阖(全)郡而不举一人,令"中二千石、礼官、博士议不举者罪"。有司奏曰:"不举孝,不奉诏,当以不敬论。不察廉,不胜任也,当免","奏可"。① 孝廉科经武帝时的倡导推行,后来亦成定制。选上孝廉的一般在基层任职,如黄霸因察举为廉吏,由左冯翊二百石卒史补河东均输长,后又被举为廉吏"为河南太守丞"。② 再如赵广汉,曾因举廉吏"为阳翟令",等等。

茂(秀)材异科。此科为武帝时新设,设置的时间在元封五年(前106年),诏书中"令州郡察吏民有茂材异等可为将相及使绝国者",即要求举荐那些有特别的才干和能力的人,包括为世俗所讥议、放荡不羁(不循常规、礼法)的人也在其中。由于当时杰出的军事将领卫青、霍去病和董仲舒、公孙弘等臣下相继去世,而形势的发展又迫切需要人才,所以武帝才新设此选拔特异人材的新科。其后,如有特殊需要也举茂材,如昭帝始元二年(前85),因"宗世毋(无)在位者",所以"举茂才刘辟强、刘长乐皆为光禄大夫"。

《通典·选举一》载汉武帝在元光元年举孝廉之后曾有一道制书规定:"郡国人口二十万以上,岁察一人;四十万以上,二人;六十万,三人;八十万,四人;百万,五人;百二十万,六人;不满二十万,二岁一人;不满十万,三岁一人。限以四科:一曰德行高洁,志节清白;二曰学通行修,经中博士;三曰明习法令,足以决疑,能按章复问,文中御史;四曰刚毅多略,遭事不惑,明足决断。"这一诏令可能一度执行过。从武帝及其后昭、宣、元各帝纪所载,贤良、孝

① 《汉书·武帝纪》。
② 《汉书》卷89《黄霸传》。

132

廉、茂材的选举都是分科进行的,察举时每科也并无固定几年一次的规定,每次举荐的人数也不固定。这些都是应该注意的。

2. 征召。武帝以前就有征召和招聘有才干的人为朝廷效力,汉武帝大大发展了这一选拔人材的方式。武帝对人材的征召有如下两种形式:

一种是个别征召有专门特长的人,如对枚乘及其子枚皋、司马相如、鲁申公等人就是如此。武帝喜爱辞赋,为太子时就闻善辞赋的枚乘的大名,及即位,就以安车蒲轮征召其进京,没料到老年的枚乘死于路上。枚乘小妾生子枚皋,曾侍梁共王为郎,后遇罪逃入长安,被武帝"召入见待诏",拜为郎,以辞赋善诙笑常侍左右。同样,司马相如也是因为武帝赞赏其所作《子虚赋》被召见而常侍左右的。治《诗》学者鲁申公,是武帝在建元元年遣使"束帛加璧",安车以蒲裹轮,用四匹马驾车子迎进京城、问治乱之事、议立明堂等。

另一种形式是在社会征召有某种特长和品德高尚的人。如元光五年(前130)武帝"征吏民有明当时之务、习先圣之术者,县次续食,令与计偕"。这就是向各地征召"明当时之务、习先圣之术者",由地方政府供给伙食,并令其随上计的官吏俱来京师。元狩六年(前117)武帝下诏"遣博士大(褚大)等六人分循行天下,……举独行之君子,征诣(至)行在所(皇帝巡狩所在的地方)"。这种征召一次绝不至一人,可能至数人、数十人,或更多。被征召的人经皇帝亲自召见,谈话、了解其特长、志趣,而后授予官职。

3. "北阙上书"或"公车上书"。这种选拔可视为征召制的一种形式,其特点是被选者首先上书,而后由皇帝和有关人员审阅上书内容后,经选择再由皇帝召见而后授以官职。这与皇帝首先提出征召的形式是有区别的。所谓"北阙上书"是在宫殿北边的门楼上上书。《汉书·高帝纪》载"萧何治未央宫,立东阙、北阙、前殿、武库、太仓"。师古注："而上书、奏事、谒见之徒皆诣(至)北阙。"因此，从上书的地点看可以说是"北阙上书"。枚皋就是先在"北阙上书"之后才被汉武帝召见的。这种上书有时又称作"公车上书"，据《汉书·百官公卿表》载"掌宫门卫屯兵"的卫尉，"属官有公车司马……令丞。"师古注引《汉官仪》说："公车司马掌……天下上书及四方贡献阙下，凡所征召，皆总领之，令秩六百石。"这就是说上书者应由公车司马接待、管理。因此，从管理上书的机构看可以说是"公车上书"。朱买臣也曾"诣(至)阙上书，书久不报，待诏公车"，后严助荐，被武帝召见，为中大夫。主父偃也曾"上书阙下，朝奏，暮召入见，所奏九事，八事为律令"。《史记·滑稽列传》载东方朔的事迹说："朔初入长安，至公车上书，凡用三千奏牍。公车令两人共持举其书，仅然能胜之。人主从上方读之，①……读之二月乃尽。"东方朔这次上书，用了三千片竹简，公车令二人才搬动举起，汉武帝读了两个月才读完。看来，汉武帝对上书是认真阅读的。这也说明他对通过"北阙上书"或"公车上书"选拔人材制度是认真推行的。通过这一途径选拔的主父偃、朱买臣、东方朔等人在当时的政治、文化生活中都起了一定作用。

4. 大学养士与选士制。通过学校培养而选拔官吏的制度是武帝时正式建立的。太学(国立大学)设五经博士，博士教授学生，学生分两部分，一部分是由太常选送的，另一部分是由地方郡、国选送。学生毕业后，按学习成绩优劣，分配到有关机构工作。这一制度在武帝时规模不大，但发展到后来规模逐步扩大，对政治生活、文化生活影响巨大。前已述及，此不赘述。

5. **任子制。**任子制是关于二千石以上的高级官员子弟为郎

---

① 上方，有二解，一曰，上方谓北方、东方也；一曰，上方为汉代官署名，属少府，制作刀剑等器物，又名尚方。此处的上方，应指在北方、东方的房屋。

的规定。二千石以上的高官不仅可任子为郎,并且还规定,任职满三年者"得任同产(同母兄弟)若子一人为郎",也就是说任子外还可任一位同母兄弟为郎。这一制度武帝时还实行着,如苏武,因其父苏建从大将军卫青击匈奴有功,封平陵侯,后为代郡太守,苏武兄弟三人"并为郎"。再如霍光因其兄霍去病任为郎。这种任子制度与西周的世官制有别,西周时的世卿世禄制规定父死子继,儿子继承父亲生前的官职。任子制是高级官员可以任自己的儿子和一个兄弟为郎,充任皇帝侍从,经皇帝考察再据其才干、功绩任官。经皇帝考察、任用并不是所有二千石为郎的子弟都可提拔为高官的。事实证明,任子制也可以选拔出优秀人材,如苏武、霍光都是当时的杰出人材。

6. 资选制与纳资制。资选制是据家庭财产多少而选官的制度,而所谓纳资制是有产人家向政府纳钱,政府赏给官职。

景帝后二年(前142)下诏书说:"现在家产十万以上纳十算算赋的人才能选官,清廉的士人当官不用那么多的家产。有市籍的商人家中财产多也不能当官,家中资产少于十万的也不能当官,朕很可怜和同情他们。于是规定家产四万纳四算算赋的人就可以当官"。[①] 这就是说,在景帝这道诏令之前,只有家产达到十万才能被选拔当官,按文景时的情况十万钱恰是一个中等人户的家产。这一诏令之后,家产降至四万就可以选拔为官,这使一些家境较贫寒的人也可以被选拔当官,应当说是个进步。

家有纳十算算赋或四算算赋的资产可以当官,并非说凡达到这一标准者皆可当官,那么在资产达标后又通过怎样的具体途径去做官呢? 南宋徐天麟有一独到的看法,就是通过向政府"纳资"

---

① 《汉书·景帝纪》后二年诏:"今訾算十以上乃得宦,廉士算不必众。有市籍不得宦,无訾又不得宦,朕甚愍之。訾算四得宦。"

而做官。① 这一见解揭开了资产达标者当官之谜。如《汉书·张释之传》载张释之"以资为骑郎"。注引如淳曰："汉注,资五百万为常侍郎。"②这就是说张释之是在"纳资"五百万后,才当了常侍郎。再如黄霸"武帝末以待诏入钱赏官,补侍郎谒者"。③再如桑弘羊,出身洛阳富商家庭,十三岁为侍中,其时正是武帝刚即位的建元元年(前140)。他是怎样当上侍中的呢?有的学者认为他就是通过"纳资"踏入仕途的,最后做到御史大夫。卜式也是一位"纳资"为官的典型,《汉书·卜式传》载"是时富豪皆多匿财,唯式尤欲助费,……乃召拜式为中郎"。《盐铁论·除狭篇》说"富者以财贾官,累功积日,或至卿相"。通过"纳资"也可得到一些有用人才,如张释之就通过这一途径当官,文帝时做到廷尉,秉公执法,作出了杰出贡献。景帝时,司马相如也曾"以资为郎"。再如桑弘羊,精于数学运算,在理财方面贡献卓著。但是,以资产选官毕竟有消极方面,董仲舒在《天人三策》中就说"选郎吏又以富资,未必贤也"。

7. 卖官制,由于连年战争,财政困难,这使由"纳资"当官,变为赤裸裸的卖官鬻爵。《史记·平准书》对此有个概括的记述,要点如下。

其一,"武帝即位,干戈日滋,财赂衰耗而不赡,入物者补官……"其后,"府库益虚,乃募民能入奴婢得以终身复,为郎增秩及入羊为郎,始于此。"这里讲的是武帝即位前十五年中的情况,即从建元三年(前138)徙东瓯于江淮间,建元六年(前135)王恢击闽越、元光二年的马邑之谋、元光五年通西南夷和到元朔二年(前124)卫青取河南地等耗费巨大的活动所引起的现象。

---

① 南宋徐天麟撰《西汉会要》资选条而有"纳资"条,实际是说有资产的民户,需通过向政府"纳资"才可为官。

② 《汉书》卷50《张释之传》。

③ 《汉书》卷89《黄霸传》。

其二,元朔五年(前124),置武功爵十一级,第一级十七万,二级以上每级二万,买至十一级,共计三十七万。出二十五万,买到武功爵第五等官者,可以"试补吏",优先任用,买到武功爵第七等千夫相当于二十等爵制的第九等爵五大夫,买武功爵最高可买至第八等爵乐卿。置武功爵是为"显军功"。有军功的大多越等授爵。大者封侯、卿、大夫,小者郎吏。这使官吏任用的途径多而杂,因此官职也就虚滥耗废了。

其三,元狩四年(前119)孔仅、东郭咸阳推行官营盐铁,出现了"盐铁家富者为吏,吏道益杂,不经选举,商人做官的更多了"。后来又令"吏得入谷补官,从二百石的郎到六百石的郡丞"等,桑弘羊又奏请"吏得入粟补官"等等。

汉武帝卖官的目的是为了增加国家的财政收入,让富人用钱换官。其结果,虚设滥设官职,导致官吏大量增加,并使汉初以来不能当官的商人大量当官,加入封建官僚集团。这样,便形成了官僚、地主、商人三位一体的封建统治集团。

汉代九卿之一的郎中令,在武帝选拔、任用人才的过程中起着重要作用,需要加以说明。郎中令,武帝太初元年改名光禄勋,其属官有:大夫掌论议,有太中大夫、中大夫、谏大夫,员至数十人;郎掌守门户,出充车骑,有议郎、中郎、侍郎、郎中,多至千人;谒者掌宾赞受事,员七十人。此外,还执掌期门、羽林两支禁军。这些属官都随侍皇帝办理种种事情。武帝通过种种途径选拔出的人才,许多人都是先充当侍中、大夫、郎、谒者,而后经试用、考察提拔起来的。这一机构是选拔、任用人才的中转站。武将中卫青、霍去病都是从侍中提拔起来的,其他高级将领也多是从景帝、武帝时的侍从中选任的。武官如此,文官也如此。如卜式、桑弘羊等人是从郎官中提拔起来的。汲黯是从谒者选拔出来的等等。《汉书·董仲舒传》载董说"夫长吏多出于郎中、中郎",可证其时文职行政长官许多都是郎官中选任的。从这些情况可看出,武帝选拔的文、武人才先到郎中令所辖下作皇帝的文武侍从,经试用、考察而后再加以重用的。所以,郎中令在武帝选拔、任用人才过程中的重要作用应予高度重视。

总之,汉武帝适应形势发展的需要通过多途径、多渠道选拔了大量出身不同、才能与性格各异的官吏,并经试用、考察任用为中央和地方的长官,基本上满足了当时事业发展的需要。这中间有许多成功的经验可资借鉴,也有不少值得发人深思的教训。

第二节　抑相权设置中(内)朝

西汉初期丞相权大,武帝时为抑制相权设立中朝或曰内朝,形成了中、外朝并存的局面。这是朝廷组织机构的一个重要变化。所谓中朝,是皇帝亲信左右、侍中、尚书等组成的参谋、决策机构。这一机构直接受皇帝指挥,体现着皇帝的意图。所谓外朝是以丞相为首的三公九卿组成的行政办事机构。从中朝设立后,丞相的作用、权力大大下降。

一、抑制相权与中朝出现

汉初丞相权大,《汉书》卷 19《百官公卿表》载:"相国、丞相,……掌丞天子,助理万机。"陈平说:"宰相者,上佐天子理阴阳,顺四时,下育万物之宜,外镇抚四夷诸侯,内亲附百姓,使卿大夫各得任其职焉。"[1]这就是说丞相是最高的行政长官,皇帝的副手,辅助皇帝处理各种各样的事情。按陈平的解释主要是四个方

---

① 《史记》卷 56《陈丞相世家》。

面的事情,即:上佐天子理阴阳万物,外镇抚四夷诸侯,内亲附百姓,下使卿大夫各任其职。

丞相的职能、作用在道理上虽然是明确的,然而随着历史条件的不同,其作用也就不同。如秦始皇时"天下之事无大小皆决于上","丞相诸大臣皆受成事,倚办于上"。① 在这种情况下,丞相就成了皇帝实行专制统治的工具。西汉初年情况发生了变化,萧何、曹参、王陵、陈平、周勃、灌婴等任丞相者,都是佐刘邦立基业的功臣,惠帝、文帝是他们的子侄辈,所以丞相的地位、作用大为提高。《汉旧仪》载:皇帝在道,丞相迎见,皇帝要下车还礼后再上车走。谒者(掌宾赞受事礼官)要赞称曰:"皇帝为丞相下舆。"皇帝如见丞起,也要起立而后坐。谒者要赞称曰:"皇帝为丞相起。"② 这样是为表示皇帝对丞相的礼遇、尊重。在这种情况下,丞相的独立性相对增强。继萧何为相的曹参,不向皇帝报告有关事情,"日夜饮醇酒,卿大夫以下官吏和宾客看见曹参不理丞相事务,来求见的都想有所谏言,但来了后,曹参常常是拿出'醇酒'让他们喝,喝酒的空隙时间,来客想讲话,曹参又让他们饮酒,一直到把他们灌醉送走,使来客始终没有说话的机会,这成了经常的事情。"汉惠帝"怪相国(曹参)不治事,这岂不是嫌自己年轻、轻视自己这个皇帝吗?"③于是,就对当中大夫的曹参的儿子曹窋说:你若回家,就问你父亲——高帝去世不久,皇帝年轻,您当了丞相,只知天天饮酒,也不向皇帝请示事情,怎么就不忧虑天下的安危呢? 你不要说是我让你问的。曹窋回家发问,没想到曹参以这样的大事不是曹窋这种人所当说的为理由答曹窋二百。这样,惠帝便亲自去问曹

① 《史记》卷6《秦始皇本纪》。
② 卫宏《汉旧仪》卷上。
③ 《史记》卷54《曹相国世家》载:"惠帝怪相国不治事,以为'岂少朕与'?"

139

参,曹参对惠帝说:"高帝与萧何定天下,法令既明,今陛下垂拱,参等守职,遵而勿失,不亦可乎?"惠帝听后,说:"好,你说的太好了!"这个故事说明丞相的权当时是很大的,曹参在以清静无为作治国的方针方面起了重大作用。汉惠帝的作用似乎只是听从丞相的安排。

如果说惠帝、文帝时的丞相是功臣,那么武帝即位后最初任命的两位丞相却是"贵戚"。第一位是太皇窦太后的侄儿窦婴,作丞相几个月就被窦太后免职。第二位是建元六年(前 134)窦太后去世后为丞相的武安侯田蚡,田蚡是王太后的同母弟、武帝的舅父,武帝这时只不过是个涉世不深的二十多岁的青年,所以田蚡根本不把武帝放在眼里。在这种情况下,相权与皇权就发生了尖锐的矛盾。《史记》卷 107《魏其武安侯列传》载:"当是时,丞相(田蚡)入(内)奏事,坐语移日,所言皆听。他所举荐的人,有的一起家就升至二千石的职位,权力几乎都从皇帝那儿转移到他的手上。皇帝于是说:'你委任的人委任完了没有? 我也想要委任一些官呢?'有次,田蚡竟然请求拨出考工室的官地供他扩建私宅用,武帝大怒说:'你何不把武库一块取走呢?'从此之后,田蚡稍稍收敛了一些。"

汉武帝时期,无论是田蚡那样"贵戚"出身骄横不可一世的丞相,也无论是出身平民小心谨慎的公孙弘那样的丞相,都和汉武帝有不少分歧。产生分歧的原因是复杂的,其中一个重要的原因是丞相对武帝的进取精神很不理解,汉武帝所想和所要干的事情,是一些丞相连想也不敢想的。因此,为贯彻自己的意图,汉武帝就必须抑制相权。而所用的办法,就是通过自己罗致在左右的如严助等人与丞相等外朝大臣辩论,使其理屈辞穷或认错。这就是最初中、外朝出现的原因。关于这一点,《汉书》卷 64 上《严助传》载:

> 是时征伐四夷,开置边郡,军旅数发,内改制度,朝廷多事,屡举贤良文学之士。……开东阁,延贤人与谋议,朝觐奏

事,因言国家便宜。上令助等与大臣辩论,中外相应以义理之文,大臣数诎(理屈辞穷),其尤亲幸者:东方朔、枚皋、严助、吾丘寿王、司马相如。相如常称疾避事。朔、皋不根持论,上颇俳优畜之,唯助与寿王见任用,而助最先进。

这一记载说武帝即位之后"征伐四夷"、"内改制度"、"朝廷多事",因此引延"贤人谋议",武帝"令助等与大臣辩论,中外相应以义理之文,大臣数诎(理屈辞穷)。注引师古曰:"中谓天子之宾客,若严助之辈也。外谓公卿大夫也。"这就是说"中"指武帝引请来的亲信左右,如严助、东方朔、枚皋、吾丘寿王、主父偃、朱买臣等人;"外"指以丞相为首的"公卿大夫"。这就是中、外朝最初出现的背景、原因和情况。从有关记载可以看出,中、外朝的辩论主要有以下几次。

建元三年(前138)闽越(今福州一带)举兵围东瓯(今浙江温州一带),东瓯告急于汉。武帝问曾任太尉的田蚡怎么办? 田蚡认为:越人互相攻击,是常事,又反复无常,不值得汉朝前往相救。并说东瓯是秦时已经放弃了的地方。其时中大夫、侍中严助反问田蚡:如果有力量救助,德又能覆载,为何要放弃呢? 况且秦朝连咸阳一起把全国都放弃了,岂止放弃越地! 今小国来告急,天子不管,又怎能臣属万国呢? 武帝私下对严助说:"太尉不足与计,吾新即位,不欲出虎符发兵郡国。"于是派遣严助持节发会稽兵,会稽太守拒绝,严助斩一司马,以天子意旨晓喻,遂发兵救东瓯,还未赶到,闽越就退兵走了。[①]

元朔二年(前127),卫青取河南地,曾为郎中、谒者、中郎、中大夫的主父偃建议筑朔方城,此乃"内省转输戍漕,广中国,灭胡

① 《汉书》卷64上《严助传》。

之本也"。武帝以此建议"下公卿议,皆言不便",①其时任御史大夫的公孙弘"数谏,以为罢敝中国以无用之地,愿罢之"。武帝令中大夫、侍中等人诘难公孙弘专言"置朔方之便",其中讲了筑朔方城的十条利害,公孙弘无一应对。公孙弘认错说"山东鄙人,不知其便若是"。② 事实证明,这年徙十余万人筑朔方城,是后来向西北边郡大徙民的开始,此举既可阻止匈奴南犯又为反击匈奴提供了前方基地,对稳定北方形势有举足轻重的作用。

吾丘寿王曾先后任侍中、中郎、郎、东郡都尉、光禄大夫、侍中等。丞相公孙弘有个令"民不得挟弓弩"的建议,其理由是:十贼张弓搭箭,百吏不敢向前,此盗贼之不常伏罪,逃走者众的原因。让民不能挟带弓弩是害少而利多,让民挟带弓弩实是盗贼蓄多的重要原因。武帝把这一建议下达,让讨论,吾丘寿王指出:古代制作矛、戟、弓、剑、戈五种兵器是为了"禁暴讨邪"。现在"盗贼犹有者,……非挟弓弩之过也。"孔子曰:"吾何执,执射乎?"古代有"大射之礼,自天子降及庶人,三代之道也。……愚闻圣王合射以明教矣,未闻弓矢之为禁也。"臣以为如果禁民挟弓矢,会发生良民挟弓弩为自卫而无法,这岂不是专门让盗贼威风而夺民众自救之路吗? 所以"民不得挟弓弩"的建议"无益于禁奸,而废先王之典,使学者不得习行其礼,大不便"。吾丘寿王书奏上后,武帝以此"难丞相弘",公孙弘理屈辞穷而服焉。③

终军,济南人,少好学,以辩博、能属文闻名于郡,十八岁选为博士弟子,至长安上书言事,被武帝拜为"谒者给事中"。元狩四年(前119)置盐铁官,推行盐铁专卖。元鼎元年(前116),博士徐

---

① 《汉书》卷64上《主父偃传》。
② 《汉书》卷58《公孙弘传》。
③ 《汉书》卷64上《吾丘寿王传》。

偃巡行郡国时,"矫制"即假托皇帝制诏,"使胶东、鲁国鼓铸盐铁,还,奏事,徙为太常丞。"御史大夫张汤弹劾徐"偃矫制",应依法处死,偃以《春秋》之义,"大夫出疆,有可以安社稷,存万民,颛(专)之可也"为名,认为自己无罪。狱吏出身的张汤,驳不倒徐偃的理由。武帝下诏让终军问理此案。终军责问徐偃:其一,古代诸侯国异风俗不同,百里不通,所以聘会之事、安危之势,顷刻可以出现变故,因此使者可不受王命,有专断之宜,现在天下为一,万里同风,《春秋》说"王者无外",你巡行在封域之中,却称"出疆(出了疆界)",这是为什么呢? 其二,从盐铁方面讲,郡中都有蓄积,你在胶东、鲁两个封国中废除盐铁专卖,对整个国家利害没什么影响,而你竟然把这说成是'安社稷、存万民'的举措,这是为什么呢?……。最后指出:徐偃假托皇帝制诏,擅作威福,沽名钓誉,这是圣明的君主"所必加诛"的。徐偃理屈辞穷,自认"服罪当死"。① 武帝认为终军责问的好,并诏有关机构治偃罪。

终军曾在自请出使匈奴书中说"臣年少才下,孤于外官"。师古曰:"孤,远也"。这就是说他自认为自己距外朝的行政长官的条件差得太远,所以只能当中朝的侍从之官,武帝奇其才,"擢为谏大夫"。其后,终军又自请出使南越,并说"愿受长缨,必羁南越王而致之阙下",于是武帝派其为使臣,出使南越。终军到南越,说服了南越王,"请举国内属"。武帝"大说,赐南越大臣印绶,壹用汉法,从新改其俗,令使者填(镇)抚之。元鼎五年(前 112)南越相吕嘉"不欲内属",发兵攻杀南越王及汉使者终军等,终军死时年二十余。②

以上是汉武帝任用亲信左右处理政务的几个事例。在这一过

① 《汉书》卷 64 下《终军传》。
② 同上。

程中,中外朝的区分已经出现,武帝利用中朝职禄低的亲信左右,抑制以丞相为首的外朝公卿大夫的权力,贯彻自己的意图,加强皇权。

二、中朝人员组成与组织机构

《汉书》卷19《百官公卿表》所载中二千石的两位列卿值得注意,汉武帝中朝成员就是由这两位列卿中的下属官员选拔出来的:

一位是郎中令,武帝太初改制更名为光禄勋,此官类似皇帝办公厅主任兼宫廷卫戍长官。此官下属设置有:其一,"掌论议"的大夫,有太中大夫,秩禄比千石;中大夫,太初改制更名为光禄大夫,秩禄比二千石;谏大夫,武帝元狩五年初设,秩禄比八百石。其二,"郎,掌守门户,出充车骑",有议郎、中郎,秩禄比六百石;侍郎,秩禄比四百石;郎中,秩禄比三百石。中郎有:五官、左、右三将,秩禄皆比二千石。郎中有:车、户、骑三将,秩禄皆比千石。"其三,"谒者掌宾赞受事,员七十人,秩比六百石;有仆射,秩比千石。……仆射,自侍中、尚书、博士、郎皆有。"

列卿中的另一位为少府,其职责是"掌山海池泽之税,以给供养",即掌皇帝私供养的长官,相当于帝室的后勤总长。其"属官有尚书、符节、太医……十六官令丞"等,"又中书谒者、黄门、钩盾、尚方……宦者八官令丞"等等。

汉武帝中朝官员主要就是从上述两个机构中选拔出来的,具体说来又可区分为如下两种官员。

1. 汉武帝的亲信左右。汉武帝的亲信左右一部分是从郎中令下属的郎、太中大夫、中大夫、谒者中选拔出来的。《汉书》卷64上《严助传》载:"严助,……郡举贤良,对策百余人,武帝善助对,繇(由)是独擢助为中大夫。后得朱买臣、吾丘寿王、司马相如、主父偃、徐乐、严安、东方朔、枚皋、胶仓、终军、严葱奇等,并在左右。"这些人中，严助先为中大夫、会稽太守，后留"侍中"。朱买臣，也是先为中大夫，并与严助"俱侍中"，后又为会稽太守。其后犯法免官，又为丞相长史、侍中。吾丘寿王，曾为侍中中郎、郎、东郡都尉、光禄大夫(中大夫)、侍中。主父偃，先后为郎中、谒者、中郎、中大夫，最后为齐王相。徐乐与主父偃、严安"皆为郎中"。后严安为骑马令，主管天子骑马。终军，为谒者给事中。司马相如，景帝时"以赀为郎"，事景帝为"武骑常侍"，后为成都富人，武帝时又为郎，后"拜为孝文园令"。东方朔，先后为常侍郎、太中大夫、给事中、中郎等。枚皋，为郎，以善辞赋侍武帝。严葱奇，为常侍郎。①

除上述文臣侍从亲信外，武帝还有武将亲信左右，如卫青曾先后为建章(宫)监、侍中、太中大夫、车骑将军、大将军、大司马。再如霍去病，"少而侍中"，后为骠骑将军，大司马，其秩禄与大将军等。

值得注意的是，上述皇帝亲信左右，有时被称为"天子之宾客"，并且往往还有侍中、常侍、给事中、散骑等头衔参与谋议国事。这些头衔即汉代的加官，是在原来的官衔之外加的官，有了这一加官，就可侍从皇帝左右。关于这一点《汉书·百官公卿表》载：

> 侍中、左右曹、诸吏、散骑、中常侍皆加官，所加或列侯、将军、卿大夫、将、都尉、尚书、太医、太官令至郎中，亡(无)员，多至数十人。侍中、中常侍得出入禁中，诸曹受尚书事，诸吏得举法，散骑并乘舆车。给事中亦加官，所加或大夫、博士、议郎、掌顾问应对，位次中常侍。……皆秦制。

在这些加官中，可考者说明如下：其一，侍中，侍中为秦官，《史记·李斯列传》曾载"赵高使其客十余辈诈为御史、谒者、侍中"云

---

① 《汉书》卷30《艺文志》载："常侍郎庄葱奇赋十一篇"，与枚皋同时。此人即严葱奇。因东汉明帝叫刘庄，为避讳，故改庄葱奇为严葱奇。

云,可知秦确有此官。《通典》卷 21《侍中条》载"汉侍中为加官,……直侍左右,分掌乘舆服物,下至亵器虎子(便壶)之属。武帝时孔安国为侍中,以其儒者,特听"掌唾壶(痰盂),朝廷荣之"。《汉官仪》卷上说,侍中"便蕃左右,与帝升降,卒思近对,拾遗补缺,百寮之中,莫密于兹","出则参乘,佩玺抱剑"。总之,侍中是皇帝的左右亲信侍从人员,最初主要服侍皇帝的生活,如舆服、便壶、痰盂诸事务,其后逐渐发展为顾问论议朝政大事和受皇帝派遣为特使处理边防等特殊事务,有的侍中立有大功如卫青、霍去病被进升为大司马,位在丞相之上。其二,中常侍,亦为秦官,西汉沿用,亦是加官,与侍中可以出入宫廷,由上至列侯、卿大夫,下至郎中的官吏兼任。东汉时才由宦官专任此职。其三,给事中亦为加官,所加者为大夫、博士、议郎,主要执掌"顾问应对",地位在中常侍下。《汉仪注》:"给事中,日上朝谒平尚书奏事,分为左右。以有事殿中,故曰给事中。多名儒、国亲为之,掌左右顾问。"①其四,诸曹,即左右曹,得受尚书事;诸吏是近臣中的执法官,"得举法案劾";散骑,骑马并乘舆车。简言之,由上述以种种形式组成的武帝的亲信左右是中朝组成人员的重要部分。

2. 处理日常行政事务的尚书台与中书令的出现。前述汉中二千石列卿之一的少府,下属有尚书令丞。《通典》卷 22《职官四》载:"秦少府,遣吏四人在殿中主发书,谓之尚书。尚,主也"。这就是说秦少府中的尚书,是个主管分发文书的机构,遣吏四人,主发文书就是尚书。汉武帝时,扩大尚书(或中书)的权力,让其处理国家行政事务,代替部分相权。《汉书》卷 10《成帝纪》师古注引《汉旧仪》云:

> 尚书四人为四曹(部门):常侍尚书主丞相御史事,二千

---

① (宋)孙逢吉撰:《职官分纪》卷 6;《太平御览》卷 221《职官部》19,《给事中》条。

石尚书主刺史二千石事,户曹尚书主庶人上书事,主客尚书主
外国事。成帝置五人,有三公曹,主断狱事。

上述记载告诉我们:秦时尚书四人,只是主发文书。《汉旧仪》所
载汉代的尚书四人却分管四个方面的事情:常侍尚书主管丞相、御
史所管之事;二千石尚书主管刺史和二千石郡国守相方面的事情;
户曹尚书主管庶人上书方面的事情;主客尚书主管外国事。这就
把朝廷中有关主要事情的文书处理几乎都分工管理了起来。尚书
台,就是中朝的主要办事机构。尚书台出现的时间,就在武帝时,
应劭《汉官仪》说"尚书四员,武帝置,成帝加一,为五"就是证
明。[1] 尚书台的主要任务是收发、保管、处理文书,《宋书·百官
志》:"汉武帝世,使左右曹、诸吏分平尚书奏事。"这就是说武帝要
让左右曹诸吏分类评议(分平)有关文书[2],提出处理意见,而后由
武帝自己审决,并交执行机构办理。尚书台出现之后仍在不断发
展变化,以上提到成帝时由四人变为五人,又设立了"三公曹,主
断狱事"等就说明了此点。《通典》卷22《职官四》载成帝"置尚书
五人,一人为仆射,四人分四曹,通掌图书、秘记、章奏及封奏,宣示
内处而已,其任犹轻",至于"出纳王命、赋政四海"完全行施丞相
等外朝职权则是"后汉"的事了。

武帝时尚书台长官称尚书令、次官称丞。《史记》卷60《三王
世家》就有武帝时尚书令、丞的记载。[3] 张汤子张安世曾因写字
好、记忆力强被武帝任为尚书令。如任宦官为尚书则称中书。
《初学记·职官部》载:"中书令,武帝所置,出纳帝命,掌尚书奏

---

① 《后汉书·光武帝纪》注引《汉官仪》。

② 参阅祝总斌著:《两汉魏晋南北朝宰相制度研究》,中国社会科学出版社1990
年版,87页。

③ 《史记》卷60《三王世家》载"御史臣光守尚书令丞非",《索引》云尚书令名失
载,尚书左右丞叫非。

事……。初,汉武游宴后庭,公卿不得入,始用宦者典尚书,通掌图书章奏之事。"《通典》卷22《职官四》载"秦置尚书令。尚,主也。汉因之,铜印青绶。武帝用宦官更为中书谒者令"。司马迁曾任中书令。宣帝时"用刑法,信任中尚书宦官",盖宽饶上书说这是"以刑余"之人,"为周(周公)、召(召公)"。元帝时又以宦者石显为中书令。《后汉书·百官志三》本注曰"武帝用宦者,……成帝用士人,复故"。上引《通典》卷22《职官四》也说"成帝去中书谒者令,更以士人为尚书令"。

武帝以后,大臣可领尚书事,如昭帝时霍光以大将军"领尚书事"①,宣帝时张安世曾以"大司马车骑将军,领尚书事"②等等。领尚书的大臣自然权力扩大,以霍光论,处理尚书台文书时听取尚书台有关官吏谋议后,最后由他审决,付诸执行,实际是代皇帝行施职权。

总之,武帝时出现的中朝由两部分人组成:一部分是尚书台有关人员负责收发、保管、评议有关机要文书,分类整理提出意见,供皇帝使用、审决后,交执行机构办理。另一部分是武帝从郎、大夫、公卿中选出的,并通过加官侍中、给事中、中常侍等称号形成的亲信左右,这部人的职责是出纳王命,通过诘难丞相等公卿大臣和直接被委派为使臣处理有关问题,贯彻武帝意图。总之通过中朝的设置大大加强了专制主义皇权对国家各方面的控制。③

随着中朝的出现,以丞相为首的外朝地位逐步下降。《汉书·公孙弘传》载,公孙弘为相后"李蔡、严青翟、赵周、石庆、公孙

---

① 《汉书》卷7《昭帝纪》。

② 《汉书》卷59《张汤传附子安世传》。

③ 西汉后期中外朝的概念进一步明确,《汉书·刘辅传》注引孟康曰:"中朝,内朝也。大司马、左右前后将军、侍中、常侍、散骑、诸吏为中朝;丞相以下至六百石为外朝也。"

贺、刘屈氂继踵为丞相,自蔡至庆,丞相府客馆丘墟而已,至贺、屈氂时坏以为马厩、车库、奴婢室矣。"这说明武帝时,丞相的地位已大大下降,后经西汉后期至东汉的发展,中朝逐步取代了以丞相为首的外朝的职权。

第三节　改革与创设监察制度

汉武帝是对中国封建社会监察制度的改革与创设作出了重大贡献的皇帝。他在这方面的贡献主要有以下几点:其一,设置丞相下的监察官司直,完善了汉初丞相、御史大夫最高行政长官负责监察的制度,并强化了丞相、御史大夫两府互相制约的机制。其二,设置了司隶校尉,强化了对中央百官和京畿地区的监察与治安。其三,设立十三州部刺史,强化了对地方郡国的监察,以及御史中丞、司隶、司直、部刺史等监察官员之间互相制约的机制。这些监察官的设立和监察制度的完善为成帝、哀帝时中央独立监察官的出现创造了条件。

一、汉初监察制的特点与设置司直

西汉建立后,监察由最高行政长官丞相、御史大夫(副丞相)负责。高帝即位后置丞相,汉十一年更名相国。相国拥有很大的监察权,如秦朝设"监御史","掌监郡",是监察地方政府的专职官吏。汉不设"监御史"、监察地方,然而却常常根据实际情况的需要,由"丞相遣史分刺州,不常置",即临时派遣丞相史监察地方州郡。①

---

① 《汉书·百官公卿表》载:"监御史,秦官,掌监郡。汉省,丞相遣史分刺州,不常置。"

其后,至惠帝三年(前192)在丞相提议下先在三辅地区,后又在其他州恢复监察御史。关于此事,《通典》卷32《州牧刺史》条载"至惠帝三年,又遣御史监三辅郡,察词讼所察之事,凡九条,监者二岁更之,常以十月奏事,十二月还监,其后诸州复置监察御史"①。文帝前十三年(前167)"以御史不奉法,下失其职,乃遣丞相史出刺(察探),并监督察御史"。为了加强丞相在监察方面的作用和力度,武帝元狩五年(前118)"初置司直,秩比二千石,掌佐丞相举不法"。

上述情况说明,从汉初至武帝,丞相这一最高行政长官同时也是负责监察的最高官员,高帝时派丞相史监察地方,惠帝时派监御史监三辅及地方州郡,文帝时又派丞相史督监察御史,武帝元狩五年又设司直佐丞相举不法,说明丞相在监察方面的重要作用。

御史大夫,"掌副丞相"。作为副丞相,虽非专职监察官,但也有负责监察的任务,这表现在两方面。其一是,作为副丞相有辅助丞相搞好监察的义务;其二御史大夫的属官中有一个"秩千石"的御史中丞,②是专职监察官,其办公地点在宫廷中的兰台,除"掌图籍秘书"外,"外督部刺史,内领侍御史员十五人,受公卿奏事,举劾按章"。御史中丞从其地位来讲,更似皇帝的家臣,有利于皇帝直接掌握和了解情况。其实,御史大夫,也是从战国时国君的侍从、近臣、亲信掌管文书典籍、议定法令传递诏书的御史中逐渐提

---

① 《西汉年纪》卷331《汉仪》载:"惠帝三年相国奏御史监三辅郡,察以九条,察有司讼者、盗贼者、伪铸钱者、恣为奸诈者、论狱不直者、擅兴徭赋不絜者、吏不廉者、吏以苛刻故劾无罪者、敢以逾侈及弩十石以上者、作非所当服者,凡九条。"此处讲是在"相国"奏事下采取的措施,这九条内容具体。

② 御史中丞,汉初称为御史中执法,《汉书·高帝纪》十一年诏,"御史中执法下郡守"。注引晋灼曰:"中执法,中丞也。"

拔起来的,易于领会、贯彻皇帝的意图,为皇帝所掌握。

从上述情况不难看出,西汉时丞相掌握主要的监察权,下设"秩比二千石"级的专职监察官司直;御史大夫辅助丞相行施监察权,下设"秩千石"级的专职监察官御史中丞。司直的职责是"佐丞相举不法",御史中丞"受公卿奏事,举劾按章"。前者是最高行政长官丞相属下的大员,后者是皇帝的近臣、亲信。二者共掌监察大权正反映了相权与皇权互相制约而又协同的关系。西汉初皇帝下诏书时,要交由御史起草,御史大夫审阅,下诏时由御史大夫下相国、相国下诸侯王;御史中执法(御史中丞)下郡守。① 成帝、哀帝时御史大夫都曾更名为大司空,哀帝时的大司空朱博说:"高皇帝以圣德受命,建立鸿业,置御史大夫,位次丞相,典正法度,以职相参,总领百官,上下相监临,历载二百年,天下安宁。"从君权制约相权上来理解御史大夫、御史中丞与丞相、司直的关系,朱博这句话的含义就会迎刃而解。这也就是说丞相和副丞相的关系这样那样地反映着相权与君权制约而又协同的关系。

丞相、御史大夫(副丞相)作为当时最高的行政长官,同时又负责监察,说明从汉初到武帝初期监察权从属于行政权,二者没有分离。这就是西汉初期监察制度的特点。武帝在丞相下设主管监察的司直,秩比二千石;御史大夫下又有御史中丞,秩千石管监察。皇帝利用两府职能互相制约。所以,武帝时设司直完善了行政长官管监察的制度。

二、设置司隶校尉与十三部刺史

汉武帝对监察制度有完善、有创立。完善者如前述在丞相下

---

① 《汉书·高帝纪》载高帝十一年诏云:"御史大夫昌下相国,相国酂侯下诸侯王,御史中执法下郡守。"

置司直专"佐丞相举不法"就是一例。创立者如设置司隶校尉与部刺史制度,这两项制度的创立不仅大大强化了监察机制,而且使监察权与行政权相对独立地分离了出来。这不仅完善了汉代的监察制度,也是对中国古代封建社会监察制度的宝贵贡献。

1. 设置司隶校尉。关于司隶校尉,以下两处记载值得认真研究。

> 司隶校尉,周官,武帝征和四年初置。持节,从中都官徒千二百人,捕巫蛊、督大奸滑。后罢其兵。察三辅、三河、弘农。元帝初元四年去节。(《汉书·百官公卿表》)

> 司隶校尉一人,比二千石。本注曰:孝武帝初置,持节,掌察举百官以下,及京师近郡犯法者。……司隶所部郡七。(《后汉书·百官志》)

这两处记载了司隶校尉来源、设置时间及职能等问题。其中一些问题值得进一步解释。

司隶校尉原是军官名称,其地位在将军之下。西汉末定其地位"比司直",也就是说是个"秩比二千石"级的官员。司隶原是周代的官名,《周礼·秋官》负责治安的司寇的属官有司隶,其职责率徒隶捕盗、巡察,是个管治安的官员。司隶校尉的"司隶"之名就是从这里来的。

司隶校尉设置的背景是武帝晚年发生了巫蛊案。所谓巫蛊是巫师用邪术加祸于人,即把木偶人埋地下,日夜诅咒,可置所咒之人于死地。征和元年(前92)发生丞相公孙贺之子公孙敬声与阳石公主诅咒武帝的巫蛊案,次年又发生江充诬太子刘据巫蛊案,导致太子与丞相大战长安,死数万人,皇后、太子自杀。再加上这时社会不稳定,所以武帝在征和四年(前89)设立司隶校尉,令其持皇帝赐给的符节带中都官(京师诸官府)徒兵千二百人"捕巫蛊,督大奸滑"。后来罢除所带徒兵,监察三辅(京兆尹、左冯翊、右扶风）、三河（河东郡、河内郡、河南郡）和弘农郡，这样司来校尉便从最初负有特殊使命的以治安为主的官员转变为监察京畿七郡的监察官员。上引《后汉书·百官志》则概括地说司隶校尉的职能是"察举百官以下，及京师近郡犯法者"。从事实来考察，司隶校尉从设立后，确实可以监察包括丞相在内的所有官吏，用法不避权贵，如成帝时司隶校尉曾两次弹劾丞相、安乐侯匡衡，第一次是因元帝时匡衡与御史大夫甄谭阿从中书令石显，所以成帝初即位时，"司隶校尉王尊劾奏：衡、谭居大臣位，知显等专权势，作威福，为海内患害，不以时白奏行罚，而阿谀曲从，附下罔（欺骗）上，无大臣辅政之义。……罪至不道"。成帝赦免了匡衡。第二次是司隶校尉王骏等劾奏匡衡"专地盗土以自益"等，成帝认可，由"丞相免为庶人"。由此看来，司隶校尉确实可以"察举百官"，"刺举无所避"。东汉时司隶校尉"无所不纠，唯不察三公"。[1] 另外蔡质《汉仪》曰：司隶校尉"职在典京师，外部诸郡，无所不纠。封侯、外戚、三公以下，无尊卑。入宫，开中道称使者，每会，后到先去"[2]。应劭《汉官仪》："司隶校尉纠皇太子、三公以下，及旁州郡国无不统。"这样，便可看出，到了东汉司隶校尉对皇太子、三公以下的百官都可纠察，对所统管的京畿七郡之外的"旁州郡国"也可监察，地位极为特殊。然而，司隶校尉又受着御史中丞的督察。

设置初期司隶校尉是直属皇帝的监察、治安官员。由于征和元年丞相公孙贺父子、阳石公主等贵戚都陷入了巫蛊案，次年卫皇后、太子刘据也陷入巫蛊案。征和四年武帝设司隶校尉，赐给符节，带一千二百徒兵"捕巫蛊，督大奸猾"，自然是不避贵戚、丞相等高官的，具有直属皇帝、直接受皇帝指挥的特殊身分。正因为司

---

① 《通典》卷32《司隶校尉》条。

② 《后汉书》志第二十七《百官四》注引。

隶校尉有此特殊身分,所以可以"无所不纠"。然而,也正因如此,他的地位就在变化之中,"元帝初年四年去节,成帝元延四年省"。一直到西汉末成帝绥和二年(前7)成帝死,哀帝即位才又复置,但名称改为"司隶",并规定其"属大司空,比司直"。东汉时司隶校尉仍然很特殊,不仅以搏击权贵、宦官而闻名,而且有"廷议处九卿上,朝贺处公卿下"①的特殊身分。基于以上事实,可以认为武帝时设立的司隶校尉,后来转化成了专职的监察官,拥有相对独立的不隶属于最高行政长官丞相的监察权。

2. 设置十三部刺史。汉武帝在监察制度方面另一创设就是置十三部刺史。设置的目的是为了加强中央对地方监察、控制,以此加强中央集权。在当时这是非常必要的措施。《汉书·地理志》载:"秦京师为内史,分天下作三十六郡。汉兴,以其郡大,稍复开置,又立诸侯王国。武帝开广三边。故自高祖增二十六,文、景各六,武帝二十八,昭帝一,讫于孝平,凡郡国一百三。"在这些郡国中,从高祖到武帝共增加66郡国如再加秦原有的36郡,总数已达102个郡国。管理这样众多的郡国自然事务繁杂、难度大,需要分州、部管理。《汉书·武帝纪》载元封五年"初置刺史部十三州"。注引师古曰:"初分十三州,假刺史印绥,有常治所。"部是当时的区域单位,一部的地域范围就是一州。关于部刺史主要有以下需要明确的问题。

首先,汉武帝所置刺史是十三部,还是十二部呢?班固在《汉书·地理志》虽说"至武帝攘胡、越,开地斥境,南置交阯,北置朔方之州,……凡十三部置刺史",但在所列郡国名称中只有十二部刺史,另加司隶校尉所辖京畿七郡共计十三州部,内无朔方州部刺史。这是班固留下的一个矛盾。杜佑《通典》州牧刺史条和南宋

---

① 《通典》卷32《司隶校尉》条。

徐天麟撰两汉会要均持此说。其后经顾颉刚、史念海等先生的考订，[①]并据《汉书·武帝纪》及《百官公卿表》等有关记载，一般均认为武帝置刺史十三部，加上司隶校尉所辖京畿七郡，共为十四部。其名称和所监郡国数如下。

豫州刺史，监三郡一国：颍川郡、汝南郡、沛郡；梁国。[②]

冀州刺史，监四郡六国：魏郡、巨鹿郡、常山郡、清河郡；广平国、真定国、中山国、信都国、河间国、赵国。

兖州刺史，监五郡三国：东郡、陈留郡、山阳郡、济阴郡、泰山郡；城阳国、淮阳国、东平国。

徐州刺史，监三郡四国：琅邪郡、东海郡、临淮郡；泗水国、楚国、广陵国、鲁国。[③]

青州刺史，监六郡三国：平原郡、千乘郡、济南郡、齐郡、北海郡、东莱郡；胶东国、高密国、菑川国。

荆州刺史，监六郡一国：南阳郡、南郡、江夏郡、桂阳郡、武陵郡、零陵郡；长沙国。[④]

扬州刺史，监五郡一国：庐江郡、九江郡、会稽郡、丹阳郡、豫章郡；六安国。

益州刺史，监八郡：汉中郡、广汉郡、巴郡、蜀郡、犍为郡、越嶲郡、牂柯郡、益州郡。

凉州刺史，监十郡：安定郡、北地郡、陇西郡、武威郡、金城郡、天水郡、武都郡、张掖郡、敦煌郡。

并州刺史，监六郡：太原郡、上党郡、云中郡、定襄郡、雁门郡、代郡。

---

① 顾颉刚、史念海著：《中国疆域沿革史》第十章第二节。
② 《汉书·地理志》载豫州刺史监三郡、二国，认为鲁国在其中。
③ 《汉书·地理志》载徐州刺史监三郡、二国，无广陵国、鲁国。
④ 《汉书·地理志》载荆州刺史监六郡、二国，多广陵国。

幽州刺史,监九郡一国:勃海郡、上谷郡、渔阳郡、右北平郡、辽西郡、辽东郡、涿郡、玄菟郡、乐浪郡;广阳国。

朔方刺史,监四郡:朔方郡、五原郡、西河郡、上郡。

交阯刺史,监七郡:南海郡、郁林郡、苍梧郡、交阯郡、合浦郡、九真郡、日南郡。

司隶校尉,监七郡:京兆尹、左冯翊、右扶风、弘农郡、河东郡、河内郡、河南郡。

上述十三部刺史和司隶校尉所监郡国共 103 个,①这就是说西汉所辖郡国全在监察之中。

其次,十三州部刺史监察郡国的内容,据《汉书·百官公卿表》所载"武帝元封五年,初置部刺史,掌奉诏条察州,秩六百石,员十三人",就是说刺史所监察的内容,都是依据皇帝诏令中规定的条文来监察的。据《百官公卿表》注引《汉官典职仪》云监察的具体内容如下:

刺史班宣,周行郡国,省察治状,黜陟能否,断治冤狱,以六条问事,非条所问,即不省(察)。

一条,强宗豪右,田宅逾制,以强凌弱,以众暴寡。

二条,二千石不奉诏书遵承典制,倍公向私,旁诏受利,侵渔百姓,聚敛为奸。

三条,二千石不恤疑狱,风厉杀人,怒则任刑,喜则淫赏,烦扰刻暴,剥截黎元,为百姓所疾,山崩石裂,祆祥讹言。

四条,二千石选署不平,苟阿所爱,蔽贤宠顽。

五条,二千石子弟恃怙荣势,请托所监。

---

① 前述秦置 36 郡,加汉高祖至武帝所增郡国 66 个,共 102 个,昭帝时又增一个,共计 103 个。武帝时置十三部刺史和司隶校尉所监七郡,应不超过 102 个。顾颉刚等先生所考订的此数,应包括武帝以后所增郡国的总数。

六条，二千石违公下比，阿附豪强，通行货赂，割损正
令也。

上述记载说明，刺史的监察内容是犯法的豪强地主和郡国守、相等
二千石级的官员，并对这些官员进行罢黜和升迁；并且，还有"断
治冤狱"的司法权。由于刺史是按皇帝诏令的内容治狱的，称之
为诏狱。监察的范围限制以上述六条为准，不在六条规定之内的，
不察。这样作"是不要刺史侵犯地方官职权……，是很合理的"。①
汉武帝让刺史以"秩六百石"而监察二千石的郡太守、诸侯相，受
到顾炎武的好评，顾在《日知录》卷九《部刺史》条中说"秩卑而命
之尊，官小而权之重，此小大相制，内外相维之意也"。

总之，十三部刺史的设置是汉武帝时期在中国封建监察制度
上又一大创设。

此外，值得注意的是，从武帝设十三部刺史后，御史中丞的地
位日渐提高，杜佑在《通典》卷24《中丞》条中说御史中丞"外督部
刺史，内领侍御史十五员，受公卿奏事，举劾按章。盖居殿中察举
非法也，及御史大夫转为大司空，而中丞出外为御史台率，即今之
（唐朝）御史大夫任也……武帝时以中丞督司隶，司隶督丞相，丞
相督司直，司直督刺史，刺史督二千石……。"又云至东汉初光武
帝时御史中丞"与尚书令、司隶校尉朝会皆专席而坐，京师号为三
独坐，言其尊也"。《通典》这一记载说明从武帝时起御史中丞
地位逐步提高，武帝时起设司隶校尉可监察丞相，丞相督司直，
司直督刺史，刺史督二千石，然司隶校尉又受御史中丞的督
察，体现了互相制约的关系。又据《汉书·百官公卿表》载成
帝绥和元年（前8）和哀帝元寿一年（前2）曾两次反复把御

① 张维华：《论汉武帝》，上海人民出版社1957年版，66页。并参阅顾炎武《日
　　知录》卷9《六条之外不察》条。

史大夫改为大司空，改御史中丞为御史长史。这就是把"掌副丞相"的御史大夫改为大司空，而御史中丞改为御史长史就变成了御史台的长官。这也就是说御史中丞从副丞相御史大夫的隶属下转为独立的最高监察官。这也表示了御史中丞作为专职监察官，从行政权的隶属下，拥有了相对独立的监察权。御史台作为独立的监察机构就是这时出现的。

汉武帝完善、创立监察制度，大大强化了中央对地方的监察，并为后世所承袭。

第四节　改革分封制度　打击割据势力

汉武帝为加强中央集权，借鉴历史经验对分封制度进行了进一步的改革，使其更加适合专制主义中央集权的需要。同时又镇压诸侯王的叛乱，以打击分裂割据势力的社会基础。

一、分封制的历史演变

分封制是一种很古老的制度，据传说和记载分封制在大禹以前已经存在。西周初年，周公"封建亲戚以蕃屏周"①，使分封制成了周朝的根本政治制度，并得到了大发展。西周灭亡后，东周王室衰微，历春秋战国，诸侯国战乱不断。秦统一后，丞相王绾请求分封诸子，李斯认为："周文、武所封子弟同姓甚众，然后属疏远，相攻击如仇仇，诸侯更相诛伐，周天子弗能禁止。……置诸侯不便。"②这就是说，在李斯看来，分封制是造成春秋战国各诸侯国混

---

① 《左传》僖公 24 年。
② 《史记》卷 6《秦始皇本纪》。

战的根源,所以主张废除分封制。秦始皇也同意这一意见,并进一步明确指出:"天下共苦战斗不休,以有侯王。赖宗庙,天下初定,又复立国,是树兵也,而求其宁息,岂不难哉!廷尉是。"这就是说秦始皇完全同意廷尉李斯的意见,所以秦朝废除分封制,实行郡县制。

秦亡以后,汉人总结周"历载八百余年"和秦朝速亡的根源,又认为秦朝废除分封制是造成这一差异的重要原因。所以,汉代郡县制与分封制二者兼用。关于这点《汉书·诸侯王表》言之甚详,内云:周代"三圣(文王、武王、周公)制法,立爵五等,封国八百,同姓五十余国。……所以,亲亲贤贤,褒表功德,关诸盛衰,深根固本,为不可拔者也。"又指出秦朝"姗(讪)笑三代,荡灭古法,窃自号为皇帝,而子弟为匹夫,内亡(无)骨肉本根之辅,外亡(无)尺土藩翼之卫。陈、吴奋其白梃(大杖),刘项随而毙之"。这就是说,秦朝短命而亡的重要原因是没有实行周代的分封制。接着又指出:"汉兴之初,海内新定,同姓寡少,惩亡秦孤立之败,于是剖裂疆土,立二等之爵(王、侯)。功臣侯者百有余邑,尊王子弟,大启九国(分封了九个同姓王)。"这就是说从秦至汉对分封制的认识来了个否定之否定。

从实际情况而言,分封制的作用有两重性:一是分封子弟,功臣为王侯确有拱卫皇权的功能。另一作用是分封制也有促成分裂割势力发展甚而直接威胁皇权的作用。西汉初期实行分封制的经验就证明了这一点。西汉初刘邦共封了八位异姓王,这些人虽在楚汉战争中起过重大作用,但楚汉战争一结束,异姓王与汉朝的矛盾就尖锐了起来,所以刘邦又剪除了七个异姓王。汉初所封同姓王侯,在拱卫刘氏王室、反吕氏篡汉、拥立文帝方面有功。从数量上看,刘邦时封同姓王九个,文帝时增加到十八九个。从地区上看,当时汉朝大约有 54 个郡,各诸侯王国占有 39 郡,汉中央政府仅辖 15 郡。这些诸侯王国"大者跨州兼郡,连城数十,宫制百官同制京师"①,有的甚而"自为法令,拟于天子",②俨然成了独立王国。诸侯王"尾大不掉",甚而公开发动叛乱。文帝前三年(前177),匈奴侵河南地,文帝遣灌婴率大军迎击,并亲自至太原(今山西太原市西南)劳军,济北王刘兴居趁机发动叛乱,后失败。文帝前六年(前174)淮南王刘长又图谋勾结匈奴发动叛乱,因被发现而失败。为了解决诸侯王势力膨胀的问题,文帝前七年(前173)贾谊在《治安策》中曾提出"众建诸侯而少其力"的主张,目的是使诸侯封地愈来愈小,势力削弱。文帝采纳贾谊的意见把齐国分为七国,把淮南国分为三国。③ 景帝时,晁错又提出《削藩策》,主张削减诸侯王封地,景帝采纳了晁错的意见,于景帝前三年(前154)先后削去楚王戊的东海郡、赵王遂的常山郡、胶西王卬的六县,给诸侯王以极大的震动。在此情况下,以吴王濞为首的吴楚七国的诸侯王发动了叛乱。而吴楚七国之乱的失败,又为进一步改革分封制提供了条件和时机。

二、镇压诸侯王叛乱

汉武帝在其统治时期,继景帝平灭吴楚之乱后,对诸侯王的叛乱进行了严厉镇压。同时又对一些违法的诸侯王,给以除国等惩处。

汉武帝时期镇压诸侯王谋反事件,主要有以下三次:

1. 淮南王谋反事件。高帝时封赵姬生子刘长为淮南王。文帝即位,长因其为文帝弟,骄横不法,"为黄屋盖拟(比)天子,擅为法

---

① 《汉书》卷14《诸侯王表》。

② 《史记》卷118《淮南衡山列传》。

③ 文帝前16年(前164)分齐为七国:齐、济北、城阳、淄川、济南、胶西、膠东。分淮南为三国:淮南、庐江、衡山。见《史记》卷10《孝文本纪》;《汉书》卷4《文帝纪》。

令,不用汉法",又"收聚汉诸侯人及有罪亡者","谋使闽越及匈奴发其兵",谋反。当处"弃市",文帝赦其死罪,废王爵,流放蜀郡,至雍,"不食而死"。① 文帝前十六年(前164),文帝分淮南国为三,令刘长之子刘安为淮南王、刘赐为庐江王,后徙为衡山王,王江北。

刘安,因其为武帝父辈,武帝"甚尊重之"。刘安入朝,武安侯田蚡对他说:"方今上无子,王亲高皇帝孙,行仁义,天下莫不闻。宫车一日晏驾,非王尚立谁者!"淮南王大喜。刘安平时就"行阴德拊(抚)循百姓,流名誉",又"招致宾客方术之士数千人"制造舆论,此时听说武帝没有儿子,如一旦出事,诸侯必定互相争夺,于是制造军械,加紧准备,等待时机。正在此时,与淮南王太子迁矛盾极深的郎中雷被要求自愿奋击匈奴,此事为太子迁、刘安所反对。按汉律不让奋击匈奴者依法当弃市,武帝下诏不许。公卿又请废王,武帝又不许,又请削五县,武帝只批准削二县。此后,刘安制作皇帝玺、丞相、御史大夫、将军、吏二千石等印,并与太子迁商量准备诱杀中央任命的相、内史、中尉。此时,深知内情的淮南王亲信自首,告发淮南王谋反。刘安庶孙刘建也因推恩分封未及其父和自己而告发。汉朝官吏逮捕了太子迁、王后、及淮南王宾客,搜出谋反证据。武帝令公卿治其罪,"所连引与淮南王谋反列侯二千石、豪杰数千人,皆以罪 轻重受诛"。淮南王刘安自杀,"王后荼、太子迁诸所与谋反者皆族"。②

2. 衡山王谋反事件。衡山王刘赐,当听说淮南王要谋反时,怕被吞并,又有种种违法事,所以结宾客,求得一懂兵法观星望气的人,日夜谋划造反。令宾客作车、镞、矢,刻天子玺及将、相、军吏印。衡山王此时又废太子爽,欲立子孝为太子。太子刘爽即遣亲

① 《汉书》卷44《淮南衡山济北王传》。
② 《史记》卷118《淮南衡山列传》。

信告发孝作车、镞、矢等不法事。衡山王也上书反告刘爽不道当弃市。此时,淮南谋反事牵连到衡山王,"王闻,即自刭杀。"其子刘孝"自告反",又"坐与王御婢奸,弃市"。王后、太子爽皆"弃市"。"诸与衡山王谋反者皆族。国除为衡山郡"。①

《汉书·武帝纪》载元狩元年十一月,"淮南王安、衡山王赐谋反,诛。党与死者数万人"。这说明镇压淮南王、衡山王叛乱,处死人数至少在万人以上。

3. 江都王谋反事件。江都王刘易为景帝子,孝景前二年立为汝南王,吴楚七国之乱击吴有功,徙为江都王。刘非死后,其子刘建继位为江都王。刘建淫乱、暴虐,为禽兽行,自知罪多,恐诛,心内不安,与王后指使越女婢咒诅汉武帝早死。知淮南、衡山谋反,作黄屋盖、铸将军、都尉金、银印,收集天下舆地及军阵图,遣人通越繇王闽侯"约相急相助"。后被朝廷发现,遣丞相长史等案查,查出了"兵器、玺绶"等反具。武帝让臣议其罪,都认为建"所行无道,虽桀纣恶不至于此。天诛所不赦,当以谋反法诛"。最后,刘建自杀,王后成光等人"皆弃市"。国除,地入于汉,为广陵郡。

此外,其他的诸侯王,也有因不法等罪而除国的。如建元三年(前138)济川王明以"坐杀中傅,废迁房陵"。元鼎三年(前114)常山王勃,坐"丧服奸,废徙房陵"。等等,此不一一列述。

总之,在景帝平灭吴楚七乱后,武帝又镇压了淮南、衡山、江都诸王的谋反事件。这都为改革分封制度提供了历史经验。

三、改革分封制度

汉初,皇权与诸侯王的斗争,反映了当时分封制度还不能适应封建统一国家中央集权政治体制的需要。因此,就需要改革分封

① 《史记》卷118《淮南衡山列传》。

162

制度。上述贾谊、晁错提出的"众建诸侯"、"削藩"就是试图改革当时的分封制度，由于当时条件不成熟，这种改革受阻。景帝平定吴楚七国之乱后，即对汉初的分封制进行初步改革，"景帝中五年（前145）令诸侯王不得复治国，天子为置吏，改丞相曰相，省御史大夫、廷尉、少府、宗正、博士官，大夫、谒者、郎诸官长丞皆损其员"。汉武帝即位后，又进一步从下列两方面对分封制进行了改革。

1. 实行推恩分封。景帝采纳晁错的削藩策后直接下令把诸侯王的郡、县划归中央所属，使诸侯王无法接受。平定吴楚七国之乱后，诸侯向主父偃行贿，通过主父偃提出推恩分封的建议，其内容如下：

> 今诸侯或连城数十，地方千里，缓则骄奢易为淫乱，急则阻其而合从以逆京师。今以法割削，则逆节萌起，前日晁错是也。今诸侯子弟或十数，而適（嫡）嗣代立，余虽骨肉，无尺地之封，则仁孝之道不宣。愿陛下令诸侯得推恩分子弟，以地侯之。彼人人得所愿，上以德施，实分其国，必稍自销弱矣。①

武帝采纳了主父偃的意见，并暗示梁平王襄、城阳顷王延上书愿以封地分子弟，而后下推恩令，据《汉书》卷15上《王子侯表上》诏令如下：

> 诸侯王或欲推私恩分子弟邑者，令务条上，朕且临定其号名。

推恩令是在汉武帝元朔二年（前127）春正月下诏而推行的。由于推恩分封的办法照顾了诸侯王要求把自己的封地封给子弟的愿望，又符合皇权消除诸侯王威胁的需要，乐于为双方所接受，所以收到了"藩国始分，而子弟毕侯"的效果，②或如《汉书·诸侯王

---

① 《汉书》卷64上《主父偃传》。
② 《汉书·武帝纪》元朔二年春正月诏："梁王，城阳王亲慈同生，愿以邑分弟，其许之。诸侯王请与子弟邑者，朕将亲览，使有列位焉。""于是藩国始分，而子弟毕侯矣。"

表》说"不行黜陟，而藩国自析"。据《史记》卷21《建元以来王子侯者年表》所载元狩四年（前119）城阳王子弟一次就封了十九人为侯。在这种情况下，诸侯王国分成了众多小国，对汉中央朝廷的威胁就被消除。这使分封制适合封建地主制下统一的中央集权的需要。这些措施应当说是成功的。《史记·汉兴以来诸侯年表》说：

> 汉定百年之间，亲属益疏，诸侯或骄奢，……大者叛逆，小者不轨于法，以危其命，殒身亡国。天子观于上古，然后加惠，使诸侯得推恩分子弟国邑，故齐分为七，赵分为六，梁分为五，淮南分三，及天子支庶为王，王子支庶为侯，百有余焉。……诸侯稍微，大国不过十余城，小侯不过数十里，上足以奉贡职，下足以供养祭祀，以蕃辅京师。而汉郡八九十，形错诸侯间，犬牙相临，……强本干，弱枝叶之势，尊卑明而万事各得其所矣。

这种状况的出现说明推恩分封之后，诸侯国越分越小，诸侯王国"大国不过十余城"，这里的"十余城"指县城而言。《汉书·地理志》载一郡常下属十余个县。这说明推恩分封后，一个诸侯王国与一个郡大小相似。"小侯不过数十里"，也就是说侯国一般大小只有数十里，大的与一个县差不多，小的仅相当于乡。王、侯已对汉中央政权构不成威胁，说明推恩分封取得了成功。

2. 推行"左官之律、附益之法"。左官、附益等法律据说在吴楚七国之乱后就已设立，《汉书》卷38《高五王传》赞中说："自吴楚诛后，稍夺诸侯权，左官、附益、阿党之法设。"注引张晏曰："诸侯有罪，傅相不举奏，为阿党。"程树德先生考证，阿党即阿附。[①]元狩元年（前122）汉武帝在镇压淮南王、衡山王叛乱之时，又据左官、附益等法对叛乱者严加惩处。所以，《汉书·诸侯王表》说：

---

① 　程树德：《九朝律考》，中华书局1963年版，133页。

武（帝）有衡山、淮南之谋，作左官之律，设附益之法，诸侯惟得衣食税租，不与政事。

所谓"左官之律"，注引应劭曰："人道上右，今舍天子而仕诸侯，故谓之左官也。"师古曰："汉时依上古法，朝廷之列以右为尊，古谓降秩为左迁，仕诸侯为左官也。"又云："左官犹言左道也。"这就犹如今天所说"旁门左道"、"歪门邪道"、"不入正道"一样。应劭曰："人道上右，今舍天子而仕诸侯，故谓之左官也。"这就是说，首先在法律上就规定在诸侯那里做官被视为不走正道的旁门左道，如果再犯法自然要严加惩处。汉代另外有惩治"左道"的法律，如"挟左道"、"执左道"惑乱众心、乱朝政者要严加惩处。① 何谓"附益"呢？《高五王传》注引张晏曰："附益，言欲增益诸侯王也。"《诸侯王表》注引师古曰："附益者，……皆背正法而厚于私家也。"张晏曰："阿媚王侯，有重法也。"刘向《新序》说汉武帝"重附益之法"。因此，可以说所谓"附益之法"就是汉武帝对投靠诸侯王犯上作乱人的镇压之法。在这些法令的约束下，诸侯王只能"衣食租税，不与政事"。

3. 按"酎金律"等法律规定夺爵。汉文帝时，增加了一条法律，就是"酎金律"。所谓酎，按张晏的解释是"正月旦作酒，八月成，名曰酎。酎之为言，纯也"。② 所谓酎金，是"侯岁以户口酎黄金，献于汉庙。皇帝临受献金，以助祭。大祠日饮酎受金。金少不如斤两，色恶，王削县，侯免国"。③ 在贯彻这一法律时，武帝元鼎五年（前112）"列侯坐献黄金酎祭宗庙不如法，夺爵者百六人"。④《史记·建元已来王子侯者年表》所载王子侯共161个，元鼎五年一次因"黄金酎祭"不合法而夺爵者56个，占王子侯总数的

---

① 程树德：《九朝律考》，中华书局1963年版，133页。
② 《史记·孝文本纪》注。
③ 《史记·平准书》注引如淳曰。
④ 《汉书·武帝纪》。

35.2%。《汉书·王子侯表上》所载高帝至武帝时所封王子侯179个,其中坐酎金免侯者为58个,占王子侯总数的32.4%。

此外,汉中央政权还可根据其他法律惩治犯法的王子侯,剥夺其爵位,取消其封邑。如《史记·建元以来王子侯者年表》所载元鼎三年(前114)葛魁侯"坐杀人,弃市,国除"。元鼎元年,东城侯遗"有罪,国除"。元鼎五年距阳侯渡"有罪,国除"。又载:土军侯郢客"坐与人妻奸,弃市"。这就是武帝先通过推恩分封等办法在诸侯王封地中分封了许多王子侯,使诸侯王封地变小,并出现许多小侯国。而后通过严格执行"酎金律"等法律规定严惩王子侯犯法,取消爵位、封国,迫使在封的王、侯对皇权小心翼翼、唯命是从。

四、打击地方豪强势力

汉武帝加强中央集权的一条重要措施,就是打击分裂割据势力的社会基础——地方豪强势力。豪强指横行不法、鱼肉百姓的地方势力。豪强又被称为豪族、强宗大姓、豪民、豪右等等。有的豪强本身就是贵族、官僚;有的虽无爵禄,但占有大量土地和宗族、宾客等依附人口。有的豪强还从事冶铁、煮盐、铸钱等工商业活动。这些豪强一般聚族而居,依仗财富和暴力,恣行兼并,"以强凌弱,以众暴寡",逋逃赋税,对抗官府,杀人越货,无恶不作。

西汉时期的豪强,有的是战国时六国豪族、豪杰的后人,如齐诸田、楚屈昭景、晋公族及燕、赵、韩、魏后。有的豪强则是汉代新兴权贵和富人。如灌夫,平定吴楚七国之乱时,以军功显达,武帝时为燕相。灌夫,喜任侠,"家累数千金,食客日数十百人。陂池田园,宗族、宾客为权利,横颍川。颍川儿歌之曰:'颍水清,灌氏宁;颍水浊,灌氏族'"。再如,景帝时,济南瞷氏宗人三百余家,豪滑,二千石的郡守莫能制。后景帝任酷吏郅都为济南太守,郅都到任诛杀瞷氏首恶的全族,等等。

武帝即位加强对豪强的打击,打击的目的有二:一是为抑兼并,二是制止豪强"以强凌弱,以众暴寡"。总的目的是缓和阶级矛盾,加强中央集权。武帝任用酷吏、打击豪强,主要有下列事迹。

1. 诛杀宁成。宁成在景帝时就是个有名的酷吏,家居南阳穰(今河南邓县),景帝曾任他为济南都尉,与任济南郡守的郅都交好。后因长安宗室多犯法,难治,景帝于是任宁成为中尉负责首都长安的治安,因其执法严酷,使"宗世豪杰人皆惴恐(恐惧的发抖)"。武帝即位又提升宁成为内史,因受外戚指斥,被判受"髡钳"(髡指剃去头发,钳指用铁圈束颈)这种刑罚。宁成自以为受重刑不会再被任用,就解脱刑具,出关归家,声称"仕不至二千石(郡守),贾不至千万,安可比人乎!"于是通过赊贷买"陂田千余顷,假贫民,役使数千家"。几年后,被赦免,"致产数千万"。又"出从数十骑,其使民,威重重郡守"。后酷吏义纵为南阳太守,上任后,即"破碎其家"。而同郡的豪强孔、暴两家也都逃亡外地。

2. 诛灭河内郡豪强穰氏。酷吏义纵的姐姐因医术受武帝母王太后宠幸,义纵因此步入仕途。义纵在当长陵和长安县令时执法不避贵戚,依法收捕王太后外孙即汉武帝的姐姐修成君的儿子,并以此出名。武帝认为他能干,提升他为河内都尉,到任则"族灭其豪穰氏之属(穰氏一类人),河内道不拾遗"。

3. 诛定襄豪强。武帝反击匈奴的战争,几次都是从定襄出兵,当地社会秩序混乱,武帝就让义纵为定襄太守。义纵至定襄后,定襄狱中犯重罪当死的有二百余人,及来狱中探望他们的宾客、昆弟又有二百余人。义纵把这些探望的人也一同逮捕,其罪名是"为死罪解脱",按照汉代的法律"为人解脱,与同罪",这些来狱中探视的人也就都犯了死罪,所以义纵就把这四百多人一齐处死。为此"郡中不寒而栗",那些因与豪猾交结犯有罪恶的人也反过来佐助官吏维持治安。

4. 诛河内豪强。王温舒与义纵为同时期的酷吏,以治狱为廷尉下属的官吏。后又作张汤的部下,升为御史,后为广平郡(今河北省鸡泽东南)督尉,后提升为河内太守。王温舒在广平时就知道河内"豪奸之家",所以到河内就令郡设从河内到长安的驿马五十匹,并"捕郡中豪猾,相连坐千余家",上书请求处理"大者至族,小者乃死",家产全部没收偿赃。由于事先准备好了驿马,所以从上奏到批转回报,不到两天就办妥了。这次杀人多,"至流血十余里"。一时,"郡中无犬吠之盗"。

5. 诛大游侠郭解。郭解,河内轵县(今河南济源县南)人。郭解父亲,任侠,文帝时被诛杀。解短小精悍,青少年时狠毒残忍,被他杀害的人很多,常常不惜牺牲性命为朋友报仇,屡屡窝藏亡命之徒,又私自盗铸钱币、偷掘坟墓盗取殉葬财物。然而,郭解运气好,遇到官吏追捕形势危急时常常能够逃走、或遇到大赦。郭解长大后,行为有所收敛,注意以德报怨,给别人的多,索取少;救了别人的性命,而不夸耀自己的功劳。然而内心却仍然狠毒残忍。

元朔二年,武帝要把关东的一些豪强迁往茂陵,郭解家的资产达不到迁徙的标准,官吏们也不敢不迁徙他。将军卫青替郭解说话:"郭解家贫,不符合迁徙的标准。"武帝说:"一个平民能让将军替他说话,这说明他家不贫。"这样,郭解家被迁徙了。郭解迁徙时,为他送行的人出钱千余万。轵县人杨季主的儿子在县里作官吏,是他提名迁徙郭解的。因此,郭解哥哥的儿子就杀死了杨季主的儿子。从此两家就结下了冤仇。郭解迁入关后,关中的豪强无论了解不了解的,都争着与郭解结交。不久,又杀死了杨季主。杨季主家有人上书申告,上书的人又被杀在宫前的阙下。武帝知道了,就令官吏逮捕郭解。郭解逃亡,把母亲等家属安置在夏阳(陕西省韩城境),自己逃到了临晋(陕西省左冯翊境)。过了很久,才捕到郭解,彻底追查他的罪行,郭解杀的人,都在大赦以前。河内轵县有个儒生陪同使者坐,有客人称赞郭解,这个儒生就说:"郭解专干作奸犯科违背国家法律的事情,怎么能称他为贤士呢?"郭解一伙的人听见了,就杀死了这个儒生,并割了舌头。郭解也不知杀人者是谁,也追查不出来。官吏因此判郭解无罪。御史大夫公孙弘说:"郭解以平民身份为任侠使权势,以一点小事就报仇杀人,郭解虽不知道,此罪比郭解杀人还要重,应当判大逆不道罪"。因此,就诛灭了郭解及其全家。

汉代打击地方豪强的传统,一直到宣帝时还执行着。宣帝时,严延年为涿郡太守,涿郡大姓西高氏、东高氏强横不法,"宾客放为盗贼",郡中自"郡吏以下皆畏避之",不敢违逆其意,都说:"宁负二千石(郡守),无负豪大家。"盗贼逃入高氏家,吏不敢追捕。日子多了,道路上得拉开弓、拔出刀刃,然后才敢行走,社会秩序竟然乱到如此地步。严延年到任后,严治两高,送狱收审,穷究其奸,"诛杀各数十人,郡中震恐,道不拾遗"。过了三年,又迁升严延年为"河南太守","其治务在摧折豪强,扶助贫弱。贫弱民众犯法,就修饰文词让其出狱。其豪杰侵小民者,也修饰文字一定法办治罪"。因此,严延年治理地方,能做到"令行禁止,郡中正清"。

打击地方豪强势力就是打击分裂割据势力的社会基础,就是从政治上、经济上加强中央集权的不可缺少的措施。汉武帝时期对豪强的打击无论在政治上、经济上都加强了中央政权,同时对社会安定、削弱地方豪强对农民的压迫、盘剥等方面也起了积极作用。

五、调整关东、关中人口结构

加强中央集权、"强干弱枝",调整关中与关东地区人口结构,是西汉政权的传统国策。

西汉初,娄敬向高帝建议迁六国强族、豪杰于关中地区,其目的是"无事,可以备胡;诸侯有变,亦足率以东伐"。武帝即位后,主父偃又建议说:"天下豪杰兼并之家,乱众民,皆可徙茂陵,内实京师,外销奸猾。"《汉书·地理志》载西汉从高帝徙六国强族于关中开始,"后世世徙吏二千石、高资富人及豪杰并兼之家于诸陵。盖亦以强干弱枝,非独为奉山园也"。从高帝开始,共徙关东六国强族豪杰、高资富人于关中八次。其中高帝一次,武帝三次,昭帝一次,宣帝三次。这些移民迁去关中后,汉政权都要"赐钱、田、宅",关照其生活。迁去的人除少数如郭解那样的豪侠犯法被处死外,其他的人都变成了支持汉中央政权的社会基础,成了汉政权官吏和兵员的提供者。

从有关文献记载看,武帝及其后一些重要官员就是从这些移民后裔中选拔的。如车(田)千秋,乃齐诸田后裔,其先人由齐地迁至关中长陵(高帝陵),武帝时车千秋为丞相。[①] 冯唐,祖父赵人,汉初徙安陵(惠帝陵墓),景帝时冯唐为楚相。[②] 袁盎,其父楚人,因为父为群盗,迁至安陵,文帝时袁盎先后为陇西都尉、齐相、楚相。董仲舒,广川(今河北枣强东)人,后家徙茂陵,先后为江都相、中大夫、胶西相。杜周,原籍南阳杜衍,武帝时徙茂陵,先后为廷尉、御史大夫。田延年,齐诸田后裔,后被迁至阳陵(景帝陵墓),为霍光器重,昭帝时先后为河东太守、大司农。[③]上述六人都是武帝以前从关东徙至关中地区,后来做了高级官员的。武帝以后,这种现象在进一步发展之中,仅从关东徙至昭帝杜陵后做了高官的,据《汉书》各传所载就有杜延年、尹归翁、韩延寿、张敞、朱博、韦玄成、张安世、萧望之、冯奉世、王商、史丹、赵充国等人。

上述事实说明,西汉政权把关东地区的强族、高资富人等徙至

---

① 《汉书》卷66《车千秋传》。

② 《汉书》卷50《冯唐传》。

③ 《汉书》卷90《田延年传》。

关中以后,这些人就转化成了维护汉政权统治的社会基础。这从上述这些人转化为行政官僚和军事上的督尉等官员可以看出。同时,这些人迁去后,使关中地区增加了大量劳动力、人口,增强了关中地区的经济实力。事实证明,这一政策在加强中央集权、强干弱枝方面的作用是成功的。

第五节　亲统兵权　改革军制

《孙子兵法·计篇》云:"兵者,国之大事,死生之地,存亡之道,不可不察也。"汉武帝一生,边境多事,从元光二年(前133)马邑之谋到征和四年(前89)的罢轮台屯田诏,在长达四十四年的时间中与匈奴处于战争状态,因此建立一支听从指挥、忠实可靠、训练有素而又有一定数量的军队就是一项十分重要的任务。

一、省太尉,慎择将军

《汉书·百官公卿表》载:"太尉,秦官,金印紫绶,掌武事。"秦代白起、缭曾任国尉,即太尉。① 汉建立后,仍置太尉官,如高帝二年,卢绾为太尉;高帝十一年,绛侯周勃为太尉;惠帝六年置太尉,以周勃复为太尉;文帝元年十月,以将军灌婴为太尉;景帝三年,周亚夫为太尉等。武帝建元元年,曾以田蚡为太尉,次年免。《汉书·百官公卿表》载:"太尉,……武帝建元二年省。元狩四年初置大司马,以冠将军之号。"《汉书·朱博传》载"至武帝罢太尉,始置大司马以冠将军之号,非有印绶官属也。"这就是说大司马只是

① 《史记·白起列传》:"起迁为国尉"。《正义》曰:"言太尉"。又《史记·秦始皇本纪》"以缭为秦国尉"。《正义》曰:"若汉太尉"。

在将军名号上再加上一个称号,实际"非有印绶官属",自然也不能开府治事。这种情况说明,从建元二年省太尉以后,汉武帝时实际上没有"掌武事"即管理军事方面的最高官员。而武帝任命的大将军、骠骑将军、大司马又冠以侍中头衔,成了武帝的左右亲信,他们就成了直接隶属于武帝的军事将领。武帝实际上成了军事方面的决策者、指挥者和最高统帅。

汉武帝在任命军事将领方面,固然有唯材是举的一面,但同时又十分注意这些将领与皇室的关系,以保证其忠诚可靠、没有二心。这从武帝前期重用的将领中可以看出。为方便读者了解,今把武帝前期重要将领情况列简表如下。

姓　名	官　职	封爵与封户数	与皇室关系
卫青	侍中、车骑将军大将军、大司马	长平侯　16300 户 三子封侯　共20200 户	卫皇后弟
霍去病	侍中、骠骑将军、大司马	冠军侯　17700 户	卫皇后外甥
公孙贺	太子舍人、太仆轻车将军、车骑将军、丞相	南窌侯	卫皇后姐夫
公孙敖	郎、骑将军	合骑侯　9500 户	对卫青有救命之恩
李广	文帝时为郎、骑常侍、骑郎将;上谷、上郡、陇西等郡太守、未央卫尉、骁骑将军、郎中令、前将军		三朝老臣三子为郎
李蔡	文帝时为郎、轻车将军、丞相	乐安侯　2000 户	李广从弟
苏建	校尉、卫尉、游击将军、代郡太守	平陵侯　1000 户	其子苏武等三人为郎
张次公	校尉、将军	从大将军有功封岸头侯2000 户	景帝近幸

姓　名	官　　职	封爵与封户数	与皇室关系
张骞	郎、校尉、将军	从大将军有功封博望侯	
韩说	校尉、横海将军	从大将军有功封龙额侯	文帝时弓高侯韩隤当庶孙
路博德	右北平太守、卫尉、伏波将军	从票骑将军有功封符离侯　1600户	
赵破奴	司马、将军等。	从骠骑将军有功封从票侯，后为浞野侯2000户	

从以上可以看出武帝选用将军时有以下特点。

其一，卫青、霍去病先为侍中，侍从武帝左右，后任命为将军，战功卓著，有卓越的指挥才能，最后被授大司马称号。此外卫青为皇后弟、霍去病为皇后外甥，这也是他们为皇帝忠心效力、武帝信任他们的一个因素。公孙贺被重用，除"贺少为骑士，从军数有功"，武帝为太子时贺为太子"舍人"为武帝所了解等因素外，还和他是卫皇后的姐夫有关，《汉书》卷66《公孙贺传》载"贺夫人君儒，卫皇后姊也，贺由是有宠"。另外，公孙敖为骑将军、合骑侯，除别的条件外，也和他对卫青有救命之恩有关，《汉书》卷55《卫青传》载卫青姊卫子夫"入宫幸上"，遭陈皇后妒，陈皇后母大长公主（武帝姑姑）"囚青，欲杀之，其友骑郎公孙敖与壮士往篡（夺取）之，故不得死"，"公孙敖由此益显"。公孙敖一生，四为将军，与大将军卫青的提携不能说没有关系。这是武帝提拔起来的一类将领的情况。

其二，李广、李蔡、苏建等几朝老臣，如李广文帝十四年时以陇西良家子"从军击胡"，先后为郎、骑常侍；景帝时为骑郎将，吴楚七国反时为骁骑都尉，有战功，后为上谷、上郡、陇西、北地、雁门、云中太守。武帝即位，以广为名将，任未央（宫）卫尉，后为骁骑将军、右北平太守、郎中令、将军,多次从大将军出击匈奴。广三子曰:当户、椒、敢,皆为郎。李敢从票骑将军霍去病击匈奴有功,赐爵关内侯,代广为郎中令。武帝时李广、李敢父子两代都为郎中令,是武帝的近臣。李蔡乃李广从弟,文帝时与广为郎,景帝时积功至二千石,武帝元朔年间,为轻车将军,从大将军击匈奴右贤王有功,封乐安侯。李蔡历文、景、武三帝,也是三朝老臣。苏建在武帝时以校尉从大将军击匈奴有功,封平陵侯,后以卫尉为游击将军,后为代郡太守。三子为郎,其中以次子苏武最为有名。张次公也属这一类将领,从其父张武善骑射,为景帝近幸即可看出。这些多年仕汉、世受国恩的老臣,一般德才俱佳、忠贞不贰。

其三,还有一类将领,如张骞、韩说、路博德、赵破奴等人,并无什么世受国恩的家世渊源,主要是靠他们自己的战功、业绩被提拔起来的。在汉武帝提拔起来的将军中,这类将军的数量较大。

其四,汉武帝时军法很严,军官的升降看的是军功,而军功主要是看在战场上斩杀、俘虏敌军有生力量人员、牛马羊等物资以及杀俘匈奴贵族级别高低和人数而定。这一点不仅是主要的,几乎可以说是惟一的。军事将领在这次战争中立功封侯,在下次战争中就因失败降为庶民。这种在军功面前人人平等的办法极大地激励了将士奋勇杀敌。

总之,汉武帝通过慎择将军、严明赏罚等措施,培养选拔了一批以卫青、霍去病为代表的忠心为国而又英勇作战的将领。《史记》卷111《卫将军骠骑列传》太史公曰:"苏建曾对我说:'我曾责备大将军至为尊贵,而天下的贤士大夫却不称赞,希望大将军能像古代名将一样招贤纳士,并以此来勉励自己。'大将军谢曰:'自魏其(窦婴)、武安(田蚡)之厚宾客(厚待宾客、培养私人势力),天子常切齿(痛恨),彼亲附士大夫,招贤绌不肖者,人主之柄也。人臣奉法遵职而已,何必去招贤纳士!'骠骑将军亦仿此意,其为将如此。"这说明卫青、霍去病都忠于皇帝、忠于国家,不贪图个人的权势。在这样两位最高将领的带领下,武帝建立起了一支听从指挥的可靠的军队。

二、扩充宫廷禁军

"强干弱枝"、"居重御轻"本来就是汉王朝治军的传统方针,在这一方针的指引下,重视中央直接控制的京师及其周围精锐军队的建设,以控制地方军队、巩固中央对各地的统治。汉武帝即位后强化这一方针,首先扩大、加强宫廷禁军。

汉代的宫廷禁军归郎中令(武帝太初元年更名光禄勋)所辖。《汉书·百官公卿表》载:"郎掌守门户、出充车骑,有议郎、中郎、侍郎、郎中,皆无员,多至千人。"其中,"议郎、中郎秩(禄)比六百石"。"中郎有五官、左、右三将,秩皆比二千石"。"侍郎比四百石,郎中比三百石。""郎中有车、户、骑三将,秩皆比千石"。从这一记载可以看出,这里郎都是从秩比六百石到比三百石的官,种类有四种郎:议郎、中郎、侍郎、郎中,其中"中郎"有五官、左、右三将,"郎中"有车、户、骑三将。郎职能是"掌守门户,出充车骑。"这"多至千人"的郎就是武帝之前的宫廷禁军,主要职责是守护宫廷内的门户和侍卫。《续汉书·百官志二》载:"凡郎官皆主更直执戟,宿卫诸殿门,出充车骑,唯议郎不在直中。"这就是郎官除议郎之外,其他的都轮流执戟值班,宿卫诸殿门户,出充车骑。

汉武帝时期,郎中令所辖宫廷禁军又增加了以下两支。

一支称期门,《汉书·百官公卿表》载:"期门,掌执兵送从,武帝建元三年初置,比郎,无员,多至千人,有仆射,秩比千石。平帝元始元年更名虎贲郎,置中郎将,秩比二千石。"《汉书·东方朔传》也说:"建元三年,八九月中,与侍中常侍武骑及陇西、北地良家子能骑射者,期诸殿门,故有期门之号,自此始。"这两处记载都说明，期门军是武帝建元三年组建成的，其职能是"掌执兵（器）送从"，期门的成员地位与郎相似。期门也无固定的员额，人数"多至千人"。武帝时，期门的首领称仆射，秩比千石。期门组成人员是武帝身边的"侍中常侍武骑及陇西、北地良家子能骑射者"。

另一支称为羽林，其所以称为羽林，一说是取驰骑如羽之疾、如林之多；一说羽乃王者羽翼也，等等。《汉书·百官公卿表》载："羽林掌送从，次期门，武帝太初元年初置，名曰建章营骑，后更名羽林骑。又取从军死事之子孙养羽林，官教以五兵，号曰羽林孤儿。羽林有令、丞，宣帝令中郎将、骑都尉监羽林，秩比二千石。《后汉书·顺帝纪》关于羽林注引《汉官仪》曰："武帝太初元年初置建章营骑，后更名羽林。"关于羽林的人数，《后汉书·百官志二》载"羽林中郎将，比二千石。……主羽林郎。"注引蔡质《汉仪》曰：羽林郎一百二十八人。"羽林左监一人，六百石。……主羽林左骑。"注引《汉官》曰：主羽林九百人。"羽林右监一人，六百石。……主羽林右骑。"钱文子《补汉兵志》载羽林右骑统八百人。从主管羽林右监的秩禄与左监完全相同，且其下各有丞一人看，建制二者对称、对等，下属人数也应大体相等。由此不难看出：中郎将所属羽林郎为 128 人；羽林左骑主羽林九百人；与其相对称的羽林右骑应与此约相等。羽林军共约两千人。此外尚有羽林孤儿，这些人由武帝时"从军死事"之子孙组成，官府教其使用弓矢、殳、矛、戈、戟五种兵器。①《汉旧仪》说："诸孤儿无数，父死子代，皆武帝时击胡死，子孙不能自治，养羽林官。"这些孤儿长大又学会了各种兵器，自然就补充到羽林军内去了。

期门、羽林两支军队的主要来源是六郡良家子。《汉书》卷 28

---

① 《汉书》卷 19《百官公卿表》载"取从军死事之子孙养羽林，官教以五兵，号曰羽林孤儿。羽林有令丞"。师古曰："五兵谓弓矢、殳、矛、戈、戟。"

下《地理志下》载："汉兴,六郡良家子选给羽林、期门,以材力为官,名将多出焉。"注引师古曰:"六郡谓陇西、天水、安定、北地、上郡、西河。"此六郡"皆迫近戎狄,修习战备,崇上气力,以射猎为先"。正是这种备战练武的习俗,使其成为期门、羽林禁军的主要来源地。期门、羽林是从六郡"良家子选给的",那么什么是"良家子"呢? 在这个问题上各家的注释有不同解释。王先谦《汉书补注·李广传》注引周寿昌曰:"汉制,凡从军不在七科谪内者,谓之良家子。"《史记》卷123《大宛列传》载"发天下七科谪"。《正义》引张晏云:"吏有罪一,亡命二,赘壻三,贾人四,故有市籍五,父母有市籍六,大父母有籍七,凡七科。"如以这一注释作解释"良家子"的根据,那么"良家子"应不是罪吏、亡命、赘壻、贾人,原来没有市籍、父母和祖父母也没有市籍的人。这样的人就是"良家子"。这种人一般应是世代务农、个人及家庭均无历史问题的"良家"子弟。期门、羽林就出身于这种"良家子"。这些人不一定是富豪或豪右,一般的农民子弟也可以被称为"良家子"。①

总之,汉武帝时除保留由郎组成的千余人的宫廷禁军外,增加了期门、羽林两支宫廷禁军,其中期门千余人,羽林约两千人。在总数约四千的宫廷禁军中,有约三千是汉武帝时新增加的。这说明汉武帝时宫廷禁军的力量是大大增强了。

三、改革南军与北军

汉代归卫尉掌管的"宫门卫屯兵",守卫未央宫的称南军。中尉所掌管的负责守卫京师的军队称北军。武帝在改革宫廷禁军的同时,也对南军、北军进行了改革。

---

① 黄今言先生对什么是"良家子"的各种意见均有详解,见《秦汉军制史论》,江西人民出版社1993年版,134页。

1. 对卫尉所属南军的改革。《汉书》卷 19 上《百官公卿表上》载："卫尉,秦官,掌宫门卫屯兵,有丞。属官有公车司马、卫士、旅贲三令丞。……长乐、建章、甘泉卫尉皆掌其宫,职略同,不常置。"卫尉掌管着宫门卫屯兵,称卫士,未央宫卫尉属官有"公车司马、卫士、旅贲三令丞。公车司马负责天下上书及阙下征召等事宜。未央宫卫尉所属卫屯兵,称南军,"因未央宫在京师长安城内的南面,故称"①。此外,还有长乐、建章、甘泉卫尉负责这三宫的宫门卫屯兵。这三宫的卫屯兵也是南军的一部分。这种卫士由各郡服兵役的卒轮流调充,一年更换一次。汉武帝在大力扩充宫廷禁军的同时,对宫门卫士(南军)却加以减少,《汉书·武帝纪》载:建元元年秋七月,诏曰:"卫士转置送迎二万人,其省万人。"这就是说,充当卫士的卒每年"去故置新,常二万人",武帝即位的当年就减省一万人。汉武帝这样作,可能是因为卫士是轮流服兵役的农民,并不是皇帝的侍从禁军。所以在减少卫士之后,就逐渐扩大宫廷禁军。

2. 中尉所主北军的改革与新增七校尉。《汉书·百官公卿表》载:"中尉,秦官,掌徼循(巡察)京师。"这就是说中尉原来负责京师治安和中央的有关治安问题。如临江王刘荣曾因"坐侵庙壖地为宫……。诣中尉府对簿,中尉郅都簿责讯王,王恐,自杀"。②再如淮南王谋不轨,武帝"使汉中尉宏即讯验王。"③再如"长安左右宗室多暴犯法,于是上召宁成为中尉。……宗世豪杰,皆人人惴恐。"④这些事实说明中尉确有维护京师三辅地区和与中央有关的治安问题。由于中尉所辖屯兵在未央宫以北,与南军相对,所以称为北军。《汉书·百官公卿表》载中尉"武帝太初元年更名执金

① 《辞海》,上海辞书出版社 1980 年版,南军条。
② 《汉书》卷 53《临江闵王刘荣传》。
③ 《汉书》卷 44《淮南王传》。
④ 《史记》卷 122《酷吏列传》。

吾,属官有中垒、寺互(管宦官的官府)、武库、都船四令丞。都船、武库有三丞,中垒两尉"。注引应劭曰:"吾者,御也,掌执金者以御非常。"师古曰:"天子出行,职主先导,从御非常。"这都说明执金吾是管理治安和皇帝在长安出行时的保卫官员。武帝太初年把中尉改为执金吾后,属官有中垒。《汉书·百官公卿表》说"中垒校尉掌北军垒门内,外掌西域"。太初元年改中尉为执金吾时,把寺互(原属少府),也列在执金吾属下,寺互是与宦官有关的机构,可能负责处理皇帝在长安三辅行走时宦者服务的有关事情。此外,设立了主管兵器的武库令和管理治水的都船令。从中尉改为执金吾后,执金吾的职责就是在京城长安负责皇帝的安全,不统领北军,北军专由中垒校尉统领。[①]《后汉书·百官志四》注引《汉官》曰:"执金吾缇骑二百人,持戟五百二十人,舆服导从,光满道路,斯最壮矣。世祖(刘秀)叹曰:'仕官当作执金吾'。"

汉武帝时对北军的另一改革,就是设中垒校尉统领北军外,又增设了七校尉:其一,屯骑校尉掌骑士。其二,步兵校尉掌上林苑屯兵。其三,越骑校尉掌越骑。其四,长水校尉掌长水宣曲胡骑。其五,又有胡骑校尉,掌池阳胡骑,不常置。其六,射声校尉,掌待诏射声士。注引应劭曰:"须诏所命而射,故曰待诏射也。"其七,虎贲校尉,掌轻车。如果连中垒校尉,"凡八校尉,皆武帝初置,有丞、司马。"这些校尉的"秩皆两千石",也就是说与郡守同级。

汉武帝时新设七校尉,不仅是增置校尉扩充军队的问题,而且在改革军制方面具有重要意义,据学者们研究,汉代的北军,包括汉高帝所置"掌京师城门屯兵"的城门校尉所属北军是由三辅地区农民充当正卒,服兵役一年,轮换更替。而武帝时新增的七校尉兵则属常备兵。《补汉兵志》说:"武帝增置七校。……盖选募精

---

① 黄今言:《秦汉军制史论》,江西人民出版社 1993 年版,142 页。

勇及胡越内附之人,比之期门、羽林,无复更代。而京师始有长从坐食之兵矣。""武帝时有诸校尉,则常屯矣。"这就是说这七校尉的兵不是从农民中征发的轮流服兵役的义务兵,而是精选招募来的常备兵。所以黄今言先生说,北军"不仅负有保卫京师的重任,而且也可以经常对外远征"。①

《汉书·刑法志》说:"至武帝平百越,内增七校,外有楼船,皆岁时讲肄(习),修武备云。"这段记载对了解武帝增置七校尉的时间提供了依据。据《汉书·武帝纪》载元鼎五年南越相吕嘉反,武帝令伏波将军路博德、楼船将军杨仆等击南越,元鼎六年(前112)平定南越,置南海九郡。上文记载,"武帝平百越"后:才"内增七校,外有楼船",具体时间应在元鼎六年以后的元封年间。至于新增七校尉的统兵人数,据《后汉书·百官志四》及注载各校尉所属员吏为最少 73 人,最多 157 人,所领士卒一般为 700 人,则七校尉共领士卒约 5000 余人。②

四、征发地方军、谪戍及少数民族武装

汉武帝时期用兵频繁,直接隶属中央的军队不多,所以频繁征发地方军、谪戍与少数民族武装。

1. 地方军及其征发。汉代中央常备军数量不大,但地方上郡、县有常备兵。边郡和大郡拥有军队可达万人。如《续汉书·百官志》注引《汉官仪》说:"边郡太守各将万骑。"小的郡有兵只有几千或更少。

地方郡国的军队,因各地地势不同,所以兵种不同。《汉官仪》说:"平地用车骑,山阻用材官,水泉用楼船。三者之兵种,各

---

① 黄今言:《秦汉军制史论》,江西人民出版社 1993 年版,143 页。
② 《汉官仪》载长水校尉领士为 1367 人。

随其地势所宜。"这些兵种分为四种,即:轻车(车兵)、骑士(骑兵)、材官(步兵)、楼船士(水兵)。钱文子在《补汉兵志》中说:"大抵金城、天水、陇西、安定、北地、上党、上郡多骑士;三河、颍川、沛郡、淮阳、汝南、巴蜀多材官;江淮以南多楼船士。"这些军队演兵习武,供郡国地方政府有事时用,《汉旧仪》载,"材官、骑士,岁时讲肄(学习),然其给事郡国。"

虽然如此,这些地方军队要随时听从中央政府的调遣、征发。调发时用的凭证有羽檄、虎符、节。《汉书·高帝纪》载高帝曾说:"吾以羽檄征天下兵。"注引师古曰:"檄者,以木简为书,长尺二寸,用征召也。其有急事则加以鸟羽插之,示速疾也。"《史记·文帝纪》载文帝二年,"初与郡国守相为铜虎符",《集解》引应劭说:"国家当发兵,遣使者至郡合符,符合乃受之。"上述两处记载说明,高帝是用羽檄征调天下军队的,文帝二年才开始与"郡国守相"用铜虎符征调天下军队。到武帝时,又开始用"节"征调军队。如武帝建元三年,闽越攻东瓯,东瓯求救,"上(武帝)曰:吾新即位,不欲出虎符发兵郡国,乃遣严助以节发兵会稽。会稽太守欲拒法,不为法。助乃斩一司马,谕意旨,遂发兵。"①这可能是第一次用"节"发兵,不合用虎符发兵的惯例,所以几乎被拒绝。

武帝时期,由于种种原因,征发地方士卒频繁是一特点。如建元三年,"河水决濮阳,氾郡十六,发卒十万救决河"。元光五年,"发巴蜀治西南夷道,又发卒万人治雁门险阻"。元鼎六年冬十月,"发陇西、天水、安定骑士及中尉,河南、河内卒十万人,……征西羌,平之"等等。

2. 征发谪戍。武帝时期边境战事频繁,在征兵制基础上,又实行募兵。此外,还用种种其他办法扩大兵员,征发谪戍即其办法

---

① 《汉书》卷64《严助传》。

之一。所谓谪戍，就是国家征发有罪的吏、亡命、赘壻、贾人、有市籍的商人及其子孙这些有特殊身份的人，担任战争和戍边任务。《说文》："谪，罚也"。所以，谪戍是带有惩罚性、强制性的措施。

征发谪戍不是从汉代开始的。秦始皇统一六国后，曾发谪戍实边。如：《史记·秦始皇本纪》载秦始皇三十三年（前214）"发诸尝逋（逃）亡人、赘壻、贾人略取陆梁地，为桂林、象郡、南海，以適（谪）戍。"又"西北斥逐匈奴，自榆中并河以东，属之阴山，以为四十四县，城河山为塞。……徙谪实之。"三十四年（前213）"适（谪）治狱吏不直者，筑长城及南越地。"

汉武帝时期，由于边境多战事，中期以后农民逃亡者多，所以一而再地发谪兴修工程和远征、戍边。主要有下列几次：

其一，《汉书·武帝纪》载：武帝元狩三年（前120）"发谪吏穿昆明池。"注引师古曰："谪吏，吏有罪者，罚而役之。"又引如淳曰：昆明池"在长安西南，周回四十里。……时越欲与汉用船战，遂乃大修昆明池"，"以习水战"。[1]

其二，元鼎五年（前112）南越王相吕嘉反，汉遣伏波将军路博德出桂阳，楼船将军杨仆出豫章，越人归汉者归义越侯严为戈船将军出零陵，越人归汉者甲为下濑将军下苍梧，"皆将罪人，江淮以南楼船十万人"，又越人归汉者称"越驰义侯遗别将巴蜀罪人，发夜郎兵，下牂柯江，咸会番禺（广州）。"

其三，元封二年（前109）因"朝鲜王攻杀辽东都尉，乃募天下死罪击朝鲜。"又"遣楼船将军杨仆、左将军荀彘将应募罪人击朝鲜。"

其四，元封六年（前105）又"赦京师亡命令从军"，"亡命"即

① 均见《汉书·武帝纪》。

"脱名籍而逃"的没有户籍的人口。

其五,太初元年(前104)"遣贰师将军李广利发天下谪民西征大宛。"师古曰:谪民,"庶人之有罪谪者也"。《汉书·李广利传》则云"太初元年,以广利为贰师将军,发属国六千骑及郡国恶少年数万人以往"。这处记载与上引《汉书·武帝纪》所载为同一事,可知所谓"谪民",就是"恶少年"。

其六,天汉元年(前100),"发谪戍屯五原"。

其七,天汉四年(前97),"发天下七科谪"等出朔方。

从以上材料可以看出,武帝时发天下谪戍计七次,是汉代各帝中发谪戍最多的一位皇帝。谪戍中在七科谪之外,又增加了恶少年,实际成了八科。而七科谪中吏有罪、亡命、赘婿为三科;其他四科是:贾人、故有市籍、父母有市籍、大父母有市籍,这四科都是针对着商贾去的,说明汉武帝对商贾的打击是非常严酷的。汉武帝不仅通过告缗令剥夺商人的财产和经济地位,而且通过发七科谪剥夺商贾的政治地位,让人们把商贾视为一种下贱的职业。在汉代各皇帝中,汉武帝可以说把抑商措施发展到了极致,但同时又允许商人作官,让商人加入封建官僚集团。

3. 征发少数民族武装。中国是多民族国家,用少数民族当兵先秦就已有之。汉高祖刘邦在楚汉战争就曾使用北方的"楼烦兵"、东南的"百越兵"、西南的"賨人"等。汉武帝时期,由于开疆拓土的胜利,管理、统辖的少数民族越来越多,在长期对匈奴战争中,匈奴贵族降汉的事件频频发生。在这种情况下,汉武帝使用的少数民族将领和少数民族兵勇也就越来越多。

在与匈奴作战中,卫青统领的汉军中,就有少数民族将领,如公孙贺、公孙敖就是义渠胡人。① 匈奴相国赵信降汉,曾被封为翕

---

① 义渠,古族名。春秋到战国时,秦国西边今甘肃庆阳、泾川一带的西戎之一。

侯,元朔六年(前123)为前将军,出击匈奴,战败,又降匈奴。① 武帝在增置七校尉,其中有"越骑校尉掌越骑",注引如淳曰:"越人内附,以为骑也。"又有长水校尉掌长水宣曲胡骑,师古曰:"长水,胡名也。……胡骑之屯于宣曲者。""又有胡骑校尉,掌池阳胡骑,不常置,"师古曰:"胡骑之屯池阳者也。"在新置七校尉中,有三个校尉都是掌胡骑的,可见少数民族武装之重要。

在南方,武帝曾用越族将领领兵打仗。如元鼎五年(前112)南越吕嘉反时,武帝遣五路大军击南越,其中三路是由归汉的越人统领的。即:"归义越侯严为戈船将军",注引张晏曰:"严故越人,降为归义侯";"甲为下濑将军",注引服虔曰:"甲,故越人归汉者";"越驰义侯遗别将巴蜀罪人,发夜郎兵",注引应劭曰:驰义侯遗,"亦越人也"。五路大军中,有三路是由归汉的越人将领统领的。这些将领所统士卒除有夜郎兵之外,至少应有部分是越人组成的军队。注引张晏曰:"越人于水中……有蛟龙之害,故置戈于船下",因此归义越侯严为"戈船将军"。又引臣瓒曰:"濑,湍也,吴越谓之濑",因此"甲"被称为下濑将军。这也就是说"甲"所率的楼船军要从湍急的江水中行船,所以"甲"才被称为下濑(湍)将军。从这些解释可以看出"严"和"甲"两位将军,一位船下置戈,一位要从湍急江水中行船,这都是越人之长技,所以他们的部下至少应有部分人是惯于行船的越人。

从元狩三年,浑邪王降汉置五属国后,汉政权常征发属国骑兵从事军事征伐。管理属国的官职,称典属国。《汉书·百官公卿表》载:"典属国,秦官,掌蛮夷降者。武帝元狩三年浑邪王降,复增属国,置都尉、丞、候、千人。属官,九译令。"这一记载说明:"典

---

① 《汉书》卷55《卫青霍去病传》载:"赵信,……武帝三十八年,为前将军,与匈奴战,败,降匈奴。"此年,应为武帝元朔六年。

（掌管）属国"，秦代就设有此官，掌管归降的蛮夷。从武帝元狩三年浑邪王降汉，才又增设属国，置都尉、丞、候、千人等官职；属官有"九译令"，负责翻译。《汉书·武帝纪》则载，匈奴浑邪王率"四万余人来降，置五属国以处之"。此后，汉曾不断遣属国骑兵征伐。《汉书》卷55《卫青霍去病传》载元狩四年漠北大战后武帝曾说"票骑将军去病率师躬将所获荤允（匈奴）之士，……绝大幕"等等，说明这次大战霍去病曾率属国骑兵出征。《汉书》卷61《张骞传》载元封二年（前109）武帝"遣从票侯破奴将属国骑及郡兵数万以击胡，胡皆去。明年击破车师，虏楼兰王"。《汉书》卷61《李广利传》载太初元年（前104）"以广利为贰师将军，发属国六千骑及郡国恶少年数万人"征伐大宛等等。

从上述事实来看，汉武帝时期使用少数民族武装力量，南方主要使用越族的楼船兵（水军）、北方主要使用匈奴等族的骑兵。这对加强汉中央政权的军事力量无疑起了积极作用。

第六章　外事四夷　教通四海

翦伯赞先生说："当汉高祖削平天下、统一中原、得意洋洋、击筑高歌之时，四周诸种族已经把中原文化区域包围得水泄不通了。以后历惠帝、吕后下迄文、景之世，这种由四方八面而来的蛮族包围，并且一天天地扩大。在这些蛮族中，最成为中原种族之威胁的是北方的匈奴。因为他们具有强大的武装，而又接近中原种族政权的中心。"[①]

汉武帝即位不久，就说他要使汉朝"德泽洋溢，施乎方外"，"德及鸟兽，教通四海。海外肃慎，北发渠搜（西羌），氐羌来服"。[②] 而要达此目的，招徕四夷，就必须反击匈奴。这是当时的形势决定的。

第一节　北击匈奴

《史记·匈奴列传》载，匈奴族为夏后氏后裔，始祖叫淳维，殷时称荤粥，周代称猃狁，秦时称匈奴。自淳维至秦时一千多年，匈奴处于原始社会阶段。秦始皇统一六国后，匈奴单于叫头曼，统一了匈奴各部，设置左右贤王、左右谷蠡王、左右大将、左右大都尉、

---

① 翦伯赞：《秦汉史》，北京大学出版社 1983 年版，135 页。
② 《汉书·武帝纪》元光元年五月诏。

左右大当户、左右骨都侯。匈奴称贤者为"屠耆",常以太子为左屠耆王(左贤王)。自左贤王以下至当户,共二十四长。大者万骑,小者数千。这些大臣皆世袭官职。单于由挛鞮氏家族世袭,再加呼衍氏、兰氏、须卜氏,此四姓最贵。呼衍氏、须卜氏,与单于常通婚姻。各二十四长长官也各置千长、百长、什长、裨小王、相、都尉、当户、且渠等官职。楚汉战争时,头曼单于子冒顿杀父自立,又东灭东胡,西逐大月氏,北服浑庾、屈射、丁零、鬲昆、薪犁等五国,掠夺了大量土地、财富和几十万人口,形成了一个东接朝鲜、北至西伯利亚、西达西域、"南与中国为敌国"的强大奴隶制国家。

匈奴是个游牧民族,社会发展较落后,靠畜牧、狩猎和劫掠为生。《史记·匈奴列传》说匈奴"随畜而转移,其俗之所多则马、牛、羊","逐水草迁徙","其俗,宽则随畜,因射猎禽兽为生业,急则人习攻战以侵伐,其天性也。""其攻战,斩首虏赐一卮酒,而所得卤获因以予之,得人以为奴婢。"汉武帝曾下诏说:"匈奴逆天理,乱人伦,暴长虐老,以盗劫为务,行诈诸蛮夷,造谋籍兵,数为边害"。① 汉武帝这一诏书强调了以下两点:一是说匈奴以"盗劫为务(业)",即靠着掠夺抢劫汉边境为生,"数为边害";二是说匈奴"逆天理、乱人伦、暴长虐老"在风俗习惯方面与中原礼义无法并存。所以,二者矛盾尖锐。如果当时汉、匈双方能互不骚扰、互相尊重对方的风俗习惯,实行和平共处,对双方都有利。但当时做不到这一点。做不到这一点的主要原因是匈奴奴隶主贵族不答应,他们以中原地区为掠夺对象,这就激化了双方的矛盾。

一、匈奴对汉朝的威胁

匈奴冒顿单于即位于刘邦称汉王元年(前206),死于汉文帝

---

① 《汉书》卷55《卫青霍去病传》。

六年(前174)。在这期间,冒顿单于建立了一个强大的奴隶制国家,"控弦之士三十余万"。从冒顿单于即位那年灭东胡、并楼烦,到文帝六年(前174)冒顿单于定楼兰(今新疆若羌县)、乌孙(当时在今甘肃祁连、敦煌间)及其旁二十六国,匈奴形成了从东北、北方、西北对汉朝包围的战略态势。匈奴经常从下述几方面勒索、掠夺汉朝的金钱、财物、人口,并进一步威胁汉朝:

1. 在匈奴武力威胁下,汉朝奉行和亲政策,奉送匈奴大量金钱财物。汉高帝七年(前200)高帝率大军三十二万,被冒顿单于精兵四十万围困于平城(今山西大同市东北)白登山(平城东北)七日得脱。次年,高帝接受刘敬建议,奉行和亲政策,以宗世女为公主,以妻单于;岁赠送絮、缯、酒、米、食物,约为兄弟和亲。再如,文帝六年(前174)冒顿单于死,其子老上单于立,文帝复以宗室女为公主,遣送单于为阏氏,并奉送财物。文帝后二年(前162)六月,因匈奴入边杀掠人民、畜产甚多,遣使遗单于书,与约和亲。下诏遗单于秫糵、金帛、绵絮、它物岁有数,并布告天下。景帝元年(前156)、景帝五年(前152)也都与匈奴和亲,遣送公主与财物给匈奴。①

2. 匈奴单于毫不尊重中原地区的礼义与风俗习惯,如汉惠帝三年(前192)冒顿单于致书侮辱吕后,被激怒的汉将樊哙等人要求与匈奴决战,在中郎将季布规劝下,吕后最后仍回书卑词求和,又以宗室女为公主,嫁冒顿单于,送去财物,奉行和亲政策。冒顿单于这种无理之举,极大地伤害了两国和两个民族的感情。②

3. 匈奴入关抢掠财物、牲畜、人民。如文帝后二年(前162)

①② 以上分见《史记》、《汉书》各帝本纪;《史记》、《汉书》匈奴传。《资治通鉴》卷11至卷16,《汉纪》卷3至卷8。

六月，"匈奴连岁入边，杀略人民、畜产甚多；云中、辽东最甚，郡万余人"。① 再如，景帝中六年(前144)，匈奴"入上郡，取苑马，吏卒战死者二千人"。②

4. 匈奴出动大军，威胁京师长安。如文帝十四年(前166)冬，匈奴老上单于率十四万骑入今宁夏固原西南的萧关，派兵焚烧在今陕西西北的回中宫，至雍(今陕西凤翔)、甘泉山(今陕西淳化县西北)，距长安二百余里左右。文帝急令中尉周舍为卫将军、郎中令张武为车骑将军，发车千乘，骑卒十万驻军渭北长安旁。又遣三将军屯陇西、北地、上郡。③ 文帝后六年(前158)，匈奴三万骑入上郡，三万骑入云中，杀略甚众，烽火通于甘泉、长安。文帝令中大夫令免为车骑将军屯飞狐；故楚相苏意为将军，顿句注，将军张武屯北地；河内太守周亚夫为将军，次细柳；宗正刘礼为将军，次霸上；祝兹侯徐厉为将军，次棘门，以备胡。④

从上述事实可以看出，在匈奴强大的骑兵兵团的压力下，高帝、高后实际上是屈辱求和，通过和亲每年赠送单于大量钱财、生活用品供其享受，以换取边境的暂时安宁。文、景时期延续这一政策。文帝后二年(前162)与单于约定和亲后，文帝曾下诏书说："匈奴无入塞，汉无出塞，犯今约者杀之，可以久亲，后无咎，俱便。朕已许。其布告天下，使明知之。"⑤这一诏书反映了文帝和亲的诚意，但四年后匈奴便大举发兵入塞，说明和亲约书只是一纸空文，匈奴并不遵守。

汉朝君臣对匈奴的威胁、侮辱、侵欺有着切肤之痛，这一点不仅反映在贾谊所上《治安策》中，汉武帝在太初四年(前101)所下

---

① 《史记·孝文本纪》；《史记》卷110《匈奴列传》；《资治通鉴》卷15《汉纪》7。
② 《资治通鉴》卷16《汉纪》8。
③④ 《汉书·文帝纪》，《汉书》卷64上《匈奴传上》；《资治通鉴》卷15《汉纪》7。
⑤ 《汉书·文帝纪》，《汉书》卷64上《匈奴传上》。

诏书中说:"高皇帝遗朕平城之忧,高后时单于书绝悖逆。昔齐襄公复九世之仇,《春秋》大之。"①这一诏书反映了汉朝最高统治者对匈奴侵欺侮辱的愤愤之情。在此情况下,汉朝反击匈奴的战争随时可能爆发。

二、反击匈奴的准备与马邑之谋

从武帝建元元年(前140)至元光二年(前133)六月马邑之谋为武帝即位后汉匈关系的第一阶段。

武帝即位之初继续奉行和亲政策。《史记·匈奴列传》说武帝"即位,明和亲约束,厚遇,通关市,饶给之",因此,匈奴自单于以下皆"往来长城下"。但这只是表面现象,实际上武帝积极准备反击匈奴,这突出表现在以下两件事上:一是《史记·佞幸列传》载,武帝"即位,欲事伐匈奴",而韩嫣"先习胡兵,以故益尊贵";二是建元三年(前138),匈奴降汉者说,"匈奴破月氏王,以其头为饮器,月氏遁而怨匈奴,惜无与共击之者",武帝知此,派遣张骞出使月氏,相联月氏"共击匈奴"。②

建元六年(前135),匈奴请和亲,武帝令臣下议此事,任大行的王恢,曾为边吏,熟习匈奴事务,认为匈奴反复无常,不如拒绝和亲,"兴兵击之"。御史大夫韩安国认为"千里而战,兵不获利",匈奴"迁徙鸟居,难得而制","不如和亲"。群臣议者多同意韩安国之议③。在此情况下,武帝同意和亲。

元光二年(前133),雁门马邑(今山西朔县)豪强聂翁壹通过王恢献诱歼匈奴之计,引起主和与主战两种意见的激烈争论。争

---

① 《汉书》卷94《匈奴传》。
② 《史记》卷123《大宛列传》;《汉书》卷61《张骞传》。
③ 《史记》卷108《韩长孺列传》。

论双方主要理由如下：其一，韩安国认为，高帝被围于平城，七日不食，仍遣刘敬"奉金千斤，以结和亲，至今为五世利"。王恢反驳说，高帝不报平城之怨，是为天下安定，"今边境数惊，士卒伤死，中国棺车相望，此仁人之所痛也"，怎么能说天下安宁呢？其二，韩安国认为，匈奴之兵，"至如疾风，去如收电，""居处无常，难得而制"，长驱直入，难以为功，不至千里，人马乏食，这就是兵法上所说的"以军遗敌人，令其虏获也"。王恢说，臣言击匈奴，并非一定要发兵深入其境，而是诱其至边，设伏兵奇袭，必获全胜。于是，武帝采纳了王恢的意见。①

这年六月，武帝令卫尉李广为骁骑将军、太仆公孙贺为轻车将军、大行王恢为将屯将军、太中大夫李息为材官将军；御史大夫韩安国为护军将军，总领诸将，率骑、步兵三十余万，埋伏于马邑旁的山谷中。同时，让聂翁壹诱单于入塞，聂逃亡至匈奴告匈奴单于"吾能斩马邑令丞，以城降，财物可尽得"，单于信以为真，率十万骑兵入雁门武州塞。单于到距马邑百余里的地方进行虏掠时，只见牛羊布野却不见人，单于奇怪，攻小亭，得雁门（武州）尉史，尉史具告汉谋，军臣单于大惊，急引兵出塞退走。汉兵追至塞而还。王恢负责袭击匈奴辎重，不敢出击，也擅自罢兵。因此，管司法的廷尉审理王恢，廷尉认为，王恢观望曲行避敌，当斩。王恢向丞相田蚡行贿千金，托其向武帝求情，田蚡不敢而告诉太后，太后转告武帝。武帝认为：首倡马邑之事的是王恢，听了他的意见，发天下兵数十万，虽单于逃遁而不可得，恢率所部击其辎重，还可有所收获，以告慰天下士大夫心，令不诛恢，无以谢天下。恢听到这个信息，自杀。

---

① 《汉书》卷 52《韩安国传》。

三、历次反击战争的胜利

马邑之谋后,"匈奴绝和亲",双方处于战争状态,汉匈关系掀开了新的一页。从元光二年(前133)六月马邑之谋至元狩四年(前119)汉军在反击匈奴战争中打了一系列胜仗,使匈奴奴隶主贵族遭受沉重打击,今择其主要战役,列述如下。

1. 元光六年(前129)冬,卫青袭破龙城①(今内蒙锡林郭勒盟境)之战。这年武帝令四将军各率万骑,出击匈奴。其中,车骑将军卫青出上谷(治所在今河北怀来县);公孙贺出云中(治所在今内蒙托克托县境);太中大夫公孙敖为骑将军,出代郡(今河北蔚县境);卫尉李广为骁骑将军,出雁门(郡治在今山西右玉南)。在这次战争中,卫青直捣龙城,获首虏七百余级。龙城,又称龙廷,是匈奴每年五月大会各酋长祭祖先、天地、鬼神的地方。公孙贺一路无所得、无所失,无功而还。公孙敖一路,损失骑兵七千。李广一路,因遇匈奴大军,全军覆没,李广被俘,在途中只身逃归。这次汉军损失一万七千人。汉因敖、广,二人赎为庶人。从这点看,也可以说是败仗。但由于龙城是匈奴的重要政治、文化中心,卫青直捣龙城影响巨大,从战略上、影响上看,则是胜仗。

2. 元朔元年(前128),卫青、李息的反击战。这年秋,匈奴掠辽西郡(治所在今辽宁义县西),杀辽西太守,略二千余人;又败渔阳太守守军千余人,围困在渔阳守备的韩安国将军,安国所领千余骑几乎全军覆没;又入雁门郡杀略千余人。在此情况下,武帝派卫青率三万骑兵出雁门,李息出代郡进行反击,得首虏数千,完成了歼敌有生力量的目标,获得全胜。这无疑对汉军是个很大的鼓舞。

---

① 龙城,汉时匈奴地名,一说在今蒙古人民共和国鄂浑河境,一说在漠南今内蒙锡林郭勒盟境。今采后者。

3. 元朔二年(前127)的取河南地之战。这年春匈奴入上谷、渔阳杀掠吏民千余人。武帝遣卫青、李息出云中向西至陇西,①而后击匈奴楼烦、白羊王于河南(今内蒙河套黄河以南),得胡首虏数千,牛羊百余万,取河南地。卫青因功封长平侯,随青征战的校尉苏建封平陵侯,张次公封岸头侯。武帝又采纳主父偃建议,立朔方郡,使苏建领十余万人筑朔方城。又修复秦时蒙恬所修长城。夺取河南地战略意义重大,河南土地肥饶,又有黄河天险,可以巩固国都长安北部边防,又省转输戍漕之劳,战略地位异常重要。夺取河南地区既解除了匈奴对长安的威胁,又可以此为根据地北击匈奴,在军事上对汉王朝极为有利。

4. 元朔五年(前124)高阙之战。元朔三年,匈奴军臣单于死,其弟左谷蠡王伊稚斜自立为单于,攻军臣单于太子于单,于单降汉。伊稚斜单于加紧攻汉,这年夏发数万骑杀代郡太守,掠千余人;秋,又入雁门杀掠千余人。元朔四年又入代郡、定襄、上郡各三万骑,杀掠数千人。匈奴右贤王怨汉夺河南地,数入河南,扰朔方,杀掠吏民甚众。汉武帝在巩固了对河南的统治后,元朔五年春令车骑将军卫青,率六将军:卫尉苏建为游击将军、左内史李沮为强弩将军、太仆公孙贺为骑将军、代相李蔡为轻车将军,从朔方经高阙出击匈奴;大行李息、岸头公张次公为将军,出右北平(郡名,郡治在今河北省平泉县),共率军十余万人,击匈奴。右贤王以为汉兵远,不能至,饮酒醉。卫青等率兵出塞六七百里,夜至,围右贤王,右贤王惊逃,与数百骑突围北去。俘虏右贤王裨王十余人,男女万五千余人,畜数十百万,引兵而还。高阙之战,以少量兵力牵制左部,集中主力奔袭右部,一举歼灭右贤王主力,取得虏获一万五千多人的重大胜利。武帝使使者至塞(长城),在军中拜卫青为

① 陇西,郡名,治所在今甘肃临洮南。

大将军,益封六千户,三个儿子也封侯。又封公孙敖为合骑侯,都尉韩说为龙额侯,公孙贺为南窌侯,李蔡为乐安侯,及校尉李朔、赵不虞、公孙戎三人亦为侯,李沮、李息、校尉豆如意也赐爵关内侯等。

5. 元朔六年(前123)两次出定襄(郡名,治所成乐,今内蒙和林格尔西北土城子)越阴山之战。这年春天,大将军率六将军,出定襄,击匈奴。所领六将军为:公孙敖为中将军、公孙贺为左将军、苏建为右将军、赵信为前将军、李广为后将军、李沮为强弩将军,共率军十余万骑,斩首数千级而还,士卒马匹于定襄、云中、雁门休整。这年秋天卫青又率六将军出定襄越阴山北击单于,斩首虏万余人。这两次出击共得首虏万九千余级。汉军亦有损失,前将军赵信,原匈奴小王,降汉封翕侯。这次与右将军苏建共率军三千,遇单于兵主力数万,战败,匈奴诱降,赵信遂以所剩八百骑降匈奴。右将军苏建尽亡其军,脱身,归大将军。按军法,弃军当斩。卫青囚苏建,还归,武帝未诛苏建,令赎为庶人。

在这次战争中,十八岁的霍去病从大将军击匈奴,为票姚校尉,令轻勇骑八百,斩首虏二千余级,得匈奴相国、当户、斩单于大父若侯产、生捕季父罗姑比,封冠军侯食封千六百户。上谷太守郝贤四次从大将军击匈奴,捕、斩首虏二千余人,封众利侯,食封千一百户。张骞引导军队,知水草处,使军无饥渴,并因以前出使西域之功,封博望侯。赐大将军千金,其他有功将士均有封赏。

赵信降匈奴后,匈奴单于以其姊妻之,赵信教单于迁王庭于大漠北,无近塞,诱汉军越大漠待其极疲而歼之。

6. 元狩二年(前121)的河西之战。元朔六年,卫青两次出定襄击匈奴单于之后,元狩元年(前122)匈奴万骑入上谷杀数百人。但这时汉军打击的方向已转向河西地区。元狩二年春,汉使骠骑将军霍去病统万骑出陇西过焉支山(称胭脂山或燕支山,在今甘肃省山丹县东南)千余里,深入匈奴休屠王领地,斩杀折兰王、卢侯王、执浑邪王子、相国、都尉,获首虏八千九百余级①,得休屠王祭天金人。诏加封霍去病两千户。这年夏天,霍去病与公孙敖领数万骑出陇西、北地(郡名,治所在马岭,今甘肃庆阳西北)二千余里,过居延海,攻祁连山,得胡首虏三万余人,裨小王以下七十余人。加封霍去病五千四百户,赵破奴为从票侯、校尉高不识为宜冠侯。其余人员都论功行赏。

当时,匈奴入代郡、雁门杀掠数百人,所以武帝又派博望侯张骞和李广出右北平,击匈奴右贤王。这支东路军是对匈奴的牵制,结果东路失利。李广率四千骑被左贤王四万骑包围,血战两天,汉兵死者过半,所杀匈奴军亦相当。赖李广力战,沉着指挥,才未全军覆没,后张骞军到,匈奴退走,才得保全。此战按军法,张骞率万骑后期当斩,赎为庶人。李广功过相抵,无功,无赏。西路军,公孙敖也因后期,依法当死,令赎为庶人。

河西之战引起了匈奴内部分裂和浑邪王降汉。这年秋天,单于怒浑邪王、休屠王被汉杀虏数万人,欲召诛之。浑邪王、休屠王恐,谋降汉,遣使与汉商谈降汉事宜,大行李息得报后,急传报武帝。武帝恐其诈降袭边,令霍去病率兵迎降。休屠王反悔,被浑邪王杀,并其众。霍去病率军渡河与浑邪王相望,浑邪王裨将见汉军后多不欲降,颇有逃遁者。霍去病急驰入见浑邪王,斩欲逃亡者八千人。浑邪王降汉者四万余人,号称十万。到长安后,武帝赏赐数十万万,封浑邪王为漯阴侯,食万户;封其裨王呼索尼等四人皆为列侯。又增封霍去病千七百户。同时又徙浑邪王降众至塞外陇西、北地、上郡、朔方、云中五郡,地皆在河南,因其故俗,

---

① 《史记·匈奴列传》载此战"得胡首虏万八千余级",《汉书·匈奴传》载"得胡首虏八千余级",此从后者。

为五属国。①

元狩二年的河西之战,两次出奇兵,千里奔袭,斩杀匈奴三万八千余人,浑邪王归汉时又斩杀不愿归降者八千余,总计四万六千余人;又接收归降四万人。匈奴在河西走廊的右部势力被完全摧毁,打开了经营西域的通路。匈奴遭受了惨重失败,丢掉了大片优良牧场和祁连、焉支山。匈奴歌曰:"亡我祁连山,使我六畜不蕃息;失我焉支山,使我妇女无颜色",其痛惜如此。

7. 元狩四年(前119)的漠北之战。元狩二年河西之战后,元狩三年匈奴入右北平、定襄各数万骑,杀掠千余人而去。这时匈奴采取了打了就跑的方针。针对这种情况,元狩四年春,武帝与臣下商议认为,"赵信为匈奴单于计划,单于居住于大漠以北,以为汉兵不能到达"。于是令卫青、霍去病各统五万骑兵,加上私募从的马四万余匹,共计十四万匹马。步兵和转运军饷者数十万人接后。而敢力战深入之士皆从骠骑将军。大将军出定襄,骠骑将军出代郡,约好越大漠击匈奴。又以郎中令李广为前将军、太仆公孙贺为左将军、主爵都尉赵食其为右将军、平阳侯曹襄为后将军,均属大将军统领。赵信对伊稚斜单于说:"汉军渡大漠后,人马疲惫,匈奴就坐等捉拿俘虏吧!"于是,匈奴把辎重移徙至北面的远方,在漠北布下精兵,等待决战。大将军统兵出塞千余里,恰逢单于兵列阵而待,于是令武刚车环营,而以五千骑往挡匈奴,单于也令万骑出战。日暮时,大风起,沙砾击面,两军不相见,汉军左右翼包抄单于。单于见汉军多而士马强,遂与壮骑数百突围从西北遁走。汉军发轻骑夜追,行二百余里,待天明未得单于,捕斩首房万九千余级,北至寘颜山赵信城而还。

---

① 《史记》卷111《卫将军骠骑列传》载:"乃分徙降者边五郡故塞外,而皆在河南"。注引《正义》:"五郡谓陇西、北地、上郡、朔方、云中,并是故塞外"。

前将军李广与后将军赵食其因军无向导,迷路,后期未赶上与单于会战。大将军回军到漠南与李广、赵食其相遇,大将军令长史问二人迷失道路的情况,并说,大将军要上书报告天子原因,广未对。长史急责李广将军募府上书言状,李广说:"诸校尉亡(无)罪,乃我自失道",后自杀。右将军赵食其下吏问罪,当死,赎为庶人。在这次战争中,卫青没有益封(增加封户),其下属军吏卒皆无封侯者。

骠骑将军霍去病率五万骑、车辆辎重与大将军相等,无裨将,以李广之子李敢等人为大校,当裨(副)将,出代两千余里,与左贤王战,获屯头王、韩王等三人,将军、相国、当户、都尉八十三人,在狼居胥山积土为坛举行了封礼,在姑衍山祭地举行了禅礼,登海边山以望翰海(北海,今贝加尔湖),得胡首虏七万四百四十三级,天子加封骠骑将军五千八百户,又封其所部右北平太守路博德等四人为列侯,从票侯赵破奴等二人各加封三百户,校尉李敢为关内侯,食邑二百户等,军吏卒为官,赏赐甚多。

汉军出征时官、私马共十四万匹,而回来入塞时不满三万,损失马匹十一万匹多;汉军杀虏匈奴约九万,士卒亦死数万。此后,匈奴远遁,漠南无王廷。武帝令加设大司马位,大将军、骠骑将军皆为大司马,令骠骑将军秩禄与大将军等。这以后,大将军的威势日日减退,骠骑将军日日贵重。大将军的故交、门客多离他去投奔骠骑将军,往往因此得到官爵。元狩六年(前117),秋,九月骠骑将军去世,天子为悼念他,发五属国铁甲军,从长安至茂陵排列成阵,替他修造的冢墓形状像祁连山,因他勇武有广地之功,谥曰:景桓侯。

从元光六年(前129)卫青攻龙城之战开始到元狩四年(前119)的漠北大决战,据上述11年内的各次战争中汉军斩杀匈奴军约18万余人,浑邪王归降汉率四万人,共计二十二万余人。不仅如此，匈奴还损失了二三百万头牲畜，丢失了大片的土地和资源。汉朝虽然从匈奴夺取了河南、河西地，并控制了广大的漠南地区，由弱者转化成了强者。但损失也很巨大，不仅损失了十几万士卒和二三十万匹战马，在战争过程中动员了上百万人次的兵力和用于转输等方面的二三百万民工。它不仅消耗了文、景时积累的财富，在上述战争过程中和稍后就出台了一系列经济改革措施以解决国家的财政困难。① 所以，在漠北大会战之后，双方都无法继续打下去了。对匈奴来说需要休养生息，以恢复大伤的元气。对汉朝来说，需要消化已取得的胜利成果和解决已经出现的财政危机，并处理周边其他方面的问题。因此，在漠北大会战后，汉、匈双方战争相对平静、缓和了下来。

四、汉匈双方休战与和谈

从元狩五年(前118)至天汉元年(前100)，共十八年，为武帝时汉、匈关系发展的第三阶段，即休战时期。

据《资治通鉴》卷十九《汉纪》十一载，元狩四年漠北之战后"匈奴远遁，漠南无王庭"，汉"亦以马少，不复大出击匈奴矣"。匈奴用赵信计，遣使至汉，"好辞请和亲"。武帝让群臣讨论此事，朝臣出现了主张和亲与主张使匈奴臣服汉朝的两种意见。丞相长史任敞主张使匈奴臣服，说"匈奴新破，宜可使为外臣"，汉使任敞出使匈奴，单于听其言大怒，留其在匈奴，不让归汉。博士狄山主张和亲，武帝问张汤的意见，张汤说"此愚儒无知"。狄山回敬说：臣愚忠，若御史大夫张汤，乃诈忠。武帝怒说：我让你居守一郡，能做到使匈奴不入盗吗？回答说：不能。又问：让你居守一县能做到吗？回答说：不能。又问：居一障(亭障、城堡)如何？回答说：能。

① 《汉书·食货志》载汉"大司农……赋税既竭，不足以奉战士"。

于是武帝就派狄山去守障,一月多,匈奴斩狄山头而去。群臣为此震惊。这说明漠北会战后,匈奴仍在小规模地侵扰边塞。双方在使臣来往过程中,匈奴有降汉的使者,单于留汉使不还者,二者人数相当。《史记·匈奴列传》载元狩六年"汉方复收士、马,会骠骑将军去病死,于是汉久不击胡"。这说明,武帝此时曾计划收集士卒马匹,准备再击匈奴,恰好霍去病死,因此搁置,此后很久没有击胡。

过了几年,于元鼎三年(前114)伊稚斜单于死,其子乌维立为单于,①汉方忙于南收两越、西南夷等事,不出击匈奴,匈奴也不入侵边塞。元鼎六年(前111)汉派公孙贺率万五千骑出九原二千余里至浮沮井(今内蒙百灵庙北),赵破奴率万骑出令居数千里至匈河水,均不见匈奴一人而还。从此,双方开始了遣使和谈。

1. 元封年间汉、匈双方的和谈。元封元年(前110),武帝巡边至朔方,勒兵十八万骑,以示武备,派使臣郭吉讽告单于,见单于后说:"南越王的人头已悬于汉北阙,单于能与汉战,汉天子亲自率兵在边塞等待;单于如不能战,就应当臣服汉朝,何苦远走亡匿于漠北寒苦之地。"②武帝在此明确提出让匈奴臣服汉朝。单于大怒,留郭吉不归,迁之于北海(贝加尔湖)。然匈奴亦不敢出兵袭扰边塞,只是休养士、马,习射猎,数次遣使通汉,好辞甜言请汉朝保持和亲关系。元封四年(前107)夏,汉派使臣王乌去窥探匈奴,单于接见时,说好听的话,诈称要派太子为汉人质,以求和亲。这年秋天汉派杨信出使匈奴,当时汉已在东方攻下秽貉、朝鲜,设郡,在西方设酒泉郡绝匈奴、羌人交通,并嫁公主给乌孙,通月氏、大夏,又在北方扩充田地、设置关塞,匈奴始终不敢有所异议。汉朝

---

① 乌维单于公元前114年(元鼎三年)至前105年(元封六年)。

② 《汉书·武帝纪》元封元年,武帝遣使者告单于曰:"南越王头已悬于汉北阙关。单于能战,天子自将待边;不能亟来臣服。何但亡匿幕北寒苦之地。"

的大臣们认为匈奴衰弱，可以让其臣服。这次让杨信出使就是商谈这方面的问题。杨信为人刚直，又非贵臣，所以单于不亲近。单于想召入穹庐内接见，杨信不肯去汉节，因此单于在穹庐外接见他。杨信对单于说：如果要和亲，就应把太子送到汉朝当人质。单于对杨信说：从前订和亲盟约，是汉遣送公主来，给缯絮、食物，以此和亲。匈奴也承诺不扰汉边。现在要违背以前的和亲方式，让我的太子送汉作人质，是没有希望的。

匈奴对汉朝使臣的态度是，如不是公卿一类大臣而是儒生，就设法使其辩辞受挫；如果是少年想来讥刺的，就杀杀对方的气势；汉使每到匈奴，要给一定报偿。汉朝扣留了匈奴使者，匈奴也要扣留汉朝使者，有还有报，定要达到数目相当。可以看出，匈奴虽处劣势，已失去以往凌人盛气，但要求双方平等相待。汉朝要求匈奴臣服，匈奴要求双方平等，所以议和难以达成。

这一年杨信回来后，汉又派王乌使匈奴。单于为得到汉朝的财物，又以甜美和善的言辞对王乌说道：吾欲入汉见天子，当面相约为兄弟。王乌回来报告后，汉信以为真，就在长安为单于建造了官邸。匈奴又说：若不是汉朝公卿大夫这类的贵人为使臣，我便不和他诚心相谈。这时，匈奴遣贵人使汉，病，汉给药想治好他，不幸而死。汉于是派路充国佩带二千石官员的印绶出使匈奴，护送安葬使臣，赠送优厚的葬礼值数千金。单于却认为汉朝杀了匈奴尊贵的使者，于是扣留路充国不让归汉。从此匈奴数次出奇兵侵犯边塞。汉拜郭昌为拔胡将军、又遣浞野侯赵破奴屯朔方以东，防守匈奴。

元封六年（前105），乌维单于死，其子乌师庐继位为单于，因年少，号称儿单于，①此后单于益徙西北，左方兵直抵云中郡，右方兵

---

① 乌师庐单于公元前105（元封六年）至前102年（太初三年）。

直抵酒泉、敦煌郡。儿单于继位的第二年,汉遣两使者至匈奴,一至单于处吊丧,一至右贤王处吊丧,想以此离间匈奴内部关系。儿单于大怒,扣留汉使,前后扣留了十几批;匈奴使者至汉,汉也加以扣留,扣留数双方大约对等。

2. 太初年间的形势与匈奴扣留汉使苏武。武帝太初元年(前104)冬,①匈奴大雨雪,牲畜多饥寒而死,儿单于年少,好杀伐,国中多不安。匈奴左大都尉想杀死单于,使人告汉说:"我欲杀单于降汉,汉远,汉即来兵近我,我即发。"汉听此言,筑受降城(在今内蒙乌拉特中后旗东)。太初二年(前103),汉遣浞野侯赵破奴率二万骑出朔方二千余里,按期至浚稽山,接应左大都尉。左大都尉欲举事被发觉而为单于诛杀,单于又发兵击赵破奴。赵破奴捕首虏四千人,急还至距受降城四百里,被匈奴追兵八万骑围困。赵破奴因夜出求水被俘,所率二万余骑全军覆没。单于又领兵攻受降城,不能下,侵边塞而还。第二年,单于又想攻受降城,未至,病死。

武帝太初三年(前102)儿单于死,子年幼,其叔父乌维单于弟右贤王呴犁湖被立为单于。这时汉匈关系紧张。汉派光禄勋徐自为出五原塞数百里,有的达一千多里,修筑城、鄣、列亭等等。这年秋天,匈奴大规模入扰定襄、云中、五原、朔方,杀掠数千人,破坏光禄勋所筑城、鄣、列亭,又派右贤王入掠酒泉、张掖,掠几千人,恰逢汉救兵至,匈奴尽失所得离去。

太初四年(前101)冬,呴犁单于欲攻受降城,病死,其弟左大都尉且鞮侯被立为单于。且鞮侯单于初立,怕汉军攻击,尽迁不归降匈奴的汉朝使者路充国等人归汉,并说:"我儿子,安敢望(比)汉天子,汉天子,我丈人(老人)行(辈)也。"且鞮侯单于的这些策

---

① 太初改制后,以每年正月为岁首,一年先春后冬,改变了过去以十月为岁首,先冬后春。

略性的举动和言语,又给日益紧张的汉、匈关系,披上了一层淡淡的和谈希望。

由于且鞮侯单于在上一年冬天,尽送不降匈奴的汉使路充国等人回国。天汉元年(前100)三月,武帝派中郎将苏武为使者,送留在汉朝的匈奴使者归匈奴。为答谢匈奴的善意,带去了丰厚的礼物。同去的有副中郎将张胜、属吏常惠等人。苏武见单于后,单于傲慢无礼,并非汉朝所希望的那个样子。单于刚想派使送苏武等人归国,这时匈奴内部出现了有人图谋刺死单于近臣卫律、劫持单于母阏氏降汉,被单于发现失败,副使张胜曾因背着苏武支持这一计划而被牵连。苏武知这一情况后认为:此事必牵连及我,想自杀,被张胜、常惠阻止。单于知这一情况,先要杀死汉使,后要求苏武等人"宜皆降之"。苏武对常惠等人说:"屈节辱命,虽生,何面目以归汉!"遂以佩刀自刺。负责处理此事的匈奴官员卫律大惊,又怕自己承担责任,急找医生治疗。按匈奴的疗法掘一地洞,把地烧热,把苏武放在上面,让人踏着他的背,让瘀血流出来。苏武气绝了半天,才醒过来。单于见苏武如此有气节,反而对他尊敬了起来。

苏武身体痊愈后,审理此事的单于近臣卫律想让苏武投降,就宣布说:汉使张胜谋杀单于近臣,当死,降者赦罪。举剑欲刺张胜,张胜请降。卫律又对苏武说:副使有罪,你也应当同样相坐。苏武回答说:我本来就未参与这一事件,又不是亲属,为什么相坐?卫律又举剑相刺,苏武稳坐不动。卫律见以死威胁不能使苏武归降,又改而利诱说:"苏君,我卫律以前有负汉朝而归降匈奴,[1]有幸蒙单于大恩,赐号称王,拥有数万之众,马与牲畜满山,富贵如此,苏

---

[1] 卫律,父本长水胡人,生长在汉,与协律都尉李延年有交,曾出使匈奴,后降匈奴,被封为丁零王,常在单于左右。见《汉书》卷54《李广传》附李陵传。

君今日归降匈奴,明日会像我如此这样。你若死在匈奴,空以身膏腴草野,有谁知之。"苏武骂卫律说:"你为人臣、子,不顾恩义,叛主背亲,为蛮夷降虏……。况且单于信任你,让你审理此案决定别人的生死,你不持公平正直之心处理此事,反而想让两国君主彼此相斗,南越、大宛王、朝鲜杀汉使者,都没有好下场!你明明知我不降,为了让汉朝、匈奴两国互相攻杀,就想把我杀死,你若把我杀死,匈奴的大祸将从此开始。"①

卫律知苏武不降匈奴,遂告单于。单于就把苏武囚禁在曾装过米粟的大窖中,不给饮食。天降雨雪,苏武就吃雪、吞旃(毡)毛充饥,数日竟不死,匈奴人惊奇,竟认为苏武是神。单于又把苏武迁至北海(今贝加尔湖)无人处牧羊,并告苏武说:"公羊产子有乳才能归汉",意思是说你就终生在这里放羊吧!又把随苏武出使的常惠等人分别安置在其他地方。②

苏武在匈奴十余年历尽艰险,至掘捉野鼠觅食。然而,苏武所持汉节从不离身,以至节毛尽落,以此表示不辱使命的坚贞情操。后来,丁零人盗走苏武所牧牛羊,使他的处境更加危困,单于曾遣归降匈奴的李陵劝降,苏武向李陵表示自己"愿肝脑涂地",以死报国。

苏武在匈奴被扣留了十九年,昭帝始元六年(前81)才回到了长安。苏武在匈奴十九年中受尽了艰难折磨和匈奴的利诱威胁,始终不向匈奴屈服,表现了崇高的爱国情操和民族气节,受到了汉朝朝廷和广大民众的高度尊敬。

匈奴在天汉元年扣留汉使苏武,标志着汉、匈双方和谈结束,双方重开战局。

---

① 《汉书》卷 54《苏建传》附苏武传。
② 同上。

3. 汉朝开发西北与加紧修筑防御设施。汉朝在和谈时期加紧在西北地区设郡、移民、修要塞。这些兴作的目的,是把开发西北与边防防御结合在一起,扩大、巩固汉朝在西北地区的统治。连同前一个时期在这方面的兴作,主要有下列一些。

在战争时期,武帝就很注意开发西北与修筑边防设施。元朔二年(前127)卫青、李息取河南地,武帝用主父偃计,立朔方郡,徙民十余万人由苏建率领筑朔方城,又修缮秦时蒙恬所筑长城,因河为固。元狩二年(前121)"汉在朔方穿渠,作者数万人,历二、三期(年)"。元狩三年(前120)山东大水,民多饥乏。汉朝"乃徙贫民于关以西,及充朔方以南新秦中,七十余万口"。元狩二年(前121)匈奴浑邪王归汉,使居沿边五郡,地皆在河南,为五属国。这些措施大大加强了长安以北至河套地区、阴山山脉一带的防御设施,消除了匈奴对长安的威胁。

元狩四年(前119),漠北会战后,"汉渡河,自朔方以西至令居(今甘肃永登县西北),往往通渠置田,官吏卒五六万人,稍蚕食,地接匈奴以北。"[1]这就是说,从朔方沿黄河向西再转而向南至今甘肃永登县境通渠、置田,令官吏卒五六万人屯垦戍守。这是汉朝从朔方郡沿黄河向西又转而向南布置的一条屯田戍边的防守线。

又过了四年,元鼎二年(前115),武帝派张骞出使乌孙,欲招乌孙至匈奴浑邪王故地(今甘肃河西地区),乌孙未东归。于是汉在浑邪王故地置酒泉郡(治福禄,今甘肃酒泉县),又徙民以实之,并筑令居以西至酒泉的要塞,以绝匈奴与羌人交通。元鼎五年(前112),先零羌与封牢姐种羌结盟,与匈奴通,集结十万余人,攻令居县(今甘肃永登西北)与陇西郡的安故县,并包围枹罕县(今甘肃临夏东北)。元鼎六年(前111)十月,武帝派将军李息、郎中

<hr />

① 《史记》卷110《匈奴传》。

令徐自为率十万士卒平定了叛乱,并置护羌校尉。羌人去了今青海省的湟中地区,移居西海、盐池。① 汉政权达到了隔断匈奴与羌人交通的目的。

元封三年(前108)汉朝又修自酒泉至玉门关的亭障。② 这样,从朔方沿黄河至令居,又从令居到酒泉,再从酒泉至玉门关的边塞防御工事的修筑得以完成。其目的是为"断匈奴右臂",即隔断绝匈奴与西域联系,同时也是为了打通汉朝与西域联系的通道。

太初元年(前104),筑受降城之后,太初三年(前102)武帝遣光禄勋徐自为出五原塞(今内蒙包头市西北)数百里,远者千余里,筑城、鄣、列亭,至庐朐(今克鲁伦河上游);使游击将军韩说、长平侯卫伉屯其旁。又使强弩都尉路博德在张掖北千五百多里的居延筑防御要塞。据今人研究,路博德在居延筑塞之前"居延已有屯兵",③路博德修筑的是战略性的防御设施,如筑居延县城和烽燧、亭鄣、坞壁等设施。当时的居延立二县或置二部都尉,二部都尉即居延都尉和肩水都尉。

值得注意的是太初三年武帝令光禄勋徐自为出五原北数百、上千里筑塞,在西边令路博德在居延筑塞都大大向北边推进了。这些要塞既是防守匈奴的据点,又是攻击匈奴的前方根据地。天汉二年(李陵)领步兵五千就是从居延出发千余里北击匈奴的,败退时的目的地也是返回居延"遮虏鄣"。④所以这些要塞的修筑与武帝下一步战略构想有关,这就是进一步地把边防线推向北边以迫使匈奴臣服。并保卫河西地区,隔断匈奴与西域的通道、隔断匈奴与羌人的联系。因此,匈奴对此极为不满,光禄勋徐自为所筑鄣

① 《汉书·武帝纪》,《后汉书》卷87《西羌传》。
② 《汉书·张骞传》载,这年从票侯赵破奴"击破姑师,虏楼兰王。酒泉列亭障至玉门矣"。另见《史记》卷123《大宛列传》;《汉书》卷96《西域传上》。
③④ 陈梦家:《汉居延考》,《汉简缀述》,中华书局1980年版,223页。

塞,当年就有不少地方为匈奴所破坏。

五、汉匈双方重开战局

从武帝天汉元年(前100)到征和四年(前89)为武帝时汉匈关系发展的第三阶段,即重开战局时期。这一时期共十一年。

这次重开战局,双方力量对比发生了变化。汉朝在最初屡胜匈奴之后,又在双方休战和谈时期修筑边防防御体系,并借通西域、平两越、击朝鲜的胜利,具有明显优势。匈奴虽退守漠北,但不向汉朝称臣,又在休战时期休养生息,势力日渐恢复。这一时期,双方进行的战争有下列几次:

1. 天汉二年(前99)李广利战败与李陵降匈奴。天汉元年(前100),匈奴扣留汉使苏武后,天汉二年(前99)五月,武帝派贰师将军李广利率三万骑兵出酒泉,击右贤王于天山,得匈奴首虏万余级而还。在回军路上,贰师军被匈奴大军围困。汉军几天乏食,死伤者多。幸亏假司马陇西人赵充国与壮士百余人突围陷阵,李广利引兵随后,方突围而出。这一战,汉军死十分之六七,赵充国负伤二十余处。李广利奏明武帝,武帝亲自接见赵充国,视其伤,感叹不已,拜赵充国为中郎。李广利兵败,未受惩处,在此之前极为少见。

李广利兵败后,武帝又派因杅将军公孙敖出西河,与强弩都尉路博德相会涿涂山(今蒙古人民共和国境内),终无所得。

在上述两次用兵之后,这年武帝又令李陵率步兵从居延出发深入匈奴境千余里,遂发生李陵兵败降匈奴之事。李陵系名将李广之孙,字子卿,少为侍中,善骑射,爱人,谦让下士,甚得好评。武帝以其有李广之风,曾派李陵率八百骑兵,深入匈奴两千余里,路过居延视察地形,未遇匈奴而还。后拜李陵为骑都尉,率勇敢之士五千人,在酒泉、张掖教习射箭等,以备胡。这年五月武帝派李广利率三万骑击右贤王时,武帝曾想派李陵负责为李广利军护送辎重,并召见李陵,李陵叩头自请说:"臣所带领的屯边士卒,都是荆楚勇士、奇材、剑客,力扼(捉)虎,射箭必中,愿自带一支军队,到兰干山南进击,以分散匈奴兵力。"武帝对他说:"我这次发军多,没有骑兵给你。"李陵回答:"不需要骑兵,臣愿以少击众,率步兵五千至单于王庭。"武帝嘉许其壮志,遂允许。于是,武帝诏在居延屯兵的强弩都尉路博德领兵半道接应李陵,路博德耻为李陵后援,于是上书说:"现在正值秋天,匈奴的马匹膘肥体壮,未可与战。臣愿到明年春天,与李陵带领酒泉、张掖各五千人至浚稽山(今蒙古人民共和国图拉河与鄂尔浑之间)东西两侧出击匈奴,必可获胜。"路博德曾为伏波将军平定南越时立大功,是位资深将领,耻为年轻将领李陵的后援,这种心理武帝并未明察,但他提出等到明年春天匈奴马匹瘦弱之时再与李陵共同出击匈奴的意见确是值得考虑的。然而,武帝却怀疑李陵不愿出兵而让路博德上书阻挠,因此大怒。于是下诏令李陵当年九月从居延遮虏障出兵。同时又令路博德进兵西河。这一安排虽有道理,却使李陵所部失去了后援。李陵奉命出兵,北行三十日,走千余里,至浚稽山下为营,并把所过山川地形画图使人上报武帝,武帝得知李陵带兵有方、士卒愿效死力,十分高兴。

李陵至浚稽山,军处两山之间,以大车环绕为营,李陵又率士卒在营外列阵,被单于所统三万骑兵包围。李陵所列阵,前边士卒持战盾,后面持弓弩,严令:闻鼓声而攻战,闻金声而停止。匈奴见汉军少,直至营前,李陵也率士卒搏战进攻,后队千弩齐发,敌军应弦而倒。匈奴军退走上山,汉军追击,杀数千人。单于大惊,急召左、右贤王八万余骑攻李陵,李陵且战且退,南行数日,至山谷中,由于连续战斗,伤亡惨重,于是下令:三次受伤者坐车,两次受伤的赶车,一次受伤的持兵器战斗。第二天再战,又斩杀敌军三千余级。而后又引兵向东南行进,至山下,单于在南山上,令其子率骑兵击陵军,陵军在树木丛中搏斗,又杀敌军数千人。最后,五十万矢皆尽,士卒持车辐、短刀与敌军数千人战。这时,单于见屡攻不下对下属说:"此汉精兵,击之不能下,日夜引我军向南近汉边塞,是不是有伏兵呢?"其下属当户君长都说:"单于亲自统领数万骑击汉军数千人不能灭,⋯⋯会让汉朝更加轻视匈奴",于是匈奴军又攻击汉军,还是不能破。此时陵军更加危急,匈奴凭着骑兵,一日战数十次,又被汉军杀伤两千余人。单于见战斗对己军不利,欲退兵。恰巧这时一个叫管敢的军官因受校尉侮辱,逃亡投降匈奴说:"李陵军无后援,射矢且尽,⋯⋯当使精骑射之即破矣。"单于得此信息喜出望外,遂围攻陵军。此时,陵军矢皆尽,士卒持车辐、短刀与敌拼搏,多死。李陵又令士卒分散突围,如有得脱者归报天子,相约突围后至遮房障会合。夜半,李陵上马,与所从壮士十余人突围,匈奴派数千骑兵追击围困,李陵感叹道:"无面目报陛下",遂降匈奴。据现在学者研究,李陵投降匈奴的地方距遮房障仅一百八十余里。① 士卒分散突围成功至边塞者四百余人。

这次李陵出师失败有客观原因,主要是孤军深入而无后援、又遇多于自己兵力十几倍的骑兵的围追堵截所致,这些都是不利的客观条件所决定的。然而,李陵深为武帝器重,没有以死报国,也未实践自己对部下所说"吾不死,非壮士也"的诺言,大节有亏,这个责任李陵自己应该负责。但是,李陵投降匈奴又是在被迫无奈的情况出现的,这与甘心卖国求荣者又有不同。显然,汉朝应针对不同情况区别对待。

李陵投降匈奴的消息传至长安后,引起了朝廷内部的一场风波。据司马迁《报任少卿书》载当时"主上(汉武帝)为之食不甘

---

① 陈梦家:《汉居延考》,见《汉简缀述》,223 页。

味,听朝不怡,大臣忧惧"。在这种情况下,"群臣皆罪陵",以为只要把罪责都推给李陵就可以草草了事。司马迁对这种墙倒众人推的陋习甚为不满,恰逢武帝征求他的意见,自己遂以"款款(诚恳)之愚",谈了自己的实话。司马迁认为:李陵"事亲孝,与士信,常奋不顾身以殉国家之急","有国士之风"。又称赞他"提步卒不满五千,深践戎马之地,足历王庭",抑匈奴"数万之师","横挑强胡","与单于连战十有余日,所杀过当(杀死的敌人超过自己士兵的人数)",使匈奴"救死扶伤不给,旃(毡)裘(皮衣)之君长咸(都)震怖,乃悉征其左、右贤王举引弓之人,一国共攻而围之,转斗千里,矢尽道穷",又说李陵能得人心,使士卒冒着敌人的白刃,面向北与敌人殊死战斗,能"得人之死力,虽古名将不过也"。最后又总结说:李陵虽然身陷败,然其所摧败匈奴之兵,功亦足以暴(昭)于天下矣! 李陵之不死,是想着立功抵罪以报答汉朝。"据司马迁自己说,他与李陵"素非能相善"即无深交,只是认为他是"奇士"。[①] 所以他上述赞扬李陵的话,并非出于为朋友辩护的私心。然而,他的话一点也未指责李陵带有片面性,因这时李陵已降匈奴,按当时法律规范李陵犯了大罪。司马迁自己说的话,是在武帝点名征求意见时谈出的,可以有片面性,武帝可以采纳也可不采纳,不算犯罪。但武帝认为,司马迁的意见是"诬罔"之言,即诬蔑、虚妄之词,意在讥讽李广利无功,毁坏贰师将军,为李陵游说,一怒之下,判司马迁腐刑(宫刑)。因此,可以说司马迁的判刑固然是武帝盛怒之下感情用事造成的,然而也与司马迁不会分析人的心理、说话不慎重、不注意方式有关。

如果我们翻阅了关于李陵事件的文献资料,就会发现李陵失败,主要是汉武帝没有明察军事将领之间的矛盾,缺乏有力驾御和

① 司马迁:《报任少卿书》,《全汉文》卷26《汉书·司马迁传》。

决策失误造成的。然而,武帝毕竟不愧是位英明睿智的君主,过了一段时间,他回过了味,悔李陵无救兵,于是感慨地说:"李陵当初领兵出塞之时,乃诏令强弩都尉路博德接应李陵的军队,⋯⋯得令老将生奸诈。"①结果,后援未至,导致李陵失败。于是,遣使臣犒赏了李陵军突围回来的战士。这是武帝对李陵之败的反思和采取的补救措施。天汉四年(前 97)春,李陵降匈奴一年多之后,武帝派因杅将军公孙敖带兵深入匈奴境内迎李陵,无功而返。公孙敖回来却对武帝说:"俘获的匈奴人说,李陵教单于为兵以备汉军,故臣无所得。"公孙敖是否真的听到俘虏此言,无从考证,但公孙敖报此信息的一个重要目的是为掩盖自己的无功而归。武帝听此信息大怒,"于是族陵家,母、弟、妻、子皆伏诛"。后来,汉派使臣出使匈奴,李陵见到了使臣说:"我为汉朝带领步卒五千人,横行匈奴,以亡(无)救而失败,何负于汉而诛吾家?"使者回答说:"汉闻(听说)李少卿教匈奴为(治)兵。"李陵说:"教匈奴治兵的是李绪,不是我。"李绪本是汉朝塞外都尉,守城,匈奴攻城,降匈奴,单于以客礼相待,地位在李陵之上。李陵痛恨因李绪使全家被诛,就使人刺杀李绪,单于母亲大阏氏要杀李陵,单于把李陵藏匿到北方,大阏氏死后,李陵才回到单于身边。武帝听传言而误诛李陵全家,从此终武帝世汉朝再也不提李陵归汉之事。而李陵作为一个变节的汉臣,却又难忘故国情思。李陵后来受到了单于的重用,并且带过兵,然而史籍上却没有他带兵与汉军认真拼杀的记载,这也许就是他的故国情思在起作用吧!汉昭帝时,苏武返回汉朝,李陵送别时感慨万千,赋诗道:

> 径万里兮度沙幕,
>
> 为君(武帝)将兮奋匈奴。

① 《汉书》卷 54《李广传》附李陵传。

路穷绝兮矢刀摧,

士众灭兮名已隤。

老母已死,

虽欲报恩将安归!①

这是李陵怀念故国的绝唱,多么地真挚感人。李陵没有忘记祖国!同样,祖国也没有忘记他。中国典籍中留下了为他惋惜感叹的篇章。这不是同情他的变节,而是感叹惋惜他的不幸遭遇!

2. 李广利两次出击与败降匈奴。李陵降匈奴之后,天汉四年(前97),武帝令贰师将军李广利领六万骑兵、七万步兵出朔方;又派强弩都尉路博德领万余人,与李广利会合;游击将军韩说领步兵三万人,出五原;因杅将军公孙敖领万骑与步兵三万出朔方。这次出兵,各将领统兵共计骑、步兵二十一万,意在与匈奴决战。单于闻讯,悉将其累重(妻子、资产)移至余吾水(今蒙古人民共和国土拉河)北,自领兵十万在余吾水南等待,与李广利兵接战,连斗十余日,李广利摆脱后引兵而归。游击将军无所得。因杅将军公孙敖与左贤王战,不利,引归。这次击匈奴,出动这么多的兵力,似乎只作了一次战争游戏,到沙漠、草原上旅游了一圈,就草草收兵而归。

太始元年(前96)匈奴且鞮侯单于继位,立其长子左贤王为狐鹿姑单于,新单于即位忙于巩固其地位,无力攻击汉朝。汉武帝在前一年派大军攻匈奴无战果,也没有立即组织下一次进攻。这样双方出现了五年无战争的局面。武帝征和二年(前91)九月,匈奴入上谷、五原,杀掠吏民。征和三年(前90)正月,匈奴又入五原、酒泉,杀两都尉。这说明匈奴又恢复了入边塞的杀掠行为。

征和三年(前90)三月,武帝又派贰师将军领七万人出五原;御史大夫商丘成领三万人出西河,重合侯马通领四万骑出酒泉千

---

① 《汉书》卷54《苏建传》附苏武传。

余里。单于闻讯,悉迁其辎重至赵信城北郅居水,左贤王则驱其人民渡余吾水六、七百里。单于自领精兵度姑且水。御史大夫商丘城率军至一个叫追斜径的地方,无所见,还。匈奴派大将与李陵二人领兵三万追击汉军,至浚稽山相遇,双方转战九日,汉军杀伤匈奴军甚众。又至蒲奴水,对匈奴军仍不利,匈奴军退去。重合侯马通率军,至天山,匈奴派大将偃渠等领兵二万余骑击汉军,见汉军强,遂退去,马通所领汉军无所得也无所失。

这次率主力七万出击的是李广利,李广利领兵出塞后,匈奴使右大都尉与卫律二人带五千骑腰击汉军于夫羊句山狭谷地带,李广利派属国胡骑二千迎战,匈奴兵坏散,死伤数百人。汉军乘胜追击,至范夫人城,匈奴不敢拒敌。李广利军取得的胜利,只是小胜。这时巫蛊之祸中发现了李广利与丞相刘屈氂勾结阴谋立其妹武帝李夫人之子昌邑王髆为太子,刘屈氂被处死,李广利妻子入狱。李广利闻讯忧惧,想深入邀功,遂挥军北上,令汉军二万人度郅居水,与匈奴左贤王下属左大将二万骑战一日,杀左大将,匈奴军死伤甚众。此时,汉军内部发生兵变,李广利闻知,速斩首祸之人,引兵还至燕然山。单于以逸待劳,知汉军劳倦,自统五万骑从后急击之,汉军大败,李广利投降。其所领七万大军,全军覆没。这是自武帝与匈奴交战以来,汉军最大的失败。

李广利败降匈奴后,单于气焰嚣张,第二年致书汉朝说:"南有大汉,北有强胡。胡者,天子骄子也,不为小礼以自烦。今欲与汉开大关(即开关市、通商)、取汉女为妻,岁给遗我蘖(曲)酒万石,稷米五千斛,杂缯万匹,它如故约,则边不相盗矣。"汉武帝未答应这一要求。

匈奴看起来气势汹汹,实际上在汉军多年穷追之下,怀孕妇女胎儿坠落,疲极困苦,"自单于以下常有欲和亲计"。汉朝在这时国内阶级矛盾、统治阶级内部矛盾加剧,在李广利败降的第二年,武帝"轮台屯田诏"下达,实现了政策大转轨,此后终武帝之世双方再未发生大战。

武帝这一时期对匈奴的战争的目的是通过军事征讨使匈奴臣服,四次出兵,两次无所得,两次失败,未达目的,反而加重了人民的负担和苦难,激化国内矛盾,总的说来是失败的。对此前人已有客观评论,余有丁说:"至匈奴远遁,破耗矣,然犹不能臣服之,且不免浞野(赵破奴)、李陵、贰师之败没,见武帝虽事穷黩(穷兵黩武),而未得十分逞志也。"①

六、武帝去世后汉匈关系的发展

汉武帝元封元年提出要匈奴臣服汉朝的目标,然而他终其一生并未达到这一目的。他死后三十六年,即宣帝甘露三年(前51)呼韩单于才到长安称臣,表示臣服汉朝。又过了十五年,即元帝建昭三年(前36)郅支单于才被西域都护甘延寿、副校尉陈汤率西域诸国兵斩于康居。又过了三年,即元帝竟宁元年(前33),呼韩邪单于来朝,元帝以宫女王昭君嫁单于为阏氏,汉、匈两大民族才实现了边境的和平与安宁。

汉武帝生前虽未达到使匈奴臣服于汉朝的目的,但自后汉强、匈奴弱之势已不可逆转。宣帝本始三年(前71)汉与乌孙联军共击匈奴,汉令五将军共统十六万大军分五路击胡,匈奴远逃,斩获均少。但乌孙昆弥与校尉常惠率乌孙军五万大破匈奴,得四万级,虏马牛羊驴等牲畜七十余万头。这年单于自统万骑击乌孙,回军时遇大雨雪,一日深丈余,还者不能十分之一。这年,丁令、乌桓、乌孙从北、东、西三面攻击匈奴,三国所杀人数万级、马数万匹,牛羊甚众。"又重以饿死,人民死者什三,畜产什五,匈奴大虚弱,诸

---

① 《历代名家评史记》,北京师范大学出版社1986年版,676页。

国羁属者皆瓦解,攻盗不能理。……兹欲鄉(响)和亲,而边境少事矣。"①

匈奴在衰弱困难的情况下,发生了内讧。宣帝五凤元年(前57),匈奴五单于争立,互相混战。宣帝五凤四年(前54)郅支单于击败呼韩邪单于,郅支单于都单于庭,呼韩邪单于南迁。匈奴始分南北。

呼韩邪单于战败之后,在宣帝甘露元年(前53),左伊秩訾王建议呼韩邪单于"称臣入朝事汉,从汉求助,如此匈奴乃定。"呼韩邪单于征询诸大臣的意见,皆曰:"不可"。并认为:"汉虽强,犹不能兼并匈奴,奈何乱先古之制,臣事于汉,卑辱先单于,为诸国所笑!虽如是而安,何以复长百蛮。"左伊秩訾王说:"强弱有时,今汉方盛。……今事汉则安存,不事则危亡,计何以过此。"呼韩邪单于遂从其计,引众南迁近塞,遣子入侍汉朝。郅支单于也遣子入侍汉朝。

《汉书·宣帝纪》载宣帝甘露三年(前51)匈奴呼韩邪单于来朝,按事先商定的礼仪,"称藩臣而不名。赐以玺绶、冠带、衣裳、安车、驷马、黄金、锦绣、缯絮。"据《汉书》卷94下《匈奴传下》载,宣帝赐给呼韩邪单于的黄金玺绶按颜师古的注释"亦诸侯王之制"。除赠送用器与金、钱外,还赠赐"锦绣绮縠杂帛八千匹,絮六千斤"。举行仪式时,匈奴"左右当户之群臣皆得列观,及诸蛮夷君长王侯数万,咸迎于渭桥下"。单于留月余,归国时,"汉遣长乐卫尉高昌侯董忠、车骑将军韩昌将骑万六千,又发边郡士马以千数,送单于出朔方鸡鹿塞。诏忠等留卫单于,助诛不服,又转边谷米糒,前后三万四千斛,给赡其食。"单于居幕南,保光禄城(前光禄勋徐自为所筑城,在今内蒙包头市西北)。此前西域诸国近匈

___

① 《汉书》卷94上《匈奴传上》。

奴者,皆畏匈奴而轻汉,及呼韩邪单于朝汉以后,都尊汉矣。

呼韩邪单于归汉后,北边的郅支单于还有一定的实力,宣帝黄龙元年(前49)郅支单于击破乌孙、乌揭、丁令、坚昆,并都于坚昆。汉元帝建昭三年(前36)西域都护甘延寿、副校尉陈汤斩郅支单于于康居。至此,匈奴全境又统一于呼韩邪单于。呼韩邪单于向汉朝称臣。匈奴成了汉朝藩属。不仅呼韩邪单于朝汉时,汉朝要赠大量的帛、絮等,而且在呼韩邪单于因灾荒等提出要求时还要赐给大量粮食。两个民族终于以长期战争的沉重代价,换来了边境的和平与安定,换来了和平共处。

七、武帝时汉匈关系余论

历史地全面地考察汉武帝时期的汉匈关系,以下一些问题值得注意。

其一,据中国古籍记载,匈奴族是黄帝、夏后氏的苗裔,据黄文弼先生考证,匈奴族在人种与外貌方面与"蒙古人相同"①。所以,汉、匈两族是中国境内的兄弟民族。如果两个民族能和平共处、优势互补、和衷共济,双方可获得很大发展。如果关系不好,处在战争状态,就会给双方造成重大损失。景帝中元四年(前146),汉朝规定:马高五尺九寸,齿未平(十岁以下),弩(用弩机发射的弓)十石以上,皆不得出关。这条律令是针对诸侯王的,但也适用于匈奴。应劭曾说:"律,胡市,吏民不得持兵器及铁出关。虽于京师市买,其法一也。"武帝元狩二年(前121),浑邪王降汉至长安,汉贾人与匈奴人市易违犯上述法律,当死者五百余人。对降汉的匈奴人尚且如此,这条法律执行之严由此可见。按汉朝的法令,出入关的通行证叫"传"、"符",如果没有通行证"传"、"符"而携带财

① 黄文弼:《论匈奴族之起源》,见林干编《匈奴史论文选集》,27页。

物出关叫"阑(妄)出财物于边关",要处死刑。另外,按汉朝法律对"买塞外禁物"者也要治罪。所以,汉朝通过这些法律,就可以控制"胡市"的交易,给匈奴造成困难。《汉书·匈奴传》载"武帝即位,明和亲约束,厚遇关市,饶给之。匈奴自单于以下皆亲汉,往来长城下"。这一记载说明匈奴对汉朝的物资是多么需要,是多么希望与汉朝互通关市了。所以,和平共处对双方有利,尤其对需要汉朝物质财富的匈奴有利。战争对双方都不利,不是最佳选择。

其二,战争是双方的实力较量,汉族可以统一中国,匈奴族也可以统一中国,历史在这方面给予双方的权力是平等的。然而,这决不是说双方进行的这种战争是没有是非的。从经济方面来讲,匈奴在武帝之前通过和亲要从汉朝勒索大量财富,并常常入塞劫掠给人民生命、财产造成损失;在文化方面,匈奴对"礼仪之邦"汉朝的礼仪、文化、习俗竟然毫不尊重,并要把匈奴的一些习俗强加给汉朝最高统治者,这使汉朝感到受侮辱而无法接受,这说明二者在这方面的矛盾无法调和;在政治方面,贾谊认为匈奴人口与汉一个大县相当,汉朝却像匈奴的附属国,要向匈奴上贡,实际上成了匈奴的臣下,这就把君臣关系颠倒了,汉朝对此不能容忍。在这种情况下,汉武帝即位后在处理汉、匈关系的第一阶段,积极准备与反击匈奴,并取得重大胜利,这就保卫了汉族的农业文明与先进的经济、文化传统及尊严,这在当时完全是正义的行动,应予肯定。

汉武帝在处理汉匈关系的第二阶段,双方休战,进行和谈。汉朝要匈奴称臣,匈奴拒不答应,谈不成功是双方条件差距大。这完全是两大民族交往中的正常现象。

汉武帝在汉、匈关系上的真正失误是在第三阶段。由第二阶段议和不成,武帝遂想通过军事征讨使匈奴臣服,结果损兵折将,未达目的。如果仅从这一阶段看,说汉武帝穷兵黩武、劳民伤财无疑是正确的。

其三,从全局和历史发展的全过程来考察,汉武帝对匈奴的战争虽未达到使匈奴臣服的目的,然而在战略上却仍然是胜利的。武帝晚年,汉朝不仅在综合国力上,而且从军事实力上都远远强于匈奴就说明了这一点。武帝去世后,在军事实力上汉强匈奴弱已成不可移易之势,而呼韩邪单于的归汉和郅支单于被击毙于西域就宣告了武帝所追求的臣服匈奴目的的最终实现。这就说明汉武帝在汉、匈强弱转化过程中起了重大的作用。

从元光二年(前133)马邑之谋到宣帝甘露三年(前51)呼韩邪单于称臣,共经历了八十二年。而从马邑之谋到元帝建昭三年(前36)郅支单于被击毙,则用了九十七年。而从马邑之谋到元帝竟宁元年(前33)嫁王昭君为单于阏氏则过了整整一百年。从汉武帝元封元年(前110)提出让单于向汉称臣到宣帝甘露三年(前51)呼韩邪单于称臣,历时五十九年,经三代皇帝才达此目的。而汉武帝却想在他在世时就达此目的,这也说明他给自己提出的目标太高了。

第二节　通　西　域

西域的概念,《史记·大宛列传》与《汉书·西域传》不同。《史记·大宛列传》所说的西域是玉门关、阳关以西直至欧洲的通称。张骞通西域所去的大月氏在今阿富汗北部;乌孙在今伊犁河流域喀尔巴什湖、伊塞克湖地区。张骞派副使所到的康居在今喀尔巴什湖至咸海之间,安息在今伊朗高原东北部。李广利征伐的大宛在今中亚费尔干纳盆地,今乌兹别克或塔吉克境内。《史记·大宛列传》所载条支在今伊拉克境;黎轩,即大秦,就是罗马帝国。这都说明《史记》中所说的西域是指玉门关、阳关以西直至欧洲的广大地区。

《汉书·西域传》所说西域主要指现在中国的新疆地区。所谓西域东为"玉门、阳关,西则限以葱岭"就说明了这一点。葱岭是对帕米尔高原和昆仑山、喀喇昆仑山西部诸山的总称。颜师古注说,葱岭山脉高大,其上生葱,故名葱岭。

西域诸国,"本三十六国,其后稍分至五十余"。小国仅一百多户至几百户,人口上千至数千,如且末国,户二百三十,人口千六百一十,兵三百二十八人;小宛国,户百五十,口千五十,兵二百人。大国如乌孙,户十二万,口六十三万,兵十八万八千余人。①

从敦煌出玉门关、阳关去西域有两条道路:一条至楼兰(后改鄯善),而后沿南山北麓西行经且末、于阗到莎车为南道,从莎车越葱岭西行可达大月氏、安息;另一条是至车师(姑师)前王庭(交河城),沿北山(天山)南麓,循河经龟兹、姑墨至疏勒为北道,而后逾葱岭可至大宛、康居。

汉武帝时通西域是件意义重大的事情。晋代从战国魏王墓中发现了先秦古书《穆天子传》,记载了周穆王西游的故事,反映了中西交通的传说,中国的势力还未达到西域。"秦始皇攘却戎狄,筑长城,界中国,然西不过临洮"。② 汉武帝时开通西域,不仅开始第一次把汉朝的势力扩展到西域,而且打通了中国和西方的通道,使中西文化得以交流,使中国人的眼界扩大。这个意义是不可低估的。

一、张骞通西域

张骞,汉中郡成固县(今陕西成固县)人,建元初为郎。郎官虽是个不大的官,然是郎中令下的属官,可以充当皇帝左右的侍

---

① 《汉书》卷66《西域传》。
② 同上。

从,有望被皇帝赏识,提拔为高官。恰巧这时武帝从一个匈奴俘虏口中得到了一信息说汉文帝四年(前174)匈奴老上单于在敦煌、祁连间灭月氏,月氏逃奔至伊犁上游立国后,过了十三年,即文帝后六年(前161),老上单于又攻破月氏,杀其王,以其头为饮器。月氏又逃遁,常怨恨匈奴,恨无人援助,与其共击匈奴。得此信息后,正在筹划反击匈奴的武帝,就招募能出使月氏的使者。张骞遂以郎应募,被批准。从此,张骞就开始了他大探险家、外交家的生活。

1. 张骞第一次出使西域。建元三年(前138),张骞与堂邑父①率一百多人的使团从陇西出使大月氏。当时从河西至盐泽(罗布泊)为匈奴占据,张骞从这里经过时,为匈奴所得,被押送单于王庭。军臣单于对张骞说:"月氏在匈奴北方,汉朝怎么能派使臣去那里,如果我想派使臣去南越,汉朝能允许吗?"于是便把张骞等人扣留了起来。张骞在匈奴留十余岁,匈奴给他娶了妻子,生有儿子,然张骞持汉节不失。时机终于来临,张骞在匈奴防备松弛时,遂带领堂邑父等人逃出,奔西域而去。往西走了数十天,终于到了大宛(中亚费尔干纳盆地)。大宛国王早听说汉朝富饶,想与其建立经济文化联系,由于种种原因又"欲通不得",见了张骞,大喜,问曰:"你们来此有什么事?"张骞回答说:"我是汉朝出使月氏的使者,被匈奴挡住了去路,今逃亡出来,请国王派人做向导送我们去,如能到月氏,返回汉朝,一定送丰厚的礼物来报答国王。"国王听了以为有道理,就派向导送张骞等人至康居,康居又送至大月氏。这时,大月氏已立太子为王,在臣服了大夏(阿富汗北部)后,就在那里定居下来,土地肥饶,又无盗寇,安居乐业,"殊无报胡之心",又认为汉朝遥远,张骞又从月氏至大夏,"竟不能得月氏要

① 《史记·大宛列传》注引《汉书音义》:"堂邑氏,姓;胡奴甘父,字。"因以主人堂邑氏姓为姓,故名叫堂邑父。

领",计划无法实现。

张骞在月氏、大夏一年多,穿越塔里木盆地沿着南山(昆仑山、祁连山)经羌人地区回长安,不料想又为匈奴扣留。在匈奴留了一年多,逢匈奴军臣单于死,其弟左谷蠡王伊稚斜打败太子,自立为单于,国内乱,张骞与在匈奴娶的妻子和堂邑父趁机逃亡归汉。

张骞从建元三年(前138)出使,到元朔三年(前126)返回长安,历十二载,去时一百余人,回来时只有他与堂邑父二人。汉拜张骞为太中大夫,堂邑父为奉使君(官号)。

张骞这次到西域主要去了大宛、康居、大月氏、大夏四个国家,还听到了这四个国家近旁五、六个大国的情况。张骞把这些国家,从产业上分为从事农业的土著、从事牧畜业的行国;以及这些国家与匈奴的关系、距汉的远近、特产、大小等情况向汉武帝作了个报告。这个报告就成了汉武帝以后制定对西域政策的依据。这个报告的内容有:(1)大宛在匈奴西南,汉朝正西,距汉万里。其俗土著,耕田,田稻麦。有葡萄酒,有好马,汗血马就是天马之子。[1] 有城郭屋室,属邑大、小七十余城,众数十万,兵能弓矛骑射。其北则康居,西南则大夏,东北则乌孙。(2)乌孙在大宛东北二千里,随畜牧水草迁徙,与匈奴同俗。能用弓箭者就有好几万人,勇敢善战。原臣服于匈奴,后国势日盛,虽名誉上属匈奴,然而却不去朝贡会盟。(3)康居在大宛西北二千里,也随畜迁徙(行国),与月氏同俗。能用弓箭者有八、九万人。与大宛为邻,南面服事月氏,东面服事匈奴。奄蔡(今里海北)在康居西北二千里,逐畜牧水草而居(行国),与康居同俗,能用弓箭者十余万。(4)大月氏在大宛西,居妫水(阿姆河)北,南为大夏,西为安息,北则康居。随畜牧

---

[1] 《集解》引《汉书音义》曰:大宛国高山上有马,不可得,因取五色马置山下,与交,生驹汗血,号曰:天马子。

移徙(行国),与匈奴同俗,能用弓箭者达一、二十万。月氏始居敦煌、祁连间,为匈奴所败,乃远去,过大宛,西击大夏而臣服之,建都在妫水北,为王庭。留下的没有迁走的部众,号称小月氏。(5)安息在大月氏西数千里,其俗土著,耕田,种稻麦,有葡萄酒。所属大小数百城,地方数千里,是西域最大的国家。有市,民与商贾用车、船,行邻国有时到远至几千里的地方。用银做钱币,钱币上铸国王的肖像,国王死了就更换钱币,改用新国王肖像。皮革上书写的是横行的文字。安息西方为条支。其北为奄蔡、黎轩(罗马帝国)。(6)条支在安息西数千里,临西海,暑湿,耕田,种稻。有大鸟,卵如瓮大。国人善杂技,会吞刀、吐火、截马之术等等。安息长老传闻条支有弱水、西王母,但自己没有见过。(7)大夏在大宛西南二千余里妫水南,其俗土著,有城屋,无大君长,往往城邑置小君长,兵弱,畏惧战争。民众善于作生意(善贾市)。大月氏西迁时,大夏被打败,为其所臣属。大夏百姓众多,有百余万,首都叫蓝市城,有商贾买卖各种货物,其东南有身毒国(印度)。

张骞在报告了上述情况之后,还提出了一个经四川、西南夷、通身毒而后到西域的建议,受到了武帝的重视。张骞对汉武帝说:臣在大夏时,见到四川特产邛竹杖、蜀布。问大夏人怎么得到这些产品的,回答说是:大夏商人从身毒买来的。身毒在大夏东南数千里。张骞推断,大夏距汉万二千里,在汉西南。今身毒国又在大夏东南数千里,有蜀物,说明身毒距蜀不会太远。现在,出使大夏等西域各国,如从羌人地区经过,羌人受匈奴控制是很危险的;如果从羌人北边走,则是匈奴控制地区,则为匈奴所得。如果从蜀地去身毒再到西域,又无盗寇,不是一条方便的途径吗?汉武帝听了张骞所说大宛、大夏、安息、大月氏、康居等国的情况,认为如能联通西域,可"广地万里","威德遍于四海"。想到这些,汉武帝不由得高兴了起来,于是决定派张骞负责打通西南夷到身毒而达西域的道路。

元狩元年(前122)张骞到了犍为(今四川宜宾)统筹指挥探求经西南夷至西域的道路。他派出使者分四路探索从今四川经西南夷去身毒的道路。第一路从駹(今四川茂汶羌族自治县)出发;第二路从徙(今四川汉源)出发;第三路从筰(今四川汉源)、邛(今四川西昌)出发;第四路从僰(今四川宜宾一带)出发。四路使者皆各走了一、二千里后被阻挡,无法前进。他们分别在氐、筰、巂、昆明等地受阻。昆明地区的少数民族"无君长"、"善盗寇",杀掠汉使,无法通过。然而,往昆明一路的使者返回后说从昆明西行千余里,有滇越,又称作"乘象国"。他们认为蜀地的物产邛竹杖、蜀布先由四川运至滇越,而后又转至身毒的。然而,要到滇越路途不通,更不要说去身毒了。这就是说,张骞这次寻求从西南夷通西域的道路没有成功。

2. 张骞第二次出使西域。张骞第一次出使西域回来后,曾参加了反击匈奴的战争。元朔六年(前123),卫青率六将军从定襄出发反击匈奴,张骞以校尉身份随卫青出击匈奴。由于张骞在第一次出使西域过程中被匈奴扣留十年多,熟悉匈奴地理情况,所以在这次战争过程中,他以"知善水草处,军得以无饥渴"的功劳,被封为"博望侯"。元狩二年(前121),张骞以卫尉率万骑与郎中令李广率四千骑出右北平出击匈奴。李广所率四千骑遇匈奴右贤王率领的四万名骑兵的围击,士卒死者过半,所杀匈奴士兵也超过自己的死亡数。张骞这次率万人后期迟到,按军法当死,赎为庶人。

张骞虽然丢了侯,成了平民,但由于他对西域的深入了解,武帝还是常常询问他。他就向武帝提出一个联合乌孙,断匈奴右臂,收乌孙等国为外臣的建议。

在一次谈话中,张骞对武帝说:臣在匈奴之时,听说匈奴西边乌孙国国王叫昆莫。昆莫之父难兜靡统治时乌孙与大月氏都是住在祁连、敦煌之间的一个小国。后来,大月氏攻杀难兜靡,夺其地,民众也逃奔了匈奴。① 而刚刚出生的昆莫,由其傅父布就翎侯抱着逃走放置在草中,自己去给他寻找食物,回来时看见狼给昆莫喂奶,乌衔着肉在其旁飞翔。他的傅父认为昆莫有神保护,就抱着他投奔匈奴,单于就收养了他。昆莫长大后,单于把逃亡到匈奴的乌孙人交还给他,并让他带兵打仗,屡立战功。这时,住在河西地区的月氏被匈奴打败,西迁,打败塞族,迫使塞族南迁远徙,月氏就居住在塞族的土地上,这个地方就在喀尔巴什湖、伊克塞湖一带。昆莫请单于让他报杀父之仇,因此西攻大月氏,把大月氏赶到了大夏人居住的地方。昆莫虏掠了许多大月氏人,自己就留住在喀尔巴什湖、伊克塞湖一带,开始强大了起来。这时,恰逢单于死去,昆莫不愿再臣服匈奴。匈奴派兵击昆莫,不胜,因此更加认为昆莫神奇而远远离开他。这样,乌孙便成了匈奴西部与匈奴对立的势力。

接着,张骞对武帝说,现在汉朝接连大败匈奴,浑邪王已降汉,乌孙原来居住的祁连、敦煌间的土地无人居住,蛮夷也恋着"故地",又爱好汉朝的财物。如果此时送乌孙厚礼,招其东归故地,汉朝再把公主嫁给乌孙国王为夫人,结为兄弟之邦,这样就断了匈奴右臂。如果连结了乌孙,从乌孙以西大夏之类的国家都可以招来作汉朝的外臣。

汉武帝完全同意张骞的意见,于是拜他为中郎将,让他第二次出使西域。元鼎二年(前115),汉武帝派给张骞随从三百人,每人马二匹,"牛羊以万数,还带金币帛值数千巨万",还派给张骞不少"持节副使"作助手。②

---

① 《汉书》卷61《张骞传》载"乌孙王号昆莫,昆莫父难兜靡……。大月氏攻杀难兜靡,夺其地,人民亡走匈奴"。《史记·大宛列传》载"乌孙王号昆莫,……匈奴攻杀其父"云云。此处从前者。

② 《汉书》卷61《张骞传》。

张骞到了乌孙,乌孙王昆莫对汉使与对单于使的礼节一样,张骞对此十分恼怒,知蛮夷贵财货,就对昆莫说:"这是天子所赐的币帛,如果王不下拜就退还所赐币帛。"昆莫下拜接受了所赐币帛,其他的礼品也照此接纳。接着,张骞又对昆莫说:"乌孙如能迁徙到匈奴浑邪王原来居住的地方,汉朝就可以遣公主为昆莫夫人,结为兄弟,共拒匈奴,破匈奴不难。"这时,乌孙国实际已经分裂为三,国王昆莫年老,离汉朝远,又不知汉朝的大小,况且臣服匈奴已久,离匈奴又近,而大臣又惧怕匈奴,不想移徙,国王无法做主。张骞终不得昆莫要领。原来,昆莫有十余个儿子,第二个儿子叫大禄,会带兵,带领一万多骑兵居住在别的地方。大禄的兄长就是太子,太子之子叫岑娶。太子早死,死前对其父昆莫说:"应以岑娶为太子,不能让他人取代。"昆莫为太子早死而伤感,就答应了这一要求。大禄则怒其父不让他取代太子,就收罗众兄弟,率部众反叛,计划攻岑娶和昆莫。昆莫恐怕大禄杀岑娶,遂让岑娶统万余骑到别的地方居住;昆莫自有万骑以自备。这样,乌孙国一分为三,昆莫虽是国王已无法控制全国,也因此不敢擅自对张骞有什么承诺。

　　在上述情况下,张骞分遣副使使大宛、康居、大月氏、大夏、安息、身毒、于阗等国。乌孙国也派遣向导,翻译人员送张骞回国,并派遣使臣数十人、好马数十匹至长安,答谢汉朝皇帝。同时,让使者了解汉朝。

　　张骞回到汉朝后,被任命为大行,位列于九卿,岁余,去世。乌孙使者见汉朝人多、富厚、国土广大,归国报告国王,从此乌孙更加重视汉朝。又过了一年多,张骞所派遣的通大夏等国的使者和这些国家所派遣的人也来到汉朝,于是西北地区的国家开始与汉交往,以后汉派使者去西域各国都说是博望侯,以取信于外国,外国也因此信任汉使。这说明张骞第二次出使西域的目的已经达到。

　　张骞去世后,匈奴听说汉与乌孙通好,大怒,想攻击乌孙。汉使常通使乌孙及其南面的大宛、大月氏等国。乌孙王昆莫见汉强盛，派使者献好马，愿娶汉公主为妻，与汉结为兄弟之邦。汉武帝问群臣应如何办？群臣认为：乌孙应先纳聘礼，然后汉朝再遣公主。武帝还占了一课，说："神马当从西北来。"汉朝先得乌孙好马，名曰：天马。后又得大宛汗血马，更加壮大，就改乌孙马名为"西极"，名大宛马为"天马"。① 从这时开始，汉朝开始修筑令居以西的亭障，又初置酒泉郡，以通西域的国家。汉朝加派使者到安息、奄蔡、黎轩、条枝、身毒国。汉武帝喜欢大宛马，使者相望于道，络绎不绝。汉朝派出的到外国的使团，多的人数达数百人，少的百余人。每个使团所带的东西都和博望侯一样，以后次数多了成了习惯，所带东西也就减少了。汉朝一年中派出的使团，多者十余批，少者五六批，路远的八九年才能回来，近的数年就可以回来。

二、征楼兰、姑师，与乌孙和亲

张骞第二次出使西域后，汉朝与西域诸国频繁通使，这使汉朝与匈奴争夺西域的斗争空前激烈了起来。从匈奴方面看，文帝六年（前174）匈奴灭月氏、定楼兰、乌孙及其旁二十六国，西域已为匈奴所统治。② 其后，匈奴西边日逐王仍置僮仆都尉，使领西域，常居焉耆（今新疆焉耆县）、危须（焉耆县西北）、尉犁（库尔勒县东北）间，"赋税诸国，取富给（足也）焉"。③ 因此，匈奴是不允许汉朝势力进入西域的。汉朝势力进入西域，经过了长期斗争才取代了匈奴的统治。

---

① 《汉书》卷61《张骞传》载："初，天子发书用《易》占卜，曰：'神马当从西北来'。得乌孙马好，名曰'天马'。及得宛汗血马，益壮，更名乌孙马曰'西极马'，宛马曰'天马'云"。
② 《汉书》卷94《匈奴传》。
③ 《汉书》卷96《西域传》。

1. 征讨楼兰、姑师。《史记》卷96《大宛列传》载："楼兰、姑师，小国耳，当空道"，地理位置重要，正处汉朝通西域的咽喉要道。汉代的楼兰地处罗布泊北，正处于西域的最东边，恰在汉通西域孔道上。姑师（车师），在今新疆吐鲁番盆地，车师前国都交河城，又恰在天山山路的南谷口，正处于通西域北道的要冲。这两个国家原来都是匈奴属国。

张骞第二次出使西域后，汉朝经常派使臣去西域，"一岁中使者多者十余，少者五六辈"，①使楼兰、姑师应接不暇，不胜其苦。另外，汉朝后来派出的使者挑选不严、素质太差，有的把国家带去的贵重礼物作为私人财富，卖给外国以谋利，外国人也厌恶汉使者每人所言轻重不实。这些都影响了汉使者与两国的关系。尤有甚者，匈奴常派兵杀掠汉使，又让楼兰、姑师两国作耳目，刺探情报，阻拦、攻掠汉使。这时，有的使者认为应对这两国进行讨伐，并说这两国"兵弱易击"。为扫除通西域的障碍，元封三年（前108）冬，武帝令从票侯赵破奴率归降汉朝的匈奴骑兵"属国骑"及郡兵数万攻姑师，又以数次出使西域为楼兰所苦的王恢佐助赵破奴。赵破奴率轻骑七百人先至，攻楼兰，虏楼兰王，继而又破姑师。②汉军的胜利使乌孙、大宛等国也为之震动。因这一胜利，武帝封赵破奴为浞野侯，王恢为浩侯。此后，从酒泉至玉门关修筑了亭、障等边防要塞，酒泉以西的安全较前有了保障。

楼兰降服汉朝后，匈奴闻讯，又发兵攻击楼兰。楼兰王就把一个儿子送至长安为人质，又把另一个儿子送至匈奴为人质。太初四年（前101），贰师将军率军征大宛，匈奴下令楼兰王，阻止其通过。武帝诏令驻屯玉门关的将领任文率兵捕楼兰王，送到长安审

---

① 《汉书》卷61《张骞传》。
② 《史记·大宛列传》、《汉书·张骞传》与《汉书·西域传》。

问,楼兰王以实言相告说:"小国在大国间,不两属无以自安",并表示愿举国内徙。武帝嘉勉楼兰王直言,就把他遣送回国。因这时汉朝加强了对西域统辖,军事实力明显强于匈奴,所以匈奴从此后"不甚亲信楼兰"。①

征和元年(前92)楼兰王死,楼兰国人来长安请在汉朝的质子回去,想立其为王。因质子犯汉朝法律,已处宫刑,汉朝已无法让回去,就说:"侍子,天子爱之,不能遣回",让楼兰另立国王。楼兰立新王后,汉朝又要人质,新王又送给汉朝人质,匈奴也要了质子。后王死后,匈奴闻讯,急派质子返回,立为王。汉下诏令其新王入汉,称"天子将加厚赏"。因前边两位人质均未返回,新王回答说:"新立,国未定",等到后年再入见天子。新王明显亲匈奴,再加上楼兰在西域的最东边,近汉,地处"白龙堆,乏水草",又常常送迎汉使,负水担粮,派向导,又数为汉吏卒所寇,所以对汉朝不友好。再加上匈奴又从中反间,所以楼兰"数遮杀汉使"。然而,楼兰国内亲汉与亲匈奴两派斗争尖锐,楼兰王弟尉屠耆降汉,对汉朝谈了新王亲匈奴。宣帝元凤四年(前77),大将军霍光派傅介子刺杀楼兰王,立其弟在汉的尉屠耆为王,改其国名为鄯善。尉屠耆说"国中有伊循城,其地肥美,愿汉遣将屯田积谷",于是汉派司马一人,吏士四十人在伊循屯田,以镇抚此地。② 楼兰问题方获解决。

车师,在元封三年赵破奴破车师后,因地近匈奴,汉朝无法进行有效统治。天汉二年(前99),武帝派匈奴降将介和王为开陵侯率楼兰兵击车师,匈奴派右贤王率数万骑救之,汉兵不利,退走。征和三年(前90),武帝又派重合侯马通率四万骑击匈奴,道过车师北;同时又令开陵侯率楼兰、尉犁、危须等六国兵从别道击车师,

① 《汉书》卷96《西域传》。
② 《汉书》卷96《西域传》。

目的之一是不让车师发兵阻拦重合侯马通之军,诸国兵共围车师,车师王降,臣服汉朝。①

　　武帝通过上述用兵,应当说基本上扫除了通往西域大门口的障碍。

　　2. 与乌孙和亲。元鼎二年(前115)张骞第二次出使西域至乌孙,张骞回国时乌孙遣使数十人至汉,见汉广大,回国报告国王后,国王提出"愿得尚(匹配)汉公主,为昆弟(兄弟)",汉答应了这一请求。元封六年(前105),乌孙以千匹马为聘礼,武帝遣江都王刘建之女细君为公主嫁给乌孙国王昆莫,并"赐乘舆服御物,为备官属宦官侍御数百人,赠送甚盛",乌孙王以其为右夫人。匈奴也遣女为昆莫妻,昆莫以其为左夫人。

　　细君公主嫁至乌孙,"自治宫室居,岁时一再与昆莫会,置酒饮食,以币帛赐王左右贵人",通过这些活动加强了两国的关系。然而,公主个人生活却是不幸的,乌孙王昆莫年老,语言不通,公主悲愁,自作歌词曰:

> 吾家嫁我兮天一方,
>
> 远托异国兮乌孙王。
>
> 穹庐为室兮旃(毡)为墙,
>
> 以肉为食兮酪为浆。
>
> 居常土思兮心内伤,
>
> 愿为黄鹄兮归故乡。②

从这首歌词中,可以看出公主对异域居住、饮食习俗都不习惯,非常思念故乡。武帝听说后哀怜公主,每年遣使送去"帷帐锦绣"。

---

① 开陵侯,匈奴介和王降封开陵侯,其两次击车师之事,见《汉书》卷96下《西域传下·车师》。

② 《汉书》卷96下《西域传下》。

昆莫年老，想使其孙岑娶匹配公主。公主不听，上书武帝说明情况，武帝回答说："从其国俗，欲与乌孙共灭胡。"岑娶遂娶细君公主为妻。昆莫死后，其孙岑娶为乌孙王。岑娶本官号，其名为军须靡。岑娶取细君公主为妻后，生一女，名少夫。细君公主死后，汉又以楚王刘戊之孙女解忧为公主，嫁岑娶为妻。岑娶的匈奴妻子生子泥靡还小，岑娶去世，以其季父大禄子翁归靡为国王。翁归靡为国王后，又匹配解忧公主为妻。此后，解忧公主生三男两女。长男叫元贵靡；次男叫万年，为莎车王；三男叫大乐，为左大将；长女叫弟史，为龟兹王绛宾妻；小女叫素光，为若呼翎侯妻。

武帝时与乌孙联姻，促进了两国友好关系的发展。宣帝时，乌孙为抗击匈奴、车师联军进攻，曾与汉共发大军击匈奴，大获全胜。这都说明，在张骞建议下，武帝联乌孙断匈奴右臂决策的正确。

三、李广利征伐大宛

从元鼎二年张骞第二次出使西域，元封三年的征讨楼兰、姑师，和与乌孙和亲，西域各国的使者纷纷来汉。安息的使者以大鸟卵和黎轩善魔术的人献给汉朝，一些小国如大益、姑师、扜弥皆派使者随汉使晋见天子，武帝很高兴。西域国家的使者来来去去，武帝巡狩海上，这些外国客人也悉数跟随，散财帛以赏赐，给的都很优厚丰饶，以显示汉朝的富厚，酒池肉林。令外国客人遍观各仓库府藏之积。这些使者"见汉之广大，倾骇之"。大角抵、奇戏、诸怪物，从这时开始也兴盛了起来。

大宛西边国家的使者，都从很远的地方而来，不能用武力屈服，只能以礼教安抚。从乌孙以西至安息，靠近匈奴，匈奴打败过月氏，所以匈奴的使者只要拿单于一封信，各国都传送食，不敢阻留为难他们。如果是汉使，则"非出币帛不得食"，不买马就得不到坐骑。其所以如此，是因为汉朝远，汉朝财物多，所以汉使只有通过买卖,才能得到所需要的东西。这些国家畏惧匈奴更甚于汉使。大宛左右以葡萄为酒,富人藏酒多达万余石,藏久的数十年都不败坏。习俗嗜好酒,马嗜好苜蓿。汉使取回种子,天子让在肥饶的田地上种葡萄、苜蓿。以后天马多了,外国使者来的也多了,离宫别馆旁尽种葡萄、苜蓿,一望无边。大宛以西至安息,虽语言不同,然而大的风俗却是相同的,其人皆深眼、多须髯,会作买卖。妇女地位高,妻子所说的,丈夫就得听从,不敢违背。

汉朝使者出去的多了,其中有的少年出使的使者向天子进言多了,无所不谈,就说:"大宛有好马在贰师城,藏起来不肯给汉使。"武帝喜爱大宛马,听了他们的话,就派壮士车令等拿着千金和金马而向大宛国王交换贰师城的良马。大宛国已有很多汉朝的财物,就商议说:"汉离我国很远,而盐泽(罗布泊)路途艰难,常有死亡,从北边来有匈奴拦阻,从南面来乏水草。而且,又常常没有地方居住,食物也无法供给。汉使一批数百人来,因常乏食,死者过半。所以,汉朝是无法派大军来的,对我国无可奈何?况且,贰师城的马,是大宛的宝马,怎么能给汉朝。"因此,不予汉使宝马。汉使大怒,责骂,并椎坏金马,以示不满而去。大宛国贵人也大怒曰:"汉朝使者也太轻视我们"。于是遣汉使去,同时又令东边郁成国拦阻攻杀汉使,取其财物。

1. 李广利第一次征伐大宛。《汉书·西域传》载:"大宛国,王治贵山城,去长安万二千百五十里。户六万,口三十万,胜兵六万人。"北与康居,南与大月氏接。在今中亚的费尔干纳盆地。在张骞第二次出使西域后,双方已经通使。其后武帝派使臣带千金和金马,希望能交换大宛贰师城的好马,大宛非但不予交换,而且设法攻杀汉使,夺其财物。武帝知此大怒,曾经出使大宛的姚定汉等人说,"宛兵弱,诚以汉兵不过三千人,强弩射之,即尽虏破宛矣"。武帝曾令浞野侯赵破奴攻楼兰,以七百余人先至,虏其王,所以认为姚定汉等人的意见是正确的。这时汉武帝想使宠姬李氏家封侯,就任命宠姬李夫人的哥哥李广利为贰师将军,征发匈奴归降汉朝的属国骑兵六千和郡国游手好闲爱打斗的恶少年数万人去征大宛,因为这次战争的目的,是如期到达贰师城取得良马,所以称李广利为贰师将军。又任命赵始成为军正,浩侯王恢为向导,李哆为校尉。

太初元年(前104)秋,李广利率军西征大宛。军队过盐泽(罗布泊)以后,沿途小国恐惧,"各坚城守,不肯给食。攻之不能下,下者得食,不下者数日则去。"及到郁成,士卒只剩下数千人,且又饥饿疲惫,攻郁成,被郁成打得大败,又死伤了不少士卒。贰师将军与李哆、赵始成商议说:"对郁成这样的小邑还攻不下,何况至大宛国王的都城呢?"因此,引兵而归。往来二年,还至敦煌时,士卒剩下的"不过什一二"。李广利曾使使者上书武帝说:"到大宛道远乏食;士卒不怕打仗,怕没有吃的。兵少,不足以攻克大宛都城,愿暂且罢兵,请再派士兵前去攻打。"汉武帝闻之,大怒,立即派使者拦阻其军于玉门关,说:"军队敢有入关者斩。"贰师将军恐惧,后留于敦煌。

李广利第一次征伐大宛就这样以失败而告终。究其原因有二:一是武帝听了曾出使大宛的姚定汉等人之言,过于轻敌,对困难艰险估计不足;二是这次武帝令李广利为领兵将领,李广利此前并未在军事上表现出才干,而是因为他是武帝宠姬李夫人之兄提拔起来的,是靠裙带关系受到重用的。在西域遇到困难时,并未采取什么有力的应对措施,这不能不说是武帝用人失误造成的。

2. 李广利第二次征伐大宛。第一次征伐大宛失败后,汉武帝认为:已经征讨大宛,大宛是个小国,不能攻下,则让大夏等国轻视汉朝,而大宛的好马也绝不会送来,乌孙、仑头(轮台)等国也会轻视欺凌汉使,为外国耻笑。于是,积极准备第二次征伐大宛,为保证这次成功:赦免了囚徒和步兵将士,多征派了恶少年及边郡骑兵,部署了一年多,而从敦煌出发者六万人,背负东西和私从等人员不在这六万人之中。还征发派出牛十万、马三万匹、驴、骡、驼以万计,多带粮食、兵弩。天下骚动,转相奉命伐大宛的共有五十余个校尉。大宛都城中没有水井,皆取城外流水,于是遣水匠工人准备改徙其城下水道,使城中没有水喝。又增加征发屯戌甲卒十八万,在酒泉、张掖北设置居延、休屠二县屯兵,以拱卫酒泉。又征发天下七科谪者为兵,①让其载运干粮供应贰师大军。转运的车马人众相连不断一直到敦煌。并令熟习马匹的二人为执驱都尉,准备在攻破大宛后择取良马。

太初三年(前 102)夏,李广利率军第二次出征大宛,由于兵多,"所至小国莫不迎,出食给军"。至仑头(轮台),不下,攻数日,屠城而去。由此而西,至大宛,汉兵到者三万人。大宛军迎击汉军,被汉军射杀打败,大宛兵退入保守都城。汉军围攻大宛城,绝其水源,迁移改道,大宛都城受困扰,汉军围城,攻四十余日,外城坏,汉军虏宛贵人勇将煎靡。宛兵恐惧,退走中城。大宛贵人相互计议说:"汉所以攻城,是因大宛国王毋寡藏匿良马而杀汉使。今杀大宛国王毋寡而献良马,汉兵应会解围;如果不解围,再力战而死,也不为晚。"大宛贵人皆以为是,就共同杀死国王毋寡,派人持其头送至贰师将军,说:"汉军不要再攻了,我们愿出良马,任你们择取,并给汉军粮食。如果汉军不答应,我们尽杀良马,而康居的救兵就要到来。如康居救兵至,我们在城内,康居军在城外,都与汉军战。汉军可好好计议,该怎么办?"贰师将军与赵始成、李哆等计议:"闻宛城中新得秦人,知穿井,而其内食尚多。所以来这

---

① 《史记·大宛列传》,《正义》引张晏曰:"吏有罪一,亡命二,赘婿三,贾人四,故有市籍五,父母有市籍六,大父母有市籍七,凡七科。"

里,为诛首恶者毋寡,毋寡头已至,如果不许罢兵,则宛军必坚守,而康居等到汉军疲惫而来救大宛,必会败汉军。"因此就答应了大宛的议和条件。大宛献出良马,让汉军自己择取,又献出粮食供汉军食用。汉军取良马数十匹,中马以下牡牝三千余匹,又立对汉使友好的大宛贵人昧蔡为大宛国王,结盟罢兵,汉军未入中城,东归。

李广利这次率大军从敦煌出发,因人多,沿途小国不能供应粮食,就分为几支军队,从南、北两路进军。校尉王申生,原鸿胪壶充国等千余人,至郁成。郁成守将不给汉军粮食。王申生离大军二百里,凭大军军威轻视郁成守军,责其不供粮食。郁成守军"窥知申生军日少",早晨突发三千兵进攻,杀戮王申生等人,士卒有数人逃脱,至李广利那里。李广利令搜粟都尉上官桀攻郁成,郁成国王逃亡至康居,上官桀追至康居,康居听说汉军已破大宛,于是把郁成王献给上官桀,桀令四骑士缚郁成王送贰师将军。怕其逃跑,上邽骑士赵弟斩郁成王,带着他的人头和上官桀一道赶上了贰师将军。

破大宛后,贰师将军率军东归,沿途诸小国听说攻破了大宛,都使子弟随大军进贡,入见天子,而为人质。军队入玉门者万余人,马千余匹。贰师将军后出发,军队不乏粮食,战死的不多,而将吏贪暴,不爱士卒,侵夺之,因此,士卒死者众多。太初四年(前101)春,李广利至长安,武帝因为他到万里远的地方攻伐大宛,不记这些过失,所以封李广利为海西侯,食邑八千户;又封斩郁成王的上邽骑士赵弟为新畤侯;军正赵始成功最多,为光禄大夫;上官桀敢深入,为少府;李哆有计谋,为上党太守。这次伐大宛的将领,为九卿者三人,为二千石者百余人,千石以下千余人。从第一次伐大宛,到第二次伐大宛而返回来,历时四岁。

汉伐大宛后,立昧蔡为大宛王后离去。过一年多,大宛贵人因昧蔡善谄谀奉迎,而使大宛受屠戮,于是杀死昧蔡,立原国王毋寡兄弟名蝉封的为大宛王,并派遣其子到汉朝为人质。汉朝也派遣使者厚赠礼物以镇抚他们。蝉封与约,每年献天马两匹。

破大宛以后,西域震惧,汉派十余批使者到大宛以西许多国家,寻求奇珍异物,顺便观察了解汉朝伐大宛的威德。汉朝在敦煌、酒泉置都尉,西至盐泽(罗布泊),往往列置亭、障要塞。而轮台、渠犁皆有田卒数百人,置使者、校尉,以护田积粟,供汉朝出使外国者。

《汉书·武帝纪》载"太初四年(前101)春,贰师将军广利斩大宛王首,获汗血马来"。汗血马的名称叫"蒲梢",就是汉武帝所说的天马。武帝十分高兴,于是作《西极天马之歌》,《史记》卷24《乐书》载其辞曰:

> 天马来兮从西极,
>
> 经万里兮归有德。
>
> 承灵威兮降外国,
>
> 涉流沙兮四夷服。

在汉武帝的心目中,天马是最高的神"太一"贡献的可与龙相匹美的神马。① 在这首诗中,他又把天马的来临视为外国归降、四夷臣服的标志。从历史实际考察,大宛等国臣服汉朝,西域各国送人质入汉都是破大宛获汗血马后出现的现象。

李广利两次伐大宛,虽然最后取得胜利,但损耗是很大的。第一次伐大宛,带领骑兵六千,郡国恶少年数万,回至敦煌只剩下十分之一二,损耗兵力十分之八九。第二次伐大宛,带兵六万,负责后勤供应动用的人力不下数十万,耗费钱财无数。最后归来时,军队只剩下一万余,损耗了约五万人。《史记·大宛列传》说,军队

---

① 《史记·乐书》载武帝元鼎四年秋在敦煌渥洼水中得"神异"之马,武帝作《天马之歌》,其辞曰:"太一贡兮天马下,……今安匹兮龙为友。"

并不缺少吃的粮食,战死的士兵也不多,主要在于将吏贪污,不爱士卒,侵夺战士粮饷等原因,造成了士卒大量伤亡、流失。① 所以后来有人指出李广利二次伐大宛"损五万之师,靡亿万之费,经四年之劳,而仅获骏马三十匹,虽斩宛王毋鼓(寡)之首,犹不足以复(偿)费"。② 这就是说这次战争是得不偿失。这当然是有道理的,然而如从全过程、全局、战略方面考察,这次战争的作用无法忽视,因为:其一,这两次战争虽然损耗巨大,然而,最后却取得了胜利,达到了所要达到的战略目的。这次战争之后,不仅大宛归降汉朝,其他国家国王也纷纷送子入汉为人质,表示臣服。再如乌孙,已与汉朝和亲,在李广利第二次伐宛时,武帝遣使告乌孙,让发大兵与汉并力击大宛,乌孙却只"发二千骑往,持两端,不肯前"。③ 这次战争之后,乌孙进一步臣服于汉。破大宛之后,不仅西域各国转向汉朝,而且汉朝也在轮台、渠犁屯田,加强了对西域各国的管理,"断匈奴右臂"的战略构想,这时才得以实现。这些事实都说明,这次战争达到了战略目的这一点是不应忽视的。其二,在破大宛之后,宣帝时发生了汉与乌孙联军大败匈奴之事;元帝时发生了汉西域都护骑都尉甘延寿和副校尉陈汤"不烦汉士、不费斗粮"征发西域乌孙诸国兵诛斩匈奴郅支单于于康居。这两个事件,正是破大宛后西域各国进一步臣服汉朝的结果。如果汉武帝不能破大宛,正如他自己所说,西域各国就会轻视汉朝,远离汉朝而去,后面那两件事也就不会发生。其三,李广利两次伐大宛,士卒损失惨重,经济上耗费巨大,也没有打什么漂亮的胜仗,这是汉武帝选用

---

① 《史记·大宛列传》说李广利第二次伐大宛"军入玉门者万余人,军马千余匹。贰师后行,军非乏食,战死不能多,而将吏贪,多不爱士卒,侵牟之,以此物故众"。

② 《汉书》卷70《陈汤传》。

③ 《汉书》卷61《李广利传》。

将领不当和军队纪律不好等失误所造成的。然而,不能以这些局部失误否定他不惜付出巨大代价而实现其战略目的坚定决策,也不能否定以付出巨大代价而取得的成果。

四、汉朝与西域的经济文化交流

汉武帝时张骞两次出使西域,打通了中西交通。其后,汉与乌孙和亲和李广利伐大宛后,汉在西域屯田、设官,汉朝与西域各国的使者互相频繁往来,使汉与西域各国的经济、文化交流大大加强。

1. 汉朝科技与经济文化西传。据中国史籍所载,汉武帝时铸铁技术、凿井技术、丝织品从中国内地传到了西域。

从世界冶铁史考察,人工冶铁最早约出现于公元前一千五百多年前小亚细亚和亚美尼亚山区,最早出现的这种人工冶铁为块炼铁。根据文献记载和考古材料公元前七至六世纪末中国出现了铸铁,这是人类冶铁技术的一个重大进步,它表明中国的冶铁技术已居于世界的领先水平。汉武帝时期铸铁技术从中国内地传到了大宛。《汉书·西域传》载,自大宛以西至安息"不知铸铁器,及汉使、亡卒降,教铸作它兵器"。据注家解释,汉使至大宛及亡卒降大宛者,才教会大宛用铁铸作兵器。这就是说中国的铸铁技术传至大宛是在公元前一世纪初。据李约瑟教授说西欧是在公元十二世纪后才使用铸铁的。很可能中国先进的铸铁技术在公元前一世纪初先传至大宛,而后才逐渐西传至欧洲。这是中国在科技方面对中亚和世界人民的一个重大贡献。

中国内地的穿井与井渠灌溉技术传至西域,是对西域各国人民的又一贡献。《史记·大宛列传》载,李广利伐大宛时,"宛城中无井,汲城外流水,……宛城新得秦(汉)人,知穿井"。从这一记载可知,葱岭以西的大宛当时不知饮用井水,打井技术和饮用井水是汉人传去的。另外,井渠灌溉技术,也是从汉朝传去的。武帝时修龙首渠,《史记·河渠书》载:"万余人穿渠,自征引洛水至商颜下,岸善崩,乃凿井,深者四十余丈,往往为井,井下相通行水"。《汉书·西域传》载,宣帝时,汉遣破羌将军辛武贤将兵万五千人至敦煌,遣使者案行(按次排列)表,穿卑鞮侯井以西,欲通渠转谷"。孟康曰:卑鞮侯井,"大井六,通渠也,下泉流涌出"。据说打井的地点在楼兰所在的"白龙堆东土山下"。这就是汉时修龙首渠的井渠法,宣帝时已传至楼兰(鄯善)地区。王国维先生认为:西汉时,汉在鄯善、车师的屯田,用的就是这种井渠灌溉法,并认为这种方法是从中国内地传至西域的。①

汉朝出产的铜、锡、金、银等金属也输出至大宛等地,《汉书·西域传》载,大宛等国"得汉黄白金,辄以为器,不用为币"。这里所说的"黄白金"当指汉朝出产的金、银、铜、锡。《汉书·东方朔传》载,长安南山就出产"玉石"和"金、银、铜"等金属。《史记·大宛列传》又载安息国"以银为钱,钱如其王面,王死辄更钱,效王面焉",说明安息以银为币已是习惯。大宛等国得到汉朝的金、银、铜、锡作器物用,不用货币,说明货币经济不发展。而用黄、白金为器皿,说明生产使用价值的生产占统治地位。汉朝输入到这里的黄、白金增加了生活用器。

随着张骞通西域,中国的丝织品也传到了西域。当时汉朝和西域各国双方的使者实际上起着贸易使团的作用。张骞第二次出使西域,率领三百人,带去的"牛羊以万数","金币、帛直数千巨万",先到乌孙,又分别派遣副使到大宛、康居、大月氏、安息、身毒、于阗、扜弥等国,这就把所带的金币、丝织品分送到了各个国家。不久,随着张骞回国,各国使团又先后回访汉朝带来各国的特

---

① 王国维:《西域井渠考》,《观堂集林》卷13。

产品。这种双方使团互相携带礼品拜访对方就是进行交换和贸易的一种重要形式。由于丝织品是中国向西域输出的一种主要货物，所以后来就把从长安经河西地区，出玉门关、阳关经中国新疆地区而至欧洲的这条中西交通的陆上通道称为"丝绸之路"。从汉武帝开始，中国的丝织品等货物通过丝绸之路源源不断地输往西方，西方的各种物产也可以通过这条通道输入中国。中国西汉时期丝绸已有很高的技术水平，据一些考古学家、丝织专家的研究，中国汉代蚕丝的直径与近代一些地区和国家的比较为：中国汉代蚕丝直径 0.02—0.03 毫米；中国近代广州生产的丝为 0.218 毫米；近代日本为 0.273 毫米；近代法国为 0.316 毫米。这一比较说明，汉代蚕丝的质量和技术水平，近代的一些先进国家也无法达到。[①] 而且丝织品染色水平也很高。湖南长沙马王堆汉墓所出土的精制的丝织品，即使用现代科技手段复制，也仍然是非常困难的。正因为西汉时的丝织品有很高的质量，所以受到了中亚、西亚、北非和欧洲人的欢迎。在中亚的撒马尔罕、西亚的叙利亚、伊拉克、北非的埃及都曾出土过中国的丝绸。罗马人把中国称为"赛里斯"（意为"丝国"），称中国的丝织品为"大也勃儿"（意为"惟妙惟肖"，转意为"非常好"、"太棒啦"）。罗马的"富豪贵族妇女，用它做成衣服，光辉夺目。"罗马帝国著名的凯撒大帝穿着精美无比的中国丝绸制作的衣服去剧院看戏，引起全场轰动，人们纷纷称赞，并竞相仿效。有的外国史学家认为"丝绸贸易是古代世界中运销最远、规模最大的商业"。

汉武帝时在西域的楼兰、轮台等地屯田，内地先进的农业生产技术传至西域。考古工作者在新疆发现了汉代的铁犁、铁镰，与内地出土的相同。汉朝的手工业品也大量西传。如中亚地区发现过

---

① 夏鼐：《我国古代桑蚕丝绸的历史》，《考古》1972 年 2 期。

汉代的弧文铜镜,上面刻有铭文说:"炼冶铅华清而明,……延年益寿去不羊(祥),与天毋亟宜日月之光,千秋万岁,长乐未央,青口"。① 在高加索地区发现了汉代的玉器,在伏尔加河发现了汉代剑鞘有玉装饰的剑。另外,内地的特产也传至西域,如桃、杏、李、茶叶、桐油、干姜、肉桂等。

2. 西域经济、文化的东来。汉武帝时,随着西域的开通,西域的经济、文化也传入中国内地,据史籍和考古材料主要有下述一些。

西域的一些植物传入内地,如:苜蓿,是马喜欢吃的一种植物,《史记·大宛列传》就说"马嗜苜蓿",唐代杜甫有"宛马总肥看苜蓿"的诗句。看来苜蓿被引进,主要是因为它是马的饲料,同时它还是人食用的一种菜。② 苜蓿在汉武帝时已在长安附近广为种植,《史记·大宛列传》说:"汉使取其实(种籽)来,于是天子始种苜蓿、葡萄肥饶地。及天马多,外国使来众,则离宫别观旁尽种葡萄、苜蓿,极望(一望无边)"。这几句,把苜蓿是汉使从西域取回种籽开始种植,到其后随天马多、外国使者来后才在离宫别观旁大面积种植等都讲得很清楚。葡萄与苜蓿是一同取来种籽而种植的,是作为水果和造酒原料而引进的,《史记·大宛列传》说大宛一带"以葡萄为酒,富人藏酒至万余石"云云就讲的很清楚。石榴,也是那时传入内地的水果,又名若榴,《博物志》载"张骞使大夏,得石榴"③。《齐民要术》也说:"张骞为汉使外国……,得涂林。涂林,安石榴也。"④胡麻,又称芝麻,可榨香油,《齐民要术》说,"《汉

---

① 彭卫:《张骞》,陕西人民出版社 1981 年版,81 页。

② 任昉在《述异记》中说:"苜蓿本胡中菜,骞(张骞)于西国得之。"

③ 《文选》卷 16《闲居赋》李善注。

④ 《齐民要术》卷 4《安石榴》第 41。

书》,张骞外国得胡麻"①。胡豆,蚕豆、豌豆、绿豆之称,《齐民要术》载"张骞使外国,得胡豆"②。胡桃,又称核桃,《博物志》说:"张骞使西域,乃得胡桃种"③。此外,据文献记载,胡蒜(大蒜)、胡荽(香菜)、胡瓜(黄瓜)都是张骞从西域带回来的。这些植物传至内地,大大丰富了中国内地各族人民的生活。由于这些植物都是在张骞通西域后传来的,所以记载都把这些植物的东传与张骞联在一起,以纪念丰功伟绩,有诗云:"不是张骞通异域,安能佳种自西来。"④

随着张骞通西域的成功,西域的动物也传入内地。这些动物中最著名的就是天马。张骞第二次使西域回国时,乌孙送给汉朝几十匹好马,名天马。其后,大宛汗血马也传入内地,遂改乌孙马为西极马,而称大宛马为天马。武帝求西域天马,不仅有改良内地马种的意义,而且赋予这件事以极其崇高的理想中的意义。元鼎四年(前113)在敦煌渥洼水得神马一匹,武帝即作了一首《天马歌》,反映汉武帝赋予获得天马的象征性的含义。其歌辞曰:"太一贡兮天马下,霑赤汗兮沫流赭。骋容与兮跇(越)万里,今安匹兮龙为友。"⑤这首天马歌共四句,每句七个字与汉高帝《大风歌》相同,在这首歌中武帝认为,天马下凡是最高的神"太一"贡赐的神物,天马出汗似血流沫如赭,驰骋起来跨越万里,有什么可以与天马相匹敌呢? 那就只有龙了。所以 ,在汉武帝的眼中,天马是一种可以与龙相匹敌的神兽。太初四年李广利伐大宛带回汗血马后,汉武帝又作了前已引述的那首天马歌,则把天马的来临视为国家强盛、四夷宾服的象征。总之,天马是天降的祥瑞。从平定大宛

① 《齐民要术》卷2《胡麻》第13。
② 《齐民要术》卷2《大豆》第6引《本草经》。
③ 《博物志》卷6《物名考》。
④ 乾隆重修《肃州新志》。
⑤ 《史记》卷24《乐书》。

后,大宛定期向汉朝贡献天马,据西晋张华《博物志》载一直到曹魏时期西域还"时有献者"。① 天马的东来不仅增加了内地马的品种,而且丰富了人们的精神生活,汉昭帝平陵附近西汉遗址中发现的玉奔马、元帝陵附近发现羽人飞马即羽人骑在玉雕的飞马上遨游太空、以及后来"伯乐识马"故事的流传都说明了这一点。

张骞通西域后,奄蔡及其东北的貂皮也传入内地,《史记·货殖列传》载有"狐貂裘千皮"的商人是可以与"千乘之家"比富的。安息、身毒、黎轩(大秦)的毛织品如地毯、毛褥、毡子等,这些毛织品在当时被称为氍毹、毾㲪等。在新疆的楼兰汉墓就发现有"堆绒地毯"、"粗制的毛织物"和毡子。② 安息的宝石、大秦的明月珠等物品也进入中原地区。

汉武帝时西域的乐器和乐曲也传入中国内地,促进了音乐的发展。胡笳,为西域、塞北的管乐器,传说是张骞从西域传入的。胡笳据说最初是用葭叶(初生芦苇叶)卷成小圆筒,称"吹鞭"。近代所传胡笳为木管三孔,吹出的声音悲凉、凄厉。《李陵答苏武书》有"胡笳互动,牧马悲鸣"之语。武帝时,李延年据胡曲作新声二十八解(章)③,以为武乐。《汉书·外戚传》称赞李延年"每为新声变曲,闻者莫不感动"。这二十八章乐曲,晋以后还存《出关》、《入关》、《入塞》、《出塞》等十曲。箜篌,又名坎侯。东汉应劭说,汉武帝"令乐人侯调始造此器"。《隋书·音乐志》认为这种乐器出自西域。《旧唐书·音乐志》载箜篌有两种:一种似瑟而小,七弦,用拨弹之,如琵琶。④ 一种为竖箜篌,胡乐也,二十二弦,

---

① 《博物志》卷3。
② 斯坦因:《西域考古记》,第九章。
③ 崔豹《古今注》载李延年"更造新声二十八解,乘舆以为武乐。"
④ 1969年新疆吐鲁番阿斯塔那230号唐墓,发现竖抱弹拨的箜篌,七弦,与《旧唐书》所载相符。

用两手齐奏,并说竖箜篌是从西域传来的。据上述记载,箜篌可能是汉武帝时从西域引进的一种乐器。

此外,黎轩(大秦)的"眩人"(变化惑人)即魔术也传至中国,表演的有口中吹火、自缚自解等节目。而"角抵、奇戏岁增变",昌盛兴旺。此处所谓角抵即摔跤,乃中国古代的传统体育节目,奇戏多为魔术一类的表演节目。据《汉书·武帝纪》载元封三年春,"作角抵戏,三百里内皆观"。① 这表明,中西文化的交流,曾促进了内地文化活动的丰富与发展。

不仅如此,张骞通西域后,西域还是古代中国与印度经济、文化交流的重要通道。斯坦因等人在古楼兰废墟中发现的梵文、佉卢文(古印度的一种文字)文书也说明了这一点。汉武帝之后,佛教传入中国,西域也是一条很重要的通路。

《汉书·西域传》赞曰:"孝武之世,图制匈奴,患其兼从西国,结党南羌,乃表河西,列四郡,开玉门,通西域,以断匈奴右臂,隔绝南羌、月氏。单于失援,由是远遁,而漠南无王庭。"这就是说汉武帝打通、经营西域的政策达到了目的,而大宛、乌孙的臣服,说明其势力达到了葱岭以西。同时与安息、康居等国也建立了友好关系,《史记·大宛列传》载"汉使至安息,安息王令将二万骑迎于东界,东界去王都数千里"等等就说明这一点。

《汉书·西域传》又说:"自宣、元后,单于称藩臣,西域服从,其土地山川王侯户数道里远近翔实矣。"这一记载,详述了宣、元时汉朝在经营匈奴、西域方面取得的巨大成功。东汉初,西域各国不堪忍受匈奴骚扰纷纷遣使至汉,请求汉朝派都护

---

① 《汉书·武帝纪》载:元封三年春"作角抵戏,三百里内皆来观"。注引应劭曰:"角者,角技也。抵者,相抵触也。"文颖曰:"名此乐为角抵者,两相当角力。角技艺射御,故名角抵。"

管理西域各国。这个事实从另一个方面证明了汉武帝开通、经营西域方针的正确。

汉武帝通过经营西域,打通了中西交通,促进了中国与中亚、阿拉伯地区、欧洲、北非以及南亚次大陆在物产、科技、经济、文化方面的互相交流。这一点有着重大的意义。互相交流,促进了互相进步与发展。近年以来,国际上对这条陆上的丝绸之路,给予了经久不衰的注意,正说明了它在古代所起的重要作用。从这种意义上看问题,汉武帝时期中国所发生的一些事情,不仅对中国,而且对世界历史也有着不可忽视的重要影响。

第三节　统一两越、西南夷与平定朝鲜

一、统一南越

南越(粤),主要指今广东、广西、越南北部、湖南南部越族居住地区;东越主要指今浙江、福建的越族居住区。《汉书·地理志》注引臣瓒曰:"自交趾至会稽七八千里,百越杂处,各有种姓。"关于越族的族属问题,中国古籍有两种意见:一种认为越族"其君禹后,帝少康之庶子云,文身断发,以避蛟龙之害,后二十世,至勾践称王"。①　另一种意见认为:"越为芈姓,与楚同祖。"②《史记·五帝本纪》说:"帝颛顼高阳者,黄帝之孙而昌意之子也。……南至于交趾。"颛顼高阳氏就是楚国的始祖。所以说越人与楚同祖是有根据的。按上述意见,越族是华夏族的一支,是我国境内的一

---

① 《汉书》卷28《地理志》;《史记》卷41《越王勾践世家》。
② 《汉书·地理志》臣瓒曰引《世本》。

个古老民族。春秋末越王勾践北上黄河流域争霸其霸主地位受到周天子和各国的承认。勾践争霸的目的之一就是要争越国在华夏族诸国中的正宗地位,结果他取得了成功。

秦始皇统一中国前,地处今广东、广西和越南北部的越族,处在一种"百越杂处,各有种姓",互不统属的状态。据《史记·孙子吴起列传》载吴起在楚国当政时曾"南平百越"。秦始皇统一这一地区后,征发谪戍,徙至岭南,"与越杂处"①,并置郡县,设官管理。秦二世时农民起义爆发,秦南海郡督尉任嚣"病且死",召龙川县令赵佗说:"秦为无道,天下苦之,中国扰乱,未知所安,豪杰叛秦相立,南海僻远,吾恐盗兵侵地至此,欲兴兵绝新道(秦朝新开通的道路),自备,待诸侯有变。且番禺(今广州)负山险,阻南海,东西数千里,颇有中国人相辅,此亦一州之主也,可以立国。"于是,就把任命的文书给赵佗,让他执行南海尉的职事。任嚣死后,赵佗派人传送檄文通知横浦关、阳山关、湟溪关的官吏说:"盗兵快要到来,快快断绝通道,集合军队,进行防守"。并利用时机诛杀了秦朝设置的官吏,以自己的亲信党羽代理郡县的职守。秦灭亡后,赵佗攻击吞并了桂林、象郡,自立为南越武王。

赵佗,原为真定人(今河北省正定人),系秦朝南海郡的一个县令,乘秦末大乱,并桂林、象郡,自立为王。然而,因无中央政权的任命、批准,所以"自立为王"的行为是不合法的。汉高帝统一中原后,由于民众劳苦,天下疲惫,所以释免赵佗之罪不加诛戮。汉十一年(前196),派陆贾出使南越,封赵佗为南越王,并赐南越王印。赵佗答应"称臣奉汉约"。其境,北与长沙国境接连。

吕后当政时,有关机构的官吏"请求禁止对南越开设关市及出售铁器"即"请禁南越关市、铁器"。赵佗说:"高帝立我为南越

---

① 《史记》卷5《秦始皇本纪》。

王，互通使节、物产。现在高后听信谗言，要区别汉与蛮夷的界限，不给南越重要器物，此必长沙王的计谋，想依靠中原，灭掉南越，并加以兼并"云云，于是赵佗自号南越武帝，发兵攻长沙国边邑，打败了几个县而退去。高后派将军隆虑侯周灶进击南越，因天气暑热潮湿，士卒大疫，未过阳山岭。一年多后，高后去世，遂罢兵。赵佗因此以兵力威胁边邑，又用财物遗赐闽越、西瓯、骆，①加以役属。并乘坐天子的黄屋车，左竖天子大纛，竟然当起了皇帝。

文帝元年（前179），汉为赵佗在真定的祖坟设置守邑，每年举行祭祀，并给赵佗堂兄弟当官和优厚赏赐，又派陆贾出使南越。赵佗称帝，根本不敢派使者通报汉朝，陆贾这次使南越，赵佗十分恐惧，就上书谢罪说："蛮夷大长老臣佗，前因高后歧视南越，又怀疑长沙王进臣的谗言，又听说高后杀了臣的宗族、挖掘焚烧了臣的祖坟，所以背弃中国，侵犯长沙王边界。况且，南方卑湿，蛮夷中，东方闽越只有上千人就称王、西边的瓯、骆也称王。老臣妄自窃称帝号只是聊以自娱，怎么敢报告给天王知道。"表示"叩头谢罪，愿长为藩臣，尽到朝贡的职责"，并下令国中说："皇帝，贤天子也。自今以后，去帝制黄屋纛。"陆贾回报，文帝很高兴。至景帝时，也向汉朝称臣，使人入朝请安如诸侯国。

武帝建元四年，南越王赵佗死，其孙赵胡为南越王。此时闽越王郢派兵攻南越边境，胡上书天子说："两越均系汉朝藩臣，不得派兵互相攻击。现在闽越派兵攻臣，臣不敢出兵，请天子下诏处理。"天子认为南越王忠义，能恪守职责和盟约，派王恢、韩安国讨伐闽越。军队还未到，闽越王弟余善杀郢降汉，汉于是罢兵。汉天子（武帝）派庄助（严助）把汉军讨伐闽越的经过告诉赵胡，胡叩头

① 西瓯主要在今广西地区；骆，亦称骆越，主要在交趾。

谢恩说:天子为臣兴兵讨闽越,死无以报德。于是遣太子婴齐到汉朝当宿卫。十几年后,赵胡病重,太子婴齐请归,赵胡死后,婴齐被立为南越王。并谥号赵胡为文王。

婴齐在长安宿卫时,娶邯郸樛氏的女儿为妻,生了一个儿子叫兴。婴齐继位后,上书汉天子,请立樛氏为王后,儿子兴为王位继承人,并派他的儿子次公到汉朝去当宿卫。婴齐死后,太子兴继位为南越王,谥婴齐为明王,其母樛氏当了太后。元鼎四年(前113)武帝派安国少季、终军等使南越,告谕南越王兴、王太后樛氏入朝见天子,比照内属诸侯王。南越王年少,太后是中国人,数次劝国王与臣下要求内属,并上书给汉天子,请求比照内属诸侯王,三年朝贡一次,除去边界的关塞。汉天子允许后,赐给了丞相吕嘉银印,及内史、中尉、太傅的印,其余可以自行设置。废除原来的黥刑、劓刑,比照诸侯王,用汉朝的刑法。汉朝的使臣留下安抚南越民众,南越王、王太后整饰行李、用器准备朝见汉天子。

南越相吕嘉从赵佗时起就担任这一职务,已历三王,其宗族当官为长吏者七十余人,男尽娶南越王女为妻,女都嫁给了王子兄弟宗世。吕嘉在南越地位重要,受越人崇信,比国王还得民心。吕嘉不同意国王和太后的作法,反对内属归汉,就让其弟统领士兵的一部分布置在他的住处,称自己有病,不肯见国王和汉使。在这种情况下,国王、太后内属汉朝的决定无法执行。

汉武帝听说吕嘉不听国王、太后的制约,王、太后孤弱不能制,汉使臣又怯懦缺乏决断,又认为只有吕嘉为乱,不值得派大军,想派出二千人的使团去解决问题。此时,颍川郏县人原来济北王相韩千秋说:"一个区区之越,又有王、太后为内应,愿得勇士二百人,必能斩吕嘉头而归报陛下。"于是汉武帝派韩千秋与南越王太后弟樛乐带领两千人前往,入南越境。吕嘉等人遂反,并下令说:

"国王年龄小,太后是中国人,又与使者淫乱,①一心一意内属汉朝,把先王的宝器都拿去献给汉朝以谄媚汉天子。太后要带很多人去长安,想把他们卖给中国人当僮仆,只顾一时之利,全不从赵氏社稷的长远利益着想。"在进行这样的煽动之后,吕嘉就同其弟带兵攻杀南越国王赵兴、太后樛氏和汉朝使臣。又派人告诸郡县,立婴齐越妻生子术阳侯建德为王。韩千秋所率两千士兵,攻破数小邑,后越人开道给食,到距番禺(今广州)四十里处,遭越兵攻击,被灭。吕嘉又发兵守要害之处。汉武帝知道上述情况,封韩千秋儿子韩延年为成侯、樛乐之子广德为龙亢侯。并决定派大军和江淮以南楼船部队十万人讨伐南越。

元鼎五年(前112)秋,武帝令卫尉路博德为伏波将军,出桂阳,下湟水;主爵都尉杨仆为楼船将军,出豫章(今江西南昌市一带),下横浦(今广东北江东源涟水);归义越侯二人为戈船、下濑将军出零陵,下离水、②抵苍梧;驰义侯率巴蜀罪人、发夜郎兵,下牂柯江;各路军都在番禺集会。

元鼎六年(前111)冬,楼船将军带领数万精兵与伏波将军所带千余人会合,至番禺。南越王建德和丞相吕嘉守城。楼船将军居东南面,伏波居西北面。楼船攻破越人,纵火烧城;伏波将军遣使招降者,赐印,复令相招,到天明,城中皆降伏波。建德、吕嘉逃亡入海。伏波将军遣人追赶,校尉司马苏弘得南越王建德被封为海常侯;南越郎官都稽得南越相吕嘉封为临蔡侯;苍梧王赵光与南

---

① 《史记·南越列传》载王太后樛氏,在与婴齐结婚前曾与霸陵人安国少季私通。元鼎四年汉朝派安国少季出使南越,吕嘉等人说他与太后樛氏淫乱,恐非事实。因太后樛氏曾想在宴会上诛吕嘉,因与汉使安国少季配合不好而失败,证明二人关系并不亲密,缺乏勾通。所以说二人在南越淫乱,当是吕嘉等人的诬陷之词。

② 《史记·南越列传》《正义》云:"零陵有离水,东至广信入郁林,九百八十里。"

越王同姓听说汉兵至,降,封随桃侯;越揭阳令史定降汉,封为安道侯;越将毕取率军降,为瞭侯;越桂林部监居翁谕告瓯骆四十万口降,封湘城侯。戈船、下濑将军及驰义侯等所统军未到,而南越已平。伏波将军增加了封户;楼船将军因攻克坚固防守被封为将梁侯。

南越从赵佗自立为王,传四代五王,共九十三年而亡。

汉武帝于元鼎六年灭南越后,在其地设置九郡:(1)儋耳:武帝元封元年(前110)置,辖今海南岛西部地区,治所在今海南岛儋县,昭帝始元五年(前82)并入珠崖郡。(2)珠崖:武帝元鼎六年(前111)置,辖今海南岛东北部,以崖边出珍珠而得名,元帝初元三年(前46)废。(3)南海:秦始皇三十三年(前214)置,汉武帝元鼎六年(前111)灭南越后复置,治所在番禺(今广州市),辖珠江三角洲等地,历两汉未改;(4)苍梧:汉武帝元鼎六年(前111)置,治所在广信(今广西梧州市),辖今广西都庞岭、大瑶山以东和广东肇东、罗定以西。(5)郁林:元鼎六年(前111)置,治所在布山(今广西桂平西),辖广西广大地区。(6)合浦:元鼎六年(前111)置,治所合浦(今县东北)、辖今广东西南地区。(7)交阯(趾):元鼎六年(前111)置,辖今越南北部。(8)九真:公元前三世纪末赵佗置,元鼎六年入汉,辖今越南清化、河静两省及义安省东部。(9)日南:元鼎六年置,辖境约为今越南中部横山以南、大岭以北地区。东汉末以后,其境皆为林邑国所有。这九个郡中,海南岛的儋耳、珠崖与今越南境内的交阯、九真、日南均为武帝时新置。

二、东越归降与迁徙江淮

东越分两支,一支为闽越王无诸,另一支为东海王摇。两支皆为越王勾践之后,姓驺(一说姓骆)。秦并天下,废二者王号为君长,以其地为闽中郡。秦末农民起义爆发后,无诸、摇率越人归番阳(今江西鄱阳县)令,随从诸侯灭秦。当时项籍(项羽)号令诸侯,没有分封二人称王,因此不归附楚。刘邦击项羽时,无诸、摇率越人辅佐刘邦灭项羽。汉五年(前202),刘邦立无诸为闽越王,统治闽王原来的地区,建都于东冶(今福建福州市)。惠帝三年,举荐高帝时越人的功劳,主管此事的人说摇的功劳多,他的人民愿归附他,于是立摇为东海王,都东瓯(今浙江温州市),号称东瓯王。

景帝三年,吴王濞造反,想拉闽越与他一同反汉,闽越不肯跟随他,只有东瓯追随他。吴王濞被打败后,东瓯被汉朝收买,在丹徒杀了吴王,所以对东瓯追随吴王濞之事未加追究。

吴王濞的儿子子驹逃亡到闽越,怨恨东瓯杀了他的父亲,常劝闽越击东瓯。建元三年(前138),闽越发兵攻东瓯,东瓯粮尽,陷于困境,将要投降,派人向汉天子求救。武帝征询太尉田蚡的意见,田蚡回答说:"越人相攻击,是平常的事情,他们反复无常,不值得中国去救助,况且闽越在秦时已弃而不管理了。"中大夫庄助(严助)诘难田蚡说:"只患力量不能救助他们,恩德不能覆盖他们,如果能够,为什么要抛弃他们?况且秦朝连咸阳都抛弃了,何况闽越呢?现在小国因困穷向天子告急,天子不予理睬,他们又到何处去诉求呢?这样下去天子又怎能臣属万国呢?"武帝说:"太尉未足与计议。我初即位,不想出虎符去征发郡国的军队。"于是派庄助以信节到会稽去调遣军队,会稽太守想拒不发兵,庄助斩一司马,而后晓谕天子意指,于是派军队渡海去救东瓯,未至,闽越已退兵而去。东瓯请求把全国臣民都迁徙到中国去,于是率所有民众而来,被汉朝安置于江、淮之间。注引徐广曰:这次"东瓯王、广武侯望,率其众四万余人来降,家庐江郡。"

建元六年(前135),闽越又出兵攻南越,南越遵守天子的约束,不敢擅自发兵迎击,而是把情况向天子报告,等待处理。武帝派大行(大鸿胪)王恢出豫章郡(今江西南昌市),大农韩安国出会稽郡（今江苏苏州市），两人都拜为将军领兵出击。汉军未越过山岭，闽越王郢即发兵据险而守。此时，其弟余善就与宰相、宗族们商议说："国王擅自发兵攻击南越，也不请示天子，因此天子派兵来讨伐。现在汉朝兵多又强，即使侥幸取胜，后面来的汉兵会越来越多，最后我们的国家还是得灭亡。现在如果杀国王向天子谢罪，天子接受了我们的谢罪，罢兵，国家就可以保全。如果不接受我们的谢罪，我们就拼死一战，打不胜，就逃亡入海。"大家都说："善。"于是余善等人就杀了国王，让使者把国王的头奉送给大行王恢。大行说："我们来就是为诛杀国王，现在国王的头已送来，又向天子谢罪，不战而胜，没有比这更有利了。"于是就把情况告诉了大农韩安国的军队，同时派使者带着国王的头向天子报告。武帝下诏罢两位将军的兵，并说："郢等人是首恶，独无诸的孙子繇君丑不与谋焉。"所以就立丑为越繇王，奉行对闽越祖先的祭祀活动。

余善杀了郢以后，威行全国，国民多归属，遂私下自立为王。繇王不能矫正民众拥护他，汉武帝知道了这一消息认为余善的行为不值得汉朝去兴师问罪，就说："余善常和郢等谋作乱，后来首先诛郢，使汉朝军队不劳顿。"因此，立余善为东越王，与繇王并处。

元鼎五年，南越相吕嘉反，东越王余善上书，请以士卒八千从楼船将军杨仆击吕嘉等，军队开到揭阳，就以海上有大风为借口，不再前进，暗里派使到南越通风报信。汉军攻陷了番禺，他的军队还是不到。这时楼船将军杨仆遣使上书，愿顺便率领军队攻打东越。汉武帝回答说：士卒疲劳，所请不准，罢兵，令诸校尉率兵屯驻梅岭待命。

元鼎六年（前111），余善听说楼船将军请诛掉他，汉兵已到边界，因此就公然造反，派兵在汉兵经过时抵抗阻拦，封将军驺力等为"吞汉将军"。他们率军攻入白沙（今江西南昌东北）、武林（今江西余干北武陵山）、梅岭等地，杀了三校尉。这时，武帝曾派大农张成、原山州侯齿率军屯驻那里,他们不敢反击东越军队,反而退到安全稳妥地方去了,都犯了畏战懦弱的罪而被诛杀。

余善又刻"武帝"玺自立,说了不少狂妄的话以欺骗民众。在这种情况下,汉武帝派四路大军征讨:横海将军韩说出句章县(今浙江慈溪县),渡海从东方前往;楼船将军杨仆出武林;中尉王温舒出梅岭;戈船、下濑将军出若邪(今浙江绍兴南)、白沙。元封元年(前110)冬,四路大军入东越。东越派军在险要处防守,派徇北将军守武林,打败了楼船将军的几位校尉,并杀了长吏。楼船将军派钱唐(今浙江杭州市西)辕终古斩徇北将军。汉使越衍侯吴阳劝余善降,余善不听,等到横海将军韩说先到,越衍侯吴阳就率其邑中的七百人起义,攻击汉阳(今福建浦城北)的越军,并与建成侯敖、繇王居股谋划说:"余善是罪魁祸首,劫持我们为他防守。现在汉兵已到,兵多而强,我们设计杀余善,各自归顺汉将,或者侥幸逃脱罪责。"于是遂杀余善,降横海将军韩说。

平定东越后,武帝封赏了归降汉朝的闽越有功人员和汉朝有功者:封繇王居股为东成侯,食封万户;封建成侯敖为开陵侯;封越衍侯吴阳为北石侯;封横海将军韩说为案道侯;封横海校尉福为缭嫈侯。横海校尉,原系成阳共王子,故为海常侯,坐法失侯,今又封。其余诸将无功,不封。东越将领多军,汉兵到后,弃其军,降汉,封为无锡侯。

汉武帝说:"东越狭多阻,闽越悍,数反复,诏军吏皆带领其民迁徙到江、淮间去居住。"东越的土地遂成了无人居住的空地。其地,归会稽郡东部都尉管辖。

三、通西南夷

秦汉时期的西南夷,指今四川、贵州、云南一带的少数民族地区。据《史记·西南夷列传》所载当时在今云南地区著名的有滇国(今云南滇池附近)、嶲(云南云龙县西南)、昆明(今云南大理市)。贵州境内以夜郎最大,主要在贵州西部、北部的遵义、桐梓一带。四川境内著名的有邛都(今四川西昌市)、徙(今四川天全县)、筰(今四川汉源县东南)、冉駹(今四川茂汶羌族自治县)等。此外,还有地处今甘肃的白马夷(氏族)。

西南夷在秦统一之前已和中原地区发生联系。秦惠文王九年(前 316)秦国灭蜀、巴两国,并设郡。楚顷襄王二十年(前 279)左右,楚将庄蹻率军通过黔中至滇池,使滇属楚,后因黔中被秦攻占,滇、楚交通断绝,庄蹻就"变服,从其俗",在滇称王。秦统一后,曾在西南地区修"五尺道",据考证"五尺道",自"僰道县(今四川宜宾县安边镇)至云南曲靖附近,使西南边民可由道入川,再由四川入关中。① 由于这条路比秦在中原地区修的驰道狭窄,所以名为"五尺道"。《史记·西南夷列传》说秦在西南夷诸国"颇置吏焉"。《汉书·司马相如传》也说"邛、筰、冉、駹者近蜀,道易通,异时尝通为郡县矣,至汉兴而罢。"这说明秦时在今四川的邛、筰、冉、駹曾置郡县。

汉朝建立后,无暇顾及西南夷的事情。汉武帝时才开始通西南夷,其主要经过和事实如下。

1. 唐蒙使夜郎与犍为郡的设置。《史记·西南夷列传》说:"西南夷君长以什数,夜郎最大。"据学者研究,战国至汉,夜郎在今贵州西、北部和云南东北、广西北部部分地区,为西南夷大国。建元六年(前 135)大行王恢以将军击东越,王恢派番(音婆)阳令唐蒙晓谕南越,南越人用蜀郡产的枸酱招待他,唐蒙问酱从何来,回答说:"道经西北的牂柯江而来,②牂柯江宽数里,途至番禺城

① 林剑鸣:《秦汉史》上册,上海人民出版社 1989 年版,71 页。
② 牂柯江:一说今北盘江,一说今都江。此外,还有说今濛江(源出今贵州惠水县西北,南流与红水河汇合等)。见《辞海》牂柯江条。

下。"唐蒙回到长安又问蜀地商人,商人回答说:"只有蜀地出枸酱,当地很多人拿到夜郎去卖。夜郎者,临牂柯江,江广百余步,足以行船。"唐蒙核实了这一信息的可靠性,遂上书武帝说:"南越王坐着黄屋车,树着左纛旗,东西地方万余里,名为外臣,实一州之主。今从长沙、豫章前往,水路多绝,甚难。听说夜郎有精兵,大约十余万,如乘船从牂柯江而下,出其不意,此制服南越之一奇计也。以汉朝的强大,巴蜀的富饶,通过夜郎的道路,在那里设置官吏,是很容易做到的事情。"武帝批准了这一建议,就任命唐蒙为郎中将,率战士一千人,负责粮食辎重的万余人,从巴、蜀、筰关入,见夜郎侯多同。唐蒙赐给其优厚的礼物,晓以威德利害,约定为其置吏,使其子为令。夜郎及其旁边的小邦城邑都贪得汉朝的缯帛,以为汉通夜郎的道路艰险,终不能占有这一地区,就暂且接受唐蒙的盟约。

唐蒙把他出使夜郎的情况上报武帝,武帝就把夜郎设置为犍为郡。《汉书·地理志》及注载:犍为郡,武帝建元六年置,故夜郎国,下属僰道县(今四川宜宾市)等十二个县。

唐蒙在此地又"发巴蜀卒治道",修的道路从僰道(今四川宜宾市)至牂柯江(今贵州威宁、水城、关岭一带)①《汉书·司马相如传》载:"唐蒙已略通夜郎,因通西南夷道,发巴、蜀、广汉卒,作者数万人。治道二岁,道不成,士卒多物故(死),费以亿万计。"此外,唐蒙修西南夷道存在另一个问题是以"军兴法诛其渠率(首领),巴蜀民大惊恐"。汉制,朝廷征集财物以供军用,谓之军兴。按军兴法,可"以军兴诛不从命者"。② 唐蒙在西南地区以军兴法

---

① 《华阳国志校注》,巴蜀出版社 1984 年版,272 页,并考证说至元光六年"此路当已开通或大部开通。"
② 《汉书》卷 71《隽不疑传》载:"暴胜之为直指使者,……以军兴诛不从命者,威振州郡。"

诛不从命的"渠率",引起"巴蜀民大惊恐"。如不及时制止,后果难以预料。所以汉武帝听说后,急令司马相如去西南夷责备唐蒙迅速改正,同时又传檄谕告巴蜀民此非天子之意,在檄文指出"今闻其及发军兴制,惊惧子弟,忧患长老,郡又擅为转粟运输,皆非陛下之意也。……亦非人臣之节也。"并要求"檄到,急下县道,咸喻陛下意,毋忽"。这是汉武帝为制止事态扩大所采取的紧急措施,也说明汉武帝对西南夷问题的处理是很慎审的。

唐蒙虽然出了上述问题,但唐蒙在通西南夷方面的功绩却是明显的,这表现在以下方面:其一,在古夜郎国的范围内设了犍为郡,下属十二县,包括贵州西部、北部和云南东北部、四川南部。所设僰道县(今四川宜宾市)即古僰国所在地。武帝建元六年还在古夜郎国首邑设夜郎县,据考证夜郎县应在今贵州安顺地区关岭县境。① 其二,据考证到元光六年唐蒙大体上修通了从僰道县至牂柯江(今北盘江)的陆上交通,这条交通经考证是从今四川宜宾至云南镇雄、贵州毕节、威宁、水城、关岭一带。② 这条道路可能就是在秦统一后在西南所修的"五尺道"的基础修建的。由于唐蒙办成了这两件事,所以对武帝后来通西南夷的影响是很大的。

2. 司马相如通西夷。夜郎、僰等地因在巴、蜀之南被称为"南夷",邛、筰、冉、駹等因在巴、蜀之西被称为"西夷"。由于唐蒙使西南夷送给夜郎等少数民族君长以优厚的礼物,所以邛、筰等君长听说"南夷与汉通,得赏赐多",也想臣属汉朝,愿与"南夷"一样,请汉朝派官吏管理。其时,恰逢司马相如出使西南夷归来,武帝就问他怎么办? 回答说道:邛、筰、冉、駹者近蜀,道易通,秦时曾为郡

---

① 《华阳国志校注》卷四《南中志》夜郎郡条考证夜郎县"当于安顺附近求之"。《辞海》夜郎条载夜郎县在贵州关岭县境,关岭县恰在安顺附近。
② 《华阳国志校注》卷三《蜀志》犍为郡条。

县,汉初才罢除的,现在要重新设置,比在"南夷"设置要容易得多。武帝就任命司马相如为中郎将,持节出使,并任命王然于、壶充国、吕越人为副使。他们用巴蜀的财富、物产作礼品送给西夷君长,邛、筰、冉、斯榆之君长都请求臣属汉朝,拆除了边界的关卡,设置十余个县,一个都尉,属蜀郡管辖。从此,西至沫(大渡河)、若(雅砻江)二水,南到牂柯江的边塞都统一了起来。并在孙水(安宁河)上架桥,直通邛都(西昌)。司马相如等回长安上报武帝,武帝听了非常高兴。

由于西南夷地区山岭险峻,修路费用浩大,使民众劳役负担沉重,为此汉武帝曾令公孙弘前往视察访问,回来说,西南夷的事情很不便利。元朔二年(前127)主父偃建议筑朔方城,公孙弘提罢去通西南夷的事情,专力对付匈奴。汉武帝同意暂停通西南夷的事情,罢去对西夷邛、筰、冉、骁的经营,只在南夷夜郎设置了两县、一都尉,令犍为郡太守自保。

3.滇国臣属与益州郡的设置。元狩元年(前122)张骞出使大夏归来,在大夏时他见过蜀地的布和邛地的竹杖,并听当地人说是从东南的身毒国买来的,因此他判断从西南夷地区可通身毒,从身毒又可到大夏,这样就可以不经匈奴控制的河西地区而达西域。他向汉武帝进言谈了自己的意见,汉武帝认为他说的有道理,就命令王然于、柏始昌、吕越人等向西南夷进发,到滇国(滇池附近),滇王尝羌就留下他们,并派出十几批人去西边寻找通向身毒国的道路。经一年多,道路都被昆明国(今云南大理市一带)所封闭,无法前进。①

滇王据说就是庄𫏋的后裔,见到汉使问道:"汉朝与我国相

---

① 《史记》卷116《西南夷列传》载"王然于、柏始昌、吕越人等,……至滇,滇王尝羌乃留,为求道西十余辈。岁余,皆闭昆明,莫能通身毒国"。此处从《史记》。

比,谁大?"①这与夜郎侯见到汉使的问话一模一样。由于道路不通,所以不知汉朝的广大。汉使回到长安后,极力进言说滇国是个大国,让这个国家亲附汉朝是值得的。汉武帝从此便注意了这件事情。

到南越吕嘉反叛,武帝派驰义侯以犍为郡的命令征发南夷兵力攻南越,且兰国(今贵州省贵阳市一带)君害怕军队远征后,邻国会趁机掠走国内的老弱人众,因此与其众反叛,杀汉使和犍为郡太守。此时,南越已被楼船、伏波将军所灭,汉朝原准备平定南越的八校尉引兵而还,诛且兰国君,遂平定南夷置牂柯郡。夜郎侯入长安朝见天子,武帝封他为夜郎王。

汉军诛且兰国君后,又诛邛君,置越巂郡(今四川西昌市一带);又杀笮侯,置沈黎郡(今四川汉源县一带);又在冉、駹置汶山郡(今四川茂汶自治县),又在广汉郡西边白马夷所在地置武都郡(今甘肃武都等地)。以上四郡设立时间,均在元鼎六年(前111)。

武帝使王然以汉灭南越、诛南夷的兵威,谕告滇王入朝拜见天子称臣。滇王有部众几万,其东北邻国有劳深、靡莫皆同姓相依仗,都不愿归附汉朝。劳深、靡莫两国数次侵犯汉使者、吏卒。元封二年(前109),武帝令将军郭昌等人征发巴、蜀军队击灭劳深、靡莫,大军临滇,滇王离难举国降汉,要求入朝称臣,并请汉朝在滇设置官吏。于是,汉朝在滇国设置益州郡,赐滇王印。令滇王复治其民。元封六年(前105)益州郡昆明(今云南大理市)反叛,武帝赦京师亡命(无户籍的逃亡人口)令从军,派拔胡将军郭昌出击益州昆明等地,大破之。武帝元封二年设置的益州郡,下属二十四县,重要的有滇池县在滇池附近;叶榆县则在今云南大理市东北;

---

① 《汉书》卷95《西南夷传》载"滇王与汉使言'汉孰与我大?'及各自以一州王,不知汉广大"。

嶲唐县,元封二年置,在今云南大理西北的云龙县西南。这都说明今云南昆明市周围的滇池地区和今云南大理市周围地区均属益州郡管辖。

总之,汉武帝通西南夷从建元六年至元封二年基本完成。这期间在南夷地区设置三郡:犍为郡、牂柯郡、益州郡;在西夷地区设置四郡:越嶲郡、沈黎部、汶山郡、武都郡。在西南夷地区众多的少数民族君长中有两国的君长封王:"夜郎、滇受王印",封王。

四、平定朝鲜

朝鲜从古代就和中国有较多联系,《史记·宋微子世家》说周武王灭殷后曾"封箕子于朝鲜",后来"箕子朝周,过故殷墟,感宫室毁坏,生禾黍"而哀伤不已。《后汉书·东夷传》说:"昔武王封箕子于朝鲜,箕教以礼义、田蚕,又制八条之教,其人终不相盗,无门户之闭。"这说明朝鲜在大约公元前一千年左右就已有耕织、养蚕技术和良好的社会秩序。

战国时,燕国曾占领真番、朝鲜为属地,并设置官吏,修建了边塞。秦灭燕后,朝鲜属辽东郡边界外的地区。汉朝建立后,认为朝鲜太远,难以防守,修辽东郡边塞,以浿水(今朝鲜大同江,在平壤北)为界,属燕国管辖。

汉初,燕王卢绾反叛,逃入匈奴。燕人卫满聚集千余人,穿上朝鲜人的服装东出边塞,渡过浿水,占据秦时所设置的上、下要塞之间的地方,逐渐役属了真番、朝鲜两地的土著人和燕、齐的逃亡来这里的人口,自立为王,建都王险城(今朝鲜平壤市)。

孝惠、高后时,因天下初定,辽东太守就与卫满缔约:卫满作汉朝的外臣,治理塞外的蛮夷,不让他们越界盗劫;诸蛮夷君长想进入汉朝朝见汉天子,不许禁止。这一协约的内容呈报天子后,天子批准了。因此,卫满利用这一合法地位、名义和自己的兵力、财力、物力侵略和降服旁边的小国,如真番、临屯都来臣服归顺,统治的地盘达方圆以千里数。

朝鲜卫满传位至孙子右渠时,引诱了更多的逃亡人口到朝鲜,也没有去朝见汉天子。真番旁边众小国想去晋见天子,又被阻挡不予通报。元朔元年(前128),濊貊君南闾等叛右渠,率二十八万口降汉,武帝置苍海郡,元朔三年罢郡。① 元封二年(前109)汉派使者涉何到朝鲜去,责备了右渠,右渠始终不接受汉朝的诏书。涉何离朝鲜回来到临近浿水时,命令驾车的人刺杀了送行的朝鲜裨王名叫长的人,而后立即渡浿水,驰入关塞,归报武帝。武帝因他有杀朝鲜将领的名声,不予责备,并任命涉何为辽东督尉。右渠怨恨涉何,就派兵攻击,杀涉何。

汉武帝下令招募罪人击朝鲜。这年秋天,派楼船将军杨仆率兵五万从齐地(今山东)渡海赴朝鲜,左将军荀彘从辽东赴朝鲜,海、陆两路并进。右渠发兵拒险而守,左将军荀彘的军队先失利。楼船将军率齐地士卒七千,先至王险城,右渠守城探知楼船军少,就率军攻击杨仆,杨仆战败,军队走散,将军杨仆丧失士卒后逃入山中十余日,收集失散的兵卒,又重新集结起来。

由于两路军均不利,天子就派卫山为使臣试图利用兵威去诏谕右渠。右渠见到汉朝的使节就叩头谢罪说:"愿意投降,因为怕被两将军欺骗而遭杀害,现在看见了天子的信节,就请让我投降归顺吧!"于是右渠就派太子入朝谢恩,而且献出了五千匹战马,并馈赠给军粮。朝鲜太子带领人众万余、手持兵器,正要渡浿水时,使者与左将军荀彘怀疑他们会叛变,就说太子已降服,应命令随行人员不要携带兵器,太子也怀疑汉使者和左将军要用计谋诈骗而

---

① 《汉书·武帝纪》:元朔元年,秋"东夷薉(濊)君南闾等口二十八万降,为苍海郡。"元朔"三年春,罢苍海郡"。另见《后汉书》卷85《东夷列传》。

杀死他们,就不渡浿水,又带领兵众回去。卫山返回汉朝报告了汉天子,天子诛杀了卫山。

左将军攻破浿水上的敌军,向前推至王险城下,在西北包围了都城。楼船将军也前去会师,屯兵于城的南方。右渠坚决守城,经过几个月,都未能攻破。左将军在皇宫中当过侍中,很受皇帝宠幸,统领燕、代的士兵,勇悍,又因打了胜仗,军多骄傲。楼船将军率领齐地的士兵渡海作战,曾战败被困,他们受伤的也多,士兵有恐惧感,心情也愧疚,他们包围右渠时,常常带着议和的信节。左将军则极力进攻。朝鲜大臣暗暗使人私约投降楼船将军,往来尚在谈判,未作最后决定。左将军几次要与楼船将军约好日期共同作战,楼船想赶快与朝鲜达成降约,就不派兵和左将军会合。左将军也派人要求朝鲜投降,朝鲜不答应,心想归附楼船。因此引起了两将军的互相猜疑,左将军认为楼船前次失败有罪,现在与朝鲜大臣私交好,而朝鲜又不投降,因而怀疑楼船想造反,只是不敢发动而已。

汉武帝知道前方这种情况后说:将帅无能,前一次使卫山招右渠投降,右渠派他的太子要求朝见,卫山等人因办事不专一果断,和左将军计议发生错误,导致朝鲜王投降的约定被破坏打消。现在两将军围城,又意见分歧,久不能决。于是派济南太守公孙遂前往协调、纠正他们,可以便宜行事、全权处理。公孙遂一到,左将军就对他说:"朝鲜早就应当攻下,没有被攻下是有原因的。"就把楼船几次不按约会出兵和对他的猜疑告诉了公孙遂,又说:"楼船到了这个地步还不捉拿他,恐会大祸临头,非独楼船造反,他还会和朝鲜联合起来,共灭我军"。公孙遂认为他说的对,就用天子的符节召楼船将军到左将军军营商议大事,当场就逮捕了楼船将军,并兼了他的军队。公孙遂向天子报告后,天子就诛杀了公孙遂。

左将军荀彘及并两军,遂急击朝鲜。朝鲜相路人、相韩阴、尼豀相参、将军王唊共同计议说:"开始我们想投降楼船,楼船如今被捕捉,左将军统领两路兵马,进攻更为激烈,恐怕对付不了,王又不肯投降。"韩阴、王唊、路人都逃亡投降了汉朝,路人在半路上死亡。元封三年(前108)夏天,尼谿相参就派人杀了朝鲜王右渠,投降汉朝。

朝鲜平定后,在其土地上设置了四个郡,即:真番、临屯、乐浪、玄菟。汉武帝还封朝鲜归降汉朝有立功表现的尼谿相参、相韩阴、将军王唊、右渠子长降、相路人之子最五人为侯。

左将军荀彘被征召回朝,因犯了争夺功劳、互相嫉妒、计谋乖戾(不和)等罪过,被杀,尸体弃在市上(弃市)。楼船将军率军队到地点以后,应等待左将军,他未等待却擅自纵兵进攻,士兵损失伤亡很多,应被诛杀,让其赎为庶人。

朝鲜是平定了,但参与平定朝鲜的两位使臣卫山、公孙遂和两位将军左将军荀彘、楼船将军杨仆,除杨仆一人被允许赎为平民外,其他三人均被诛杀。究其原因有二:一是从整个过程来看汉武帝在兵临朝鲜的同时,希望和平解决,两位使臣与左将军均未能贯彻好这一有可能实现的意图,使武帝愤怒;二是武帝厌恶二位将领不顾大局、临阵争功、嫉妒的行径。即使如此,可加贬斥,不予任用,也就是惩罚了。然而,却加以杀戮,未免太过。这也说明,武帝对下属有过于严酷、苛暴的一面。

第四节　汉武帝"外事四夷"
成功的原因和意义

汉武帝"外事四夷"的活动基本上是成功的。在这一活动中统一的大部分地区都在今天我国的版图之内。这使中国出现了大一统的局面。汉武帝取得这一成功的主要原因和意义何在呢?

一、综合国力强与方针正确是统一的根本原因

汉武帝时期经济、技术方面汉朝在世界上居于领先地位。汉朝有先进的农业、手工业,所生产的粮食、丝织品、铁制品、漆器等产品都是周围少数民族所需要的。同时汉朝还有政治上、文化上、军事上的优势。汉朝在物质文明与精神文明方面都为周边少数民族所仰慕。除匈奴族军事上强大外,周边其他地区、其他民族在社会经济、政治、军事、文化诸方面与汉朝在力量上无法对比。这是汉武帝能够实现统一的主要条件和原因。

在上述情况下,汉武帝还采取正确的方针、政策。这就是他根据不同情况采取以招徕为主,或以招徕为主又辅以军事征讨的办法,而非专靠武力(匈奴除外)。以西南夷为例,武帝派唐蒙出使夜郎"厚赐"缯帛等财物,宣扬汉朝威德,关照夜郎侯的利益,如"使其子为令",夜郎即臣属汉朝。而邛、筰等西夷君长,听说"南夷与汉通,得赏赐多",也愿比照南夷归属汉朝。滇国对汉朝原来就很友好,到武帝派巴蜀兵击灭东北劫掠汉使及吏卒的劳深、靡莫,滇王即举国而降。西南夷是汉武帝招徕四夷成功的一个典型。汉武帝对南越原来采取的也是招徕的办法,南越太后、国王同意内附,因丞相吕嘉反叛而作罢。最后武帝派四路大军征讨,只到了两路,便很快平息了叛乱,这说明分裂割据不得人心。统一南越的方式是以招徕为主而又辅以军事征讨。同样,对东越、朝鲜、西域采取的都是这种二者兼用的办法。其中西域各国情况复杂,对乌孙采取招徕的办法,楼兰、姑师、轮台、大宛等国则因与匈奴斗争等原因采取了招徕与军事征讨相结合的办法。

值得注意的是,周边少数民族臣服汉朝,不仅是汉朝统一全国的需要,也是周边少数民族求生存及其首领维护自身利益的需要。如南越王赵佗,秦末自立为王后,得不到汉天子的认可,其地位不

合法,所以汉初向汉称臣(外臣),汉朝认可其为南越王,这也体现了赵佗维护自身统治的需要。赵佗利用这一点巩固和发展了自己的势力。汉初朝鲜的卫氏政权的经历也与南越相似。另外,少数民族地区的一些小国、小的君长,在受到临近地区和其他势力侵欺时,也希望臣属汉朝以求得保护,如东瓯在武帝即位之初受闽越侵扰报告武帝,武帝及时采取措施援救了他们,并受其请求把东瓯从偏僻的今浙江温州迁于江、淮。尤其值得注意的是汉武帝对少数民族君长的利益是很关照的,如在西南夷地区置郡县后汉武帝封夜郎、滇两国君长为王就是其例。

西汉初年对匈奴推行和亲政策,每次和亲都要送给匈奴很多财物。汉武帝在统一过程中,经济方面给了周边少数民族很多优惠。如派张骞通西域、西南夷时带去了很多礼物,少数民族首领朝见纳贡时又回赠很多礼物等等。汉武帝之后,在汉匈关系方面依然是如此。如宣帝甘露三年(前51)正月,呼韩邪单于“称臣入朝事汉”,在甘泉宫朝见天子“汉宠以殊礼”,汉朝除赐以“冠带衣裳”、黄金玺绶(诸侯王所用玺绶)、玉具剑、佩刀、弓一张,……马十匹,黄金二十斤,钱二十万,衣被七十七袭(一副衣被称一袭),锦、绣、绮、縠杂帛八千匹,絮六千斤”。同时“又转边谷米糒(干粮)前后三万四千斛,给赡衣食。是岁,郅支单于亦遣使奉献,汉遇之甚厚。明年,两单于俱遣使朝献,汉待呼韩邪使有加。明年,呼韩邪单于复入朝,礼赐如初,加衣百一十袭,锦帛九千匹,絮八千斤。”①这说明在呼韩邪单于臣属汉朝后,在其朝见、使节来往时汉朝都要给其大量财物,在匈奴缺乏粮食时还得给其大量“谷米”给其食用。

总之,汉朝在各方面具有优势,对与汉朝友好交往和臣属汉朝的少数民族在经济上给以优惠;对臣属汉朝少数民族君长的利益

---

① 《汉书》卷94下《匈奴传下》。参见《汉书》卷8《宣帝纪》。

和社会地位都给了相应的关照；他们遇到侵欺和困难也可报告天子求得解决。在这种情况下，他们为什么不接受汉武帝的统一呢？归结起来，汉朝的综合国力强大，汉武帝对少数民族的政策对头，是其统一事业取得成功的根本原因和保证。

二、"一国两制"是成功的重要条件

汉武帝实现了中国历史上一次空前的大统一，在这辽阔的疆域内各民族的风俗习惯、社会制度都不相同，如果按一个模式对各民族进行统治是不现实的。所幸的是，汉武帝采取了"因其故俗"的办法，进行管理、统治。所谓"因其故俗"就是尊重原来各民族的风俗习惯、社会制度，使各民族乐意接受汉朝的管理与统治。根据史籍记载，对下列地区的不同部族都采用了这种方针。

1. 对西北边郡的五属国采取"因其故俗"的方针进行管理。元狩二年（前121）秋，汉武帝派霍去病到河西地区接受了匈奴浑邪王的归降。浑邪王到长安受到汉武帝的接见和封赏之后，其部属四万多人，被安置在西北沿边五郡，称五属国。《史记》卷111《卫将军骠骑列传》载："乃分徙降者边五郡故塞外，而皆在河南，因其故俗为属国。"注引《正义》说："五郡谓陇西、北地、上郡、朔方、云中，并是故塞外。"又云："以降来之民徙置五郡，各依本国之俗而属汉，故言'属国'也。"这一记载及有关注释讲得很清楚，汉代对这批归降的匈奴族居民的管理有下列特点：首先这批降民是附属于汉朝的；其次，汉朝尊重其原来的风俗习惯、社会制度，所以说是"因其故俗"或"各依本国之俗"，因此，这些民众居住的地区被称之为"属国"，以示其和汉族居民有所区别。再次，五属国在那五个郡有不同说法，《汉书·武帝纪》元狩二年载匈奴浑邪王来降"置五属国以处之"注引师古曰："凡言属国者，存其国号而属汉朝，故曰属国。"《补注》引杜佑《通典》云：安定、上郡、天水、张掖、五原为五属国。《补注》并以《汉书·地理志》所载五属国所在郡进行了核实,认为《通典》所载确实。是否《正义》所载五郡系属国最先所在五郡,《汉书·地理志》所载的五郡是后来所在五郡呢?亦未可知。第四,在有属国的郡设有属国都尉管理属国骑兵。赵破奴就当过属国都尉,《汉书·功臣表》载武帝时辉渠忠侯仆朋的后人雷电嗣侯后曾为五原属国都尉。①

属国骑兵在战争中,后来成了汉朝一支重要的武装力量。元狩四年(前119)霍去病在漠北大战所率铁甲军就有五属国骑兵,从票侯赵破奴破楼兰、车师也有属国骑兵参加。李广利征大宛和其后征伐匈奴时都有属国骑兵参战。而且,从未有属国骑兵叛逃的记载。这说明汉朝对浑邪王归降后的匈奴族实行"因其故俗"的一国两制的管理方针是成功的。

2. 在南越、西南夷地区也贯彻了"以其故俗治"的方针。《史记·平准书》说:"汉连兵三岁,诛羌、灭南越,番禺以西至蜀南者置初郡十七,且以其故俗治,毋赋税。"《集解》引胡广曰,十七郡中有统一南越后所置九郡。另有平定西南夷所置武都、牂柯、越嶲、沈犁、汶山郡和犍为、零、益州郡,共计十七郡。这里所说"以其故俗治,毋赋税"是其实行"一国两制"的重要内容。"以其故俗治"的重要内容就是"毋赋税",因为这一带社会发展滞后,许多地区,国家机构还未产生,没有向政府缴纳赋税的习惯,所以"毋赋税"就成"以其故俗治"的重要内容。其他方面还怎么贯彻"以其故俗治"的方针,还有待进一步考察。

统一南越后,汉武帝曾在海南岛置儋耳、珠崖两郡,昭帝时因儋耳郡发生叛乱,所以昭帝始元五年(前82)把儋耳郡并入珠崖郡。后来珠崖郡也出了问题,所以元帝初元三年(前46)又罢珠崖

---

① 《汉书》卷17《景武昭宣元成功臣表》。

郡。罢了两个郡，并非汉朝完全放弃了对海南岛的治理，而是让海南岛的少数民族完全按其原有的部落、氏族组织生活。

李广利伐大宛以后，西域三十六国臣服汉朝。汉朝并不改变其社会组织、风俗习惯、制度。这样宗主国与藩属国间互相尊重。宣帝时呼韩邪单于臣服汉朝后也是如此。所以，一国两制在不断发展。

总之，汉武帝实行大统一后，对少数民族实行一国两制，允许、尊重按其原来的风俗习惯、社会组织、制度生活，也就是"因其故俗"或"以其故俗治"。这一点成了统一事业能够完成和持续的重要条件。如果不是如此，而是按中原地区的风俗习惯、社会组织、制度一个模式去改变各地少数民族的生产方式、生活方式等等肯定是行不通的、也是不可能的。

三、统一有利于各民族的共同发展

中国历史的发展有其自身特点，追求统一就是其特点之一。这点与欧洲不同，欧洲在中世纪分裂为许多国家，一直到近现代还是如此。秦以后，分裂时期的各个政权都想着统一全国，汉族政权是如此，少数民族政权也是如此，魏晋南北朝时的前秦苻坚是少数民族政权试图统一全国的杰出代表。唐以后少数民族政权或割据半壁或统一全国者均有其例，所以中国这个统一的多民族国家实是各民族共同缔造的。历史上统一前常是刀兵不休、生灵涂炭，统一后使国家得到恢复、发展经济和文化的安定环境，所以一般来说统一就是一种进步的因素，有利于各族的共同发展、进步与融合。

汉武帝在统一中国的过程中和统一之后，大大促进了中原地区先进的生产技术向周边地区和外国的传播。这是汉武帝统一的意义之一。前述汉武帝的统一曾使中国的铸铁技术、打井技术、农业生产工具、耕作技术传至大宛等西域国家。《汉书·西域传》曾载后来汉将军辛武贤在西域白龙堆东土山下穿大井和六条通渠灌田等等。①《汉书·匈奴传》载卫律曾在匈奴"为单于谋，穿井筑城，治楼以藏谷"，于是匈奴即"穿井数百"，据说这种打井术与筑楼的建筑术就是从中原传去的。

汉武帝及其以后，铁器的使用出现了新的气象。这表现在两个方面：一是铁器的使用更加广泛，对此考古学者总结说："到了汉代，铁器的制作与使用，比战国更为广泛；特别是武帝及其以后，冶铁业归国家垄断，铁器的传播更为迅速。这时，不但旧有的中原地区普遍使用铁器，而且推广到边区少数民族地区。"②从东北的吉林、辽宁、内蒙，西北的甘肃、新疆，西南的云南、贵州，东南的广东、福建，都发现了各种各样的铁器。二是推广了质量高的铁制农具，而且大中小配套。如汉武帝时出现了舌形大型铁犁铧，一般长、宽均在 30 厘米以上，特大型的长、宽均达 40 厘米以上。这种大型犁铧，不仅河北满城汉墓和陕西宝鸡斗鸡台、西安市阿房区、陇县等中原地区发现过，而且边远地区如辽宁辽阳三道壕和福建崇安村汉城遗址也发现过。尤其值得注意的是在陕西宝鸡斗鸡台、辽宁辽阳三道壕等地在发现大型犁铧之外，同时发现了中、小型的犁铧，而中型犁铧长、宽在十几厘米到二十厘米左右之间，小型犁铧一般长、宽在十厘米左右到十五厘米左右之间。上述大、中、小三种铁犁铧的出现有助于屯田等官营农业、地主经济、农民个体经济等经济成分的共同发展。

总之，武帝及其以后铁制农具在全国各地进一步的推广使用和各种样式铁农具的出现，标志着农业生产向广度、深度的发展。如果联系到汉武帝时的水利兴修与耦犁、楼车、犁壁、代田法等新

---

① 按《汉书·西域传》所载穿井通渠的地点当在敦煌西接近楼兰的地方。

② 中科院考古所编著：《新中国的考古收获》，文物出版社 1961 年版，75 页。

式农具和先进耕作方法应用,可以说武帝之后历昭、宣,汉代的农业生产上了一个大台阶。从战国时全国只养活两千余万人口而到西汉末则要养活六千万人口也可以证明这一点。

汉武帝统一中国的活动有利于各民族的友好相处和在新的历史条件下的共同发展、进步与融合。中华民族的发展壮大有其自身的特点、规律。这个特点和规律之一就是区分夷狄与华夏时看文明程度和文化习俗特征是否基本相似,而不是狭隘地注重种族血统。中国古代视东方为夷族,南方长江流域为蛮族,北方为狄,西方为戎。一直到春秋时期还视楚国为南蛮,今山西、陕西、河南都有戎狄杂居。西方戎人的一支"犬戎"灭西周王朝后,《公羊传》僖公四年就楚人伐郑之事说"南夷与北狄交,中国不绝若线",可见在人们的心目中夷狄的势力是很大的。然而,经战国、秦而至于汉,人们关于蛮夷戎狄的观念改变了,原来北方的一些戎狄、淮河流域的夷人、楚国的南蛮都成了中国的正宗。民族融合有个优势互补、共同提高的问题,如以诗歌而论楚国人作的《楚辞》、黄河流域各国人作的《诗经》就都成为中国的诗歌经典。南、北方的民众共同学习这两部书,不就是优势互补、共同提高吗? 再如南方的水军汉代称楼船,北方则用骑兵,此外还有步兵称材官,这不又是各展所长、优势互补吗? 所以各族的融合使中国的文明、文化更加丰富而又博大、精深。各族人民创造的优秀文化和文明成果成了中国各族人民的共同财富,这就是民族友好交往和民族融合创造的伟大奇绩。

汉武帝的统一,则在更广阔的范围内促成了新的民族发展与融合。汉武帝把东瓯、闽越的越人举国迁至江、淮地区,久而久之,这部分越人就与当地民众融合在一起了。考古发现证明由于各族之间的友好交往,彼此之间共同性增加,差别缩小。如秦至西汉前期"两广接连楚地,与楚文化关系最为密切","接受战国时代楚文化的习俗,保留固有地方文化,构成两广秦末汉初墓的两个特点"。从汉武帝元鼎六年灭南越至元成年间(前111年至前7年)的西汉中期"广州⋯⋯墓的随葬器物,与前期比较,有了较大的变化。常见于中原汉墓的鼎、盒、壶、罐、盆,在这里大量出现,⋯⋯带有地方特色的瓿、三足罐、小盒、三足盒等硬陶器大为减少;滑石器、井、囷、仓、灶、屋等模型普遍出现。可以看出,地方文化的特色趋于淡薄,与中原文化的共同点愈来愈显著。""广州西汉后期也不乏大墓,随葬器物繁多。器物的造型风格已与中原内地的无别,地方色彩的器物已近绝迹。"①

"川西高原同云贵高原一样,自汉高帝在此地设置郡县后,中原物质文化随之传入,西汉晚期或到东汉时期,这里原有地方民族特色的葬制与遗物相继消失,代之而起的是土坑墓、砖室墓或崖墓,随葬井、灶、壶、罐,与中原地区的物质文化融为一体"②。"1977年在青海大通上孙家塞发掘一座墓葬。墓内发现一件方铜印,阴刻篆文'汉匈奴归义亲汉长'八字,与新疆沙雅出土的'汉匈奴归义羌长'铜印类似。除这件铜印外,从墓葬结构到随葬品,如铜镜、五铢钱及仓、井、灶等明器,完全具有汉文化的特征。这充分说明南匈奴入居中原后到东汉晚期至少部分匈奴人已完全与汉族相融合。"③

民族融合是相互吸收对方好的东西,是自愿进行的。如西域音乐传入中原后,就为汉民族所喜爱和接受,成了中国音乐的有机组成部分;民族融合的发展是各民族都向美好的、人民群众喜爱的、文化先进的东西学习。这样的融合有利于社会的发展、进步,

---

① 《新中国的考古发现和研究》,文物出版社1984年版,438—440页。
② 同上,494页。
③ 同上,484页。

有利于各民族的共同提高。问题在于统治阶级有时推行的错误的民族政策常常打乱这一进程，如王莽无理欺压、侮辱兄弟民族激起匈奴和西域各族人民的反对就是其例。从东汉建立后，西域各国因无法忍受匈奴的压迫要求东汉政权派西域督护去管理西域看，西汉王朝推行的政策是能够为西域各国所接受的，对社会发展起了积极作用。

中国的统一从历史上看经过两个阶段：第一阶段是秦始皇统一六国、滇国、百越和匈奴占据的河南地，这一统一是春秋、战国以来历史发展的产物；第二阶段是统一现在中国版图内的地方，这第二阶段的统一是从汉武帝开始的，汉武帝不仅统一了秦始皇统一的地区，而且统一了他没有统一的地区。所以，范文澜说汉武帝"为现代中国的广大疆域奠定了初步的基础"，使中国作为当时世界上一流强国屹立于世界的东方，并以其先进的经济文化、高度的文明影响着世界。因此，可以说汉武帝时期为中国和中华民族的发展作出了不朽的贡献！

第七章　文化、科技方面的贡献

　　汉武帝时期是中国文化与科技发展的一个辉煌时期。在秦始皇焚书之后，汉初开始搜求、收藏遗书，汉武帝把这一活动推向高潮、形成制度，收集了大量遗书，对继承和发展中国传统文化做出了重大贡献。汉武帝的组织、倡导推动了乐府歌诗、汉赋的发展、繁荣。在科技方面，太初历的制定、冶炼钢铁技术的进步、原始纸的出现、新式农具的推广和新的耕作方法的出现等不仅在中国历史上，而且在世界历史上都有着很高的地位。

第一节　搜求遗书与乐府、汉赋的发展

一、搜求、收藏遗书对文化的贡献

　　秦始皇"焚书"，其后秦朝还颁布了"挟（藏）书者族"的法令。① 书籍是文化的主要载体，焚烧书籍、严禁藏书，知识、文化还如何传播与继承、发展。古老而悠久的中华文化传统面临着中断的危险。面对这一形势，汉初开始搜求遗书，到汉武帝时这一活动达到高潮，形成制度。关于这一点，《汉书·艺文志》说："至秦……乃燔灭文章，以愚黔首。汉兴，改秦之败，大收篇籍，广开献

---

① 《汉书·惠帝纪》载惠帝四年（前191）"除挟书律"。注引应劭曰："挟，藏也。"张晏曰："秦律敢有挟书者族。"

书之路。迄孝武世,书缺简脱,礼坏乐崩,圣上(武帝)喟然而称曰:'朕甚闵焉!'于是建藏书之策,置写书之官,下及诸子传说,皆充秘府。"刘歆在《七略》中说:"孝武皇帝,敕丞相公孙弘,广开献书之路,百年之间,书积如丘山,故外(皇宫外)则有太常、太史、博士之藏,内(皇宫内)则有延阁、广内、秘室之府。"①在此同时,汉中央设置写书之官,把收集来的遗书,抄写工整,妥为收藏、保存。

汉武帝时,不仅中央政府各有关机构在大力搜求遗书,而且郡国等地方政府也争相搜求遗书。郡国搜求遗书成绩最大的有以下两位:一位是景帝之子、武帝之兄河间献王刘德,他"从民得善书,必为好写与之,留其真,加金帛赐,以招之"。由于办法好,保护了献书者的利益,调动了献书者的积极性,所以"得书多,与汉朝等"。"献书所得书皆古文先秦旧书,《周官》(《周礼》)、《尚书》、《礼》、《礼记》、《孟子》、《老子》之属,皆经传说记。……立毛氏诗、左氏春秋博士。"另一位也是景帝之子、鲁恭王刘余,其人"好治宫室,坏孔子旧宅以广其宫,……于其壁中得古文经传"。据《汉书·艺文志》载,这次从孔府墙壁中得到的书有《古文尚书》、《礼记》、《论语》、《孝经》等。其中《古文尚书》比汉初伏生所传的《尚书》二十九篇多十六篇。② 孔子后人孔安国"悉得其书","以今文读之"。这些郡国地方政府所得遗书,都通过种种途径献给了汉中央政府。如献王刘德来朝献雅乐;孔安国所得孔壁之书也献给了朝廷,因适逢"遭巫蛊事,未列于学官",后来刘向据其书,校欧阳、夏后尚书。

据文献记载,汉武帝搜集的遗书主要有儒家经籍、诸子传记、史书及曲辞诗赋。另外,对各地上计的计书也妥为收藏。这就为

---

① 《艺文类聚》卷12《帝王部·汉武帝》。
② 《汉书》卷53《景十三王传》,又见《汉书·艺文志》。

古籍的整理和学术研究的发展创造了条件。根据文献记载的事实,搜求、收藏遗书、上计的计书等资料,主要在下述三方面继承、发展了中国古代的传统文化。

1. 促进了古籍整理与学术研究、学术思想的发展。搜求、收藏遗书促进了古籍整理和研究的发展是非常明显的。如《孝经》,遭秦焚书,为河间人颜芝所藏,汉初颜芝子颜贞献出,凡十八章。后在孔壁中与《古文尚书》同出的古文《孝经》,经文与颜贞所献之书大致相似,但多出三章,后合并为二十二章,孔安国为之作传。后刘向校经籍时又定为十八章。再如《周官》(《周礼》),汉武帝时李氏得《周官》,献给河间献王,独缺冬官一篇,献王以千金求购不得,遂取《考工记》以补,合成六篇奏上。王莽时,刘歆开始为《周官》置博士,此后《周官》流行于世。《论语》汉初有齐、鲁两个本子,齐传二十二篇,鲁传二十篇。成帝时张禹删齐语两篇,依鲁语定为二十篇,号张侯论。孔壁中也发现了古《论语》,与鲁语同,惟子张分为两篇,故为二十一篇,孔安国为之作传。东汉末,郑玄以《张侯论》为本,参考古《论语》为之作注。总之,武帝时搜求的遗书、经籍,对儒家经籍、诸子传记和《国语》等史书的保存、流传都有重大意义。

值得注意的是,武帝置五经博士时所用的经书是用当时文字写的,叫今文经。鲁恭王在孔壁中发现的书和民间献书是用古籀文写的,叫古文经。此后,儒家经学就出现了今文经学与古文经学之争,对后世经学研究与发展有深刻影响。

2. 对中国古代史学著作、历史资料的保存和发展起了巨大的推动作用。《史记》卷 15《六国年表》载"秦……烧天下《诗》、《书》,诸侯史记尤甚,为其有所刺讥也。《诗》、《书》所以复见者,多藏人家,而史记独藏周室,以故灭,惜哉,惜哉!独有秦记,又不载日月,其文略不具。"这就是说,秦朝焚书时,各国的史记都被焚毁了，留下的独有秦记。而秦记又不载日月，且文字简略，所以损失无法弥补。

汉武帝时设置史官，收藏天下计书、史书，对史籍的保存和史学发展贡献巨大。《隋书》卷33《经籍志二》说，战国后"陵夷衰乱，史官放绝，秦灭先王之典，遗制莫存，至汉武帝，始置太史令，命司马谈为之，以掌其职。时天下计书，皆先上太史，副上丞相，遗文古事，靡不毕臻。谈乃据《左氏》、《国语》、《世本》、《战国策》、《楚汉春秋》，接其后事，成一家之言。谈卒，其子迁又为太史公，嗣成其志"。《隋书·经籍志二》反复强调了收藏天下计书对史学发展的重要性："天下计书，先上太史，善恶之事，靡不毕集。……股肱辅弼之臣，扶义俶党之士，皆有记录。""武帝时，计书既上太史，郡国地志固亦在焉。而史记所记，但述河渠而已。其后刘向略言地域，丞相张禹使属朱贡条记风俗，班固因之作地理志，其州国郡县山川夷险时俗之异，经星之分，风气所生，区域之广，户口之数，各有攸叙，与古《禹贡》、《周官》所言相埒（等）。"

这里需要说明的是，汉武帝时设立了专门史官，先后任司马谈父子为太史令。太史令的职能之一就是收藏各种典籍，如儒家经籍、诸子传记、史书、天文、历法、卜筮等书和天下计书。所以《史记》虽是司马迁父子个人修的史书，但修《史记》的条件却是汉武帝给创造的。没有汉武帝创造的条件，《史记》是无法写成的。

《史记》的出现有重大意义。首先，《史记》不仅通过《本纪》、《表》、《世家》、《列传》叙述了我国从五帝到汉武帝三千年的历史发展和各式各样的代表人物，而且通过八《书》记载了我国礼仪、音乐、历法、天文、祭祀、兴修水利、经济等方面制度的演变及其功能。通读《史记》，我国历史上三千年的兴衰荣辱、经验教训、发展变化尽收眼底。它在增强我们国家和民族的凝聚力，开拓智慧，增强民族自豪感、自信心，鼓励我们开拓未来的勇气、毅力方面，有不可代替的作用。其次,《史记》开创了我国又一项巨大的文化工程。如果说孔子编订六经和先秦诸子的出现标志着我国一项巨大文化工程出现的话,那么《史记》的诞生标志着我国纪传体正史这一巨大的文化工程的开始。《史记》开创的纪传体史书体例是我国所特有的,历代相沿,至今已有二十五史。这是中华民族文化史上的奇观。从这种意义上可以说,汉武帝时期,《史记》的出现,标志着我国史学的发展开始了一个新阶段。因此,也可以说,汉武帝搜求、收藏遗书和天下计书,对中国史学的发展起了重大作用。

3. 促进了目录学的发展。从汉初到汉武帝,搜求和收藏遗书、天下计书的活动成了汉代的一种传统。为利用这些书,就需要分类整理、校对、编订书目。成帝时因书颇散亡,又"使谒者陈农求遗书于天下,诏光禄大夫刘向校经传、诸子、诗赋,步兵校尉任宏校兵书、太史令尹咸校数术,侍医李柱国校方伎"。① 每一书校完后,刘向都条其篇目,写出提要奏上。刘向死后,哀帝令其子刘歆继父业,总群书提要与目录,编为《七略》。所谓《七略》为:《辑略》②、《六艺略》、《诸子略》、《詩赋略》、《兵书略》、《术数略》、《方技略》。《汉书·艺文志》就是在删节《七略》的基础上写成的。这是我国国家藏书的第一部分类目录学著作。它的出现,对于书籍的收藏、利用和学术研究的发展,无疑具有重要的意义。

总之,由于书籍是文化的主要载体,秦朝焚书、严禁藏书,造成了中国传统文化中断的严重危险。在这种情况下,汉武帝继承汉初搜求遗书的作法,建立了一套搜求、收藏遗书的制度,掀起了一个搜求遗书的高潮,对我国传统文化的继承、发展,无疑起了极为重要作用,对此我们应给予重视和积极评价。

---

① 《汉书》卷30《艺文志》。
② 注引师古曰:"辑与集同,谓诸书之总要。"

二、乐府曲词歌诗的发展

汉武帝对礼、乐、诗、赋都很重视和倡导。为什么如此呢？《史记·乐书》说："礼义立，则贵贱等矣；乐文同，则上下和矣。"这就是说，礼能使人区别贵贱等差，乐可以使人目标、感情一致。这有利于维护和协调封建等级制度中的亲疏贵贱尊卑的社会关系。武帝倡导诗赋也有原因。他尊儒，儒家提倡诗教，《礼记·经解》："孔子曰：入其国，其教可知也。其为人也，温柔敦厚，诗教也。"又云："不学诗，无以言。"古代臣下谏君主，常引用《诗》作谏词。"诸侯、卿大夫交接邻国，……当揖让之时，必称《诗》以谕其志。盖以别贤不肖而观盛衰焉。"而采集民歌又可了解民间疾苦和政教得失。① 除这些原因之外，汉武帝倡导诗赋也与个人兴趣、爱好有关。在武帝倡导下，乐府歌诗和汉赋都得到了很大发展。

1. 乐府歌诗的发展。中国古代掌管音乐歌舞的官署称"乐府"。这一官署制作、收集的乐舞歌词也称为乐府。乐府歌词作为一种诗歌体裁和乐府所采之诗均名之曰"乐府"。

《汉书·百官公卿表》载秦代有乐府，汉初相沿。《史记·乐书》载："高祖过沛诗《王侯之章》（《大风歌》），令小儿歌之。高祖崩，令沛得以四时歌舞宗庙。"这是高帝时作的歌舞乐曲之一。此外，据《汉书·礼乐志》载："高祖时，叔孙通因秦乐人制宗庙乐"，"又有房中祠乐，高祖唐山夫人所作也。……高祖乐楚声，故《房中乐》楚声也。孝惠二年，使乐府令夏侯宽备其箫管，更名曰《安世乐》。"上述记载说明高祖时乐府词曲有所创新，如高祖作《大风

---

① 《汉书》卷30《艺文志》载："自孝武立乐府而采歌谣，于是有代赵之讴，秦楚之风，皆感于哀乐，缘事而发，亦可以观风俗，知薄厚云。"其中，也含有"知政教得失"之义。

歌》，唐山夫人作《房中乐》。其后，历惠、文、景三帝无所增改，只是让乐府研习旧的曲词而已。[①] 这些材料也说明，乐府在汉武之前已存在，非武帝所创立。

虽然，乐府非武帝所创立，然而乐府在武帝时得到了空前发展。这从下列事实中可看出：

首先，增加了乐府演奏歌曲。汉代乐府中有三大演奏曲目，被称为三大乐府，其一是高祖时唐山夫人所作的《房中乐》十七章。其他两大乐府皆为武帝时所作。这两大乐府一是《郊祀歌》十九章，《史记·乐书》载："至今上（汉武帝）即位，作十九章，令侍中李延年次序其声，拜为协律都尉，多举司马相如等数十人造作诗赋，略论律吕，以合八音之调，作十九章之歌。"武帝时所作的乐府第二大乐府曲目是《铙歌》二十二曲，又称之为《短箫铙歌》，"军中之所用也。"东汉明帝时定为乐，又称鼓吹，"胡乐也"，乃西汉时乐。[②] 这些乐曲歌词，也是武帝时的作品，也反映武帝时的情况。如二十二曲中之一的《上之回》，其词曰："上之回，所中益，夏将至，行将北，以承甘泉宫寒暑德。游石关，望诸国，月支臣，匈奴服。令从百官疾驰骋，千秋万岁乐无穷。"这首歌诗据前人考证，创作"在武帝元封中"[③]，此前于元鼎二年张骞通西域成功，元封元年武帝又遣使臣告单于要其臣服汉朝。这首诗是颂歌，不一定每句话当时都已变为现实，但表达了天子的行动一定要成功。

在增加曲目方面，由于张骞通西域后，西域的乐器胡笳、胡乐也传入中原，据说"张骞入西域传其法于西京，唯得摩诃兜勒一曲。李延年因胡曲更造新声二十八解（章），乘舆以为武乐"。这二十八解乐曲晋代以后还留下十曲曲名，其曲名为："《黄鹤》、《陇

---

① 《史记·乐书》载："孝惠、孝文、孝景无所增更，于乐府习常肄旧而已。"
②③ 罗根泽：《乐府文学史》，东方出版社 1996 年版，22—24 页。

头》、《出关》、《入关》、《出塞》、《入塞》、《折杨柳》、《黄覃子》、《赤之扬》、《望行人》。"①这些曲名与《郊祀歌》十九章、《铙歌》二十二曲的曲名各异。说明《新声曲》二十八解应是《郊祀歌》和《铙歌》以外的另一大曲目。

其次,增加了乐舞、乐器。武帝之前郊祀不用乐舞,武帝时郊祀始用乐舞。《史记·封禅书》载:"上有嬖臣李延年以好音见,上善之,下公卿议,曰:'民间祠尚有鼓舞乐,今郊祀而无乐,岂称乎?'公卿曰:'古者祠天地皆有乐,而神祇可得而礼。'或曰:'太帝(太一)②使素女鼓五十弦瑟,悲,帝禁不止,故破其瑟为二十五弦。'于是,……祠太一、后土,始用乐舞,益召歌儿,作二十五弦空侯琴瑟自此始。"这段记载说明了两个问题:一是武帝之前郊祀太一、后土不用乐舞,从武帝开始郊祀太一、后土用了乐舞;二是为了郊祀太一、后土,革新乐器,因用五十弦的瑟太悲,所以创造了二十五弦的空侯琴瑟。瑟是一种拨弦乐器,形状似琴,据说春秋时已流行。武帝以后二十五弦的瑟开始流行。空侯又名"箜篌",也是一种拨弦乐器,据应劭《风俗通》说卧式空侯为武帝时乐人侯调始造。东汉时,有竖空侯,胡乐。有 22 弦,竖抱于怀,两手齐奏。③此外,在张骞通西域后,胡笳等西域乐器也传入汉朝。

第三,汉武帝定立了乐府收集民歌的"采诗夜诵"的制度。《汉书·礼乐志》载:"至武帝定郊祀之礼……。乃立乐府采诗夜诵",收集民歌。这是武帝在乐府制度方面的一次革新,这些民歌的词就是诗。这一制度制定后,各地的民歌得到了一定程度的收集、整理。据《汉书·艺文志·诗赋略》所载,到汉哀帝时著录的

---

① 《通典》卷141《乐一》。

② 汉代最高的天神称太帝或太一,本书第十章有解释。

③ 《旧唐书·音乐志二》。王利器:《风俗通义校注》卷6《声音》《空侯》条注7、8可参考。

民间歌诗的篇目主要有下列一些。

　　吴、楚、汝南歌诗十五篇；

　　燕代讴、雁门、云中、陇西歌诗九篇；

　　邯郸、河间歌诗四篇；

　　齐、郑歌诗四篇；

　　淮南歌诗四篇；

　　左冯翊秦歌诗三篇；

　　京兆尹秦歌诗五篇；

　　河东蒲反歌诗一篇；

　　黄门倡车忠等歌诗十五篇；

　　杂各有主名歌诗十篇；

　　杂各诗九篇；

　　洛阳歌诗四篇；

　　河南周歌诗七篇；

　　河南周歌声曲折七篇；

　　周谣歌诗七十五篇；

　　周谣歌诗声曲折七十五篇；

　　诸神歌诗三篇；

　　送迎灵颂歌诗三篇；

　　周歌诗二篇；

　　南歌诗五篇。

上列民间诗歌共计260篇。在地域上包括了今长江流域的江苏、浙江、湖北、湖南和黄河流域的甘肃、陕西、山西、河北、内蒙河套地区、山东及河南、安徽等地。汉武帝开创的政府机构收集整理民歌的活动，其意义主要表现在以下两方面：其一，从孔子编《诗经》，整理周代收集的民歌国风之后，历战国、秦没有人继续这一工作；汉武帝制定乐府"采诗夜诵"的制度，恢复、继承了对民歌的收集和整理。《汉书·艺文志》所著录的上述 260 篇歌诗,就是一部西汉时期的国风。其二,乐府这一活动,后来延续到了东汉、魏、晋、南北朝,一些知识分子也以乐府歌诗篇名作诗,促进了我国诗歌的发展。

乐府收集的诗歌继承了国风的现实主义传统,反映社会生活的真实画面。乐府《铙歌》有一曲名《战城南》,反映了对匈奴战争的惨烈和将士的英勇悲壮。其词曰:

> 战城南,死郭北,野死不葬乌可食。为我谓乌:"且为客豪!野死谅不葬,腐肉安能去子(之)逃?"水深激激,蒲苇冥冥,枭骑战斗死,驽马徘徊鸣。梁筑室,何以南,何以北?禾黍不获君何食?愿为忠臣安可得?思子良臣,良臣诚可思?朝行出攻,暮不夜归!

据逯钦立先生考订,这首诗反映了汉武帝时对匈奴战争的状况。[1]作战的主要兵种是骑兵,战斗惨烈,"战城南,死郭北,野死不葬乌可食"。剽悍勇猛的"枭骑"都在战斗中损耗了,而能力低下的"驽马"却在徘徊悲鸣。断粮断炊,"禾黍不获君何食,愿为忠臣安可得"?那么良臣的出路何在呢?"朝行出攻,暮不夜归!"他们只能用自己的生命去报效自己的国家。一幅悲壮、惨烈的战争画面浮现在人们的眼前。它告诉人们,汉武帝反击匈奴战争的胜利是以无数将士的累累白骨换来的。此外,乐府诗歌在其他方面也表现出了浓郁的现实主义传统,并开创了五言体诗,而柏梁台赋诗又使用了七言诗,[2]这都对后来诗歌的发展产生了深刻的影响。

---

① 逯钦立:《先秦汉魏晋南北朝诗》上册,中华书局 1983 年版,157 页。
② 同上,97 页。《柏梁诗》载:东方朔别传:孝武元封三年,作柏梁台,诏群臣二千石有能为七言者,乃得上坐,赋诗。

三、汉赋的兴盛

汉赋是一种既有散文的章法格局,又有诗的节奏韵律,夸张铺陈,"体物写志"的文学形式。汉代,赋是发展得最兴盛、繁荣和最具艺术、时代特征的文学形式,如同"唐诗"、"宋词"、"元曲"一样具有时代特征。它能发展到如此程度,可以说与汉武帝的倡导是分不开的。汉赋最有成就的作者是司马相如。景帝时司马相如曾任武骑常侍,客游梁时作《子虚赋》为其代表作之一。汉武帝非常爱好赋,读到《子虚赋》后说:"朕独不得与此人同时哉!"其时管理猎犬的狗监,蜀人杨得意对武帝说,臣的同乡司马相如自言作此赋。于是汉武帝召见相如,相如表示有此事,并对武帝说:"此乃诸侯之事,未足观",请求为天子作游猎之赋。武帝令人给笔、札(薄小的木简),司马相如遂作《上林赋》。在《上林赋》中,司马相如以精妙的构思、过人的想像力,张扬汉天子压倒一切的威严,取得了动人心魄的艺术效果,最后又假借天子的言行说:"乃解酒罢猎,而命有司曰:地可以垦辟,悉为农郊,以赡氓隶,隤墙填堑,使山泽之民得至焉。……省刑罚,改制度,易服色,更正朔,与天下为始。"①汉武帝阅罢,极为高兴,遂封相如为郎,后又任命其为中郎将,出使西南夷使者。

汉初作赋有成就的要数枚乘,枚乘先为吴王濞郎中,后为梁孝王客。武帝当太子时就慕枚乘之名,即位后以安车蒲轮征召枚乘,枚乘年老,身体不好,死在半路上。枚乘有庶子叫枚皋,曾为梁共王郎,后被诬陷遇罪,家室没入官,逃亡长安,遇大赦,上书北阙,自陈乃枚乘之子。武帝大喜,召其入宫,在殿中作赋,拜为郎。然枚皋不通经学,诙笑类同俳倡,好嫚戏,以此得武帝宠幸,"自悔类倡

---

① 《汉书》卷117《司马相如传》。

也"。枚皋常充当武帝侍从,遍游全国各地。武帝有所感,就命他作赋。皋文才思敏捷,"受诏辄成,故所赋者多"。其赋可读者百二十篇,其他嫚戏不可读者尚有数十篇。① 司马相如作赋速度迟慢而质量高,枚皋自以为不如。武帝时被罗致在左右能作赋的还有东方朔、严助、吾丘寿王、婴齐、庄葱齐、臣说等。《汉书·艺文志》对武帝及其罗致在左右的文人、臣下所作赋,著录如下:

> 司马相如二十九篇;
>
> 枚皋赋百二十篇;
>
> 太常蓼侯孔臧赋二十篇;
>
> 吾丘寿王赋十五篇;
>
> 常侍郎庄葱奇赋十一篇;
>
> 严助赋三十五篇;
>
> 朱买臣赋三篇;
>
> 司马迁赋八篇;
>
> 郎中婴齐赋十篇;
>
> 臣说赋九篇;
>
> 儿宽赋二篇;
>
> 阳丘侯刘偃赋十九篇;
>
> 上(武帝)自造赋二篇。

以上录武帝及其侍从、臣下的赋共 283 篇。据《汉书·艺文志》著录汉初八家之赋,即陆贾、朱建、赵幽王刘友、贾谊、庄忌、枚乘、淮南王刘安及其臣下宾客共 127 篇。据此可知,武帝时期的赋比西汉初期的赋多出了 111 篇。不仅数量多,而且质量高。武帝时期的赋更加成熟而富于创造性,司马相如就是其代表。司马迁说司马相如的赋:"其要归引之节俭,此与诗之风谏何异?"鲁迅先生在

---

① 《汉书》卷51《枚乘传附枚皋传》。

《汉文学史纲要》中则称赞司马相如说:"不师故辙,自摅妙才,广博宏丽,卓越汉代。"因此,可以说武帝时期的赋在数量上、质量上都向前发展了一步。

汉武帝不仅有改变当时"礼崩乐坏"的抱负,而且在音乐、舞蹈、诗歌、赋诸方面都有着广泛的爱好。他在促进这些文化事业的发展方面起了巨大的作用。如:他善于发现、使用人材,李延年"身及父母兄弟皆倡(歌舞艺人)也",又"坐法腐刑",武帝用他作协律都尉,发挥了他的特长,他是那个时代的大音乐家、作曲家。武帝又让司马相如、枚皋等作歌词,这就促进了诗歌的发展。

汉武帝不仅爱好诗赋,他自己也是诗赋的作者。他作的诗赋分为两类:一类大气磅礴,意旨深远,如《史记·乐书》所载两首《天马歌》即其代表。另一类感情真挚,词藻华美,《秋风辞》、《悼李夫人赋》为其代表。鲁迅先生说:"武帝词华,实为独绝。……虽词人不能过也。"①武帝的这些作品,对诗赋的发展无疑起了推动作用。

总之,汉武帝适应历史发展的需要通过搜求、收藏遗书推动了古籍整理、经学、史学等各方面的发展。同时,在他的组织、倡导下乐府曲词歌诗和汉赋得到了发展与繁荣。所以,汉武帝是对中国传统文化的继承、发展作出重大贡献的皇帝。

第二节　科技方面的光辉成就

一、太初历的颁布

太初历的颁布是汉武帝时期在科技、天文、历法方面的一个突

---

① 　鲁迅:《汉文学史纲要》,《鲁迅全集》第9卷,386页。

出成就。

我国古代到战国时期已流行古六历,即黄帝历、颛顼历、夏历、殷历、周历、鲁历。这古六历都是"四分历"。所谓"四分历"就是一个回归年的时间定为 $365\frac{1}{4}$ 日。战国时不同诸侯推行的历法也不同,大约黄河中游地区夏族后裔居住的区域实行夏历,以寅月即农历正月为岁首,称夏正①。东南方殷族所建诸侯国如宋国以丑月即农历十二月为岁首,称殷正。周王室及同姓诸侯国以子月即农历十一月为岁首,称为周正。秦朝奉行战国时制定的颛顼历,统一后颁行全国,以亥月即农历十月为岁首。汉初沿用颛顼历,年代长了,日月差数得不到校正,出现了"朔(每月初一)晦(农历月终)见不到月亮的时候却见到了月亮,上弦(农历初七、初八月亮缺上半)、下弦(二十二、二十三月亮缺下半)的时候却见到了圆圆的月亮"。② 另外,当时社会上要求改制(改正朔)也很强烈。在上述情况下,汉武帝命公孙卿、壶遂、司马迁与射姓、邓平、唐都、落下闳等二十余人共造太初历,据说这次造出的太初历"晦朔弦望,皆最密,日月如合璧,五星如连珠",比颛顼历有很大进步,并于太初元年(前104)颁行。太初历原著失传,西汉末刘歆基本采太初历数据,改名三统历,为《汉书·律历志》收藏,流传至今。其价值有以下几点。

1. 太初历采用夏历(今农历)以寅月即正月为岁首,至今已沿用两千多年未变。

2. 太初历确定以没有中气(月中没有节气)的月份为闰月的原则,把月份与季节的关系调整得很合理,这个办法在农历(夏

---

① 夏正:正是农历一年的第一个月,夏历以农历正月为岁首,故称夏正。

② 《汉书》卷21上《律历志上》说:"朔晦月见,弦望满亏,多非是"。

历)中沿用至今。没有中气(月中没节气)与我国农历的二十四节气有关。二十四节气是将一回归年分为二十四等分,约十五天左右设置一个节气,以反映太阳在黄道上的二十四个特定位置,同时反映出气候变化的情况。《淮南子·天文训》中说:"日行一度,十五日为一节,以生二十四时之变"。文中所列二十四节气的名称、顺序与今完全相同,即:立春、雨水、惊蛰、春分、清明、谷雨、立夏、小满、芒种、夏至、小暑、大暑、立秋、处暑、白露、秋分、寒露、霜降、立冬、小雪、大雪、冬至、小寒、大寒。这说明二十四节气的设置在西汉初期已经完善。在这二十四节气中,处在农历的月头,如立春、惊蛰、清明、立夏、芒种、小暑、立秋、白露、寒露、立冬、大雪、小寒,叫十二节气。其余十二个节气在农历月中的就叫中气。这十二个中气有:雨水、春分、谷雨、小满、夏至、大暑、处暑、秋分、霜降、小雪、冬至、大寒。

太初历颁布之前,汉初历法"一般都将闰月置于年终或某个固定的月份"①。这种置闰法不利于协调二十四节气与气候的变化,不利于协调晦朔、上弦下弦与月亮出没圆缺的关系。太初历确定以没有中气的月份置闰的方法有助于解决上述问题,协调了二十四节气与气候变化的关系,这对古代指导农业生产具有重要意义,并且一直沿用至今,这是我国古代科学史上的一个光辉成就,至今仍流传着这样的农谚:"种田无定例,全靠看天气。立春阳气转,雨水沿河边。惊蛰乌鸦叫,春分滴水干。清明忙种粟,谷雨种大田。……"

3. 太初历中五星会合周期的精度有明显提高,并据五星在一个会合周期内的运动规律,建立了推算五星位置的方法。所谓五

---

① 张培瑜等三人:《春秋鲁国历法与古六历》,《南京大学学报》(社科版)1985年第4期。

星即金、木、水、火、土五颗行星。这五颗行星在天空运动的路线总在黄道附近，又很明亮，易引起人们的注意。1974年在长沙马王堆三号汉墓出土的帛书《五星占》的最后三章列出了秦王政元年（前246）到汉文帝三年（前177）共七十年间木、土、金星的位置和五大行星会合的情况。五大行星又分别被称为岁星（木星）、荧惑（火星）、太白（金星）、填星或镇星（土星）、辰星（水星）。①

五大行星中木星（岁星）最早被人注意，大约公元前二千年左右人们就知道它12年绕天一周，在习惯上称之为岁星。大约到战国时，人们已知它绕行一周天不是整整12年。《太初历》中认为它绕行一周天为11.92年，东汉时又认为是11.87年，现代的精确值认为是11.86年。这说明《太初历》中确定的数值比以前精确了一步。

五大行星和地球都围绕太阳运转，水星、金星这些内行星（比地球离太阳近）仿佛总在太阳两边摆动，当它们离地球最远时，正好和地球分别处于太阳两边，三者成一条直线方向时，就叫上合；当它们离地球最近，正好走到太阳与地球中间而成一直线时，叫下合。在上合或下合时，行星都为太阳的强烈光芒掩没，无法看到。对火星、木星、土星这些外行星说，离地球最远时，正好与地球分处太阳两边，从地球上看正好与太阳成一直线，就叫合；当离地球最近，地球处于太阳与外行星之间时，叫作冲。内行星从上合到下一次上合，从下合到下一次下合；外行星从合到下次合，从冲到下次冲，就是行星的一个会合周期。

战国时的《甘石星经》测得水星的会合周期为126日，《太初历》说是115.91日，现今的测定值则为115.88日。战国时甘氏测

---

① 《汉书·律历志》说："水合于辰星，火合于荧惑，金合于太白，木合于岁星，土合于填星。"

定的木星的会合周期为 400 日,《太初历》给的数值为 398.71 日,现代测定值为 398.88 日,二者极为接近。

总之,根据五大行星的会合周期,就能测定出各行星在天上的方位。《太初历》对五大行星会合周期的测定较过去有了进步,测定其在天上的方位就会比较准确。

4.《太初历》还提出了 135 个月为交食①周期,这期间发生月食二十三次,还谈到了发生月食的月份的算法。《太初历》只谈到了月食,没谈到日食,但二者是同一道理。月食是地球进入太阳和月亮之间而发生的现象,这时地球挡住太阳光,地球的影子遮住了月亮的全部和一部分。所谓"日月合璧"在望(农历十五左右)就发生月食,这时月球和太阳黄经相差 180°,太阳、地球、月亮在一条线上,地球遮住了太阳的光,此时就发生月食。日食则是月球介入太阳与地球之间,遮住了太阳的一部分和全部。所谓"日月合璧"在朔(农历初一)就发生日食,就是说如果在"朔"这一天,太阳、月亮、地球为一线时,月亮遮住了太阳,这时就发生日食。《太初历》的贡献在于它阐明了月食发生的周期和规律,指出 135 个月为一个发生月食的周期,在此期间发生月食二十三次,据此可以算出发生月食的月份和日子。而据此交食周期,也可以算出发生日食的周期、月份和日子。这是《太初历》比古六历进步的又一重要表现。

古六历是四分历,太初历是八十一分历。太初历的两个基本数据是:一岁(一回归年)的日数为 $365\frac{385}{1539}$ 日 = 365.2516 日;一月的日数为 $29\frac{43}{81}$ 日 = 29.5308 日。这些数字比四分历的误差大,

---

① 交食,一般单称为食,以日食、月食最引人注意。一个天体不管是否发光,能都看见其亮光。如果这个天体与观测者之间有另一天体介入,它的光亮就会变暗,这种现象就叫交食。

所以太初历施行 100 多年后，到东汉初年，人们发现日月合朔常在历书上朔日前，月食日期也比预推的早一日。所以，太初历从武帝太初元年（公元前 104）施行到东汉章帝元和元年（公元 84），共 188 年。章帝元和二年（公元 85）废止太初历，重订四分历，颁布施行。东汉四分历与战国四分历基本常数相同。一回归年 = 365 $\frac{1}{4}$ 日 = 365.2500 日；一月的日数为 29 $\frac{499}{940}$ 日 = 29.53008 日。四分历在这两个基本常数上比太初历误差要小。

太初历虽有缺点，但太初历已有造历理论，具备了节气、朔望、五星、交食周期等常数和推算方法，是全世界最早的天文年历雏形，为后世历法树立了范例。所以，其在历法方面的进步作用不可低估。

二、炒钢技术与原始纸的出现

1. 炒钢技术的出现。春秋中后期中国已出现并逐渐使用了铸铁，春秋后期还出现了钢，战国时又出现了生铁柔化技术，百炼钢的使用更为普遍，这使中国冶铸钢铁的技术大大领先于世界。

汉武帝时期，即西汉中期我国又出现了炒钢新技术。这种技术，是将生铁加热成半液体、半固体状态，进行搅拌，利用空气或铁矿中的气进行脱碳，获得熟铁或钢的新技术。西汉中期已存在的河南巩县铁生沟冶铁遗址发现有低温炒钢炉一座，就说明那时炒钢技术已经出现。[①]铁生沟冶铁遗址的冶炼设备，"已经能炼出质

---

① 巩县铁生沟考古报告说，铁生沟遗址出土"各种铁器尤其是各种铁制生产工具大部分与辉县、洛阳等地战国或西汉遗址与墓葬所出土的铁制生产工具相同。所出土的铜钱又都是西汉时期的。"因此，"断定巩县铁生沟冶铁遗址的年代是西汉中期至西汉晚期（武帝至新莽）"。见河南省文物局文物工作队：《巩县铁生沟》，文物出版社 1962 年版，38 页。

量较高的低炭钢"。值得注意的是铁生沟各种冶炼炉内及附近所出的煤块、煤饼和煤渣，说明我国在西汉中期已用煤冶铁确系事实。炒钢技术的出现和用煤冶炼钢铁，使冶铁业可向社会供应大量优质熟铁和钢料以满足生产和战争的需要。据学者研究"欧洲用炒钢法冶炼熟铁的技术在十八世纪中叶才开始出现，比我国要晚约一千九百余年。"①

汉武帝时期，中国不仅有先进的冶炼铁、钢的技术，并且有用这种先进技术武装起来的冶炼场。以河南巩县铁生沟冶铁遗址为例，冶铁遗址面积为 21600 平方米。发现有炼炉 18 座，熔炉、锻炉各 1 座，共 20 座。炼炉中有一种圆形炼炉，直径 1.8 米，残高 1.5 米，炉体高大，温度高，可炼优质生铁，有时可以炼出熟铁和钢。这种冶铁遗址，无疑应是武帝时铁官管辖下的一座官营钢铁冶炼遗址。汉武帝时兴修水利、对匈奴等的战争、推广新式农具，需要大量的钢铁制品就是靠当时这些先进的冶炼场供应的。汉朝是当时世界上最强大的国家就是建立在当时先进的冶炼技术武装起来的这些冶铸场所提供的物质基础上的。

不仅如此，汉武帝时期中国先进的铁器、冶铁技术不断向偏远地区传播。汉朝法律规定"吏民不得持兵器及铁出关"，在京城长安这类货也不许胡人"市买"。虽然如此，非法买卖的现象仍然时有发生，浑邪王降汉后在长安期间，因胡人"市买"兵器、铁器等货物，长安商人犯法当死者五百余人就是一例。《汉书·西域传·大宛》载，中国的铸铁技术就是在汉武帝时期传入大宛的。

2. 原始纸的出现。汉武帝时期我国出现了最早的纸。1957 年在陕西西安灞桥一座墓葬中出土了我国最早的纸的标本。外观呈米黄色，已裂为数十块碎片，最大的碎片长、宽各约十厘米，厚

---

① 杜石然等编著：《中国科学技术史稿》，科学出版社 1982 年版，171 页。

0.14 毫米。其年代不晚于汉武帝元狩五年（前 118）。有的认为灞桥出土的标本已具备纸的结构，是现存"世界上最早的植物纤维纸"，比东汉蔡伦造纸早了二百多年。[①] 1973—1974 年，居延肩水金关遗址出土了一件与宣帝甘露二年（前 52）木简共存的麻纸标本，时间约与木简纪年相当，出土时揉成一团，展开后最大的一片长、宽为 21×19 厘米，色泽白净，薄而匀，一边平整，一边稍起毛，质地坚韧。据鉴定，这片纸是以苎麻成分为主，由废旧麻絮、绳头、布料等制成的。对宣帝时居延出土的上述纸的标本，都一致肯定是纸，但评价高低上有不同。一种意见认为，已"具备纸的初步形态"，但还"粗糙"，只能算作"纸的雏形"或"原始纸"。另一种意见则强调了这种纸的成熟程度。宣帝时期的纸已经屡被发现，1933 年在新疆罗布淖尔汉代烽燧亭址中，发现了一片与宣帝黄龙元年（前 49）木简共存的纸片。其后，在敦煌烽燧遗址中也发现了宣帝时期的纸。根据上述事实人们认为，"至迟在西汉中期，已经出现利用废旧麻料抄造成的初级形态的纸张"。[②] 从武帝时期西汉国都长安灞桥发现的原始纸，到宣帝时新疆和西北边郡不断发现原始纸都说明中国在公元前的一个多世纪中已经出现了纸。

　　纸的发明是中华民族对世界文明所做出的巨大贡献之一。汉武帝时期我国就出现了原始纸，这为东汉时期出现的"蔡侯纸"奠定了坚实的基础。

三、推广新式农具

　　汉武帝时期，生产工具也有大的进步。如埋葬武帝兄长中山

---

①　灞桥出土的纸，学术界有不同意见，一种意见认为是纸，一种意见认为不是纸。见《新中国的考古发现和研究》，文物出版社 1984 年版，477 页。

②　中国社科院考古研究所编：《新中国的考古发现和研究》，文物出版社 1984 年版，478 页。

靖王刘胜的河北满城汉墓二号墓发现了一件大型铁犁铧。这是考古发现的较早的汉代大型铁犁铧,犁铧高 10.3 厘米,脊长 32.5 厘米,底长 21 厘米,宽 30 厘米,重 3.25 公斤;弧形刃,中间起脊,平底,底的后部有三角形銎孔。(见旁图)中山靖王刘胜,景帝子,景帝前三年(前 154)立为王,武帝元鼎五年(前 112)死,满城汉墓中随葬大铁犁就是在这一时期制造的。这种大型铁犁铧可深耕,能提高工作效率。① 西汉中期以后这类大型铁犁铧日益普遍,有的长、宽均达40 厘米以上,最重的达 15 公斤。

西汉中期以后,犁壁的使用较普遍。考古至今未发现战国时的犁壁,刘仙洲先生据文献材料认为中国战国已出现犁壁。② 犁壁又称为镎土、逼堵、犁耳等。唐陆龟蒙《耒耜经》称壁,今一般称为犁壁。犁壁的作用是可翻土、松土、开沟、培垄,把下面的土翻上来经太阳晒有杀虫作用。现在考古发现的犁壁,时间上多在西汉中期以后,这决非偶然。上述所说西汉中期以后大型犁铧普遍使用,大型犁铧与犁壁配合,就能深耕,同时又可翻土、松土、开沟、培垄。陕西省发现的西汉中期以后犁壁有马鞍形、菱形、方形缺一角、板瓦形。陕西礼泉县出土了一件马鞍形犁壁,高 22 厘米、宽23 厘米,下面前端有突尖,使用时插入犁铧突脊的小孔中。使用时犁壁、犁铧、犁冠联结在一起即可耕田,③可以清楚看出其翻土、松土、培垄的功能。(见下图)武帝时赵过推行代田法,使用两头牛拉的"耦犁",耕作时要求把一亩土地整理成三条垄、三条沟,大

① 《满城汉墓发掘报告》,文物出版社 1980 年版,279 页。
② 刘仙洲:《中国古代农业机械发明史》,科学出版社 1963 年版,16 页。
③ 陕西省博物馆:《陕西省发现的汉代铁铧和镎土》,《文物》1966 年 1 期。

型犁铧上安上犁壁,恰恰能够既开沟、又培垄,犁地时一气呵成。这种耕作方法的需要,决定了西汉中期以后大量使用了犁壁。

耧车(耧犁)的发明与推广是汉武帝时期在农具方面的又一创新。《齐民要术》卷一引崔寔《政论》说武帝末年令赵过为搜粟都尉,用耧车播种,其法"三犁一牛,一人将之","日种一顷"。而东汉末辽东地区用长辕犁耕种,"用两牛六人,一日才种二十五亩"。二者劳动效率相差甚为悬殊,说明了武帝末年推广耧车等新式农具对提高劳动生产率的作用。赵过所推行的三脚耧(土法播种器),后世有畜力、人力拖曳两种,一直到新中国成立前后,我国农村还在广为使用。

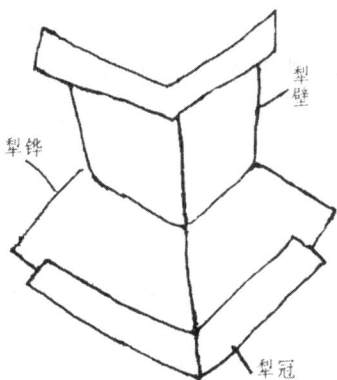

汉武帝时期新式农具的推广和发明,大大提高了劳动生产,不仅在中国历史上有重大影响,而且,在人类农业发展史上也有着崇高的历史地位。研究世界犁耕史的学者帕莱雷塞在所著《犁的形成与分布》中说:"构成近代犁的具有特征的部位,就是和犁铧结合在一起呈曲面状的铁制犁壁。它是古代东方所发明的,十八世纪才从远东传入欧洲"。在欧洲"同时传来的农具,可能还有耧车"等,"由于采用曲面犁壁"等农具,才使农业"从中世纪的三圃式农业摆脱出来",完成"向集约化农法的转变"。① 从这一叙述中可知,汉武帝时期推广的新式农具,不仅在中国农业史上,而且在世界农业史上,也有着重要意义。

---

① 熊代幸雄著、董恺忱译:《论中国旱地农法中精耕细作的基础——兼评它在世界史上的意义》。《中国农史》1981 年 1 期,92—94 页。

汉武帝时期与推广新式农具结合,还推广了新式耕作方法——代田法,在用代田法耕种的地方亩产量可增加一斛(一石)以上,说明劳动生产率是大大提高了。代田法后文还要谈到,此不述。

第八章　祭祀礼仪大典
与方士、神仙

　　中国古代的祭祀礼仪活动在原始社会末期就已出现,商周时有进一步发展,尤其是周公"制礼作乐"对后世影响尤深。《汉书·郊祀志》说:"周公相成王,王道大洽,制礼作乐,⋯⋯郊祀后稷以配天,宗祀文王于明堂以配上帝,四海之内各以其职来助祭。天子祭天下名山大川,怀柔百神,⋯⋯而诸侯祭其境内名山大川。""各有典礼,而淫祀有禁"。秦汉的祭祀活动都是在周制的基础上损益增补而进行的。

　　西汉初期祭祀礼仪活动一仍旧制,增改不多。武帝继位,又大刀阔斧地制礼作乐。《汉书·郊祀志》说"武帝初即位,尤敬鬼神之祀。"这使祭祀礼仪活动大大增加。虽然如此,各种祭祀活动仍然是以祭天、地为中心而进行的。天地化育万物,原始人类就崇拜天地。后来就把天、地作为有意志、有人格的神灵而祭祀。

　　崇拜天地鬼神,导致了迷信方士、迷信祥瑞、灾异等等。

　　《史记·封禅书》、《汉书·郊祀志》记载了汉武帝的上述活动。

第一节　祭礼与礼仪大典

　　所谓郊祀,泛指古代郊外祭祀天地的活动。据《汉书·郊祀志》所载郊祭活动,种类繁多。有的是一般经常的祭祀天地的活动,有的是礼仪大典。

一、祭五帝、三一、后土与名山大川

1. 祭五帝。武帝即位第二年,就到雍(今陕西凤翔)祭祀五帝:青帝、赤帝、黄帝、白帝、黑帝,此后三岁祭祀一次。五帝中,除黑帝为汉高帝所补,其他秦时已有。《孔子家语·五帝》中载老子曾说:"天有五行,水火金木土,分时化育,以成万物,其神谓之五帝。"这就是说五帝,就是五行。

2. 祭三一。"三一"是武帝时郊祀的新神,所谓"三一",即太一、天一、地一。最初,有个叫谬忌的方士要求祭太一说:"天神中最尊贵的是太一,太一的辅佐是五帝。古代天子在春秋两季于东南郊祭太一,每天用太牢礼祭,①一连七天,筑坛,开八通鬼道"。汉武帝听了他的话,令管祭祀的太祝在长安城东南郊筑了太一坛,照谬忌的说法祭祀。其后,又有人上书说:"古代天子三年用太牢礼祭一次三一:天一、地一、太一。"武帝听后,令太祝在太一祭祀坛上一块祭祀。顾颉刚先生在探究三一的来源时说:"这种天神,无疑地发生于阴阳说:天一是阳神,地一是阴神;泰一更在阴阳之前,为阴阳所从出,所以谓之最贵。《易传》里说,'易有太极,是生两仪'。泰一便是太极,天一和地一便是两仪。……从此之后,泰一就是上帝之名,上帝就是泰一之位,终汉一代再也分不开来。"②

甘泉宫祭三一:甘泉宫(地处今陕西淳化西北甘泉山)是武帝时郊祀圣地。元狩三年(前120)受武帝信用的方士齐人少翁说:"主上想与神通,宫室、被服如不像神所用,神就不至。"汉武帝信了他的话,为与神通话,建了甘泉宫,画了太一、天一、地一诸神,设

---

① 古代帝王诸侯祭祀时,牛、羊、猪三牲齐备为太牢,亦称大牢。
② 顾颉刚:《秦汉的方士与儒生》,上海人民出版社1978年版,18页。

置祭祀用具,时时祭拜,但过了一年多,神不降临,与神通话的目的未达到。过了两年,上郡一位巫被武帝召进甘泉宫祭神,竟实现了武帝与神通话的愿望。其时,武帝在长安京兆鼎湖病,这个巫传达神君对武帝说的话:"天子不要为病担忧,病稍好后,请振作精神与我在甘泉相会。"武帝听了后,心中十分高兴,及到甘泉,病就好了。这个巫祭祀的神君很多,其中最为尊贵的就是太一。虽然看不见它,却能听到它讲话,声音和平常人一样,来时带着风声。神君讲的话,皇上令人记录下来,称为"画法"。到了元鼎五年(前112),汉武帝为祭太一,在甘泉建起了泰畤坛①,与在长安东南郊建的太一坛相似,共三层。五帝作为太一的辅佐,他们的坛环绕在泰畤坛的下面。各按自己的方位如青帝在东方等建造。只有黄帝因方位居中无法安置,只好建在西南,又开通八方鬼道。太一祠内的一切用物,和雍地②祭上帝的地方相似,另加上醴酒、枣、干肉。祭祀时,杀一白鹿,把猪和酒装进它的肚中,又杀一白牦牛,又把鹿放进牛的肚里。祭太一时,掌祭的祝宰穿紫色的绣着花纹的衣服。祭五帝时,掌祭的各穿青、赤、白、黑、黄诸色的衣服。

这年十一月初一恰逢冬至,天子就在黎明时行郊祀礼,祭太一,早上祭日,晚间祭月。因为它的地位并不比天子高,所以天子都长揖而已。祭太一时和在雍的郊祭典礼一样。祭祀过后,有司说:"祠上有光芒射出。"公卿说:"皇帝当初在云阳宫郊祀太一时,有司奉上六寸的璧玉、上好的牺牲品,那一夜出现了美丽的光辉,到了白天,黄气冉冉上天,真是奇观。"太史令谈和祠官宽舒等说:"神灵福佑着我们汉朝,才出现了这样的祥瑞。"后来,武帝在泰山

---

① 《汉书·武帝纪》载,元鼎五年十一月,"冬至立泰畤于甘泉。天子亲郊见,……诏曰:"朕……德未能绥民,民或饥寒,故巡祭后土以祈丰年。……朕甚念年岁未咸登,……。"看来,这类活动都与祈求丰年有关。

② 雍(今陕西凤翔境),秦人祭上帝的地方。

汶上作明堂,又把太一、五帝祀在明堂上。汉武帝的这些活动,就是要把天上的秩序,在人间建设起来。

3. 祭后土。周代,冬至日祭上帝、夏至日祭后土。天帝、后土是两个最大的神。汉朝在雍、长安东南郊、甘泉宫都有郊祀上帝的设施,但没有祭后土的设施。元鼎四年(前113)夏,武帝说"巡祭后土,祈为百姓育谷",这说明祭后土的目的是为祈丰年。这年冬,武帝在雍郊祀,说:"现在朕亲自郊祭上帝,而后土无祀,与礼不合。"有司与太史令谈、祠官宽舒议论说:"祭天地用牛作牺牲,牛角的形状像茧或像栗,现今陛下要亲祭后土,宜于在泽中圜丘上筑五坛,每坛用黄牛犊一头,具备太牢,祭礼后就埋在土中,陪祭的官员服色尚黄。"于是天子遂冬巡至汾阴,有人说看见汾水旁有光腾起,像红纱,于是就在汾阴建起后土祠,建的形状与太史令司马谈和祠官舒宽等商议的相同。天子亲自举行了祭拜,与祭上帝的礼相同。这样祭后土也有了固定的地点和设施。从此,汉武帝就常常在甘泉祭上帝,在汾阴祭后土。

4. 祭名山大川。武帝还重视对名山大川的祭典,建元元年夏五月下诏说:河海滋润千里,令掌管祭祀的官员修山川之祠,为一年中经常进行的事情,祭礼要有所增加。[①] 元封五年(前106)冬,武帝南巡狩,到了今湖南、安徽、江西等地,祭虞舜于九嶷山,登南岳天柱山,所过"礼祠其名山大川"。汉武帝祭祀的山有两类,一类是埋葬名人的山,如"祠黄帝于桥山"[②],祭舜于湖南九嶷山。另一类的山如五岳等山,对东岳泰山除封禅和祭明堂到泰山外,有时是为专门祭泰山而去的,如元封二年(前109)夏四月"祠泰山"。

---

① 《汉书》卷6《武帝纪》载建元元年五月,诏曰:"河海润千里,其令祠官修山川之祠,为岁事,曲加礼。"

② 《汉书》卷6《武帝纪》载元封元年,"祠黄帝于桥山",应劭曰:"在上郡,周阳县有黄帝冢"。

此外还祭过中岳嵩高的太室山、东莱的之罘山，修封泰山时，路过还祭祀过北岳恒山。

为了祭祀的需要，汉武帝对当时天下的名山曾经重新规定。《汉书·郊祀志》曾载，武帝在封禅泰山之前，有位叫申公的方士曾对武帝说"天下名山八，而三在蛮夷，五在中国"。在中国的这五座山就是陕西的华山，山西的首山，河南的太室山，山东的泰山、东莱山。并对武帝说"此五山黄帝之所常游，与神会"。武帝则据汉代的疆域规定：河南嵩高太室山为中岳、山东泰山为东岳、陕西华山为西岳、安徽天柱山为南岳、河北保定西的恒山为北岳。由于《尚书·舜典》曾说舜"南巡狩，至于南岳"，据注家解释此处的南岳，为湖南衡山。而且湖南衡山还在安徽天柱山之南，所以后来人们就以湖南衡山为南岳。明朝定岳制，又以山西浑源县的恒山为北岳。《尚书·舜典》说舜曾巡狩（视察）东岳、南岳、西岳、北岳，缺一个中岳。据说五岳制度最初就是从汉武帝开始的。

二、泰山封禅

封禅，帝王祭天地的大典。《史记·封禅书》说："自古受命帝王，曷（何）尝不封禅？"帝王既然是受天命，治理民众的。所以成功以后，要在泰山上筑土为坛祭天，告天下太平，报天之功，曰封。在泰山下的小山上，开辟场地，祭地，报地之功，称禅。"①

从现在留下的关于封禅的材料看，封禅的地点在泰山，最早讨论封禅的是齐桓公和管仲，最早记载封禅的书是《管子·封禅篇》。根据这些情况，最早提出封禅的应是齐鲁地区的人。从文化背景上看，春秋战国时期，齐鲁地区是全国文化最发达的地区之

---

① 《史记·封禅书》引《正义》曰："泰山上筑土为坛以祭天，报天之功，故曰封。""泰山下小山上除地，报地之功，故曰禅。""言禅者，神之也。"

一,孔子就非常重视礼和三代的道统。战国时齐人邹衍又提出"五德终始说",非常强调王者受命于天,这都为封禅说的出现提供了前提。从地理环境上看,泰山是齐、鲁两地的界山,又是当地最高的山,"登泰山而小天下",受命的帝王就应到最高的山上去祭祀上帝,向上帝报告功业,答谢上帝。在上述条件下,封禅说的出现也就不难理解了。

从有关记载来看,似乎是有业绩而又遇嘉瑞的受命帝王方可封禅。《史记·封禅书》载,齐桓公称霸,会诸侯于蔡丘后想封禅,管仲对他说:古代举行封禅的有七十二家,我记得的有十二家,其中无怀氏、虙羲、神农、炎帝、颛顼、帝喾、尧、舜、汤都是在泰山举行祭天的封礼,在叫云云的小山上举行祭地的禅礼;黄帝在泰山举行封礼,在叫亭亭的小山上举行禅礼;禹则封泰山,禅会稽;周成王则封泰山,禅于社首山;这些人都是在受命后才进行封禅的。齐桓公回答:我九合诸侯,一匡天下,诸侯都不敢违背我,这比昔日夏、商、周三代受命,有什么差异呢? 管仲接着说:前代王者封禅之时,嘉谷生,灵茅现,东海来了比目鱼,西海又得比翼鸟,不召而来的祥瑞事物有十五种。而现在的呢? 凤凰、麒麟不来,嘉谷不生,而蓬蒿等野草长的却很茂盛,在这种情况下而想封禅,是不是不可以呢? 齐桓公听了只好作罢。显然,在管仲看来齐桓公并非受命王者,而且也无嘉瑞来临,所以不应封禅。

中国历史上第一个到泰山进行了封禅的是秦始皇。秦受命的符应是秦文公获黑龙,在功业上秦始皇统一六国,功高五帝,自然是最有资格实行封禅大典的。秦始皇二十八年(前219)东巡郡县,被征随从的齐、鲁儒生,博士七十人,到了泰山脚下。临到要封禅时,这些儒生对封禅的礼仪竟然都说不清楚,有的说古时封禅时用蒲席裹着车轮以免伤害山上的土石草木;有的说扫地而祭,席用剥去皮的禾秆作即可。秦始皇感到他们的议论不合情理,难于施用,于是罢斥了他们,从山南清除车道,至山巅,立石,举行了封礼;又从山的北坡下来到梁父山,刻石记功,举行了禅礼。他用的都是原来秦国祭上帝的礼节。由于进行了保密,人们没有记下来。秦始皇在返回的路上遇大风雨,躲在大树下,因此封此树为五大夫。为此,被罢斥不能参加封禅的儒生讥笑他,说他不顺天意,遇暴风雨,中途退下,没举行封礼。

中国历史上第二个到泰山封禅的皇帝就是汉武帝。汉初,高帝对封禅这类事没功夫去做,文、景时无为而治,务在安民,封禅花费巨大,自然也不去做。武帝即位,建元元年就任用赵绾、王臧,草拟封禅计划,结果因赵、王二人被窦太后治罪,只好作罢。但这只是暂时的,元狩四年(前119)因得宝鼎,方士公孙卿托人献书札曰:"汉之圣者在高祖之孙且曾孙也,宝鼎出而与神通,封禅。"并说,黄帝就因封禅,而与仙通。当黄帝采首山之铜,铸成鼎后,就有垂着须髯的龙,从天上下来迎接黄帝,黄帝骑上了龙,群臣和后宫女子七十余人也爬到龙身上,余下的挤不上去的人就抓住龙髯,龙上了天,须髯脱落,抓髯的人就掉了下来。汉武帝听后感叹地说:"唉,我要如果能像黄帝一样上天,离开妻子就如同脱去鞋一样容易,人间还有什么值得留恋呢?"从得宝鼎后,汉武帝与公卿儒生议论封禅时,已九十余岁的齐国人丁公说:"封禅,就是不死的称谓。秦始皇没有上到山顶举行封礼,陛下一定想上去,慢慢地上山,如果没有风雨,就可以上去举行封礼。"要进行封禅时,方知群儒对封禅的礼仪都说不清楚,汉武帝把封禅用的器物给他们看,有的说和古代的不相同,召集多人商讨封禅事宜,也没有结果,于是汉武帝罢斥了他们,一概不用。

这次封禅,汉武帝作了精心准备。元封元年(前110)冬十月,汉武帝说:"古代先振兵释旅,然后封禅。"为展示武力,他巡示朔方,经上郡、西河、五原,出长城,至朔方,统兵十八万,旌旗千余里,派遣使者告匈奴单于说:"南越王的头已悬于汉首都长安城北城门楼上了,单于如果能战,汉天子亲自率兵在北边等待;如不能战,速来臣服,为什么要藏匿于漠北寒苦之地。"匈奴慑于汉的威力不敢应战。汉武帝在回来的路上,经上郡祭黄帝墓,回至甘泉宫(在今陕西淳化西北)。这年春三月,武帝临幸缑氏(今河南偃师东南)登中岳太室山①,随从官员在山下好像听到有呼"万岁"的声音;问山上的人或山下的人,都无人做声,很神秘。武帝拨出三百户人家专供祭太室用。又东上泰山,草木未发叶,令人立石于山顶。遂又东巡海上,汉武帝对方士公孙卿等人所说封禅引来怪物,能与神交往,极有兴致。这次东巡海上的目的,似乎就是为了与神仙交往,所以令讲海中有神山的数个人求蓬莱神人,公孙卿持节到了东莱,说夜间见一大人,身长数丈,离近就不见了,脚印很大,武帝不信;但群臣又说,看见一位老者牵着狗,转眼又不见了,武帝以为真有仙人了。于是派一千多方士坐着车去访求仙人。

　　这年四月,武帝到泰山下梁父山进行封禅,首先在泰山下东方作坛,坛宽一丈二尺,高九尺,坛下放着玉牒书(玉简),上写着什么无从知道,举行的封礼,与郊祀太一(上帝)的礼相同。行礼毕,武帝和管车子叫子侯的登上泰山,也举行了封礼。② 第二天,从阴道(北坡)下山,至泰山东北叫肃然山的小山举行了禅礼③,礼仪与祭后土的礼相同。举行封禅时,天子都亲自拜见,穿着黄衣,都用了乐舞。④ 还用了江淮出产的有三棱脊的茅作神位的衬垫,用五色土作坛,放出远方贡来的奇兽、飞禽和白雉等物以示加礼。在举行

---

① 中岳嵩山,汉时名崇高,山上有石室,曰太室、少室,故称其山为太室山、少室山。

② 《汉书》卷 25 上《郊祀志上》。

③ 据《汉书·武帝纪》注引度虔曰:"禅,阐也,广土地也。肃然,山名也,在梁父。"

④ 《汉书·武帝纪》应劭注,又见《通俗通义》卷二《封泰山禅梁父条》。

封禅祭祀的地方,夜间仿佛有光芒照耀,白天有白云从封土中升起。

东汉应劭记载了汉武帝泰山封禅时的刻石纪功辞,内云:

> 事天以礼,立身以义,事亲以孝,育民以仁。四守之内莫
> 不为郡县,四夷八蛮咸来贡职,与天无极。人民蕃息,天禄
> 永得。①

这一刻石纪功辞为我们理解汉武帝一生的活动提供了一个线索,
也可以说它和武帝一生的功业基本一致。如:"事天以礼",武帝
确实在一生中进行许多祭祀天地的礼仪活动;"育民以仁",武帝
一生确实治天下有许多仁德的措施等等。并表达了他想使"四守
之内莫不为郡县,四夷八蛮咸来贡职"的愿望。最后则请天神保
祐,让"人民蕃息",皇帝能够"天禄永得"。

泰山东北,山下有周代遗留下的古明堂遗址②,武帝元封元年
封禅下泰山后,坐在明堂遗址上,群臣祝贺,下诏御史说:"朕以渺
小的身躯继承至尊之位,小心谨慎唯恐不能担当重任,自己德薄,
不明白礼乐,祭祀太一后,似有景光出现,白天仿佛都可看见,我深
感恐惧,想停止祭祀又不敢停止。于是登泰山封禅,到梁父,而后
至肃然。为的是先自革新,以便有个美好的机会与士大夫们从新
开始。"为让天下更新,下诏中还规定赐民众每百户牛一头、酒十
石,年八十以上的孤寡老人加布帛二匹。博、奉高、蛇丘、历城四
地,无出今年租税。大赦天下,……。凡车驾经过的地方,免除复
作(二年刑)的刑徒。在二年以前犯法的,一概不究。③ 又下了一

---

① 《汉书·武帝纪》应劭注。又载《风俗通义》卷2《封泰山禅梁父》条。

② 《孟子·梁惠王篇》说:"明堂者,王者之堂也。"赵歧注:"泰山下明堂,本周天
子东巡狩朝诸侯之处也。"

③ 此据《史记·封禅书》所载:"复博、奉高、蛇丘、历城,无出今年租税。其大赦
天下,如乙卯赦令。行所过毋有复作。事在二年前,皆勿听治"。《汉书·武
帝纪》和《郊祀志》对上述记载或有差异或缺载。另外,乙卯年即元朔三年,据
《汉书·武帝纪》载这年春确有"赦天下"的记载,但具体内容缺载。

道诏书说:"古代的天子,每五年巡狩(视察)一次,在泰山办公,所以诸侯在泰山都有住宿的地方。因此,令诸侯在泰山修建住所。"此后,汉武帝果然效法古制,不断地到泰山去"增封"、"修封"。从元封元年封禅始到征和四年,共到泰山封禅六次,今列表如下:

时　间	公　元	封禅活动	备　考
元封元年四月	前 110 年	登封泰山	赦天下
元封五年三月	前 106 年	至泰山,增封	祠高祖于明堂,以配上帝,受计,赦天下
太初三年四月	前 102 年	修封泰山	
天汉三年三月	前 98 年	行幸泰山,修封	祀明堂,受计
太始四年三月	前 93 年	行幸泰山,修封	祀高祖于明堂,以配上帝,受计,赦天下
征和四年三月	前 89 年	幸泰山,修封	祀于明堂

从元封元年起不断地封禅、增封、修封,使武帝这位"受命天子"的威仪,尽显于天下。但是,封禅活动,并没有达到使武帝与神交往、成仙的目的。

当时的士大夫对于封禅大典是极其重视的,这从司马谈父子的表现可以看出。元封元年司马谈对自己滞留洛阳而未随武帝封禅极为遗憾哀痛,在河、洛见到司马迁时,"执迁手而泣"说:"今天子接千岁之统,封泰山,而余不得从行,是命也夫,命也夫!余死,汝必为太史;为太史,无忘吾所欲论著矣。"这说明在司马谈父子看来,封禅意味着继承了千年圣君的道统,一个新的盛世就要到来,所以内心是无比激动的。

三、立明堂

元封二年(前 109)秋,武帝"作明堂于泰山下",实现了他从即位第一年起就要立明堂的愿望。① 明堂是商周时流传下来的举行大典的宫室，据说夏称世室、商称重屋、周称明堂。《周礼·考工记》说："明堂者，明政教之堂。"《逸周书·明堂解》载：周公辅成王，天下大治，大会诸侯于明堂。"明堂，明诸侯之尊卑也，故周公建焉，而明诸侯于明堂之位，制礼作乐，颁度量而天下大服，万国各致（送）方贿（财物）。"② 十分明显，周公在大治天下后，在明堂大会诸侯，就是要通过诸侯在明堂中的位置、次序从而明示其尊卑，各诸侯国都要贡纳其统治地方的财物向天子表示臣服，会上制礼作乐表示天下太平，万国来朝。《礼记·明堂位篇》所载周公大会诸侯于明堂与此大体相同。明堂既然是举行这种大典的地方，难怪汉武帝热衷于立明堂了。汉代高诱、蔡邕等认为明堂与太庙（宗庙）等为一事。明堂的作用一般认为是天子宣明政教的地方，朝会、祭祀、庆赏等均可在其中举行。汉武帝元封二年秋在泰山下作明堂时，因旧明堂遗址地处峻险不显敞，移址奉高县（今山东泰安东）汶上（汶水旁），按济南人公孙带所献明堂图建造，按此图，"明堂中有一殿，四面无壁，以茅盖，通水，水圜（绕）宫垣，为复道，上有楼，从西南入，名曰昆仑，天子从之入，以拜祀上帝焉。"③ 从汉武帝在明堂的活动看，明堂似有两个功能：

其一，发布政令。武帝元封元年泰山封禅后，下山坐在周代遗留的明堂遗址上，发布了赐民牛、酒、布帛和泰山周围四地免一年

---

① 《汉书》卷6《武帝纪》。

② 关于明堂的解释很多，《吕氏春秋·十二纪》、《淮南子·时则篇》、《礼记·月令篇》、《周礼·考工记·匠人》、蔡邕《明堂论》、王国维《明堂庙寝通考》等均有论述，此不赘述。

③ 《汉书》卷25下《郊祀志下》。另外，考古发现了西汉末年长安南郊明堂遗址，可见其平面图、复原图，见刘敦桢主编《中国古代建筑史》，中国建筑工业出版社1980年版，45—47页。

租税和大赦天下的诏令等即是证明。

其二,用以祭祀。汉武帝在泰山建明堂后元封五年(前106)春三月"祠高祖于明堂,以配上帝"。太初元年(前104)十一月"冬至,祀上帝于明堂"。太始四年(前93)三月,"行幸泰山,……祀高祖于明堂,以配上帝",后又"祀孝景皇帝于明堂"。征和四年(前89)三月,"还幸泰山……祀于明堂"。①

从汉武帝时明堂的两个功能中可以看出,发布政令似乎并非经常性的,而是特定条件下进行的;明堂用于祭祀的功能是主要的,但这种祭祀不是每年都进行,而是过几年才进行一次,说明这种祭祀是一种隆重和盛大的祭祀。

汉平帝时,安汉公王莽奏请在长安城南立明堂、辟雍。注引应劭曰:"明堂所以正四时,出教化。明堂上圜下方,八窗四达,布政之宫,在国之阳。……辟雍者,象璧圜,雍之以水,像教化流行。"按此意见,明堂的形状为"上圜下方,八窗四达";明堂的功能是"出教化"与"布政"。这是东汉末年应劭对明堂的解释。

四、改制

按照齐人邹衍的五德终始说,受天命的王朝就要改制。秦始皇统一六国后,因周是火德,所以秦应是剋火德的水德,可是当时找不到天降的符应,有人就说,春秋时秦文公出猎获一条黑龙,这不就是五百年前见到的符应吗?于是秦始皇就制定了一套水德的制度:(1)以农历冬十月为岁首;(2)色尚黑,衣服、旌旗都用黑色;(3)长度以六为名,所以以六寸为符、六尺为步等等;(4)水德为阴,阴主刑杀,所以政尚法令,事皆决于法;(5)更名黄河为德水。秦始皇又封禅泰山,表明秦是受天命的王朝。

---

① 以上材料均出自《汉书》卷6《武帝纪》。

秦始皇统一中国后进行了改制，汉朝建立后当然也应改制。然而，汉高帝却不改制。秦有青、黄、赤、白四个上帝祠，而无黑帝祠，汉高帝补了黑帝祠，自居水德，其他一切照旧。高帝在这样重大的问题上竟然无动于衷，使一些儒生和方士心里都不是滋味。文帝时，贾谊又提出了这个问题。他认为汉在秦后，应为土德，宜改正朔、易服色、定官名、兴礼乐。并草拟了一个土德的制度，如"色上（尚）黄，数用五"，定官名等等。① 由于文帝谦让，自以为不当改制和贾谊因受到周勃、灌婴等老臣的排斥而被贬抑，这次改制之议遂告作罢。其后鲁人公孙臣也提出改制问题，他也认为汉应为土德，预言黄龙是其符应，应改正朔，服色尚黄。他的意见遭到了丞相张苍的反对，张苍认为汉为水德，文帝十二年（前168）河决金堤就是其符应。没想到过了一年文帝十五年黄龙竟然出现在成纪县，文帝信服他，拜他为博士，准备改制，然而不久又发生了方士新垣平诈骗、谋逆之事。此后，文帝也懒得再谈改制之事了。

大约在西汉初年又出现了一种"三统说"，董仲舒就积极鼓吹它。这一说认为，夏为黑统，商为白统，周为赤统。黑、白、赤三统循环往复，继周者又应是赤统，这就是天道。"三统说"与"五德终始说"，都是历史循环论，主宰循环的决定力量都是天。二者差别是：一是五德循环，秦是水德在循环中还占有一德的席位；一是三统循环，三统指夏、商、周，秦被排除在三统之外，因为秦不符合三代的道统。"三统说"非常符合儒家思想，可能是儒家改造"五德终始说"而提出的。二说都要求新王朝应受命改制，董仲舒在《天

① 《汉书》卷48《贾谊传》载："谊以为汉兴二十有余年，天下和洽，宜当改正朔，易服色制度，定官名，兴礼乐。乃草具其仪法，色上黄，数用五，为官名悉更，奏之。"

人三策》中要求改正朔、易服色、更化就表现了这一点。建元元年，武帝重用儒者赵绾、王臧，又让使者带着帛、璧玉，"安车以蒲裹轮"，驾四匹马迎来申公，议立明堂，并草拟封禅、改历、易服色诸事，结果惹怒了窦太后，赵、王也下狱自杀，改制的事情又没有办成。这件大事又拖下去了。

武帝即位的第三十六年，原为元封七年，大中大夫公孙卿、壶遂、太史令司马迁上奏："宜改正朔"。武帝令儿宽与博士讨论此事，儿宽与博士上奏说："帝王必改正朔，易服色，所以明受命于天也。创业变改，制不相复。"并建议以"三统之制"改制。① 这次改制，作了以下几件事情。（1）改正朔，所谓"正"是一年开始的时间，"朔"是一月开始的时间。秦以农历十月为岁首，汉武帝改正朔，建寅，以农历正月为岁首，这一改动历两千多年未变，直到辛亥革命改用阳历。（2）服色尚黄。（3）数用五。（4）改官名，如右内史改名为京兆尹，左内史改名为左冯翊，主爵都尉改名右扶风，大农令改名为大司农等等。（5）这一年由元封七年改为太初元年，令公孙卿、壶遂、司马迁负责，天文学家邓平、唐都、落下闳参与制定的历法为太初历。

这次改制，从汉初开始，反反复复，经一百多年，才得以实现。司马迁为自己能参与这件事并获成功而显得十分兴奋，从太初元年起他开始作史记，其目的就是要继承经周公、孔子传下来的三代道统。从司马迁身上可以看出当时的官僚士大夫、知识分子对改制一事是何等的重视！

值得注意的是，这次改正朔、制定太初历，是经邓平、唐都、落下闳等一批天文学家的实测和推算的，是有根据的。然而，这些天文学者的成果，却充当了"五德终始说"、"三统说"达其目的的工

---

① 《汉书》卷21上《律历志上》。

具,而唐都、落下闳等天文学者竟同以神怪骗人的骗子一样被称为方士,仅此一点就可以看出当时的自然科学是多么地不为人们所认识、所重视了。

五、重视祭祀与礼仪大典的原因

汉武帝一生在宗教神学思想的支配下,举行了祭五帝、三一、后土、名山大川和封禅、建明堂、改制等大典。在这方面,汉武帝花费了巨大的钱财,而且其次数之频繁、地点之众多,在历代帝王中是少有的。在这方面他大大超过了秦始皇。司马迁专门写了《封禅书》记载了汉武帝这方面的活动。后来司马迁写的《史记·武帝纪》失传,褚少孙就以《封禅书》为《史记·武帝纪》,似乎武帝一生就是专门搞祭祀的。这也说明武帝所从事的此类活动在汉人心目中比重之大。为什么汉武帝如此重视这类活动呢?为什么花了那么多的精力、财力、物力去搞这类活动呢?究其原因,主要有二:其一,礼敬百神是汉武帝的精神支柱,正如武帝在《天人三策》第一《制》书中所说:"受天之祐(福),享鬼神之灵,德泽洋溢,施乎方外,延及群生?"这表明他要使"德泽洋溢,施乎方外,延及群生"就必然要受天与鬼神的福祐。所以受天命,通过各种祭祀活动取得天与神鬼的保祐就成了他重要的精神支柱。在当时没有科学理论指导的情况下,他就企图通过频繁的祭祀大典来在精神上得到安慰、支持、鼓舞。在当时历史条件下这是可以理解的,从现代的宗教活动中这一点也可以看出。

其二,武帝是成功了大事业的帝王,要干那样大的事业,就需要团结内部,使臣民甘心情愿地服从他,听从他的驱使。为此就需要借天、神、鬼的力量麻醉他们,并使他们从中得到信心、力量,甚而自愿地去尽忠效死。在当时科学不昌明的情况下,这也是需要的,并且也起了一定的作用。

虽然如此,武帝事业之能否成功,却不是这些天、神、鬼的虚幻力量所能左右的,而是决定于客观的现实条件。综观武帝一生,他事业的成功主要在元封年间以前。元封以后大量流民出现,阶级矛盾、社会矛盾日趋尖锐,武帝的事业渐渐走向下坡。元封元年泰山封禅以后,武帝不仅频频去泰山增封、修封,而且又立明堂、改制,而这些大典并没有能阻止他的事业向下坡滑去。

第二节　方士与神仙

方士,指秦汉时燕、齐地区鼓吹能长生不老、点石成金、成仙,为此求药、炼丹之人而言。汉武帝在求长生不老、成仙方面与秦始皇酷似。为此他迷信方士,相信方士的胡说八道,一旦发现自己受骗上当时,又诛杀方士。据《史记·封禅书》、《汉书·郊祀志》所载,李少君、齐人少翁、栾大就是那时方士中的代表人物。

一、李少君求长生不老

武帝在祭祀活动中遇到的方士中的代表人物第一个就是李少君。李少君因懂得祠灶等长生不老的方术而见武帝,武帝很尊重他。李少君原是深泽侯的舍人,隐瞒了自己的年龄和经历,自称七十多岁,能使用神秘的物品,防止衰老,又无妻子,遍游诸侯。人们得知他能使人长生不死,争相馈赠他,款待他。因此他有很多储蓄。少君凭借他的奇方,讲的话常有应验。少君曾从武安侯田蚡宴饮,在座的有九十多岁的老人,少君对他说:"我同足下的祖父曾在某地玩和骑射",老人童年时曾跟随其祖父,记得确是某地,座人皆惊服。少君见武帝时,武帝藏有一件古铜器,武帝问其识此器吗,少君说:"这件铜器在齐桓公十年,陈列在柏寝台。"武帝仔细看器上铭文,果然是齐桓时的器物,宫中人都为此吃惊。李少君对武帝说:"祠灶可获奇物,有此奇物可使丹沙化为黄金,再用这种黄金制成饮食器具就可延年益寿,这样就可以见到蓬莱仙人,见到仙人与之进行封禅大典则长生不死,黄帝就是这样飞升成仙的。臣曾游海上,见到仙人安期生,安期生吃的是像瓜一样大的巨枣。安期生是神仙,生活在蓬莱仙岛中,与他投合,他才与人见面,不投合则隐而不见。"因此,天子亲自祠(祭祀)灶,派遣方士入海求蓬莱安期生之类的神仙,从事化丹沙诸药为黄金的点石成金术。没有很久,李少君病死,武帝以为他化而为仙,并未死,就令人继续研究他的遗方,访求蓬莱安期生,虽无结果,但因此齐、燕的方士却纷纷到汉朝廷来谈神仙一类的事情。

二、少翁通鬼神

武帝遇到另一位方士是齐人少翁。元狩四年(前119)少翁以通鬼神的方术见武帝。武帝有一位从赵地来的受宠幸的王夫人早死,少翁能用他的方术让武帝夜晚从帷幕中看见王夫人和灶鬼。因此,武帝拜少翁为文成将军,赏赐甚多,并以客礼相待。这位文成将军对武帝说:"主上想与神通,宫室被服就要像神,否则神就不降临。"于是武帝制作了画有云气的车子,又兴建了甘泉宫,中间有台室,画天、地、太一诸神鬼,设置了祭祀的用具,希望能迎来天神。过了一年多,少翁用的方法均无效,神仙并没有降临。

在这种情况下,少翁就用帛书喂牛,却佯装不知,又说:这牛腹中有奇异。杀牛,取出帛书,帛书上写的极为荒诞奇怪,天子认识帛书上的字体笔迹,追问书写的人,果然是伪书,于是武帝就诛杀文成将军少翁,隐秘其事,以免为人所笑。

三、栾大求神仙

栾大是最著名的一位方士。栾大原是胶东王府的宫人，①与文成将军文翁是师兄弟，后为胶东王府的主方药的官吏。胶东康王刘寄在元狩二年(前121)死后，王妃想媚于武帝，就让其弟乐成侯丁义上书，荐栾大求见武帝谈成仙之方。元鼎四年(前113)汉武帝在诛杀文成之后，又后悔其早死，可惜他求长生不老、成仙的方子没有全献出来，在此情况下见了栾大，十分高兴。

栾大，大个子，美貌，会讲话，敢说大话，在武帝面前胡吹，说："臣常往来海中，见到安期、羡门一类仙人，可是他们以臣地位卑贱，不相信臣；又以为康王不过是诸侯，不值得传授方术。臣数次向康王进言，康王不重用臣。臣的老师说：'黄金可以用奇药炼成；河水决堤可以堵塞；长生不死之药可以求得，仙人可以找到。'然而，臣怕落得与文成将军一样的下场，方士都闭口不敢再说话了，岂敢再谈方术！"武帝对他说："文成是误吃马肝中毒死的，你如果真能修炼出使人成仙的方术，我还有什么可爱惜的呢？"栾大则说："臣的老师无求于人，而是人们有求于他。陛下一定要请他来，就应提高使者的地位，使其尊贵，让其有亲属，以客礼相待，不能卑视他，让他们各佩印信，才可使他们向神人说话。神人来或不来，就要看陛下是否让使者尊贵，然后才能请到神人。"武帝要检验他的小伎，让他斗棋，果然棋子互相触击。注家解释说，以鸡血杂磨针、铁杵，用磁石作棋头，放置在棋局上，即可互相闯击。

这时武帝忧虑黄河决口，栾大还未试验成功炼金术，就拜他为五利将军。一个多月中，佩带了四颗印信：天士将军、地士将军、大通将军、五利将军，共四印。他幻想栾大能帮他治水，所以封栾大

---

① 胶东康王刘寄，系武帝刘彻之弟，见《汉书·景十三王传》。

为乐通侯,食邑两千户,赐给列侯的住宅和僮奴千人、帷幄器物以充实其家,并把皇后卫子夫生的卫长公主嫁给栾大为妻,赠给万金。武帝亲自到栾大宅第去看望,并让使者前去问候,供给用品的人前后连续不断,从武帝姑母、将相以下官员都备宴款待,并赠献厚礼。武帝给栾大还刻了"天道将军"的玉石印章,让栾大穿羽衣夜立白茅上接受此印,以表示他不把栾大当一般臣下。为什么要佩"天道"印呢?是为让他给天子迎天神。于是五利常夜间在家祭祀,想使神仙降临,神没有来,却来了许多鬼,所幸栾大能驱使这些鬼。后来,栾大就东行入海,去求他的老师去了。栾大到京师求见武帝后,数月之间,佩带了六颗大印,①贵宠震天下。于是,沿海燕、齐之地的人,莫不夸耀自己有秘方,能求得神仙。

元鼎五年(前112)秋天,栾大不敢入海求仙,遂到泰山去祭祀,武帝派人去察验,什么也未见到。栾大又胡说见到了他的老师,其秘方用尽了,没有应验。武帝发现栾大是个大骗子,遂诛杀栾大与推荐他的乐成侯丁义。对此,王船山评价极高。他说:"丁义既诛,大臣弗敢荐方士者,畏诛而自不敢尝试也。义诛,而公孙卿之宠不复如文成、五利之显赫。其后求仙之志亦息矣,无有从谀之者也。故刑赏明而奸人收敛。武帝淫侈无度而终不亡,赖此也夫"。②

栾大死后,武帝又在方士公孙卿等人的引诱下继续求仙活动。元封元年(前110)冬武帝为封禅,先勒兵到内蒙向匈奴单于示威,而后到中岳太室山,又接着东巡海上,齐人上书谈神怪奇方的人以万数,然而却没有应验的。在这次封禅过程中掀起了

---

① 《史记·封禅书》注引《索隐》说栾大佩的六印为:"五利将军、天士将军、地士将军、大通将军为四","更加乐通侯及天道将军印,为六印"。

② 王船山:《读通鉴论》,《武帝》21。

一个求仙的高潮，结果却以失败而告终。元封二年(前109)春方士公孙卿说:"在东莱山看到神人,似乎是说'想见天子'"。于是武帝赶到东莱,住了几天,没有看见神人,却见了大人的脚印。总之,武帝一生听方士的话寻求神仙,没有一次成功。所以,司马迁说:"方士之侯祠神人,入海求蓬莱,终无有验;而公孙卿之侯神者,犹以大人之迹为解,无有效",揭露了方士寻求神仙的活动完全是一种骗人的把戏。

汉武帝临死的前二年,征和四年(前89)三月大鸿胪田千秋上奏说:"方士言神仙者甚众,而无显功,臣请皆罢斥、遣之!"武帝接受了他的意见,"悉罢诸方士"。后来武帝对群臣说:"向时愚惑,为方士所欺。天下岂有仙人,尽妖妄耳!"这是武帝一生求长生不老、求仙所作的最后的结论。信了一辈子神,最后清醒了,也不容易。

第三节　祥瑞与灾异

"天人合一"、"天人感应"在汉代是一股强大的思潮。在这方面汉代与商周有相似之处,汉代的人也相信天上的上帝是人间的主宰,管理着人间的事情。天上星辰的变化、日食、月食、陨星发生,地上发生的各种祥瑞和水灾、旱灾、火灾等灾异,都要在人间找到相应的表现。这些现象,以今天的科学知识来认识,是十分荒唐可笑的事情。然而,当时人对它却似乎是很相信的,儒家的董仲舒和阴阳家都鼓吹它、宣扬它,方士则进一步引导人们去迷信神鬼。当时的进步思想家如司马迁对这种现象的某些方面虽有怀疑与否定,但在当时的社会生活中起不了什么作用。而汉武帝则在这一思潮的支配下,干了许多事情。有的事情导致了严重失误,如认为刘弗陵生时有祥瑞想立其为太子导致严重失误就是一例。在这类事情中有以下两件事情值得注意。

其一,祥瑞与年号。汉武帝以前帝王无年号,汉武帝时有了年号,这年号的来源就和祥瑞有关。汉武帝即位的第十九年(前122)到雍郊祀祭五帝,顺便打猎,获一兽。据说此兽为白色、牛尾、马足、圆蹄、头上只长一角,有点像麒麟。有司就说:"陛下虔诚郊祀,上帝回报祭献,赐一角兽,当是麒麟。"于是作《白麟之歌》来纪念这件盛事。过了几年,有司又上奏说:"元年应根据上天所降的祥瑞来命名,不宜按一、二来排数,一元曰建(即建元),二元因有流星的长光曰光(即元光,三元叫元朔),今元因郊祀得一角兽曰狩(即元狩)。"因此,武帝即位的第十九年就是元狩元年,从这年起就有了年号。武帝即位的前十八年,则分为三段,一段六年,第一段年号为建元,第二段年号为元光,第三段为元朔,第四段就是元狩。元鼎四年六月因在汾阳县掘地得到了一个大鼎,人们都以为是祥瑞,武帝以礼迎鼎至甘泉,于是就把这六年年号改为元鼎。其后,因武帝到泰山进行了封禅,所以又把年号改为元封。年号有两个好处:一是武帝初建年号时,年号都有元字。元者,始也,《公羊传·隐公元年》载:"元年者何,君之始年也"。年号中有元字,含有从头开始,与民更始之意。所以,改一个年号,都含有除旧布新,从头开始之意。这一点不应忽视。二是年号使年代有了标记,"实用上甚是便利,别的不用说,即如周代器物常刻'唯王……年',后人既不知道这王是哪一王,就不知道这年为哪一年。有了年号,一看便明白了。"[1]可能是因为皇帝都欢喜在年代上划上自己的标记,所以汉武帝以后中国的皇帝都有了自己的年号。不仅如此,影响所及,连朝鲜、日本等国也有了年号。

---

① 顾颉刚:《秦汉的方士与儒生》,上海古籍出版社1978年版,22页。

其二,灾异与建章宫。《汉书·五行志》记述了从古至汉代的种种灾异及其在社会的各种回应。这里仅谈武帝时发生的灾异及武帝和臣下的对应。建元六年(前135)辽东高庙、长陵高园便殿火灾,董仲舒以其天人感应之说推其灾异,草稿未上奏,主父偃劫其书上奏,武帝于是召诸儒以其视之,董仲舒弟子吕步舒不知是董仲舒所写,"以为大愚",武帝因此令狱吏治董仲舒罪,当判死刑,后下诏赦免。此后,董仲舒不敢再言灾异。《汉书·五刑志》保存了董仲舒对这次灾异的观点,他认为:辽东高庙失火,应在天子要诛灭在外谋反的诸侯;而高帝长陵高园便殿失火应在朝内权臣不正有逆言。后来又有人附会这两次灾异,应在淮南、衡山王谋反和朝内太尉武安侯田蚡对淮南王说话有逆言。

灾异常常把互不联系的天灾与人事通过推演、预言联系在一起,不仅不利于社会安定,有时也造成了巨大奢侈、浪费。如太初元年(前104)未央宫柏梁台火灾,有个越人叫勇之的对汉武帝说:"越地的习俗,遭火灾后再造新屋,新屋定要比旧屋大,屋大才能压住发生灾异的小屋。"因此,汉武帝作建章宫,宫室千门万户,前殿比未央宫还高。东面为凤阙,高二十余丈。西面是唐中池,有虎圈,周围数十里。中间也开凿了一个大池,池中间建渐台,高二十余丈。池名叫太液池,池中有蓬莱、方丈、瀛洲、壶梁,像海中的神山龟鱼之属。南面有玉堂(玉砌的堂)、璧门(玉璧作成的门)、大鸟之类的建筑。又立神明台、井干楼。楼高五十丈。皇帝、皇后乘辇的车道相连不断。在灾异说的支配下,为压住柏梁台火灾,竟然兴建了如此巨大的工程,耗费了巨大的人力、物力、财力。

汉武帝本来是要借"受命于天"的天命学说和神鬼的福祐,来加强皇权和使汉朝江山稳固的。没想到他去世后不久,昭帝时眭弘就借泰山下有一块大石忽然自己立起等现象宣扬汉朝国运已尽,江山应禅让给新受命的天子。① 西汉末王莽又借这套把戏篡汉自立,建立了新朝。这样,借宗教神学迷信强化汉朝统治的"天人感应"之类的学说后来竟然又成了一些人取代汉朝统治的工具。

---

① 《汉书》卷75《眭弘传》。

第九章　晚年的形势与悔过

汉武帝晚年对匈奴的战争连年失利，国内遍及全国广大地区的小股农民起义纷纷发生。同时，统治阶级内部矛盾尖锐，由此而引起的巫蛊之祸给社会带来了一场灾难。在严重危机面前，汉武帝下轮台诏，断然悔过，改弦更张，从此不复出军，推行富民政策，安排新的领导班子，为其后的昭、宣中兴创造了条件。

第一节　阶级矛盾尖锐与镇压农民起义

一、国家开支巨大与农民负担加重

汉武帝时期一改文景时的无为而治，转而积极有为、大力兴作，使国家开支浩巨。这主要表现在以下几方面：（一）"外事四夷"，尤其是长时期不断地对匈奴战争用费巨大；（二）不断地兴修水利；（三）兴修苑囿宫殿楼台；（四）封禅等礼仪大典。现仅就武帝兴修苑囿宫殿等奢侈生活耗费简述如下，其他方面在别处述及。

汉武帝一生不断修建苑囿宫殿楼台，生活奢侈。武帝即位不久，建元三年（前138）就扩大上林苑，原因是因武帝爱玩，常微行出游，北至池阳（今陕西泾阳西北）、西至黄山（今陕西兴平县北）、南猎长杨（今陕西周至县东南）、东游宜春（今陕西长安县南）。八九月份，与侍中常侍武骑及陇西、北地郡良家子能骑射者定期会诸殿门。武帝自称平阳侯，早出晚归，天明入山驰射鹿豕狐兔，手格杀熊罴,奔驰于禾稼、稻秔之地。民众都号呼责骂,聚会起来,言之于鄠(户)、杜(今陕西西安市东南)县令。县令大怒,使吏大声喝止等等。由于路途遥远,又为百姓所患,武帝就使吾丘寿王等人规划把秦阿房宫(今西安市西阿房村)以南,盩厔(今陕西周至县)以东,宜春以西方圆三百四十里(一说四百里)的地方筑为上林苑。东方朔极力谏止说:这一地区是泾水、渭水之南的富饶的天下称为"陆海"的地区,南山出产的金银铜铁等矿产品、林木产品为"百工所取给、万民所仰足";这一地区的耕地肥沃,"号为土膏",其价亩一金,今规划为苑(养禽兽、植林木、打猎、游玩的园林),是"绝陂池水泽之利,而取民膏腴之地,上乏国家之用,下夺农桑之业,弃成功,就败事,损耗五谷,是其不可一也。"又指出:为筑上林苑,就要"坏人冢墓,发人室庐,令幼弱怀土而思,耆老泣涕而悲,是其不可二也。""故务苑囿之大,不恤农时,非所以强国富人也。"甚而还说:"殷作九市之宫而诸侯叛,……秦兴阿房之殿而天下乱"等等。[①] 汉武帝虽然认为他讲的有道理,给他加官赐金,然而还是按吾丘寿王的规划筑起了上林苑。

《三辅黄图》卷四载:"武帝建元三年开上林苑,东南至蓝田宜春、鼎湖、御宿、昆吾,旁南山而西,至长杨、五柞,北绕黄山,濒渭水而东,周袤三百里,离宫七十所,皆容千乘万骑。"《汉宫殿疏》云:上林苑"方三百四十里。"《汉旧仪》云:"苑中养百兽,天子秋冬射猎取之。帝初修上林苑,群臣、远方,各献名果异卉三千余种植其中,……以标奇异。"

上林苑虽是秦朝旧苑,经汉武帝扩大、增修,遂成长安附近第一大名苑。又《长安志》引《三辅故事》及《关中记》云:"上林延亘四百余里。""上林苑有昆明观,武帝置。又有茧观、平乐观、远望

---

① 《汉书》卷 65《东方朔传》。

观、燕升观、观象观、便门观、白鹿观、三爵观、阳禄观、阴德观、鼎郊观、樛木观、椒唐观、鱼鸟观、元华观、走马观、柘观、上兰观、郎池观、当路观,皆在上林苑。"此外,还有虎圈观、昆池观等等。《长安志》引《关中记》总叙上林宫、观说:"上林苑门十二、中有苑三十六、宫十二、观二十五"等等。① 从这些记载可以看出,上林苑是一处规模巨大、多功能、多用途综合性的帝王苑囿,比起清代的圆明园、颐和园规模要大得多,功能、用途也要多,是中国和世界园林史上的奇观。

元狩三年,武帝又穿昆明池,周回四十里,以习水战。《汉书·武帝纪》载:"元狩三年,减陇西、北地、上郡戍卒之事,发谪吏穿昆明池。"《三辅旧事》曰:"昆明池地三百三十二顷,中有戈船各数十,楼船百艘,船上建戈矛……。"《庙记》曰:"池中后作豫章大船,可载万人,上起宫室,因欲游戏,养鱼以给诸陵祭祀,余付(给)长安厨。"《三辅故事》曰:"池中有豫章台及石鲸,刻石为鲸鱼,长三丈,每至雷雨,常鸣吼,鬐尾皆动。"又云:"池中有龙首船,常令宫女泛舟池中,张凤盖,建花旗,作櫂歌,杂以鼓吹,帝御豫章观临观焉。"《关辅古语》曰:"昆明池中有二石人,立牵牛、织女于池之东西,以象天河。"② 从这些记载看,昆明池是一训练水军、养鱼、游乐的多功能的人工湖。开挖这么大的人工湖、制造出有关大小船只、刻石等设施,自然花费巨大。

元狩四年,武帝又作甘泉宫。元鼎二年,又在长安北关内筑柏梁台。《三辅旧事》云:柏梁台"以香柏为梁也,帝尝置酒其上,诏群臣和诗,能七言诗者上。"《三秦记》则说:"柏梁台上有铜凤,名

① 陈直:《三辅黄图校证》卷之四《苑囿》上林苑条,陕西人民出版社1980年版。
② 陈直:《三辅黄图校证》卷之四,《池沼》昆明池条。

凤阙。……武帝作柏梁台,诏群臣二千石有能为七言诗者,乃得上坐。"①元封元年,武帝在泰山封禅后,"梦高祖坐明堂朝群臣,于是祀高祖于明堂以配天,还作首山宫以为高灵馆。"②从此记载可以看出,首山宫是在汉武帝泰山封禅后回长安后建造的,作首山宫的目的是安置灵位、灵堂。

元封二年,武帝又做飞廉观。做的原因是方士公孙卿通过卫青对武帝说"仙人好楼居,不极高显,神终不降了。于是上(武帝)于长安作飞廉观,高四十丈。"③同时,又在甘泉作通天台,《汉旧仪》云:"通天者,言此台通于天也。"《汉武故事》说:"筑通天台于甘泉,去地百余丈,望云雨悉在其下","上通天台,舞八岁童女三百人,祠祀招仙人。祭泰乙(泰一),云令人升通天台,以候天神……。"

太初元年十一月,柏梁台遭火灾,为了造一个大屋子压住灾邪,这年二月筑建章宫。《水经注》引《三辅黄图》曰:"建章宫,汉武帝造,周二十余里,千门万户。"④《汉武故事》载武帝建造建章宫及其奢侈、玩乐的生活说:"起建章宫,为千门万户,其东凤阙,高二十丈;其西唐中,广数十里;其北太液池,池中有渐台,高三十丈,池中又作三山,以象蓬莱、方丈、瀛洲,刻金石为鱼龙禽兽之属;其南方有玉堂、璧门、大鸟之属,玉堂基与未央前殿等,去地十二丈,阶陛咸以玉为之,铸铜凤凰,高五丈,饰以黄金,栖屋上。又作神明台井干楼,高五十余丈,皆作悬阁,辇道相属焉。其后,又为酒池肉林,聚天下四方奇异鸟兽于其中,鸟兽能言能歌舞或奇形异态,不可称载。其旁别造奇华殿,四海夷狄器服珍宝充之,琉璃珠

---

① 同上,卷之五,《台榭》柏梁台条。
② 同上,卷之三,首山宫条。
③ 同上,卷之五,《飞廉观》条。
④ 《水经注》卷19《渭水》。

玉火浣布切玉刀，不可称数。巨象大雀、狮子骏马，充塞苑厩，自古以来，所未见者必备。又起明光宫，发燕、赵美女二千人充之，率取十五以上，二十已下；满四十者出嫁，掖庭令总其籍，时有死出者补之。凡诸宫美人可有七八千。""未央庭中设角抵戏，享外国，三百里内皆观。角抵者，六国所造也；秦并天下，兼而增广之；汉兴虽罢，然犹不都绝，至上（武帝）复采用之。并四夷之乐，杂以奇幻，有若鬼神。角抵者，使角力相抵，触者也。其云雨雷电，无异于真，画地为川，聚石成山，倏忽变化，无所不为。"

汉武帝大兴土木、建造苑囿、宫殿，生活铺张、奢侈，在历史上是出名的。当时人东方朔就对武帝说："今陛下以城中为小，图起建章，左凤阙，右神明，号称千门万户；木土衣绮绣，狗马被缋罽；宫人簪珥瑁，垂珠玑；设戏车，教驰逐，饰文采，聚珍怪；撞万石之钟，击雷霆之鼓，作俳优，舞郑女。上为淫侈如此，而欲使民独不奢侈失农，事之难者也。"后世有人认为汉武帝在大兴土木役使民力方面超过了秦始皇，《三辅黄图序》说："至孝武皇帝，承文、景菲薄之余，恃邦国阜繁之资，土木之役，倍秦越旧，斤斧之声，畚锸之劳，岁月不息，盖骋其邪心以夸天下也。"

汉武帝这些大肆兴作的活动，都直接、间接地加重了农民的负担。对匈奴战争，仅仅运输粮草增加的农民负担就是极其繁重的，《汉书》卷64上《主父偃传》载主父偃的话说，从沿海东莱、琅玡诸郡转输粮草到北河（朔方阴山南之黄河）"率三十钟而致一石"。唐朝颜师古说："六斛四斗为钟。计其道路所费，凡用百九十二斛（十斗为一斛，同石），乃得一石至。"这就是说运送一石粮至朔方，路途就要耗费192石。《汉书》卷94下《匈奴传下》载严尤说："计一人三百日食，用糒（干粮）十八斛，非牛力不能胜；牛又自当赍食，加二十斛重矣。胡地沙卤，多乏水草，以往事揆之，军出未满百日，牛必物故（死）且尽，余粮尚多，人不能负……"这里也讲了对匈奴战争,运输粮草的极端困难,及其加重民众负担的状况。再加上武帝其他种种兴作,则民众负担更为繁重。

另外,自然灾害的不断发生也使形势变得更为危急。如《汉书·武帝纪》载,建元三年春,"河水溢于平原,大饥,人相食。"元光三年春,河决顿丘,夏河决濮阳,泛滥十六郡。元狩三年,"山东大水,民多饥。天子遣使者虚郡国仓廥以赈贫民,犹不足,又募豪富吏民能假贷贫民者以名闻;尚不能相救,乃徙贫民于关以西及充朔方以南新秦中七十余万口,衣食皆仰给县官(国家),数岁假予产业。"①元鼎三年(前114),"关东郡国十余饥,人相食",等等。

在上述形势下,阶级矛盾日趋尖锐,其表现形式是农民的流亡和起义。

二、农民流亡及其对策

汉武帝时,阶级矛盾尖锐的一种表现形式就是农民流亡。流亡,是农民反抗的一种消极表现,通过流亡逃避封建国家赋税、徭役。在元狩四年(前119)武帝任用东郭咸阳、孔仅为大农丞,桑弘羊以会计用事,实行盐铁专卖,禁止私营。在此之前,农民就纷纷逃亡深山穷泽之中,为盐铁业主煮盐冶铁,关于此事,《盐铁论·复古篇》说:"往者(武帝管盐铁之前)豪强大家,得管山海之利,采铁石鼓铸,煮盐为业。一家聚众或至千余人,大抵尽收放流人民也,远去乡里,弃坟墓,依倚大家。"这里所说的冶铁煮盐业主,"一家聚众或至千余人,大抵尽收放流人民也",所谓"放流人民"就是流亡农民。从这里可以看出流亡农民数量之众,以及他们在私人冶铁、煮盐业中所起的作用。由于负担的加重,农民流亡便愈来愈多。关于这点,《盐铁说·未通篇》说:"文学曰:'树木数徙则萎,

---

① 《资治通鉴》卷19,《汉纪》11。

虫兽徙居则坏。'故'代马依北风,飞鸟翔故巢',莫不哀其生。由此观之,民非利避上公之事而乐流亡也。往者军阵数起,用度不足,以訾(资)征赋,常取给见(现)民,田家又被其劳,故不齐出于南亩也。大抵逋流,皆在大家,吏正畏惮,不敢督责;刻急细(小)民,细民不堪,流亡远去;中家为之色出,后亡者为先亡者服事;录民数创于恶吏,故相仿效,去尤甚而就少愈者多。……是以田地日荒,城郭空虚"。这段话把农民为什么大量流亡的原因说清楚了。农民本来是安土重迁的,农民逃避国家的赋税、徭役而流亡对自己并无什么利益,那么他们为什么要流亡呢?那是因为过去的武帝时期"军阵数起",按资产征赋,却常常从现存的小民身上征取。大体上逃避赋税的都是豪强大家,官吏们畏惧不敢督责他们缴赋,却"刻急细民",这些小民无法忍受,就流亡远去;细民逃走了,有中等家产的人就要为他们出赋税徭役,后边逃亡的人代先前逃亡的人服役;民众多次受恶吏压榨勒索,所以互相仿效,逃亡者越来越多,留下来的反而愈来愈少。这就是田地日益荒芜、城郭空虚的原因。

元封年间农民流亡更加严重。"元封四年,关东流民二百万口,无名数者(无产籍者)四十万,公卿欲请徙流民于边以適(谪)之。"丞相石庆也惭愧地上书谢罪说:"臣幸得待罪丞相,疲驽无以辅治。城郭仓廪空虚,民多流亡,罪当伏斧质(斧质,杀人刑具),上不忍致法。愿归丞相、侯印,乞骸骨归,避贤者路。"汉武帝为回答丞相的上书,下了一道诏书说:

间者,河水滔(漫)陆,泛滥十余郡,隄防勤力劳,弗能陻(同堙,堵塞)塞,朕甚忧之。是故巡方州(巡视东方州郡),……问百年民所疾苦。惟吏多私,征求无已,去者便,居者扰,故为流民法,以禁重赋。乃者封泰山,……是以切比(校考)间里,知吏奸邪。委任有司,然则官旷(空)民愁,盗贼公行。往年觐明堂,赦殊死,无禁锢,咸自新,与更始。今流民愈多,计文(上计文书)不改,君(指丞相)不绳责长吏,而请以兴徒四十万口,摇荡百姓,孤儿幼年未满十岁,无罪而坐率,朕失望焉。今君上书言仓库城郭不充实,民多贫,盗贼众,请入粟为庶人。……

上述围绕元封四年(前106)流民问题严重,丞相上书辞职和武帝所下诏书,反映了以下几个值得注意的问题:其一,丞相上书中说"城郭仓廪空虚,民多流亡"。武帝的诏书中也说"官旷民愁,盗贼公行"等都说明存在的问题是很严重的。其二,出现问题的原因,武帝从黄河瓠子决口,泛(氾)滥十余郡时,尤其是在元封二年堵塞黄河瓠子决口前后,到许多地方问"民所疾苦"?得出的结论是"惟吏多私,征求无已",流亡出去的人得到了方便,在家居住的人反而受到骚扰。因此,武帝制定了"流民法,以禁重赋",想以此来解决流民问题。然而,并未收效,所以出现了元封四年严重的流民问题。其三,在如何解决元封四年流民问题的办法方面,武帝不同意公卿众臣提出的"徙四十万口"去边郡的办法,而指斥丞相说"今流民愈多,上计的文书却不改",你怎么"不绳责长吏"?至于用什么具体办法来解决元封四年的流民问题,武帝虽未说明,但诏书中所说"赦殊死,无禁锢,咸自新,与更始"就是解决问题的一些原则了。《汉书·武帝纪》载元封五年冬天开始,武帝巡行了长江、淮河流域许多地方,后又到泰山封禅,夏四月下了一道诏书说"赦天下,所幸县(皇帝所到过的县)毋出今年租赋,赐鳏寡孤独帛、贫穷者粟"。这道诏书,或许就是武帝解决元封四年流民问题的一些具体措施。

另外,还值得注意的是,武帝在诏书中一再指责民众的疾苦和流民问题的严重是"惟吏多私,征求无已"等等所造成的;对民众的苦难则深表同情,如说要求"徙四十万口"是"摇荡百姓",让"孤儿幼年未满十岁,无罪而由父母率领一同徙走"都是不对的等等。虽然武帝指责官吏、同情民众。然而,民众的疾苦、流亡与武帝内外兴作的政策、措施有没有联系,武帝并没有从这方面检查自己,说明他对这个问题仍然缺乏认识。

三、对农民起义的镇压

元封四年(前107)严重的流民问题曾使汉武帝和朝廷震动。但汉武帝并没有认识发生这一问题的深刻原因,总结经验教训,从政策上加以适当调整。因此,事过境迁后,依旧内外兴作不断。过了两年多,太初元年(前104),武帝虽造太初历,实行改制,但并没有真正的改弦更张,而是开始了新一轮的内外兴作。其一,这一年冬十一月,柏梁台火灾,武帝听信了越巫勇之的话,为把灾星压住,就于这年二月开始建造规模宏大的建章宫。建章宫造好不久,太初四年秋又造明光宫。其二,这年五月开始造太初历的同时,令因杆将军公孙敖在塞外筑受降城,次年又令光禄勋徐自为修五原塞外列城、西北至卢朐等工事,又令强弩都尉路博德筑居延塞。其三,太初元年八月,又令贰师将军李广利西征大宛。这次战争至元封四年才结束,用费浩巨。

天汉二年(前99),武帝又恢复新一轮的对匈奴的军事进攻。这年,先是令贰师将军李广利率三万骑出酒泉击匈奴,败还。后又令李陵率五千步兵击匈奴,与单于所率匈奴主力交战,虽汉军英勇无比"斩首虏万余级",但在匈奴大军围追堵截下,最后全军覆没,李陵败降。就在这时山东等地爆发了农民起义。《汉书·武帝纪》载:"泰山、琅玡群盗徐勃阻山(依山之险以自固)攻城,道路不通。"《史记·酷吏列传》对这次农民起义所涉及的地区、规模有如下记载:

> 南阳有梅免、白政,楚有殷中、杜少,齐有徐勃,燕、赵之间有坚卢、范生之属。大群至数千人,擅自号,攻城邑,取库兵,释死罪,缚辱郡太守、都尉,杀二千石,为檄告县趋具食。小群

以百数,掠掳乡里者,不可胜数也。

从这一记载可以看出,此次农民起义牵连的地区有南阳和楚、齐、燕、赵地区,几乎遍及关东各地,所以在地区上具有广泛性。从规模上看"大群至数千人",从其"擅自号,攻城邑,取库兵,释死罪,缚辱郡太守、都尉,杀二千石"看,具有一定的战斗力。"小群以百数,掠掳乡里者,不可胜数"。这些情况说明这次农民起义具有分散性,规模不大,有很多支,没有形成统一、集中的领导,也没有形成几支有影响的规模大的义军。早在元朔元年(前128),徐乐就上书武帝说"天下之患,在于土崩,不在瓦解"。在徐乐看来,所谓土崩就是出现秦末陈涉起义的形势;所谓瓦解就是出现吴楚七国之乱。在他看来可怕的是土崩,而不是瓦解。现在出现了农民起义,出现了土崩的前奏,应该怎么办呢? 汉武帝采取的是迅速而坚决地镇压措施。《史记·酷吏列传》载:

> 天子始使御史中丞、丞相长史督之,犹弗能禁也。乃使光禄大夫范昆、诸辅(部)都尉及故九卿张德等衣绣衣,持节、虎符发兵以兴击,斩首大部或至万余级,及以法诛通饮食,坐连诸郡,甚者数千人。数岁,乃颇得其渠率。散卒失亡,复聚党阻山川者,往往群居,无可奈何。于是作"沈命法"曰群盗起不发觉,发觉而捕弗满品者,二千石以下至小吏主者皆死。

上述记载说明农民起义发生后,汉武就采取以下措施加以镇压:其一,武帝开始让负责督察地方的御史中丞、丞相长史督地方郡守进行镇压,然而却无法禁止农民起义。其二,又使郎中令下属光禄大夫范昆、诸部都尉和原来作过九卿的张德等人穿着绣衣,持节、虎符发兵击农民起义军。大支的农民军被斩首的或至万余级。其三,依据法律诛杀与盗贼(农民起义者)通饮食的人,犯法的人牵连诸郡,甚者达数千人。几年后,甚至得到了农民军的渠(大)率。然而,这些盗贼(农民军)流失的散亡士卒,又在山川中聚集起来,往往成群结队，官府无可奈何。其四，为解决此问题，制定"沈（没）命法"，即敢隐蔽藏匿盗贼处死的法律。此法规定："成群的盗贼出现没有发现，发现后逮捕没有达到人数的，二千石以下至小吏主管此事的全部处死。所谓"沈命法"就是处死镇压盗贼不力的二千石及其以下官吏的法律，目的是督促各级官吏镇压反抗的农民军。此时，暴胜之为直指绣衣使者，诛杀二千石犹多，威震州郡。此法颁布后，由于官吏怕被诛杀，所以出现了上下相隐匿的情况。虽然如此，但是在武帝一系列措施之下，天汉三年的这次农民起义终于被镇压了下去。

这次农民起义被镇压下去了。然而，汉武帝却仍然没有接受教训，天汉四年（前97）、征和三年（前90），武帝依旧命李广利等人率大军击匈奴，百姓仍然未从繁重的兵役、徭役负担中解脱出来。

第二节　巫蛊之祸与统治集团内部矛盾

一、巫蛊之祸的由来与发生

天汉二年（前99）农民起义后，过了八年，到征和二年（前91）六至八月之间，又发生了震惊全国的巫蛊之祸。汉武帝时期巫蛊对宫廷生活和国家政治生活的影响不可小视。所谓巫蛊，就是利用人们迷信，制作象征真人的木偶人埋在地下，请巫师用巫术进行诅咒，据说这样做就能把人害死。武帝的第一个皇后为陈皇后，陈皇后就是因为用巫蛊陷害人而被废的，后立卫子夫为皇后。武帝晚年的巫蛊之祸，就是有人诬告卫皇后所生太子刘据、公主和卫皇后家族、亲戚以巫蛊诅咒武帝而出现和形成的。

巫蛊之祸是征和元年（前92），从丞相公孙贺家开始的。公孙贺的夫人卫君孺是卫皇后之姊，因此，公孙贺受到宠幸，后继石庆为丞相。公孙贺儿子公孙敬声为太仆时,骄奢不法,擅用北军钱千九百万,下狱。其时,朝廷追捕京师大侠朱安世不能得,公孙贺自请捕朱安世以为儿子敬声赎罪,得到了武帝的允许。后果然捕得朱安世下狱。朱安世得知公孙贺捕自己为其子赎罪后,就从狱中上书,状告公孙敬声与阳石公主私通,使人诅咒武帝,并且在武帝去甘泉宫的驰道上埋木制偶人,并用恶言诅咒。此案下有关官府案验,公孙贺父子死狱中,族诛全家,阳石、诸邑两位公主及皇后弟卫青之子长平侯卫伉皆被诛。

卫皇后出身奴婢,在统治阶级中没有根基。元朔元年(前128)卫子夫生一男,名据,卫子夫被立为皇后。元狩元年(前122)刘据被立为皇太子,称卫太子,后来又称戾太子。卫皇后起家靠的是她的色相,后来色衰,再加上她的弟弟卫青、外甥霍去病都已去世,这使皇后在朝廷中力单势孤。大司马、大将军卫青是元封五年去世的,去世后三年即太初二年(前103)武帝就任命卫皇后的姐夫公孙贺为丞相,或许就是为了填补外戚势力的空缺。偏偏征和元年公孙贺全家都因巫蛊被诛,连卫皇后与武帝生的女儿也被处死。这一事件对卫皇后和太子来说又意味着什么? 武帝老年多病,总是怀疑有人搞巫蛊要陷害他。这时武帝正在信任一个不值得信任的人——江充。

江充,本名齐,字次倩,赵国邯郸人。其女弟(妹妹)善鼓琴歌舞,嫁给了赵王太子刘丹。江齐就受到了赵王的宠幸。时间长了,太子认为江齐把自己的"阴私"告诉了赵王,与江齐不和,并使吏追逐、逮捕江齐,江齐逃跑,遂收捕其父兄,经案验查证,皆弃市。江齐逃走后,入关,改名充,至长安"诣(到)阙告太子丹与同产姊及王后宫奸乱,交通郡国豪猾,攻剽(劫)为奸,吏不能禁。"[1]武帝

① 《汉书》卷45《江充传》。

阅后,大怒,派遣使者诏郡发吏卒围赵王宫,捕太子丹,下魏郡狱,令与廷尉共办此案,依法当办太子丹死罪。赵王彭祖乃武帝的异母兄,遂上书武帝,说江充乃"逋逃小臣,苟为奸伪,激怒圣朝,欲……以复私怨",并表示自己愿选赵国勇士,"从军击匈奴,极尽死力,以赎丹罪",武帝不许,废太子丹,免死。此后,武帝在犬台宫召见了江充,江充穿着新奇的服装,大个子,容貌甚壮,武帝"望见而异之",对左右说:"燕赵多奇士"。又问以"当世政事,上悦之"。此后,江充出使了一次匈奴,回来被任命为能代表皇帝和朝廷处理事务的直指绣衣使者,其任务是"督三辅盗贼,禁察逾侈"。当时"贵戚近臣多奢僭",江充都举奏弹劾,请没收其车马,并把本人押解北军等待随军击匈奴,被武帝批准。贵戚子弟惶恐,都在武帝面前叩头求哀,愿入钱赎罪。得到武帝允许后,在北军赎罪入钱达数千万。武帝以为江充忠直,"奉法不阿,所言中意"。有次武帝的姑姑原陈皇后之母馆陶长公主"行驰道中",江充察问,公主回答有"太后诏"。江充回答说:公主一人可以行走,车骑等没收入官。有次又遇太子家派出的人"乘车马行驰道中",被江充的属吏察问。太子听说后,派人向江充道谢致谦说:"并非爱车马不让充公,实是不想让皇上知道此事,平素对左右缺乏管教,请江君宽大为怀。"①充不接受太子的道谢,遂奏武帝。武帝高兴地说:"人臣当如是矣。"此后,江充"大见信用,威震京师。"

不久,江充被升迁为水衡都尉。此时正值阳陵大侠朱安世告丞相公孙贺父子巫蛊事。武帝在甘泉宫,有疾病,江充就奏言说,武帝疾病就是由于巫蛊作祟的结果。因此,武帝就让江充"为使者治巫蛊"。于是,江充率胡巫掘地求木偶人,捕夜间祠祝和视鬼

---

① 《汉书》卷45《江充传》载原文为"太子闻之,使人谢充曰:'非爱车马,诚不欲令上闻之,以教敕亡素者。唯江君宽之'。"

之人，又派遣巫污染地上，以诬其人巫蛊，而后收捕验治，用"烧铁钳灼"，强迫他们服罪。在严刑拷问下，"民转相诬以巫蛊"，官吏就奏劾这些人"大逆不道"，因此，坐法"而死者前后数万人"。

江充治巫蛊冤死这么多的人，然而他还不止步，因为他的真正目的还未达到。江充的真正目的是什么呢？《汉书》卷45《江充传》载："上（武帝）幸甘泉，疾病，充见上年老，恐晏驾后为太子所诛，因是为奸"。所以江充的真正目的是要借巫蛊，打倒储君，打倒太子。"是时，上春秋高，疑左右皆为蛊祝诅"，这一不正常情况正好为江充所利用。于是江充就对武帝说"宫中有蛊气，先治后宫希幸夫人，以次及皇后。遂掘蛊于太子宫，得桐木人。"注引师古曰：此桐木人据《三辅旧事》云是江充"使胡巫作而埋之"。江充以此作为太子巫蛊诅咒武帝的证据，因此"太子惧，不能自明"遂收捕充，自临斩之，说："赵虏！乱汝国（赵国）国王父子不足邪！乃复乱吾父子也！"《汉书》卷63《武五子传》对江充等人到太子宫掘蛊及太子斩江充有详细记载，内云：江充到太子宫掘蛊时，武帝使按道侯韩说（悦）、御史章赣、黄门苏文（宦官）助充，江充掘蛊得桐木人时，武帝有疾病，在甘泉宫避暑，只有皇后、太子在场。太子召问太子少傅石德，石德对太子说："前丞相公孙贺父子、两公主及卫伉皆犯此法而死，今巫与使者掘地得到了验证，不知是巫放置的，还是原来就有，无以自明，可假托君命（矫）以节逮捕江充等人入狱，穷治其奸诈。况且皇帝有疾在甘泉，皇后和太子家吏请示、问有关事情皆无音讯，上（武帝）存亡未可知，而奸臣竟然如此（指掘蛊事），太子怎么不念秦公子扶苏事也？"太子着急，认为石德说的是对的。这样，征和二年（前91）七月壬午，太子使客为使者逮捕江充等人，按道侯韩说怀疑使者有诈，不肯接受诏书，客杀死韩说。御史章赣受伤不见，自己回甘泉去了。太子又派其家舍人持节夜入未央宫长秋门把发生的事情都告诉了皇后，于是发厩（马房)车载射士,出武库兵,发长乐宫卫,告令百官说江充造反,于是斩江充,烧胡巫于上林中。遂让宾客为将率人与丞相刘屈氂等战。

关于巫蛊之祸过程中太子刘据与丞相刘屈氂双方率人在长安大战,《汉书》卷66《刘屈氂传》有详细记载,内云:戾太子杀江充后,发兵入丞相府,屈氂逃走,忘带印绶。其时,武帝在甘泉宫,丞相府长史急乘驿至甘泉宫向武帝作了报告,武帝问"丞相何为?"回答说:"丞相秘之(秘而不宣、不公开),未敢发兵。"武帝怒曰:"事籍籍(纷纷)如此,何谓秘也? 丞相无周公之风矣。周公不诛管蔡乎?"于是武帝赐丞相玺书曰:"捕斩反者,自有赏罚,毋(不要)接短兵多杀伤士众。坚闭城门,毋令反者得出。"太子发兵时宣称"帝在甘泉病困,……奸臣欲作乱"。武帝从甘泉至长安城西建章宫下诏发三辅近县兵,中二千石以下的都由丞相率领作战。太子也遣使者矫制(假托诏命),赦长安各官府(即中都官)囚徒,发武库兵器,命太子少傅石德及宾客张光等分别率领。又使长安囚如侯持节发长水及宣曲胡骑,此时武帝侍郎马通使长安追捕并斩如侯,又告诉胡人"节有诈,勿听也",并引骑兵入长安,又发用楫的楼船士卒归大鸿胪商丘成指挥。太子又召监北军使者任安发北军兵,任安受节后,闭军不应太子。太子率兵总计数万众,至长乐宫西阙下,遇丞相军,两军"合战五日,死者数万人,血流入沟中"。丞相率的兵渐渐多起来,太子军败,南奔至城门,出门而逃。太子出城门时,适逢丞相府辅佐丞相举不法的司直田仁部闭城门,让太子出走。丞相要斩田仁,御史大夫暴胜之对丞相说:"司直,吏二千石,要斩,当先请示,怎么能擅自斩杀呢?"①丞相就释放了司直田仁。武帝听说后大怒,下吏责问御史大夫曰:"司直纵反者,丞相斩之,法也,大夫何以擅止之?"暴胜之惶恐,自杀。北军

---

① 《汉书》卷66《刘屈氂传》载原文为:"司直,吏二千石,当先请,奈何擅斩之。"

使者仁安,受太子节,怀二心,司直田仁纵放太子,皆腰斩。武帝说:"侍郎马通获反将如侯,跟随莽通的长安男子景建获少傅石德,所以侍郎马通立了首功①。大鸿胪商丘成力战获反将张光。封马通为重合侯,随从马通的景建为德侯,商丘成为秺侯。"对跟太子的人作了如下处理:诸太子宾客,尝出入宫门,皆诛杀;随太子发兵,以反法,族;吏与士卒劫掠者,皆徙敦煌郡。

太子战败,从长安城逃走后,武帝下诏派遣处理皇族事务的长官宗正刘长乐、执金吾刘敢奉命收皇后玺绶,卫皇后自杀。黄门苏文、姚定汉把卫皇后尸体"盛以小棺",埋之城南桐柏。"卫氏悉灭"。②太子从长安城逃出后,东至湖(县名)③,藏匿于泉鸠里。主人家贫,常卖屦以给太子。太子有故人在湖,听说他富足,使人呼之被发觉。吏围捕太子,太子自度不得脱,即入室自缢而死。山阳男子张富昌为卒,足蹋开门户,新安令史李寿趋抱太子尸体解开缢带。主人为保护太子格斗而死,随太子的皇孙二人皆遇害。这些事情是太子逃出长安城以后二十余日发生的。为了申信用于天下,武帝仍加封赏,封李寿为邗侯,张富昌为题侯。④

在巫蛊之祸中也不乏头脑清醒的人。在太子兵败,逃出长安城外,武帝盛怒,群臣忧惧,计无所出时,《汉武故事》则说"治随太子反者,外连郡国数十万人"。在此紧急时刻,有位名叫郑茂的壶关三老上书武帝讼太子冤说,江充"造饰奸诈,群邪错谬,是以亲戚之路隔塞而不通,太子进则不得上见,退则困于乱臣,独冤结而亡(无)告,不忍忿忿之心,起而杀充,恐惧逋逃,子盗父兵以救难

---

①　《汉书》卷66《刘屈氂传》载"莽通",《汉书·武帝纪》称"马通",系一人,因马通谋反,后改称莽通。
②　《汉书》卷97上《外戚传》。
③　注引师古曰:"湖,县名,今虢州、湖城二县皆其地也。"
④　《汉书》卷63《戾太子刘据传》。并参阅《汉书》卷66《刘屈氂传》。

自免耳，臣窃以为无私心"。书奏，天子感悟。① 过了一段时间，巫蛊事人多不信，武帝也知道太子惶恐无他意。征和三年（前90）九月守卫高帝庙的郎田千秋复讼太子冤，武帝任命田千秋为大鸿胪，不久又任命为丞相，并族灭江充家，焚宦官苏文于横门渭桥上；对在泉鸠里加兵刃于太子者，初拜为北地太守，后族诛。武帝怜太子无辜，于是筑思子宫，又建归来望思之台于湖城。筑台的目的是望而思之，期盼太子之魂来归。② 天下百姓听说后为之悲切！

这次巫蛊之祸牵连入狱的人几年不绝，一直到后元二年（前87）二月武帝临终之前来往于长杨、五柞宫之时，望气的方士说长安狱中有天子气，武帝就下令派使者录各官府狱中案犯，无论轻重，全部处死。此时丙吉受诏书治巫蛊狱，恰逢武帝曾孙即太子刘据的孙子也因巫蛊之祸受牵连入狱，丙吉令人妥为养护。当内谒者令郭穰夜间到狱处理犯人时，丙吉闭狱门不让使者入内，说："皇曾孙在，他人无罪而死都不可以，何况皇帝的亲曾孙呢？"至天明不让使者入狱。郭穰还报，武帝大悟，因此"赦天下"。所以史籍载狱中犯人"独赖吉得生，恩及四海"。③ 丙吉所救的这个孩子，就是后来的汉宣帝。

二、巫蛊之祸的发展与镇压谋反者

武帝征和元年开始的巫蛊之祸最初的矛头是指向卫皇后家族和太子刘据的。到卫皇后和太子自杀巫蛊之祸的第一阶段基本结束。然而，巫蛊之祸还在进一步发展，这一发展就是巫蛊之祸的第

---

① 《汉武故事》载："治随太子反者，外连郡国数十万人。壶关三老上书，上感悟，赦反者，拜郑茂为宣慈校尉，持节巡三辅，赦太子。太子欲出，疑弗实。吏捕太子急，太子自杀。"
② 《汉书》卷63《戾太子刘据传》及注。
③ 《汉书》卷74《魏相丙吉传》。

二阶段,第二阶段的矛头又恰恰是指向镇压太子的丞相刘屈氂、大鸿胪(后为御史大夫)商丘成和贰师将军李广利、武帝宠妃李夫人家族的。这是令人非常奇怪的事情。然而,历史事实就是如此。

《汉书》卷66《刘屈氂传》载,戾太子、卫皇后死,巫蛊之祸第一阶段结束后,征和三年(前90)三月武帝派贰师将军李广利率七万大军出五原,御史大夫商丘成领二万人出西河,重合侯马通(又称莽通)四万骑出酒泉。李广利从长安领兵出征时,刘屈氂作为丞相又与李广利是儿女亲家去送行,临到渭桥相辞别时,据《汉书》卷66《刘屈氂传》载二人有下述言行:

> 广利曰:"愿君侯早请昌邑王为太子,如立为帝,君侯长何忧乎?"屈氂许诺。昌邑王者,贰师将军女弟李夫人子也。贰师女为屈氂子妻,故共欲立焉。

这一记载,说明太子刘据死后,作为当时汉朝最高军事将领的李广利与丞相刘屈氂互相勾结妄图立自己的外甥昌邑王为太子,这在当时完全是一种非法的阴谋活动。正在二人作美梦时,又发生了一件惊人的事情,前引《汉书·刘屈氂传》又载:

> 是时治巫蛊狱急,内者令郭穰告丞相夫人以丞相数有谴(责备),使巫(巫师)祠(祭祀)社(土地神),祝(祭祀时告神鬼之人)诅主上,有恶言,及与贰师共祷(向神祝告)祠,欲令昌邑王为帝。有司奏请案验,罪至大逆不道。

这一记载的内容是讲:当时治巫蛊狱事紧急,管皇宫内部事务的令长郭穰告丞相刘屈氂夫人因丞相数有责备,所以使巫师祭祀社神,祭祀时诅咒武帝,用恶毒的语言;并与贰师将军李广利祭祀时共同祝告神灵,祝愿昌邑王为帝。经有关官府案验查证符实,被判处大逆不道罪。由于巫蛊是一种很迷信的活动,现在已为一般人所不信,又因内者令郭穰怎么能知道丞相刘屈氂家中隐秘而加以告发等事情未交代清楚,所以有的学者认为郭穰的告发是诬告,不可信。如果分析了诬蛊之祸的整个过程,郭穰的告发很可能就是真的,理由如次:其一,当时人很迷信,许多人是信巫蛊的,汉武帝也是信的,不然巫蛊之祸怎么会搞得那么大;其二,自从卫皇后和太子刘据自杀后,李广利与刘屈氂早有立昌邑王为太子的阴谋活动,所以在丞相的数次责备下,丞相夫人才去诅咒武帝的,并且还伙同李广利在祭祀时祝告神仙保祐昌邑王早日为帝。正因为他们早有这方面的活动,所以在李广利出征匈奴离开长安时,才对送别的刘屈氂说"愿君侯早请昌邑王为太子,如立为帝"云云。其三,李广利和刘屈氂有搞这种阴谋的条件,李是军事上的最高将领,刘是丞相,武帝又年老多病。如果刘提出立昌邑王为太子的意见,朝臣不敢反对,武帝点头,这一阴谋立刻就会变为现实。这就是其如意算盘。而且,史籍对这一阴谋作了明确的记载,又无任何材料可以否定这一记载,怎么能随便主观地加以否定呢? 史籍还明载二人的阴谋失败后,在这年六月刘屈氂被腰斩东市,妻子枭首华阳街。李广利妻子被收捕入狱,李广利在前线闻讯降匈奴,被灭族,其弟协律都尉李延年也被诛。王船山说:"刘屈氂之攻戾太子也","非感于"武帝"周公诛管、蔡之言而行"也,"此其心欲为昌邑王地耳"。"孰使险如屈氂而为相也,则武帝狎宠姬、任广利,而为之左右也"。①

至于以大鸿胪击太子有功后升为御史大夫的商丘成,《汉书·武帝纪》载后元元年(前89)六月"御史大夫商丘成自杀"。《汉书》卷17《景武昭宣元成功臣表》说他是在祠文帝庙时因醉歌,犯"大不敬,自杀"。《资治通鉴》卷22《汉纪》14则载"商丘成坐祝诅自杀"。这两处看似矛盾的记载,实际记的是一回事。商丘成在武帝为太子据平反恢复名誉后,攻太子的刘屈氂等人又被

① 王船山:《读通鉴论》卷3,《武帝》29。

诛杀，他在击太子时所立功勋自然在后来就成罪了。为发泄不满，所以在文帝庙祭祀时，借酒醉唱歌诅骂皇室，《汉书》就记载为"大不敬，自杀"。《通鉴》则记载为"坐祝诅自杀"。实为一事。

上述事实说明，在巫蛊之祸的进一步发展中，那些前一阶段因击太子有功的丞相刘屈氂、御史大夫商丘成、贰师将军李广利等人也因搞巫蛊和与此有关连的罪行而被诛杀。

巫蛊之祸结束之后，统治阶级内部的谋反事件又不断发生，有些直接就是巫蛊之祸的产物，有些则是在这一事件的影响下发生的。据史籍所载著名谋反事件及政府对其镇压主要有下列几次。

其一，马（莽）何罗与其弟马（莽）通刺杀武帝的谋反事件。《汉书·武帝纪》载后元元年（前88）六月，在御史大夫商丘成自杀的同月"侍中莽何罗与弟重合侯通谋反"，注引孟康的话解释说，谋反的二人原姓马，叫马合罗与马通，东汉初光武帝马皇后因其反改其姓为莽。《汉书》卷68《霍光金日磾传》对此事有详细记载：侍中仆射马何罗最初与江充关系好，及江充陷害太子，马何罗弟马通在诛太子时力战有功封重合侯。后来汉武帝知道太子蒙冤诛江充宗族、党羽，马何罗兄弟害怕诛及自身，遂思谋反叛。驸马都尉金日磾观察到他不正常，怀疑他，暗中观察、留意他的动静，与他一同出入殿中。马何罗感到金日磾注意他，所以长时间没有动手。这时武帝到了甘泉宫旁边的林光宫，金日磾因小病卧庐中。马何罗、马通及其小弟马安成矫制（假托君命）夜出，发兵。第二天早上，武帝还未起床，马何罗无故从外而入，惊动了金日磾，金日磾入内坐户下，马何罗带刀从车箱上，见日磾，急趋武帝卧室想入内，金日磾抱住马何罗喊："马何罗反！"武帝惊起，左右拔刀想格杀之，武帝怕误杀金日磾立即制止。金日磾把马何罗推投殿下，左右擒缚之，对其同伙全部严加治罪。与金日磾共同擒获马何罗等人的还有霍光、上官桀。《汉书》卷17《景武昭宣元成功臣表》载在这次谋反事件中重合侯马通"坐发兵与卫尉溃等谋反,腰斩",在诛太子时力战有功的德侯景建坐共同与"莽通谋反,腰斩"。这就是说这次参加谋反的除马何罗、马通外,还有"卫尉溃"、"德侯景建"等人。他们"发兵"多少、在刺杀武帝后又有何计划,史籍均未记载。从参加谋反的头面人物看有重合侯马通、德侯景建,还有侍中马何罗、卫尉溃等都是诛太子的有功之臣和武帝的近侍。由于武帝住处戒备森严,才使武帝幸免于难。对镇压这次反叛的有功人员,汉武帝给予了重奖。《汉书》卷68《霍光传》载,这次镇压谋反事件后武帝病,生前未能封赏。临死前留下遗诏:封金日磾为秺侯;上官桀为安阳侯;霍光为博陆侯。

其二,公孙勇、胡倩谋反事件。《汉书·武帝纪》载:征和三年(前90)九月"反者公孙勇、胡倩……,皆伏辜(罪)"。这次谋反事件发生于戾太子自杀后的次年,可能是巫蛊之祸激起的反对情绪的一次表现。《汉书》卷90《酷吏传》对这次谋反事件有较详细记载,内云:酷吏田广明,从河南都尉,升迁为淮阳郡太守,岁余,原城父县令"公孙勇与客胡倩等谋反",客胡倩,诈称自己是朝廷的光禄大夫,随车骑数十,说朝廷派他为使,来督察盗贼,止陈留客舍居住……,由于淮阳太守田广明发觉知道了胡倩等人的真实身分,遂"发兵皆捕斩焉"。公孙勇则衣绣衣把自己打扮成朝廷派来的特使,乘坐驷马车至圉县,圉县县令让小吏侍候他们,也清楚他们的真实身分。守尉魏不害与厩啬夫江德、尉史苏昌共同逮捕了公孙勇一伙。武帝封魏不害为当塗侯,江德为辕阳侯,苏昌为昌蒲侯。受封后,四人上前俱拜,有小吏窃窃私语,武帝问他们"说什么?"回答说:"当侯以后能不能回关东去?"武帝问他"你想不想回去?你已显贵,你所在乡名叫什么乡?"回答说"名叫遗乡。"于是武帝赐小吏爵关内侯,食遗乡六百户。封赏有功人员时,还听取、采纳小吏本人的意见,这反映了武帝作风开明的一个侧面。

对于公孙勇、胡倩这次谋反,有的研究者把它列入农民起义。作者认为此划分似不恰当,还是列入谋反为宜,其理由如次:一是《史记》、《汉书》均把农民起义称之为盗贼,而把统治阶级内部以下反上的行为称之为"谋反"。《汉书·武帝纪》、《酷吏传》把侍中仆射马何罗等人与公孙勇等人的行为均称之为"谋反"或"反者"①,而不称之为"盗贼"。这说明二者性质相同,都非农民起义。二是,从公孙勇、胡倩二人的身分看公孙勇是离职的官僚、县令,伪称自己是朝内的光禄大夫,是朝廷委任的"督盗贼"的使者;胡倩则是位豪门家的宾客,化装为"衣绣衣"、"乘驷马车"朝廷使者,这只能说明他们反官府,但说明不了他们是农民起义。因此,应把他们列入统治阶级内部"谋反"者的行列。

三、巫蛊之祸发生原因考察

巫蛊之祸是一个恶性政治事件,没有一点积极作用,对汉朝可以说是一场浩劫。皇后、太子自杀,两位丞相公孙贺、刘屈氂,两位御史大夫暴胜之、商丘成,都被诛杀。贰师将军率七万大军降匈奴。江充治巫蛊刑讯逼供,"坐法而死者前后数万人",刘屈氂与太子率军在长安大战,死者又"数万人"。恐怖笼罩社会,人人自危。国家遭受了重大损失。对发生这次事件的原因,后世学者有所探讨,今据这些探讨和历史事实陈述如下。

1. 统治集团内部矛盾尖锐的表现。汉武帝外事四夷,内事兴作,以及与此有关的经济政策和用法深刻,使民众痛苦不堪。朝臣也因此分为两派。《资治通鉴》卷22《汉纪》14载:"上(武帝)用法严,多任深刻吏;太子宽厚,多所平反,虽得百姓心,而用法大臣

---

① 《汉书·武帝纪》载,征和三年九月"反者公孙勇、胡倩发觉,皆伏辜"。

皆不悦。皇后恐久获罪，每戒太子，宜留取上意，不应擅有所纵舍。上闻之，是太子而非皇后。群臣宽厚长者皆附太子，而深刻用法者皆毁之。邪臣多党与，故太子誉少而毁多。"田余庆先生据历史事实和前人研究成果，探讨了武帝从外事四夷到"守文"的转变时指出："江充充当了残酷用法臣僚的代表……，凭借党羽优势，用非常手段摧毁以卫太子为代表的'守文'的政治势力，这也许就是巫蛊之狱的实质"。① 田先生这一分析是很深刻的。武帝重法治，任用用法深刻的酷吏，制造了不少冤案，"太子宽厚，多所平反，虽得百姓心"，"而深刻用法者皆毁之"。为什么"用法深刻者"要如此呢？显然，太子如平反冤案，有的酷吏的错误、罪行就会暴露出来，武帝已到晚年，如太子当政他们还有什么前程可言。所以，从他们的私利出发，难免要除掉太子。江充就是他们中的一个代表，江充与皇后和太子有隙，怕太子当政后被诛，就利用治巫蛊的权力去诬陷、打倒太子。因此，田先生上述关于"巫蛊之狱的实质"的论断是合乎实际的。

上引《通鉴》说"群臣宽厚长者皆附太子"，太子周围这些"宽厚长者"都有谁呢？从历史上看元狩元年(前122)武帝立太子，在群臣中挑选石庆为太子太傅，《汉书》卷19下《百官公卿表》载元鼎二年(前115)"石庆为御史大夫"，元鼎五年(前112)"石庆为丞相"。巫蛊之祸时，正是石庆之子石德任太子少傅，在关键时刻石德提醒"太子将不念秦扶苏事耶？"在太子发兵后，石德又与宾客张光分别率兵与丞相刘屈氂大战，后被马通、景建捕获。当过太子太傅的石庆和少傅石德又是父子关系，这父子二人无论在与太子的关系上，还是从思想体系上来说无疑应是附太子的"宽厚长者"之中的人。石庆是黄老"无为而治"的力行者。他当齐相时"不治

---

① 田余庆:《论轮台诏》,《历史研究》1985 年 1 期。

而齐国大治"①,齐国为其"立石相祠",作丞相"醇谨",是个"宽厚长者",曾请求武帝处理用法深刻的近臣所忠和酷吏咸宣,但未成功,自己"反受其过"。②石庆有几个儿子,但最喜欢石德,太初三年(前102)石德为太常,坐法被免职。后为少傅,巫蛊之祸为卫护太子而献身。石庆、石德这样的人亲附太子,与所忠、咸宣、江充一类的人进行斗争,自然反映了武帝臣僚中两种不同思想、不同主张的斗争。从巫蛊之祸来看,站在太子一边的还有"宾客张光"、"舍人无且","长安囚如侯"等,但这些人的事迹缺乏记载,此处无法详谈。③

2. 武帝在太子问题上的失误。《汉书·戾太子刘据传》载元狩元年(前122)武帝35岁立七岁刘据为太子,"为立博望苑,使通宾客,从其所好"。《通鉴》说"故宾客多以异端进者",下载司马光曰:"夫正直难亲,谄谀易合,此……人之常情,宜太子之不终也"。这是批评汉武帝对太子的教育不严,让其自通宾客,使异端进,就导致了太子不能善终的严重问题。《通鉴》又载:刘据乃卫皇后生子,后皇后色衰,武帝所幸王夫人生子刘闳;李姬生子刘旦、刘胥;李夫人生子髆。皇后、太子宠衰,常有不自安之意。武帝发觉,对大将军说:"汉家庶事草创,加四夷侵陵中国,朕不变更制度,后世无法;不出师征伐,天下不安;为此者不得不劳民。若后世又如朕所为,是袭亡秦之迹也。太子敦重好静,必能安天下,不使朕忧。欲求守文之主,安有贤于太子者乎!闻皇后与太子有不安之意,岂有之邪?可以意晓之。"④武帝的这一番话表明太子是他理想的接

---

① 《汉书》卷46《石奋传》。

② 《史记·平准书》、《汉书·酷吏传》有所忠、咸宣事迹。

③ 阎步克:《汉武帝时"宽厚长者皆附太子"考》,《北京大学学报》(哲社版)1993年3期。

④ 《资治通鉴》卷22《汉纪》14。

班人，或者可以说刘据是他对接班人的最佳选择，此外别无他意。这是武帝为安抚卫皇后、庆太子对卫青所说的话。

然而，事情并不如此简单，《汉书》卷97上《外戚传》太始三年（前94）钩弋夫人赵婕伃怀孕十四月生子弗陵（后为昭帝）。武帝曰："闻昔尧十四月而生，今钩弋亦然。乃命其所生门曰尧母门。"这里称钩弋夫人为"尧母"把皇后置于何地呢？把皇子刘弗陵比喻为尧，这就是期望刘弗陵长大成为尧，这把皇太子又置于何地呢？这到底是武帝为废太子做的暗示呢？还是他一贯爱张扬作风的显示并无其他用意呢？这种问题是很难说清楚的。然而，太子与武帝之间存在矛盾确是事实，太子"守文"、"好静"，武帝多欲。武帝任用酷吏处罚的人，太子却给以平反。这种矛盾和武帝发出的喻意不准确的信号实际上就起了鼓励臣下反太子、反皇后的作用。《通鉴》卷22《汉纪》载："卫青薨后，臣下无复外家为据，竟欲构（罪）太子。上与诸子疏，皇后希得见。太子尝谒皇后，移日乃出。黄门苏文告上曰：'太子与宫人戏。'上益（增）太子宫人满二百人。太子后知之，心衔（厌恶）文。文与小黄门常融、王弼常微词伺太子过，辄增加白之。皇后切齿，使太子白（向武帝说明）诛文等。……上尝小不平（有小病），使常融召太子，融言'太子有喜色'，上嘿然。及太子至，上察其貌，有涕泣处，而佯语笑，上怪之；更微问，知其情，乃诛融。皇后亦善防闲，避嫌疑，虽久无宠，尚被礼遇。"这一记载说明从元封五年（前106）卫青去世后，一些臣下竟想构陷太子，而办事的奴才（宦官）也放肆地在皇帝与太子、皇后之间编造谎言，太子、皇后稍不留心，就会遗恨终生。这是何等险恶的环境啊！多亏武帝明察，识破了宦官常融的诬陷，诛杀了他。这无疑又是向臣下发出的一个信息，诬陷太子、皇后，罪不容诛。

然而，征和元年开端的巫蛊之祸，不仅丞相公孙贺一家遭诛杀，连武帝与卫皇后生的两个女儿也被诛戮。既然皇帝的两个亲生女儿也可被处死,还有什么不可舍弃呢?这就传给了臣下又一个信息,如果太子、皇后搞巫蛊也可以被舍弃。这使江充得到了施展阴谋的机会,江充以武帝疾病是巫蛊作祟的奏言,从武帝手中得到了治巫蛊的权力,以严刑逼供使"数万"人丧生;又以"宫中有蛊气",从武帝那里得到了至宫中掘蛊的权力,使太子、皇后蒙冤自杀。从上述事实不难看出,武帝在太子问题上态度摇摆不定,实是巫蛊之祸发生的重要原因。

3. 封建专制制度的局限性。中国封建专制主义的特征是皇帝有至高无上的权力,甚而可以说是绝对权力。这个制度具有两重性,积极方面是皇帝可以接受法家富国强兵、道家无为而治、儒家的民本思想的影响,可以通过对策问答、廷议(朝廷臣僚讨论)、上书等接受臣民的意见等等形式,制定出符合民意、社会发展的治国的方针、政策,可以收到经济发展、人民生活改善、富国强兵的效果。这个制度也可以集中全国的人力、物力办大事,秦皇、汉武不就建树了显赫的伟业吗?然而这个制度也有自身的局限性。这就是:决策权在皇帝手中,臣民的意见可以听也可以不听,当然更谈不上什么科学、民主决策;皇帝不受监督,可以为所欲为,而且又是终身制、世袭制;在这种情况下,如果皇帝决策严重失误,又一意孤行,就会给国家、民族造成巨大的灾难。这是封建专制制度局限性的表现。秦始皇在这个问题上犯了严重错误。汉武帝也无例外,他外事四夷、内事兴作,搞得"天下虚耗,户口减半",小股农民起义纷纷发生,该改弦更张、该转轨了,他就是转不过这弯来。最后,统治集团内部形成了以太子为代表"守文"的政治势力,以他为代表外事四夷、用法深刻的政治势力。两派不断斗争,后者不能容纳前者。这不仅表现在武帝不断听到臣僚、宦官那里对太子、皇后的造谣诬陷上,也集中表现在武帝对太子态度的摇摆不定、反复莫测上。最后终于导致了对国家造成重大灾难的巫蛊之祸的发生。从这个意义上可以说,中国封建专制制度的局限性是巫蛊之祸发生的制度上的根源。值得注意是,汉武帝继汉初,总结历史经验,为完善这个制度作出了巨大努力。然而,最后他自己也未能完全逃脱这个制度的缺陷所造成的失误。

第三节 悔过与转轨

从天汉元年(前 100)开始,不幸的事情频频发生。一是对匈奴战争失败。天汉二年(前 99)、天汉四年(前 97)、征和三年(前 90)李广利等人对匈奴战争失败,最后李广利率七万大军败降匈奴。二是从天汉二年开始在全国广大地区内纷纷发生小规模的农民起义,数年后虽有缓解,但仍然存在。征和三年(前 90)酷吏田广明为河南、淮阳太守时,当时仍是"郡国盗贼并起"就说明了这一点。三是发生于征和一、二年的巫蛊之祸,说明统治集团内部分裂。从公元前 100 年至前 90 年的这十年中发生的这三件事情,使汉王朝元气大伤,如果任其发展下去会出现什么样的形势是很难预料的。在这紧急时刻,汉武帝悔悟了,政策转轨了。

一、轮台诏与悔过

征和四年(前 89)搜粟都尉桑弘羊与丞相、御史奏言:轮台东有溉田五千顷以上,可遣屯田卒,置校尉三人分护,益(多)种五谷。除派遣屯田卒屯田外,还提出要"募民壮健……敢徙者诣(到)田所(在地),益(多)垦溉田",以及"筑列亭"、隧(道路)等有关设施。武帝就此事下了一道诏书,即轮台诏,实际是罢轮台屯田诏。《汉书》卷 96 下《西域传下》载其全文,其精神和内容主要如下:

1. 悔征伐之事。《汉书·西域传下》载"是时军旅连出,……

342

海内虚耗。征和中,贰师将李广利以军降匈奴"。武帝"悔远征伐"。轮台诏中讲了对西域和匈奴用兵造成的粮草的困难、士卒的伤亡、作战决策的难度及失误等等。内云:"今又请遣卒田轮台,轮台西于车师千余里"。指出征和三年(前90),"前开陵侯(匈奴介和王降汉后封为开陵侯)击车师时,危须、尉犁、楼兰子弟在京师者皆先归,发畜食迎汉军,又自发兵,由各国国王自己率领,共围车师,降其王。"自后"诸国兵停罢",已"不能复至道上食汉军(供给汉军食用)"。又说"汉军破城,食至多。然士卒自己载运的不足以供师旅食用。因此,行军途中,身体强壮的吃的是畜产品,身体弱的在道路上死的有数千人。朕发酒泉驴、骆驼驮负食粮,出玉门迎军。吏卒从张掖出发,不甚远,然而厮留在后面的人甚众。"这实际上是说用兵西域解决粮草的运输问题就很困难的。过去开陵侯击车师是西域六国军队配合作战,给汉军以粮草,现在已没有这个条件。由于粮草运输困难,所以那时因路上没吃的东西,饿死了几千人。朕设法从酒泉、张掖出玉门关送粮迎军,也不是很成功的。现在你们奏言在轮台屯田,又要派屯田卒,又要募民前往,还要筑亭隧、派军队保护,而轮台还在车师西边一千余里,运输粮草的问题如何解决呢?

轮台诏书中还谈了对匈奴作战时决策的困难和胜败的难于把握。诏书中说,"古者卿大夫与谋,参以蓍龟,不吉不行",即古代在临战前除与卿大夫谋议外,还要辅之以蓍龟占卜,"不吉利不能行动"。按此程序,对匈奴作战前曾用《易》的理论占卜,"卦得大过,爻在九五,匈奴困败。公车方士,太史治星望气,及太卜龟蓍,皆以为吉,匈奴必破,时不可再得也。"这样便选择了一个能获胜的好时间。占卜又说:"北伐行将(遣将率行),于鞮(釜)山必克"。"卦诸将,贰师最吉",因此"朕亲发贰师下釜山,诏之必毋深入"。然而,得到的结果,与计谋占卜的卦兆完全相反。所以,"乃者(往日)贰师败,军士死、略(被虏掠)、离散,悲痛常在朕心"等等。最后,汉武帝的结论是:"今请远田轮台,欲起亭队,是扰劳天下,非所以优民也。今朕不忍闻。"这就是说,到轮台屯田的意见是扰劳天下民众,而不是优惠民众,他"不忍闻"。所以这一意见最后被否定了。

此外,轮台诏中还讲到了匈奴的一些文化现象使武帝迷惑不解,如"匈奴缚马前、后足,置城下",并说"秦人(汉人),我给予你马"。这一现象使武帝大惑不解,他问了许多人,意见不同。后来重合侯马通,俘虏了一个匈奴俘虏说:"缚马者,诅军事也",才知道,缚马前后足,是诅咒汉军让其溃败。类似此类问题,都使武帝困惑。

《汉书·西域传》班固赞曰,称轮台诏为"哀痛之诏",诏书陈述了在战争中遭受的种种苦难之后说出"悲痛常在朕心",表示了武帝"悔征伐之事"的内心世界。《汉书·西域传下》说武帝在下轮台诏之后,"由是不复出军"。由过去不断出军,一转而为"不复出军",这是轮台诏的重要内容之一。

2. 禁苛暴、止擅赋、力本农。轮台诏中一开头就说:"前有司奏,欲益(增)民口赋三十钱助边用,是重困老弱孤独也。""而今又请遣卒田轮台"云云,自然就会更加加重民众的负担。还指出:"今边塞未(不)正,私出边塞不受禁止,障候长吏使卒猎兽,以皮肉为利,卒苦而烽火乏,流失的士卒也不集于文书向上报告",此类情况是从"后来的投降的人、捕捉的生口或俘虏的匈奴人那里知道的"。所以,武帝在诏书中提出"当今务在禁苛暴,止擅赋,力本农"的切中时弊的措施。《汉书·西域传》班固在赞曰中指出:孝武之世,击匈奴,通西域,"用度不足,乃榷酒酤,筦盐铁,铸白金,造皮币,算至车船,租及六畜。民力屈,财用竭,因之以凶年,寇盗并起,道路不通,直指之使始出,衣绣杖斧,断斩于郡国,然后胜之。是以末年遂弃轮台之地,而下哀痛之诏,岂非仁圣之所悔哉!"当时在客观形势的制约下和其他种种因素的影响下,武帝自己提出了"当今务在禁苛暴,止擅赋",同时要"力本农"。换句话说就是要与民休息,重视农业。这是轮台诏又一重要内容。

3. 鼓励养马,防止缺乏武备。在轮台诏中,武帝还提出"修马复令",就是重新修复实行"因养马以免徭赋"的命令。① 这样做的目的是为了"补缺,毋乏武备"。为此在轮台诏中又令"郡国二千石各上进畜马方略补边状",并令负责此事的官吏"与上计者同来赴对也"②。这说明武帝在轮台诏中考虑还是较全面的,一方面悔征伐之事;一方面又防止缺乏武备。不愧是一位英明君主。

4. 罢斥方士。轮台诏反映了武帝治国方针上的一个大转轨、大调整的总精神。在这一方针的指引下,采取了一系列的具体措施,有的措施虽然轮台诏中没有提到,但也是轮台诏内容的有机组成部分。如《通鉴》卷22《汉纪》载征和四年三月,大鸿胪田千秋曰:"方士言神仙者甚众,而无显功,臣请罢斥遣之!"武帝曰:"大鸿胪言是也。""于是悉罢诸方士候神人者。是后上(武帝)每对群臣自叹:'向时愚惑,为方士所欺。天下岂有仙人,尽妖妄耳! 节食服药,差可少病而已。'"

以上四点是轮台诏的主要精神和内容。

据《资治通鉴》载,征和四年(前89)三月,武帝曰:"朕即位以来,所为狂悖,使天下愁苦,不可追悔。自今事有伤害百姓,靡费天下者,悉罢之。"③这一段话的精神与轮台诏的精神是一致的。从这段话可以了解武帝轮台诏的总的精神。

---

① 《汉书·西域传》师古注。
② 同上。
③ 《资治通鉴》卷22《汉纪》。

在西汉的历史上轮台诏无疑有着重大历史意义。此时的悔悟已发展到对过去军事征伐匈奴的评估了。《汉书·西域传下》:"是时军旅连出,师行三十二年,海内虚耗。征和中,贰师将军李广利以军降匈奴。上既悔远征伐"云云。这里存在一个问题就是此处所说三十二年指的是哪一段时间呢?田余庆先生据"徐松《汉书·西域传·补注》曰:'自元光二年谋马邑……至太初三年西域贡献,凡三十二年",指出此处的三十二年是指元光二年(前133)到太初三年(前102)大宛降汉,西域诸国纷纷臣服贡献为止。实际太初三年以后,武帝还在不断对匈奴进行战争,一直到征和三年李广利降匈奴。征和四年轮台诏下达后,才明确以后"不复出军"的。这就可以看出,武帝从元光二年(前133)至征和三年(前90)李广利降匈奴这43年中都是在战争状态度过的。从事了这么多年的战争,以轮台诏为标志实行了大转折,这对当时的历史来说,应当说是一次有重大意义的转折。

二、推行富民政策

《汉书》卷69下《西域传》载武帝征和四年下诏曰:"当今务在禁苛暴、止擅赋、力本农。"又"封丞相田千秋为富民侯,以明休息,思富养民也。"这就说明,武帝所主张的"力本农"的目的是为"富民",封丞相田千秋为"富民侯"就清楚说明这一点。

为推行"富民"政策,"力本农",武帝采取了以下措施:

1. 任用赵过为搜粟都尉推行代田法。据《汉书·食货志》所载,代田法是总结前人生产经验而形成的一种先进的耕作方法。代田法具有以下几个特点。

其一,把轮流休耕制与年年耕作制相结合。中国西周、春秋时存在着休耕制、战国时出现了年年耕作制。代田法的一个特点就是把休耕制与年年耕作制结合起来。代田法耕种时是"一亩三甽

(沟),岁代(易)处,故曰代(易)田"。这就是说代(易)田法耕种时把一亩的地方分为三条甽(沟)和三条垄,沟深一尺、宽一尺,垄也宽一尺。种子种在沟中。第二年耕种时,沟改为垄,垄改为沟,种子又种在沟中。这就是易地(换地)耕种,也就是轮换休耕制。这样就可以看出,在一亩地的三条沟、三条垄间,年年在轮换休耕,而从整个这一亩地看却年年都在耕作。这样就把休耕制与年年耕作制结合了起来。

其二,代田法是一种把除草与抗旱保墒、防风抗倒伏结合起来的耕作方法,上已述种子种在沟中,等禾苗长大后,一边除草一边把垄上的土填在沟中,使禾苗根扎得深。这样就把除草与抗旱保墒、防风防倒伏都结合了起来。

其三,代田法先在离宫旁的闲置土地上实验成功,而后才推广到三辅、弘农、河东、西北边郡居延城等地。

其四,代田法能够提高劳动生产率、提高亩产量。《汉书·食货志》载:用代田法耕种"一岁之收常过缦田(没有甽、垄的田)一斛(石)以上,善者倍之"。

2. 推广新式农具。赵过推广代田法时,使用耦犁,二牛三人。另外推广耧,耧是土法播种器,一直到新中国成立前后,耧还在广泛使用。另外,这时可能推广了犁壁,代田法要求开沟培垄,使用犁壁对此极为有利。陕西一些地区考古工作者发现了西汉时期的犁壁。这些新式农具的使用对后世农业发展有很大影响。

3. 教民互相换工用人拉犁,垦辟土地。《汉书·食货志》载:"故平都令光教过以人挽(拉)犁。过奏光以为丞,教民相与庸挽犁。率多人者,田日三十亩,少者十三亩,以故田多垦辟。"所谓"教民相与庸挽犁",就是让民众互相换工给对方拉犁。人多的一天犁三十亩地,人少的犁十三亩地,所以个别地区收到了"田多垦辟"的效果。

4. 让官府冶铁业为推广代田法制造农具。《汉书·食货志》载,赵过在三辅地区推行代田法时,"大农置工巧奴与从事,为作田器",就说明了这一点。

据记载,武帝末年所推行的"力本农"的措施就以上几条。这是向着新的方向迈出了一步,说明政策已经转轨,已经改弦更张,从而就为后继者开通了前进的道路。从昭帝时盐铁会议上朝廷内部两派激烈斗争的情况看,如果武帝没有转轨,昭帝、霍光面临的困难将会更大。所以王船山说:"武帝之能及此也,故昭帝、霍光承之,可以布宽大之政,而无改道之嫌。"①这是武帝晚年为国家、后代解决的一大难题。

三、昭帝继位,霍光辅政

武帝晚年有病,身体不好。巫蛊之祸以后身体更加不好,不想吃饭,愧悔之心溢于言表。征和四年六月封田千秋为丞相,田千秋曾与御史大夫、中二千石官员给武帝祝寿颂美德,武帝为此下诏书说:"朕之不德,自左丞相与贰师阴谋为逆乱,巫蛊之祸流及士大夫。朕日一食者累月,乃何乐之听?痛士大夫常在心,既事不咎。……至今余蛊颇脱不止,阴贼侵身,远近为蛊,朕愧之甚,何寿之有?……谨丞相、二千石各就馆(舍)……毋有复言。"②这说明巫蛊之祸后武帝又痛心、又惭愧,饮食少,年老多病,当然要考虑立储后事。《汉书》卷68《霍光传》载:"征和二年,卫太子为江充所败,而燕王旦、广陵王胥皆多过失。是时上年老,宠姬钩弋赵婕仔有男,上心欲以为嗣,命大臣辅之。"这说明从卫太子刘据自杀以后,武帝就看好了钩弋夫人之子刘弗陵,为什么会如此呢?武帝对

———————————

① 王船山:《读通鉴论》卷3,《武帝》28。
② 《汉书》卷66《车千秋传》。

天命、祥瑞这类东西是很信奉的。据说尧是怀孕十四个月才出生的,刘弗陵也是如此,再加上刘弗陵比其他孩子个子大等等,这就成了一个很重要的原因。司马光曾说:"孝武以孝昭之生,神异于人而复有早成之资,违长幼之次而立之",就点破了这一点①。只是因为刘弗陵年幼,其母太年轻,如何处理此问题还未考虑成熟,才拖延了下来。皇帝小,可以托大臣辅佐,观察群臣,惟奉车都尉、光禄大夫霍光"可属(委)社稷",于是就令宫内画师画"周公负成王朝诸侯"的图画以赐霍光。

此后,没过几天,武帝谴责钩弋夫人,夫人叩头。武帝令把她送入掖庭狱,最后赐死。后问左右曰:"外边对此事说了什么呢?"左右回答说:"人言:'既立其子,何必除去他母亲?'"武帝回答说:"这不是你们这些平常的人所能知道的。以往国家之所以乱,是因为皇帝小,母亲年轻。女主独足骄蹇,淫乱自恣,莫能禁也。你们没有听说吕后吗!所以不得不先除去也。"②司马光就此事说:"鉴于诸吕,先诛其母,以绝祸源,其于重天下谋子孙深远矣。"③

后元二年(前87)二月,武帝游五柞宫,病重,霍光涕泣问曰:"如有不可隐讳的事发生,谁当为嗣君呢?"武帝说:"君未明白前面话的意思吗?立少子,君行周公之事!"霍光叩谢谦让说:"臣不如金日磾!"金日磾则说:"臣,不如霍光!"乙丑,下诏立刘弗陵为太子,时弗陵年八岁。丙寅,武帝任命霍光为大司马大将军,金日磾为车骑将军,上官桀为左将军,桑弘羊为御史大夫。四人皆拜卧床下,受遗诏辅少主。同受遗诏的还有丞相田千秋。

汉武帝安排的霍光、金日磾、上官桀三位顾命大臣都是多年在

---

① 司马光:《温国文正公集》卷73。

② 《资治通鉴》卷22《汉纪》14。

③ 司马光:《温国文正公集》卷73。

武帝左右办事,深得武帝信任的人。

霍光,是霍去病的同父异母弟。霍光父亲叫霍中孺,河东郡平阳人,以县吏的身分被派遣去平阳侯家做事,与侍者卫少儿(卫子夫之姊)私通生霍去病。中孺作吏以后回家又娶妻生霍光。此后两家无来往。后卫子夫为皇后,霍去病为骠骑将军击匈奴,道经河东,至平阳,才与霍中孺相认。霍去病击匈奴后返回长安时又途经河东,才带霍光至长安,时霍光十余岁,被任命为郎,又升迁为诸曹侍中。霍去病死后,霍光"为奉车都尉、光禄大夫,出则奉车,入侍左右,出入宫禁二十余年,未尝有过,甚见亲信。"

金日磾字翁叔,本匈奴休屠王太子。元狩年间,霍去病大破匈奴浑邪、休屠王,单于欲诛二人,二人谋降汉。后休屠王后悔,被浑邪王杀之,并率其众降汉封侯。金日磾因其父不降被杀与母、弟俱没入官,日磾被输入黄内(黄色宫门)内养马,时年十四。金日磾高八尺二寸,容貌庄重严肃,马喂的又肥又好,目不斜视,被武帝注意,后被拜为马监,又升为驸马都尉光禄大夫,"日磾既亲近,未尝有过失,上甚信爱之,赏赐累千金,出则骖乘,入侍左右"。贵戚多怨说:"陛下妄得一胡儿,反贵重之!"[1]武帝听见,对金日磾更加亲厚。

上官桀曾为未央宫厩令,后与霍光、李陵等人为侍中,后又为搜粟都尉等。侍中仆射马何罗谋反刺杀武帝时金日磾与霍光、上官桀均为平叛功臣。此三人都是内朝的官员。武帝临终前所安排的这三位主要的顾命大臣都是从内朝起家的官员,说明在武帝心目中内朝比外朝要可靠而重要。至于桑弘羊原为武帝时老臣,长期从事财政方面的工作,昭帝、霍光在这方面可能仍然需要。至于田千秋,原是高庙(高帝庙)寝郎,因上书讼太子冤,使武帝顿悟,

① 《汉书》卷68《金日磾传》。

在几个月内就被提拔为大鸿胪、丞相。作为外朝的最高长官，田千秋是没有可能与霍光争权的。这样一个辅佐少主的班子应当是稳妥可靠的。

这年二月丁卯，武帝崩于五柞宫。戊辰，太子即皇帝位。霍光、金日磾、上官桀共领尚书事。光辅幼主，政自己出。三月，甲辰，葬孝武帝于茂陵。

司马光针对汉武帝一生活动所造成的社会问题及其最后结局说：

> 孝武穷奢极欲，繁刑重敛，内侈宫室，外事四夷，信惑神怪，巡游无度，使百姓疲敝，起为盗贼，其所以异于秦始皇者无几矣。然秦以之亡，汉以之兴者，孝武能尊先王之道，知所统守，受忠直之言，恶人欺蔽，好贤不倦，诛赏严明，晚而改过，顾托得人，此其所以有亡秦之失而免亡秦之祸乎！

这一论述应当说是客观的。汉武帝晚年确实出现了与秦始皇晚年相似的形势。然而在相似的形势下为什么"秦以之亡，汉以之兴"呢？司马光从汉武帝与秦始皇的差别方面探讨了这一问题，指出了以下几点：其一，"孝武能遵先王之道，知所统守，受忠直之言"，而秦始皇则"灭先王之道"、"专任刑罚"，二人在这方面有很大反差。正因如此，汉武帝有推行德治、重礼乐教化，继承"先王之道"的一面。因此，二人治国的理论方法上有区别，最后的客观后果也就不同。其二，"好贤不倦，赏罚严明"。汉武帝一生似乎都在选贤任能，晚年还选拔出了霍光、田千秋和胡人金日磾作为受遗诏辅幼主的大臣。汉武帝"赏罚严明"，而且是重赏重罚。这不仅选拔了人才，也诛杀了不少人。虽然因此杀了一些不该杀的人，但也杀了一些像栾大、江充这样骗人、诬陷人的人，给坏人以震慑。其三，"晚而改过，顾托得人"，这又是秦皇、汉武的一大区别。秦皇是不认错、不悔过，最后导致二世而亡。汉武是认错、悔过、转轨,临终"顾托得人",组织新班子、推行新政策,最后导致昭、宣中兴。所以汉武帝是"有亡秦之失而免亡秦之祸"。青出于蓝而胜于蓝。

其实,秦皇、汉武二人晚年客观形势与文化思想背景是不同的,如秦始皇晚年六国旧贵族在伺机造反、焚书坑儒后还有多少人敢吐真言。武帝晚年就与此不同,不仅他自己,他的臣下也都帮助他力挽狂澜、改弦更张。汉武帝晚年成功地收拾了局面是个事实。所以,他在这方面依然是个强者,是个英雄!

第十章　汉武帝和他的臣下

　　汉武帝即帝位后,大权独揽。他制定的方针、政策要靠臣下去执行,臣下彼此之间的矛盾有时也要由他亲自出面解决。他的臣下有各种类型的人,既有以丞相为首的三公九卿等中央和地方的各级行政官员,也有以大将军、大司马为代表的各级军事官员。这些臣下出身各不相同,既有贵戚出身的权臣、将军,也有从贫苦农民中选拔出来的丞相、将军。这些臣下来自不同的民族,有汉人,也有胡人。这些臣下的性格悬殊迥异,如:有敢于直谏的骨鲠忠直大臣,也有察言观色、奉迎谄媚的小人,甚而有专门以诈骗为手段、以猎取富贵为目的的方士等等。在武帝的臣下中,还有一种臣下是他的兄弟、宗戚,汉武帝既要尊重、给予他们种种特权与荣华富贵,又要处理他们的各种不法行为。总之,通过了解武帝与其臣下的关系,有助于了解他的治国方略与性格特征。

第一节　武帝和他的丞相

一、十三位丞相概况

　　从汉武帝即位到去世共换了十三位丞相。其中有五位基本上属于正常免职和正常死亡,有七位属于不正常死亡;一位是武帝死后托孤留任的。丞相处于当时政治生活的中心,武帝与丞相的关系反映了他恩威并用的坚毅、果断、而又严酷的性格。因此,考察武帝时各位丞相经历与下场,就成了了解武帝不可缺少的一环。为让读者对武帝时各位丞相的概况有个概括的了解,特列表如下。

武帝时丞相概况一览表①

姓　名	上任时间	离职时间	任　期	封　爵	离职原因
卫绾	景帝后元年(前143)八月	武帝建元元年(前140)六月	二年零十个月	建陵侯	免职
窦婴	建元元年六月	建元二年(前139)十月免	一年零四个月	魏其侯	免职后弃市
许昌	建元二年(前139)三月	建元六年(前135)六月	三年零三个月	柏至侯	免职
田蚡	建元六年(前135)六月	元光四年(前131)三月	三年零九个月	武安侯	薨免非正常死亡
薛泽	元光四年(前131)五月	元朔五年(前124)十一月	七年零七个月	平棘侯	免职
公孙弘	元朔五年(前124)十一月	元狩二年(前121)三月	二年零四个月	平津侯	薨免正常
李蔡	元狩二年(前121)三月	元狩五年(前117)三月	三年	乐安侯	坐盗景帝园壖地,自杀。
庄(严)青翟	元狩五年(前117)四月	元鼎二年(前115)十二月	二年零八个月	武强侯	下狱自杀
赵周	元鼎二年二月	元鼎五年(前112)九月	三年零七个月	商陵侯	下狱自杀
石庆	元鼎五年九月	太初二年(前103)正月	九年零三个月	牧丘侯	薨免正常
公孙贺	太初二年正月闰月	征和二年(前91)正月	十一年	葛绎侯	下狱死,全家族。
刘屈氂	征和二年正月	征和三年(前90)六月	一年零六个月	澎侯	下狱腰斩妻枭首
田千秋	征和四年(前89)六月	昭帝元凤四年(前77)正月	十一年零六个月	富民侯	薨免正常

　　从上表中可以看出,武帝时十三位丞相中,除一人在武帝死后

---

　　① 此表据《汉书·武帝纪》、《功臣表》与有关本传作成。

留任丞相外,其他十二位丞相中,被免职的七位,五人因犯罪自杀和下狱治罪。被免职的人中,有两位也属非正常死亡,一位窦婴先被免职后又被弃市,另一位是武帝的舅父田蚡是被惊吓患神经分裂症而死的,也属非正常死亡。十二位丞相中,七位属非正常死亡,比例是很高的。这些丞相中有的任职长达11年多,短的仅1年多。

尤其值得注意的是,有的丞相虽职高位显,却没有什么事迹可述。这也是武帝时丞相的特点之一,这类丞相有以下六位:

武帝时的第一位丞相叫卫绾,文帝时为郎以功升为中郎将。景帝曾任为河间王太傅,吴楚七国乱时为将,统河间兵击吴楚有功,拜中尉,三年后以军功封建陵侯。景帝后元年八月,为丞相。景帝认为他敦厚可以辅佐少主,建元元年举贤良对策时,他提出罢法家、纵横家两家之言,得到武帝认可。过了八个月,就以景帝病时官府的囚徒多无罪是卫绾处理失误造成的为理由而被罢官。这显然是借口,真正的原因是卫绾尊儒术罢除两家的建议,惹怒了酷爱黄老学的窦太后而被罢免的。

武帝的十三位丞相中,有几位纯系挂名丞相,无事可述。《汉书》卷42《申屠嘉传》载:武帝时柏至侯许昌、平棘侯薛泽、武强侯庄青翟、商陵侯赵周,"皆以列侯继踵,龊龊廉谨,为丞相备员而已,无所能发明功名著于世者。"这四人均系功臣子孙,袭封爵而贵。其作事小心谨慎,柏至侯许昌、平棘侯薛泽分别当了三年多或七年多的丞相,竟然对皇帝没有任何匡谏也未记载办过任何事情,看来确属挂名丞相而已。庄青翟因避东汉明帝刘庄讳而称严青翟,本来也是位"备员"的挂名丞相。自己不想多事,然而事情偏偏找他。张汤自杀后,武帝认为丞相府三长史陷害张汤,诛三长史。丞相庄青翟被牵连在内,下狱自杀。[①] 赵周也是位谦谦君子,

---

① 《汉书》卷59《张汤传》。

355

然而,事情是躲不了的,元鼎五年(前112),列侯因祭宗庙酎金"不如法,夺爵者百六人"。赵周作为丞相因知列侯酎金轻而不纠正、揭发,下狱自杀。①

此外,丞相李蔡因犯法自杀。李蔡不是功臣之后,自己立功封侯,人品不正犯法自杀。《汉书·李广传》载,文帝时李广与从弟李蔡皆为郎,景帝时李蔡积功至二千石。武帝元朔五年为轻车将军从大将军击匈奴右贤王有功,封乐安侯,元狩二年三月代公孙弘为丞相。元狩五年三月,因盗取阳陵地三顷,又盗取孝景园壖(隙)地②当下狱,自杀。

上述六位丞相的情况就是如此,他们没有值得陈述的事迹。至于其他七位丞相的事迹则分别列陈如下。

二、四位贵戚丞相的遭遇

上述十三位丞相中,窦婴、田蚡、公孙贺是从外戚中提拔出来的,刘屈氂则是从皇帝宗室中提拔出来的。这四位竟然都无好下场,其经历、事迹值得人们引以为鉴。

1. 搞内耗的窦婴与田蚡。窦婴与田蚡均系外戚。窦婴,是太皇窦太后的侄儿。从《史记》、《汉书》本传记载来看,窦婴是位平定吴楚七国之乱的功臣,敢于直言急谏。窦婴的姑姑窦太后乃文帝皇后,景帝之母,溺爱幼子梁孝王。希望景帝能死后传位给梁孝王。窦婴曾因谏景帝不应传皇位给梁孝王的意见,惹怒窦太后,被除去出入宫廷的门籍,不许他入宫朝见。吴楚七国之乱时,景帝拜窦婴为大将军,赐金千斤。窦婴把金子摆在廊屋中,让下属军吏取去使用,从没有把皇帝所赐金子转为家中的私产。窦婴守荥阳,并

---

① 《汉书·武帝纪》元鼎五年九月及注。
② 《史记·李广传》注引《索隐》:"壖地,神道之地也。"

监护齐、赵军队,平定七国之乱后,窦婴被封为魏其侯。此时,游士、宾客都争着投归窦婴门下。朝廷议论大事时,条侯周亚夫、魏其侯窦婴有很高的威望。景帝四年,立栗姬生子刘荣为太子,窦婴为太子太傅。景帝七年,又废栗太子,窦婴数次争谏不能得,遂谢病不朝。武帝即位后建元元年(前140)六月卫绾罢相,遂任命窦婴为丞相,后因支持尊儒活动,得罪窦太后,于建元二年十月免相。

建元六年五月太皇窦太后崩,六月武帝以其舅田蚡为丞相。窦婴为大将军时,田蚡只是个郎官,在窦婴身边侍酒奉陪,时常下跪,好像晚辈。现在田蚡当了丞相,架子摆得很大,凌驾在窦婴之上,窦婴自然不买账,二人矛盾日益尖锐。田蚡曾使人请窦婴把其"在长安城南面的田地"送自己,窦婴为此说:"老仆虽被皇帝遗弃不用,将军(田蚡)虽然尊贵,宁可以势夺乎?"不许把田地给田蚡。田蚡知道窦婴和投靠他的灌夫怒而不给田地,也大动肝火,并说:"魏其侯之子尝杀人,是我田蚡救了他的命。我田蚡侍奉魏其侯没有什么不可以?他竟捨不得数顷田?况且灌夫为什么要干预此事呢?吾不敢复求田?"由此大怒。

灌夫是颍阴(今河南许昌市)人,父亲张孟曾为汉初功臣颍阴侯灌婴舍人。灌婴推举他,官至二千石。所以改姓灌,叫灌孟,吴、楚七国之乱时战死,灌夫声称要替父报仇,冲锋陷阵,也立了战功。此后,灌夫先后做了中郎将、代相、淮阳郡太守、太仆、燕相。灌夫家是颍川郡的大豪强,"家累数千万,食客日数十百人。陂池田园,宗族宾客为权利,横颍川。颍川儿歌之曰:'颍水清,灌氏宁;颍水浊,灌氏族。'"太皇窦太后去世后,窦婴被疏远,不受重用,失去了权势,宾客渐去,有的甚而对魏其侯态度怠慢,惟独灌夫对他还像以前一样尊敬,所以魏其侯厚待灌夫。两人相引重,恨相知太晚。后田蚡以丞相上奏:灌夫家属横行,民苦之。遂扣押灌夫,并捉拿其亲属,罪皆弃市。窦婴也上书皇帝为灌夫辩护。武帝同意他的看法,让双方在朝廷上辩论。辩论时,魏其侯赞扬灌夫家对朝廷的功劳;田蚡就极力攻击灌夫的横行不法。后来二人互相揭短指责。武帝就问大臣二人谁说的对?御史大夫韩安国说两人都说的对,只请主上裁决了;主爵都尉汲黯认为魏其侯说得对;内史郑当时也认为魏其侯说得对,但不敢坚持。武帝嫌内史不敢坚持己见,生气地说:我把他们一同斩了。武帝下朝侍奉王太后进餐,早就听到消息的太后说:“我现在还活着,人就说我弟弟(田蚡)的坏话;如果我死了,别人就像对待鱼肉一样来斩割了。况且皇帝怎么能像石头人一样不作主张,现在皇帝在,他们随声附和;如果皇帝死了,这些大臣还信得过吗?”武帝回答说:“由于均系宗室外戚家,所以在朝廷辩论。如果不是如此,此类问题一个狱吏就可以处理解决。后来武帝让御史调查了灌夫的事情认为魏其侯窦婴说的不对,欺骗了朝廷,遂族诛灌夫全家。武帝本来不杀窦婴,然而田蚡等人散布窦婴诽谤朝廷的流言蜚语,让武帝听到了,所以元光四年(前131)十二月,窦婴在渭城(咸阳)弃市(斩首示众)。① 同年春天,武安侯田蚡病死。② 从今天医学的知识来看,田蚡患的应是神经分裂症,病中大声喊叫,说自己有罪,谢罪不止。武帝让能看见鬼的巫师为他看病,巫师说看见魏其侯、灌夫两个鬼看守着田蚡,想杀他,田蚡竟这样死了。两个从外戚中提拔起来的丞相,骄纵不法,心中没有国家大事,把彼此之间的矛盾看的比什么都重,最后竟因互相指斥搞内耗而死。这个事情的教训是值得后人深思的。

---

① 《史记》卷107《魏其武安侯列传》载元光五年十月灌夫及家属族诛。元光五年十二月窦婴在渭城弃市。《资治通鉴》卷18《汉纪》载元光四年十二月,魏其侯窦婴于渭城弃市,此处从通鉴。
② 田蚡死后五年,即元朔三年(前126)王太后死。见《汉书》卷97上《外戚传·孝景王皇后》。

从外戚中提拔的丞相情况各不相同,窦婴在做丞相前对汉朝有功,而田蚡则完全是靠着他是武帝母亲王太后的同母弟、武帝的舅父而做丞相的。每个人做丞相的志趣也不一样,如田蚡未做丞相前就想着当丞相,对宾客谦恭,并推荐没有当官的名士去当官,想以此压倒窦婴等将相的势力。田蚡喜欢讨好、拉拢人壮大自己的势力。建元二年当太尉时,淮南王进京朝见,田蚡到灞上去迎接,对淮南王说:"上(皇帝)没有太子,大王最贤,乃高祖孙。一旦皇帝去世,不是大王继皇帝位还有谁呢?"淮南王听了大喜,送给他很多金银财物。武帝从魏其侯事件后,就不以田蚡为然,只是看着王太后的面子容忍了下来,当淮南王谋反后听到他与淮南王勾结和接受淮南王的金银财物后说:"如果武安侯还活着,该灭族了。"田蚡以权谋私,武帝元光三年黄河在瓠子决口,使东南十六郡遭水灾。时田蚡为丞相,因他的封邑在黄河决口的北边,黄河在南岸决口,北边无水灾,封邑收入多,田蚡就对武帝说:"江河之决皆天事,未易以人力强塞,强塞之未必顺天。"这使黄河瓠子决口的堵塞搁置了二十多年。田蚡当丞相推荐人材,一起家就升到二千石的职位,皇帝的权力都转移到他手里去了。武帝于是对他说:"你任命的官任用完了没有,我也想任命一些官呢?"有次,田蚡竟然请武帝拨出考工室的官地供他扩建私宅用,武帝大怒说:"你何不把武库一齐取走呢?"此后,田蚡才收敛了一些。田蚡爱摆架子,有次请客晏饮,让兄长盖侯王信面向南坐,自己面向东坐,认为汉朝丞相尊贵,即使在自己兄长面前,也不能委屈自己。田蚡自己曾说他"所好音乐狗马田宅,所爱倡优巧匠之属",《史记·魏其武安侯列传》说他"滋骄,修建的住宅极为华丽壮观,所有贵族的府第都比不上。田园极膏腴,派到市上去买郡县名贵器物的人相连于道。前堂摆设着钟、鼓,立曲旃(旗),后房妇女以百数。诸侯奉送的金、玉、狗、马和古玩等,数都数不清。"从田蚡的这些表现来看,他虽位居丞相,但对国家和朝廷并无责任心、义务感,追求的不过是个人的权势,奢侈和生活享受而已。

太史公说:魏其(窦婴)、武安(田蚡)皆以外戚重。魏其之举(提拔)以吴楚(平定吴楚七国之乱),武安之贵在日月之际。然魏其诚不知时变;武安负贵而好权,陷彼两贤(窦婴、灌夫),迁怒及人,命亦不延,呜呼哀哉!

《汉武故事》说:"太后弟田蚡欲夺太后(窦太后)兄子窦婴田,婴不与。上召大臣议之,群臣多是窦婴。上(武帝)亦不复穷问,两罢之。田蚡大恨,欲自杀,先与太后诀,兄弟共号哭诉太后。上不得已,遂乃杀婴。"这段记载说明武帝对二人这一官司原来是想两不伤害,以和稀泥的态度了结此案。但是田蚡不罢休,凭借其姐王太后的势力,迫使武帝诛杀窦婴,武帝难违母命,所以武帝被迫诛杀窦婴。但此后,田蚡也未逃脱厄运。《汉武故事》说窦婴死后"月余日,蚡病,一身尽病,若击者,叩头复罪。上使视鬼者察之,见窦婴笞之,上又梦窦婴谢上属之。上于是颇信鬼神事"。窦婴、田蚡二人案件,使武帝从田蚡身上看到了贵戚丞相的腐败、无能、自私、贪权和以势欺人。这可能是导致武帝后来提拔平民当丞相、设内朝的原因之一。

2. 公孙贺与刘屈氂被处极刑。公孙贺、刘屈氂一为外戚、一为宗室,但被处极刑是共同的。

公孙贺从太初二年(前103)正月为丞相,到征和二年(前91)正月被处死,计当丞相十一年,是汉武帝时当丞相时间最长的人。公孙贺字子叔,北地郡义渠胡人。贺年少时为骑士,从军数有功,武帝为太子时,贺为舍人,武帝即位,迁为太仆①。公孙贺夫人君孺,"卫皇后姊也,贺由是有宠。"所以,公孙贺属于卫皇后系统中

---

① 太仆,九卿之一,掌舆马及畜牧之事。

的外戚。元光中,公孙贺为轻车将军。元朔五年春,公孙贺为骑将军,随卫青出征,因功封南窌侯,后坐酎金律失侯。太初二年正月丞相石庆死,遂为丞相,封葛绎侯。由于当时丞相李蔡、庄青翟、赵周三人接连坐事而死,石庆虽谨慎得终天年,然而数次被谴。因此,公孙贺初拜丞相,不受印绶,叩头涕泣说:"臣本边鄙之人,以鞍马骑射而为官,材能实不能胜任宰相。"武帝与左右群臣见贺如此悲哀,竟然被感动得落下了眼泪。武帝说:"扶起丞相。"公孙贺不肯起,武帝起身走了,贺不得不拜为丞相。出了宫门,左右人等问贺为什么这样,回答说:"主上贤明,臣不足以担当此任,恐负重责,从此殆(危险)矣。"公孙贺的儿子叫公孙敬声,公孙贺拜为丞相后,武帝令其子为太仆,父子并居公卿位。然而,敬声以自己是皇后姐姐的儿子,骄奢不守法,征和年间擅用北军钱千九百万,被发现,下狱。这时,武帝下诏捕京师大侠朱安世不得,要求急办此事,公孙贺自己请求逮捕朱安世,并以此赎儿子敬声之罪,武帝允许。后果然捕安世。朱安世听说公孙贺捕自己的目的是为赎子之罪,笑着说:"丞相祸及全家矣!"①朱安世遂在狱中上书,状告公孙敬声与武帝女儿阳石公主私通,使人诅咒武帝,并且在甘泉宫的驰道上埋了木头刻制的偶人,诅咒时用了恶毒的语言。于是下有关机构案验,严加处理,公孙贺父子死狱中,全家族诛。《汉书·刘屈氂传》所载诏书指责公孙贺当丞相"乘高势而为邪、兴美田宅以利子弟宾客"、使戍边卒粮食困乏、收受贿赂,下吏妄赋等等罪行。②《汉书·公孙贺传》说:"巫蛊之祸起自朱安世,成于江充,遂及公主、皇后、太子,皆败。"③所以,朱安世状告公孙贺父子对武帝晚年的政治生活影响巨大!

刘屈氂于征和二年正月到征和三年六月为丞相一年零六个

①②③ 《汉书》卷66《公孙刘田王杨蔡陈传》。

月。刘屈牦,武帝兄中山靖王之子,所以他是以皇室宗亲为丞相的。汉武帝在诸兄弟中似与中山靖王关系较好,建元三年中山靖王刘胜、济川王刘明等诸侯王朝见,武帝置酒设宴招待,中山靖王感于吴楚七国之乱后,诸侯王"或无罪,为臣下所侵夺"等等事实,"闻乐声而泣",武帝问其原因,中山靖王讲了他对当时"宗世摈却(斥退),骨肉冰释(销散)"的感慨,于是武帝"厚诸侯之礼,……加亲亲之恩",其后就用主父偃提出的推恩分封办法令诸侯王封其子弟。① 这样一方面关照了诸侯王的愿望,同时也削弱了分封割据势力。汉武帝是位很重感情的人,凡是给他出了好主意的人、对他、对汉朝态度好的人,他都加恩给以报答,对中山靖王刘胜有好感,也许是提拔刘屈牦的一个因素。在任命刘屈牦为左丞相的诏书中一方面指斥公孙贺当丞相时"为邪"的种种罪行,一方面又说本着历史上"亲亲任贤"的原则"以涿郡太守屈牦为左丞相",封澎侯、食邑二千二百户。同时还强调了分丞相为两府,等到选出了合适人选时再任命右丞相。据《汉书·刘屈牦传》载刘屈牦在当左丞相的一年多中主要做了两件事:一件事是在巫蛊之祸中奉武帝之命率兵打败戾太子(太子刘据);第二件事是巫蛊之祸的次年即征和三年(前90年)春李广利出击匈奴,刘屈牦送至渭桥,李广利说:"愿君侯早请昌邑王为太子,如立为帝,君侯长何忧乎?"屈牦允诺。昌邑王乃李广利女弟、武帝宠妃李夫人之子;李广利女乃刘屈牦之子的妻子,这一对儿女亲家越权谋立昌邑王为太子是犯了大罪的。这时适值朝廷急治巫蛊之狱,内者令郭穰告丞相夫人以丞相数次受谴责,使巫诅咒主上有恶言,又与李广利共谋立昌邑王为帝。有关机构奏请案验,定罪为大逆不道,刘屈牦被腰斩东市,妻子枭首;李广利妻子收狱,李广利闻降匈奴,宗族遂灭。

---

① 《汉书》卷53《景十三王传》。

上述武帝从外戚和宗室中提拔任用的四位丞相都没有好下场,这固然与汉武帝执法严酷有关;同时也是这类丞相骄横不法,有的如田蚡以势欺人、私欲膨胀,有的如刘屈氂竟非法谋立太子等等为国法所不容的行为造成的。

三、公孙弘、石庆与车千秋

公孙弘、石庆、车千秋是武帝任用的好的、比较好三位丞相,今列述如下。

1. 平民丞相公孙弘。公孙弘是武帝时的第六位丞相,从元朔五年十一月到元狩二年三月为丞相二年零四个月,是武帝从平民中提拔起来的一位丞相。公孙弘,齐,菑川国,薛县人,少时为薛县狱吏,有罪,免。家贫,牧猪海上。年四十余,学《春秋》杂说。建元元年,武帝即位,招贤良文学对策,公孙弘被征贤良为博士,令使匈奴,不合武帝意图,以其无能,弘以病免。元光五年,复征招贤良文学,菑川国又推公孙弘,太常令所征儒士对策中,百余人弘策居下,武帝提弘对策为第一,召见后,拜为博士。公孙弘曾对武帝说:"夫虎豹马牛,禽兽之不可制者也,及其教驯服习之,至可牵持驾服,唯人之从。"并以此比喻治人的道理,武帝"异其言",对他更加注意。[①] 公孙弘言语不寻常,常说:"人主病不广大,人臣病不俭节。"武帝观察公孙弘的品行"敦厚,辩论有余,习文法吏事,而又缘饰以儒术,上大说(悦)之。"二年中,弘被提拔为左内史。每次朝廷开会,他只在开始时说个开端,让皇帝自己去择取,不肯当面在朝廷上争论。他常和其他公卿约定谈某项建议,到皇帝面前,却背弃先前的约定而顺从皇帝的意旨。汲黯因此在朝廷责问公孙弘说:"齐人多诈而无真实的感情,开始与臣等商议建此议,在皇帝

---

① 《史记》卷112《平津侯主父偃传》;《汉书》卷58《公孙弘传》。

面前都持相反的意见,不忠。"武帝问公孙弘,弘谢罪说:"知臣者以臣为忠,不知臣者以臣为不忠。"武帝认为公孙弘说得对。左右近臣每每有说他坏话的,皇帝却更加厚待他。公孙弘也并不是在什么问题上都讨好皇帝,有时是能坚持己见的,如元光五年,他拜博士,武帝令他出使西南夷,回来在朝廷奏事反对在西南夷置郡,"盛毁西南夷无所用",武帝不听他的话。元朔三年弘任御史大夫,通西南夷、置沧海郡、北筑朔方,公孙弘"数谏,以为这些都是疲惫中国而奉无用之地,希望罢去(撤销)有关措施",武帝令朱买臣等人与公孙弘辩论,十条策问,公孙弘答不上一条,于是谢罪说:"山东鄙(乡下)人,不知设朔方郡的好处,希望停止通西南夷、置沧海郡的措施,集中力量专门经营朔方郡",武帝采纳了这一意见,这一年武帝撤销了苍海郡和西夷都尉。公孙弘提的这一条意见无疑是正确的。因为同时置苍海郡和置西夷都尉耗费大量钱财,撤销这两处建置集中全国财力筑朔方城、经营朔方郡容易收到实效,也不会使国家财政过于紧张。

公孙弘生活节俭,身上盖"布被,食不重肉"。汲黯对武帝说:"弘位在三公,奉禄甚多,然而盖着布被,这是欺诈。"武帝问,公孙弘谢武帝说:"有这事。九卿与臣关系好的比不上汲黯,今天他在朝廷上责问我,也说中了我的毛病,以三公而盖布被,实在是脱不了以欺诈想钓取名声的嫌疑。臣听说管仲相齐,奢侈可与国君相比,齐桓公称霸也有僭越。而晏婴相齐,食不重肉,妾不衣丝,齐国治理得也很好,这是向下和平民看齐。今臣为御史大夫,这样作使自九卿以下至小吏无等差,实像汲黯说的一样。况且没汲黯这样的忠臣,陛下怎么能听到这样的话。"武帝认为公孙弘谦让,愈加厚待。最后以其为丞相,封平津侯。公孙弘孝顺母亲,"后母死,服丧三年。"老朋友和与他关系好的宾客,仰赖他衣食,公孙弘把俸禄拿出来供养他们,"家无余财",士人因此认为他贤明。

公孙弘当丞相有责任心,同时也小心谨慎。淮南王、衡山王谋反以后,朝廷追查其党羽甚急。公孙弘这时病得很重,认为诸侯国的造反,也是丞相不称职的缘故,担心自己病死,也无法塞责,于是上书武帝请求辞职,书中说:"自己无汗马之劳,陛下特意提臣于卒伍之中,封为列侯,位到三公。臣的德行和才能都不足以称职,平素又有疾病,恐先于狗马死去,最后无法报答陛下的恩德而搪塞责任,愿归侯印,乞骸骨,为贤者避路。"武帝不批准他辞职,数月以后,病愈,又再度办事。

公孙弘嫉恨别人,外表宽厚,内心深刻。一些与公孙弘不和的人,公孙弘表面和他友善,暗中却进行陷害。如,调董仲舒任国王骄纵的胶西国相,便是他的力量。然而,公孙弘有时能坚持己见如诛杀游侠郭解发生争论,他力主应予处死就是一例。王船山就说:"公孙弘请诛郭解,而游侠之害不滋于天下,伟矣哉!"[1]元狩二年,公孙弘病,年八十,以丞相善终。[2]《汉武故事》说丞相公孙弘"数谏,上弗从,因自杀",而且,还说公孙弘"尝谏伐匈奴,为之小止。弘卒,乃大发卒数十万,遣霍去病讨胡,杀休屠王"云云。公孙弘死后,武帝在茂陵旁,"为起坟冢",并写悼文,称赞他"元老克壮,为汉之贞"。

公孙弘是汉武帝从平民选拔出来的丞相,此人建元元年已六十岁,元光五年又被征为贤良文学对策为博士参加政治活动已七十岁,所以是位老于世故的人。他虽有耍两面派、迎合武帝、有时嫉恨和陷害别人的问题;但尊重和领会武帝的意图,小心谨慎、常常自责、遵法守职,有时为缓解国家的财政困难能坚持意见、并提

---

① 王船山:《读通鉴论》卷三《武帝》11。中华书局 1975 年版。

② 《史记》卷 112《平津侯主父偃列传》。

出一些合理建议为武帝采纳,在搜求遗书、为五经博士置弟子等方面都作出了贡献。同时,他和董仲舒都是把儒家经典《春秋》当作法典运用的人,而且有法学著述问世,这种把儒法杂糅而运用于政治的人正是武帝所需要的。因此,在武帝时期的丞相中,他还是一位好的或者说比较好的丞相。公孙弘具有小心谨慎、能自责等品质和他平民出身是有关系的,所以平民出身的丞相也有平民出身的优势。

2. 醇谨丞相石庆。石庆是著名的醇谨丞相。石庆作丞相九年多,其时,"事不关决于丞相,丞相醇谨(淳朴慎重)而已"。① 他的事迹值得注意。

石庆乃景帝时名臣万石君石奋之幼子。景帝时石奋四个儿子均官至二千石,石奋也位居二千石以上高官,所以称之为万石君。其家以"驯(顺)行孝谨"而闻名。"孝谨闻乎郡国,虽齐鲁诸儒……,皆自以为不及"。武帝建元二年(前139)御史大夫赵绾、郎中令王臧下狱自杀,太皇太后认为"儒者文多质少",而万石君家"不言而躬行",遂任命万石君长子石建"为郎中令,少子庆为内史"。万石君石奋家教很严,子孙有过失,不责备他们,而是自己坐于便室,对着桌案不吃东西,于是诸子就共同责备犯错误的人,通过长老的请求,犯错误的人裸露着上身向他请罪(肉袒谢罪),真正改过了,他才答应。子孙到了戴冠的年纪,即使闲坐休息也要把冠戴上,显得很整齐严适,惟恭谨为要。万石君石奋迁居到茂陵县陵里后,内史石庆酒醉而回,进里门后没有下车。万石君听说后不吃饭,石庆恐惧,裸露着上身向他父亲请罪,不被允许。全族的人和石庆的兄长石建也肉袒谢罪,万石君责备说:"内史是高贵的人,进入闾里,里中的长老都避着他,内史却依然自如地坐在车中,

---

① 《汉书》卷46《石奋传》附石庆传;《史记》卷103《万石君张叔列传》。

应当如此吗?"①从此以后,石庆和石家的子弟进入里门,都很快地走回了家,再也不敢不下车了。石庆曾做过齐国相,齐国全国人"皆慕其家行,不言而齐国大治"。为此,齐国的百姓为他立了"石相祠",加以纪念。元狩元年武帝立太子,任石庆为太子太傅,后又任为御史大夫。

元鼎五年(前112)九月丞相赵周因酎金成色不足有罪罢相,遂以御史大夫石庆为丞相,封牧丘侯。此时,收两越,击朝鲜,北逐匈奴、西伐大宛,国家多事。武帝巡狩海内,封禅、兴礼乐。当时,国事不通过丞相、不决定于丞相。石庆在相位九年,竟没有任何匡正时局的建言。他想治天子近臣所忠和九卿咸宣的罪,又不能让他们服罪,反而为此受处分而谢罪。

元封四年(前107),关东流民二百万口,无户籍的流亡人口四十万,公卿商议决定请求徙流民于边以此作为贬斥、处罚,武帝认为丞相年老而谨慎,不会与他们商量决定此事,而要案治、处罚御史大夫以下请求天子把流民迁徙于边的官员。丞相石庆惭愧自己不称职,上书武帝说:"庆幸居丞相位,然资质低下不能辅陛下治理国家,致使城郭仓库空虚,民多流亡,陛下不忍心依法把我治罪,我愿归还丞相和侯爵印,乞请告老还乡,为贤者避路。"武帝回答他说:"现在流民愈来愈多,上计簿书上的户籍人口数却不减改,你怎么不对这些官吏绳之以法呢?……"②又说:"今仓库空虚,民贫流亡,而你却请徙民,民众已经动荡不安了,你还要迁徙、危害他们,而你又要辞职,你想着把这些危难推给谁呢?"③武帝以诏书责备他,他非常惭愧,遂又重理政事。石庆为丞相,"文深审

① 《史记》卷103《万石君张叔列传》。
② 《汉书》卷46《石奋传》载:"今流民愈多,计文不改,君不绳责长吏。"
③ 《史记》卷103《万石君张叔列传》载:天子曰:"仓廪既空,民贫流亡,而君欲请徙之,摇动不安,动危之,而辞位,君欲安归难乎?"

谨,无他大略",此后又过了三年多,太初二年正月去世,谥恬侯。皇帝以其中子石德为嗣,继侯爵位。石庆作丞相时,石家的子弟由小吏升至二千石官位的有十三人,到石庆去世后,才逐渐因犯罪而被罢除。孝谨的家风也日益衰微。

3. 悟主丞相车千秋。车千秋是位"敦厚有智,居位自称(称职)"的丞相。车千秋,本姓田,其祖先为齐诸田,高祖徙关东大族时迁至关中长陵县。中国古代帝王宗庙有庙和寝两部分,庙在前为接神之处,庙的后殿是放置祖先衣冠的地方称寝,合起来称为寝庙。千秋为高帝庙卫寝之郎,适逢太子为江充进谗言诬陷而失败,久之,千秋以非常事讼太子冤说:"子弄父兵,罪当笞;天子之子过误杀人,当何罪哉,臣尝梦见一白头翁教臣言。"这时,武帝已知"太子惶恐无他意",乃大悟,召见千秋说:"父子之间,人所难言也,公独明其不然。此高庙神灵使公教我,公当遂为我辅佐。"①立即拜千秋为大鸿胪,数月,代刘屈氂为丞相,封富民侯。千秋无他才能术学,又无阅历功劳,而以一言悟主,就取宰相封侯,世上未尝有也。千秋作丞相后,因武帝连年治太子巫蛊之狱,诛杀、惩罚太多,臣下恐惧,所以想开阔武帝的思路,安慰众庶,设法让臣下祝寿颂皇上的美德,劝皇上施恩惠,缓刑罚等等。武帝去世后,昭帝即位"政事壹决大将军光。千秋居丞相位,谨厚有重德"。霍光与车千秋二人互相尊重而又配合,使"国家少事,百姓稍益充实",促进了经济的恢复。昭帝元凤四年(前77)车千秋去世,共计做丞相十一年零六个月。千秋本应叫田千秋,因昭帝时,千秋年老,朝见时,得乘小车入宫殿中,因号曰"车丞相",所以也叫车千秋。

从上述武帝时期的十三位丞相来看,除车千秋是在昭帝时去世离职外,其他十二位都是在武帝时期免职和死亡的。这十二位

---

① 《汉书》卷66《车千秋传》。

中,正常免职者五位,非正常死亡的七位。这七位是窦婴、田蚡、李蔡、庄青翟、赵周、公孙贺、刘屈氂。窦婴个人并无犯法之事,只是反对处死灌夫,武帝对窦婴的处理是按其母王太后意旨办事,也谈不上什么司法公正。田蚡虽未处理,但却精神失常而死,他仗势害人,做丞相以权谋私,死有应得。他的死和武帝对他的态度是有关的。李蔡因盗用景帝园隙地,犯罪自杀,庄青翟是被牵连到张汤死的案子中而下狱自杀的,赵周是因列侯酎金成色不足自杀的。公孙贺是受阳石公主(武帝女儿)和他的儿子公孙敬声诅咒武帝牵连在狱中自杀的。刘屈氂是犯大逆不道罪而死的。这说明武帝对丞相的处置也是很严酷的。他似忽视换丞相失职、犯法轻重不同区别对待、分等加以处罚,这不能不说是个问题。

汉武帝时期没有杰出的丞相,这是由种种原因所造成的。尤其是田蚡以后,武帝不任命地位显赫的人为丞相,也不任命杰出军事将领出将入相,丞相只是"备员"和挂名而已,重大的事情都是武帝与内朝官员、其他大臣商议决定的,丞相只要谨慎奉公、惟命是从、处理好日常政务、不出纰漏就算完成任务。然而,丞相又有辅佐天子治理天下的名分,所以出了问题,皇帝又可以追查丞相的责任,如元封四年因流民问题严重武帝责备丞相石庆就是一例。在这种情况下,像公孙弘、石庆、车千秋就算是比较好的丞相了。

第二节　纳谏、拒谏与有关臣下结局

一、虚心纳谏概况

纳谏指接纳臣下意见、规劝,反之为拒谏。

汉武帝是非常希望听取臣下好的治国方略、方法和意见的。

他在即位之初,就在建元元年、元光元年两次举行了"举贤良对策"会议,其目的就是听取意见。他设立中朝的目的之一,也是为了听取左右亲信的好的意见、办法。此外,臣下还可以通过上书、面谈等方式提出意见。遇有难处理、解决的问题,如处理窦婴、田蚡案件时还举行廷议让臣下各抒己见,以便处理。在这方面,他是很英明的。武帝究竟都接受了哪些臣下的意见,无法尽述。兹举其明显者,列述如下:(1)董仲舒在《天人三策》中关于尊儒术、兴太学广教化的意见;(2)主父偃推恩分封的意见;(3)主父偃设置朔方郡的意见;(4)公孙弘暂停在西夷置县和置沧海郡,专力经营朔方郡的意见;(5)主父偃迁徙"豪杰兼并之家"于茂陵的意见;(6)接受严助自己的意见,任命他为会稽郡太守;(7)吾丘寿王说在汾阴得到的周鼎,不是周宝,而是"汉宝",被接受,并赐其黄十金;(8)在雍(今陕西凤翔境)祠五帝时,获白麟。终军从天人感应说加以解释,认为是祥瑞的意见被接受。因此,"改元为元狩";(9)接受公孙卿、丁公等方士的意见封禅泰山;(10)接受司马迁等人的意见,制定太初历;(11)接受大农郑当时的意见,修漕渠;(12)接受庄熊罴的意见修建龙首渠;(13)接受王恢意见在马邑埋伏大军伏击匈奴单于;(14)接受唐蒙、司马相如的意见通西南夷;(15)接受汉使臣意见认为楼兰兵弱易击,派赵破奴破楼兰;(16)接受姚定汉意见,令李广利伐大宛;(17)接受孔仅、东郭咸阳的意见,实行盐铁官营;(18)接受桑弘羊的意见置均输、平准;(19)接受吾丘寿王意见否定公孙弘禁民不得挟弓弩建议;(20)接受车千秋的意见,同意在巫蛊之祸中自杀的太子无罪。

以上这二十条中,有的是他同意的,臣下说出来即加以接受;有的是情况不明臣下说明情况他采纳了;有的是他原来不同意,臣下讲出来又认为对而采纳的。这二十条只是他接受臣下意见的一部分,如主父偃"所言九事,其八事为律令",上述二十条中只列了主父偃被接受的三条意见，还有五条被采纳的意见没有列出就是一例。从武帝接受意见的过程看，有时是很开明的，如他想让严助当个官，事先征求严助的意见，严助说想当家乡会稽郡太守，武帝就加以任命，在封建时代这可是够开明的。在对策中、上书、面谈提出了好的意见而被武帝看中的人，往往加以试用，再任命为官；如严助、朱买臣做了郡太守，董仲舒、主父偃做到了王国相，都是二千石级的大官。有的虽未作大官，也可侍从武帝左右，恩礼有加，如东方朔、吾丘寿王、终军等人就是如此。汉武帝注意接受臣下的意见，吸取臣下的智慧，调动他们的积极性，这对他治国和成就的事业无疑起了巨大的作用。在这方面，他表现出了杰出的才能，不愧是位英明的君主。

然而，这些提出好的意见被采纳的人，如果犯法，他也加以严厉诛杀。而这恰恰有时又是因为他听取了别的臣下的意见。如严助，原来他很赏识，当郡太守后又侍从左右，处理淮南王谋反后，发现严助接受了淮南王贿赂，与淮南王"交私论议"。虽然汉武帝"薄其罪，欲勿诛"，但张汤却争谏说："助出入禁门，腹心之臣，而外与诸侯私交如此，不诛，后不可治。"于是武帝听了张汤的意见，严助被弃市。再如主父偃，受武帝赏识后，一岁四迁，由谒者、中郎升至中大夫。主父偃揭发了燕王刘定国见不得人的事情，大臣们因此怕他，给他送的贿赂"累千金"。有人说他"太横"。主父偃却说："我结发游学四十余年，身不得显达，父母亲不以我为子，堂弟不以我为兄弟，宾客抛弃我，我困穷久矣。丈夫生不五鼎食，死则五鼎烹耳！吾已日日年老，所以倒行逆施。"元朔年间，主父偃又讲了齐王有"淫失之行"，武帝因此任他齐国相。到齐后，主父偃让以"王与姊奸事动王"，齐王惧怕像燕王一样被判死刑，自杀。武帝为此大怒，以为是主父偃强迫齐王自杀的，遂下吏受审治罪。主父偃承认受过诸侯贿赂，但没有强迫齐王自杀。武帝想不诛杀他。公孙弘争谏说:"齐王自杀无后,主父偃是首恶,非诛偃无以谢天下"。于是遂族诛偃。

上述这些情况说明,汉武帝是注意听取和采纳臣下的意见的。而且,有时认为臣下的意见有道理,就放弃自己原有的意见而加以采纳。从这方面看,汉武帝不愧是明主。他所以能成就大事业,与这种气度与作风有很大关系。

二、对不同意见的态度

由于汉武帝能够虚心纳谏,听取、采纳臣下的意见。所以,在汉武帝周围的臣下,勇于发表意见,包括与汉武帝不同的意见。值得注意的是,武帝对与自己有不同意见的臣下是宽容的。如对汲黯、东方朔等人就是其例。

汲黯是位耿直而又敢于说话、敢于批评别人的大臣。他是在父亲举荐下任子为官的,景帝时为太子洗马。① 武帝即位为谒者、荥阳令、中大夫、东海太守、主爵都尉,②位列九卿。为人简朴、傲慢、不能容人之过,敢犯颜直谏。多次在武帝面前指责武帝过失。如曾说武帝:"陛下内多欲而外施仁义,奈何(怎么能)欲效唐虞(尧舜)之治乎?"为此,武帝怒而罢朝。后来,武帝对严助说:"古有社稷之臣,至如汲黯,近之矣。"这就是说,武帝称赞汲黯是个忠臣,并不因他顶撞自己而否定他。汲黯位列九卿时,公孙弘、张汤还是个小吏,后来公孙弘、张汤当了丞相、御史大夫,汲黯还是没有升迁,心里有怨气,对武帝说:"陛下用群臣如积薪,后来者居上。"事后武帝说,"人果不可以无学,观汲黯之言,日益甚矣。"这里也

---

① 《日知录》卷24《洗马》条载:"洗马者,马前引导之人也,亦有称……洗厩养之。"

② 主爵都尉,原名主爵中尉,景帝中六年更名都尉,治右扶风。

只是批评汲黯不好好学习，不增长自己的见识，并没有怪罪他。匈奴浑邪王降汉，率众至长安，武帝优待降者，费用巨大，汲黯就对武帝说："臣愚以为陛下得胡人，皆以为奴婢，赐从军死者家，虏获，因与之，以谢天下，塞百姓之心。……今纵不能，浑邪帅数万之众来，虚府库赏赐，发良民侍养，若奉骄子。……臣窃为陛下弗取也。"武帝不采纳他的意见，过后说："吾久不闻汲黯之言，今又复妄发矣！"过了几个月，汲黯犯了法，遇赦，被免官。因此，在田园耕作了数年。汲黯学习黄老之言，当东海郡太守时，无为而治，多病，卧阁房不出，一年多后，东海郡大治，受到称赞。元狩四年（前118），铸五铢钱，民多盗铸，楚地尤甚。淮阳郡是那一带的交通要冲，对稳定那一带的形势十分重要，武帝鉴于以往汲黯在东海郡的政绩，就任命他为淮阳郡太守，汲黯不接受，几次给他，才接受。汲黯在宫殿上对武帝说自己有病，"力不能任郡事，臣愿为中郎，出入宫中小门，补过拾遗，臣之愿也。"武帝对他说："你是不是轻视淮阳郡呢？我现在召你来，是因为淮阳吏、民不相安，我是想借重你的威望，卧在阁房中把那里治理好。"最后武帝优待他，让他以比郡守高的诸侯相的俸禄为太守，汲黯在淮阳郡工作了十年而卒。

再如，韩安国为御史大夫时，在马邑之谋时他力主和亲，意见没有被接受，武帝还任命他统领诸将伏击单于。主父偃上书武帝力谏不可击匈奴，公孙弘力谏不可置朔方郡，武帝虽都没有接受这些意见，但都不影响他们以后的使用和升迁。卜式为御史大夫时，说"郡国不便盐铁而船有算，可罢"，这牵涉到了财政收入问题，武帝因此"不悦卜式"，贬其秩为太子太傅，后"以寿终"。这说明武帝在正常情况下，对臣下提出的不同意见能够正确对待，意见可以不接受，提意见者官职可以有升有降，但并不任意诛杀。

正是因为武帝在一般正常情况下能够正确对待不同意见，所以在他周围形成了敢于发表不同意见的风气。如：东方朔是武帝侍从左右的近臣,他就敢于多次发表不同意见。建元三年(前138)武帝接受了吾丘寿王的意见,要占用民田扩大上林苑。东方朔上谏指出这是"奢侈越制,天为之变,上林虽小,臣尚以为大也"。又说:"今规以为苑,绝陂池水泽之利,而取民膏腴之地,上乏国家之用,下夺农桑之业,弃成功,就败事,损耗五谷,是其不可一也。""又坏人冢墓,发人室庐,令幼弱怀土而思,耆老泣涕而悲,是其不可二也。"等等。武帝认为他讲的好,所以拜朔为太中大夫、给事中,赐黄金百斤。然而武帝并没有接受他的意见,而是据吾丘寿王所奏,扩大了上林苑。武帝姑姑窦太主,因其丈夫堂邑侯陈午早死,养男宠董偃。武帝接见了董偃,东方朔上前说:"董偃有斩罪三",武帝问他是哪三罪,东方朔回答说:"偃以臣私侍公主,其罪一也。败男女之化,而乱婚姻之礼,伤王制,其罪二也。"又"陛下富于春秋,方积思于六经,留神于王事……偃不遵经劝学,反以靡丽为右,奢侈为务,尽狗马之乐,极目之欲,行邪枉之道,径淫辟之路,是乃国家之大贼,人主之大蜮。偃为淫首,其罪三也。"等等。这一通意见不仅批评了武帝的姑姑,也批评了武帝。武帝认为他讲的好,赐他黄金三十斤。董偃之宠由此日衰,至三十而死。① 武帝妹妹隆虑公主之子昭平君是武帝女儿夷安公主的丈夫。隆虑公主病重时曾以千金赎昭平君死罪,武帝允许了。隆虑公主死后,昭平君又因杀人犯了死罪。廷尉请示武帝决定,武帝为此悲伤。东方朔上前说:"臣闻圣王为政,赏不避仇仇,诛不择骨肉"云云,意思是说应处以死刑。武帝因此不高兴,继而又感到他讲的对。这时东方朔已因在宫殿上小便,被弹劾为不敬之罪,诏令免为庶人,待诏宦者署。由于上述谏语,武帝又任命他为中郎,并赐帛百匹。再如司马相如是武帝的文学侍从,其所作《上林赋》

---

① 《汉书》卷65《东方朔传》。

《游猎赋》就是一篇谏词，赋中以铺张的陈述、华美的词藻描述了上林苑的广大壮美、奇兽异树、千姿百态、别宫离馆。而后笔锋一转，"天子芒然而思"，说："嗟乎，此大奢侈！""于是乎解酒罢猎，而命有司马：'地可垦辟，悉为农郊，以赡氓隶，隤墙填堑，使山泽之民得至焉，……发仓廪以救贫穷，补不足，恤鳏寡，存孤独。出德号，省刑罚，改制度，易服色，革正朔，与天下为始。"又"兴道而迁义，刑错而不用，德隆于三皇，功羡（超出）于五帝。"这实际上是批评汉武帝太奢侈，并希望他能给流亡到山泽的农民以耕地、救济贫穷、抚恤鳏寡、减轻刑罚等等。武帝并不谈他这些批评、意见对不对，而是称赞他的赋写得好。这都说明武帝对不同意见的态度是开明的，所以他左右的侍从敢于随时提出不同意见。如果武帝听到不同意见就滥杀一通，这些侍从还敢说话吗？

三、诛杀不同意见者事例

汉武帝一生确有多杀人、误杀人的一面。这主要表现在下述两方面：一是因执法严、急而多杀人；二是在不正常情况下如巫蛊之祸中错杀了许多人。然而，因听不进不同意见而多杀人却不是他的特点，虽然有时也有因听不进不同意见而错杀人的现象。这方面有两个突出的事例。

其一是颜异以"腹诽罪"被处死刑。颜异最初为济南亭长，因廉洁、正直，提为大司农。武帝与张汤为解决财政困难造白鹿皮币，其用途是诸侯朝贺进奉苍璧时把皮币垫在下面送上。制造皮币后，武帝问颜异怎么样？颜回答说："王侯朝贺用的苍璧值数千，下面垫的皮币反而值四十万，本末不相称。"武帝听了不高兴。张汤与颜异有成见，恰巧这时有人因别的事情告发了颜异，此案交张汤审处。颜异与客人交谈时，客说诏令初颁布时有不便民众的地方，颜异没有回答他，只是嘴唇略微动了动。张汤就上奏武帝，说颜异位居九卿,见法令不便不上奏,却在腹内诽谤,论处死刑。此后,立了一条"腹诽"之法,影响所及使朝中公卿大夫因此多谄谀以讨上级的喜欢。十分明显,对颜异在皮币问题上的不同意见,武帝只是不高兴而已,并无进一步处罚。张汤处治颜异一案时打击颜异,以"腹诽"罪,判处死刑,使言路闭塞。张汤应负主要责任。当然汉武帝误信张汤也有自己的责任。

另一个案子就是张汤的案子。据史籍记载张汤"怀诈面欺",有两方面的问题:一是身为廷尉办案时泄私报复,草菅人命。除前述以"腹诽"罪处死大司农颜异之外,另一典型事例就是张汤与御史中丞李文有隙,勾结下属鲁谒居,诬陷李文,判其死刑。张汤的另一问题是经济问题。张汤与商人关系不正常,商人"居(储)物致富,与汤分之"。然而张汤贯彻武帝意图得力,深得武帝信任。张汤的事被揭发后,当得知已无力更改时,自杀而死。然而,张汤死后,发现"家产值不过五百金,皆所得奉(俸)赐","昆弟诸子欲厚葬汤,汤母曰:'汤为天子大臣,被恶言而死,何厚葬焉!'载以牛车,有棺无椁。"[1] 武帝知张汤葬礼简朴,认为张汤受了诬陷,遂诛杀揭发张汤的丞相府三长史,丞相庄青翟也受牵连下狱自杀。

其实张汤的案子根本就未查清楚,仅凭张汤泄私报复,处死大司农颜异、御史中丞李文,按当时的法律就应判处死刑。

围绕着张汤的案件,不难发现,汉武帝为张汤的表面现象所蒙蔽,听不进不同意见,听信张汤的意见错杀了大司农颜异等人。在张汤自杀后,又误认为张汤受诬陷而死,又诛杀了丞相府三长史等人。

值得注意的是,武帝这种杀不同意见者的背景发生在内外兴

---

① 《汉书》卷 59《张汤传》。

作,导致了国家财政危机出现,武帝急于增加国家财政收入,所以宠信张汤等人,加上武帝性格严、急,所以就出现了上述错误。

总之,从上述情况可以看出,武帝在一般情况下,在相当长的时间内,是能够虚心纳谏,听取、采纳不同意见,也能正确对待不同意见。在这方面具有明主的气度、风范。但有时又因情况不明等原因,错误地杀戮有不同意见的臣下,反映了封建专制君主的严酷性与苛暴性、随意性。

第三节　文化人与酷吏的结局

汉武帝的臣下还有两种人值得注意:一种人是文化人,如董仲舒、司马相如、司马迁等人;另一种是武帝的执法酷吏如张汤、杜周、赵禹等人。前一种人在文化上做出了重大贡献,是武帝时期文化上成就辉煌的体现者;后一种人,虽有的如张汤,虽名声不好,但却是武帝政策的有力推行者。

一、文化人的结局

董仲舒、儿宽、司马相如、东方朔、司马迁几位可以说是武帝时有成就的文化人的代表。

董仲舒,广川人(今河北枣强县人),治《春秋公羊传》。据说他专心研究学问"三年不窥园",又"进退容止,非礼不行,学士皆师尊之"。所上《举贤良对策》受武帝赏识后,武帝任命他为江都相。江都易王刘非系武帝之兄,此人"素骄,好勇",不好对付,不过他"敬重"董仲舒,董仲舒能以"礼义匡正"易王。后董仲舒在江都相任上被废,为中大夫,因辽东高庙起火言灾异之事幸免于死,此后"不敢复言灾异"。武帝另一位兄长是胶西王刘瑞,纵恣放任,几次陷害二千石的官员,公孙弘与董仲舒不和,就对武帝说:"只有董仲舒可使为胶西相。"胶西王听说他是个大儒,善待他。董仲舒害怕时间长获罪,以病为理由,免相。据《汉书·董仲舒传》载,董仲舒两次当诸侯王国相时都能"正身以率下,数上疏谏争,教令国中,所居而治"。到他离职居家后还是"终不问家产业,以修学著书为事"。朝廷讨论大的事情时,就让使者和廷尉张汤至其家问事,董仲舒的对答"皆有明法"。年老后,"以寿终于家"。

儿宽是继董仲舒之后一位以儒学起家官至御史大夫的官僚。儿宽,原从欧阳生,治《尚书》,后又受业孔安国。家贫,据说他为人"赁作,带经而锄,休息时常诵读儒学经书"。后以"射策"①为掌故,补廷尉文学卒史。其时,张汤为廷尉,廷尉府用的都是习文史法律的小吏,儿宽是儒生,因没学过这类事情找不到合适的位置,因此改为从史,前往北地郡视察廷尉府的牲畜数年。回到廷尉府时,儿宽写了一个奏疏,受到廷尉府掾史称赞,张汤看后大惊,奇其才,以为掾。把奏疏送给武帝那里后,过了些日子武帝问张汤:"前奏非俗吏所及,是谁写的呢?"张汤说是儿宽,武帝说:"我早就听说过这个人。汤升为御史大夫,又以宽为掾,并举为侍御史。儿宽曾与武帝讨论经学,武帝很喜欢,问了他《尚书》中的问题,后提拔为中大夫、左内史。儿宽当了左内史之后,做了以下几件事情:(1)治民宽,劝农业、缓刑罚、理狱讼,务在得民心;(2)选择仁厚士人,推民情即按民众愿望施政,不求名声,得到民众的信爱;(3)开六辅渠,制定用水前后次序,定为法律,法令都合理得体;(4)收租税时,按贫弱和农时不立即征收,并假贷与民,所以收租不多。后来因军事征发,左内史所辖地区因租赋多欠,当免职。民众听说儿

---

① 射策:汉代取士考试的一种,射策时由主试者出试题,写在简策上,列置案上,分甲乙科。应试随意取答。射者投射之意。

宽要免职,恐怕他走了,有的用牛车拉,有的担着、背着送租赋,路上络绎不绝,最后收缴租税最好。① 武帝因此愈觉儿宽奇特。后来因司马相如病死前,有遗书,颂功德,言符瑞,请封禅泰山。武帝奇其书,曾与诸儒五十余人议论,未能定。武帝问儿宽,儿宽说:今将举大事,让群臣各言其是,“终莫能成”;因此,应“唯圣主所由,制定其当”,“兼总条贯,……以顺成天庆,垂万世之基”。武帝认为他说的对,于是“自制仪”。后拜儿宽为御史大夫,从武帝东封泰山,“居位九岁,以官卒”。作为学者,儿宽还传授经学,欧阳、大小夏侯氏所授《尚书》皆出自儿宽。

司马相如以善赋而出名,一生除作赋和乐府歌诗外,其他活动不多,曾出使西南夷。因武帝爱打猎与猛兽格斗曾上谏词要武帝注意安全等等。他有消渴病(糖尿病),又口吃不善言谈,不多参加公卿大臣议论国家之事,不慕官爵,因与蜀卓氏通婚,家中饶于财,常称病闲居。虽然如此,他对国家大事还是很关心的,他病死后,遗书一卷“言封禅事”受到了武帝的重视。在《上林赋》中提到改制,这两件大事后来都被武帝所实现。他希望武帝不要奢侈,而返归节俭,武帝并未接受。从司马相如的这些主张来看,他不愧是一位关心国家命运的杰出的文学家。武帝对他一直很重视,生前称赞他的赋写得好。有人曾上书说他出使西南夷时受贿,为此失官,一年多以后,武帝又召他为郎。在他病重时,武帝就派所忠到他家取书,到他家时,相如已死,家无遗书。问其妻,回答说:司马相如时时著书,人又取去。只留下一卷遗书,让奏上,就是言封禅事的那一卷。

在武帝左右的文化人中,东方朔是一位多才多艺的杂家学者。他诙谐、幽默,引人发笑,“然时观察颜色,直言切谏,上常用之”。

---

① 《汉书》卷58《儿宽传》。

东方朔哀叹自己不能为大官,所以"上书陈农战强国之计,……欲求试用。其言专商鞅、韩非之语也,……辞数万言,终不见用"。[1]虽然他一辈子在武帝身边侍从,未被重用而做大官,然而却心向朝廷,至死未变。《史记·滑稽列传》载:"至老,朔且死时,谏曰:'……乐和君子,不信谗言。谗言不止,四方大乱。'愿陛下远巧佞,退谗言。"[2]武帝奇怪地说:"今天东方朔为何说好话呢?"过了没多久,东方朔就病死了。东方朔临死前上的这一谏词应是有所指而发,武帝晚年确实是信了谗言的,相信江充诬陷太子就是一例。东方朔的例子,说明武帝左右的文化人侍从中是不乏忠良之臣的。

司马迁的最后结局史学界是有分歧的。《史记·太史公自序》中《集解》引卫宏《汉书旧仪注》曰:"司马迁作《景帝本纪》,极言其短及武帝过,武帝怒而削去之。后坐举李陵,陵降匈奴,故下迁蚕室。有怨言,下狱死。"《西京杂记》[3]也载司马迁"后坐举李陵,陵降匈奴,下迁蚕室。有怨言,下狱死。"这与卫宏的上述意见是一致的。对这类记述了司马迁最后结局的材料,史学界出现了截然不同的意见:一种意见以王国维先生为代表认为此记述纯系无稽之谈,理由是:"《太史公自序》与《报任安书》皆作于被刑之后,而《自序》最目(目次)有孝景、今上两本纪,《报任安书》亦云本纪十二,是无削去之说也;同时按《汉书·司马迁传》迁被刑之后,为中书令,尊宠任职,司马迁父子素以文学登用,奉使扈从,光

---

② 《史记》卷 126《滑稽列传》载原文为:"至老,朔且死时,谏曰:《诗》云:'营营青蝇,止于蕃。恺悌君子,无信谗言。谗言罔极,交乱四国(四方)'。愿陛下远巧佞,退谗言。"

③ (晋)葛洪集:《西京杂记》卷 6《书太史公事》。

宠有加，一旦以言获罪，帝未尝不惜其才。"①这就是说司马迁下蚕室后被任命为中书令了，并未下狱死，全部否定了卫宏的上述论断。另一种意见以郭沫若先生为代表，他认为"司马迁下狱死事，前人多不相信；但从种种材料来看，没有坚实的理由可以完全否认。"②这实际上是说司马迁下狱死的论断无法否认。这两位史学大师的见解各有道理，人们应当何去何从呢？

从客观事实来看，司马迁历史上有个疑点，也是人们解不开的一个谜。据王国维先生《太史公行年考》的考证，司马迁的《报任安书》写于太始四年（前93）十一月无疑。而太始四年以后就见不到司马迁有什么活动了。王国维先生还说，司马迁"卒年虽未可遽知，然视为与武帝相终始，当无大误也"。既然如此，从太始四年（前93）到后元二年（前87）武帝死，这中间还有六年时间，这六年中司马迁到哪里去了，这就成了一个疑问？是去官在家闲居了呢？还是病死？还是应作别的解释呢？而卫宏所说司马迁"下狱死"正提供给人一个选择的答案。目前虽无法结论，但至少这种可能性是存在的。王国维先生还说"史公卒年，绝不可考"，在目前缺乏事实的情况下确实如此。既然如此，这个问题就成了历史上的一个悬案。

从司马迁的主客观条件而言导致他非自然死亡的因素和可能都是存在的。据郭沫若等人的意见，司马迁生于建元六年（前135），太初元年（前104）三十一周岁时开始写《史记》，太始四年（前93）周岁42岁时写《报任安书》。这正是他的青、壮年时期，血气方刚，他写了当代史，很容易得罪人。如司马相如的赋写得好，汉武帝和当时人都给以高度评价，司马迁却说他写的赋是"虚辞

① 王国维：《太史公行年考》，《观堂集林》第二册，卷 11，513、501 页。
② 郭沫若：《关于司马迁之死》，《历史研究》1955 年 4 期。

滥说"。这让喜欢司马相如赋的汉武帝看了会有何想法呢？再有他直言不讳地讲了汉武帝经济措施的客观后果及人们对它的批评也是很容易引起误会的。再有，汉武帝一直视司马迁为人才，先为太史令，下蚕室后又为中书令，为当时人所羡慕，班固也说中书令是很"尊宠"的职位。而司马迁在《报任安书》中说自己所从事的"文史星历近乎卜祝之间，固主上所戏弄，倡优畜之，流俗之所轻也"。如果有人把《报任安书》送给武帝看，武帝看到这些会怎么想呢？如果再有人在武帝面前进谗言，说司马迁如何有怨言，而武帝又是位"性严急，不贷小过，刑杀法令，殊为峻刻"的皇帝，司马迁不是随时有可能遭不幸而离开人世吗？

然而，历史学是一门重实证的科学。虽然司马迁有可能非正常死亡，但可能性不一定等于现实性。多年以来，一些学者就司马迁的结局发表过意见，进行过考证。郑鹤声《司马迁年谱》，认为司马迁卒于昭帝始元元年。有的学者认为司马迁并未"下狱死"，而是善终。其所根据的两条材料，也值得注意。

其一，苏诚鉴先生指出："《史记·封禅书》结尾有云：'其后五年，复至泰山修封'。《集解》引徐广曰：'天汉三年'。《封禅书》又云：'其后十二岁而还，遍于五岳四渎矣'。按自天汉三年（公元前98年）至武帝卒年后元二年（公元前87年）恰为十二年。如果《封禅书》未经后人窜补的话，那么这条材料很可以证明《封禅书》记事乃尽汉武帝一生，而司马迁乃死于武帝之后。"[①]作者认为，苏先生的这一意见值得重视。

其二，《盐铁论·周秦篇》说："一日下蚕室，创未瘳（愈），宿卫人主，出入宫殿，由得受俸禄，食太官享赐，身以尊荣，妻子获其饶。

---

① 苏诚鉴：《司马迁行年三事考辨》，《秦汉史论丛》第3集，陕西人民出版社1981年版。

故或载卿相之列,就刀锯而不见闵,况众庶乎?"这一段指司马迁应无疑问。这里所说"一日下蚕室,创未瘳(愈),宿卫人主,出入宫殿"和司马迁的情况相符合。司马迁所任中书令为内(中)朝的主管官员,与这里所说"或载卿相之列"也是相合的。而此所说"就刀锯"就是指他"下蚕室"受腐刑之事,而不是说在"下蚕室"之后,又"就刀锯"而被处死。这样理解这一段话,这段话就成了并未"下狱死"的证据。

另外,其他的一些材料也说明昭帝时司马迁的后人的处境较好,他本人也受着人们的尊敬。如司马迁的女儿曾嫁给昭帝时任丞相的杨敞为夫人,杨敞之子杨恽乃司马迁之女所生。①《盐铁论·毁学篇》载:"大夫曰:'司马子言:天下穰穰,皆为利往'",这里直接称司马迁为司马子,如称墨子、孟子、荀子等一样称呼。这些情况也反映了司马迁不像是被汉武帝处了极刑的人。

总之,汉武帝与司马迁都是对我们国家和民族作出过重大献的人物,无论司马迁最后结局如何,都无损于二人的光辉!

二、酷吏的结局

汉武帝是个复杂的人物,他在尊儒术的同时又重法制、刑罚。一些执法酷吏如张汤、杜周、赵禹等人在推行武帝政策方面曾起过重要作用。② 这些人的业绩、结局有助于从另一个侧面了解武帝。

张汤,京兆杜陵人。他的父亲做过长安县丞。张汤小时,老鼠

---

① 《汉书》卷 66《杨敞传》附杨恽传云:"恽母,司马迁女也。恽始读外祖《太史公记》,颇为《春秋》。"

② 《汉书》卷 19 下《百官公卿表下》载:元朔三年(前 126)"中大夫张汤为廷尉,五年迁。"元鼎四年(前 113)"故少府赵禹为廷尉,四年以老贬为燕相。"元封二年(前 109)"御史中丞杜周为廷尉,十一年免。"又载元狩三年(前 120)"廷尉张汤为御史大夫,有罪自杀。"天汉三年(前 98)"执金吾杜周为御史大夫,四年卒。"

偷吃了家里的肉,就掘地挖洞,捉到偷肉的鼠和剩下的肉,一再审讯追究,记录审讯经过,当堂结案,判处老鼠分尸处死。他的父亲看了他判案的文辞像老狱吏一样,大为惊异,因此就让他办理断狱文书。其父死后,张汤就当了长安的吏,做了很久。宁成做内史时,张汤是其属吏。他认为张汤是个好官,上报丞相府,调任茂陵尉,管工程方面的事情。武安侯田蚡做丞相时,张汤为丞相史,后被推荐为侍御史,主办陈皇后巫蛊案件,深究同党。武帝认为他能干,提升为太中大夫。此时张汤与赵禹共订诸种律令,意在求深、求重,以限制在职的官吏。张汤为人多诈伪,卖弄智谋以控制别人,作小官时就口是心非、言行不一。张汤当了九卿后,交结天下名士大夫,内心虽然和他们不合,表面上还是称赞他们。

张汤当廷尉后,因汉武帝尊儒,决狱时要附会儒家经义,就请博士弟子研究《尚书》、《春秋》的补为廷尉史,让他们平断疑案。奏明疑案的时候,必预先替皇上分别案子的原委,皇上认为是的,就书写记录下来,以廷尉名义公布为法令,颂扬皇上的英明。如果奏事受到谴责,张汤就谢罪,按皇上说的意思,必定指出其属下正、左、右监等的贤能者,说"他们对臣下的建议,与皇上责备臣下的意旨相同,臣没有采纳,愚昧不听以至于到了这种地步"。因此,皇帝并不怪罪。张汤想要推荐官吏就称赞别人的好处、掩饰别人的过失。张汤在治淮南、衡山、江都王谋反时,皆穷根本,株连甚广,连武帝想赦免的严助和伍被都在张汤的争谏下诛杀了。张汤认为办理案件时这样诛杀臣下都是他的功劳。在这种情况下,张汤日益受到武帝的尊重、信任,于元狩二年(前121)升任为御史大夫。这时正是匈奴浑邪王投降,汉兴兵讨伐匈奴的高潮时期,也是山东水灾、流民多、迁徙贫民至朔方等地七十余万口的时期,国库空虚。这时张汤又承武帝意旨,造白金及五铢钱、笼天下盐铁、排富商大贾、出告缗令等,以巧妙的文辞辅助法律去严惩犯法的人。张汤每次在朝廷上奏事,谈到国家财用,时间晚了,天子也忘了吃饭。这时丞相成了摆设,天下的事情都由张汤决定。张汤生病后,天子亲自去看望他,隆贵到了这种地步。当时,百姓不得安生,再加上坏的官吏对百姓的侵扰和渔肉,天下骚动。从公卿以下至庶民,都指责张汤。①

张汤爱玩权术,与其他公卿大臣关系紧张,彼此之间互相告密、陷害,张汤之死就是这类事情的产物。当时,张汤牵连在两个案件中:一是御史中丞李文与张汤不和,有怨恨之心,想从文书中找到张汤的问题。张汤宠爱的属史鲁谒居就使人告发李文的奸事,事下张汤审理,张汤借机判处李文死刑。张汤知道是谒居所为,当武帝问他李文案子的踪迹是怎么起来的时候?汤却回答说:这是李文的故交怨恨李文告发的。谒居病后,张汤去探视,为表示对谒居的亲密和感谢,为谒居摩足。赵王也因与张汤有隙,暗中寻找张汤干的坏事。知此事后,上书说:"张汤是大臣,谒居有病,张汤竟然为他摩足,疑二人有大奸"云云。二是,当时有人偷了孝文帝陵园埋葬的钱,丞相严青翟上朝时与张汤约定共同在朝廷上谢罪。到皇上面前时,张汤想只有丞相四时巡视陵园,应当谢罪;自己没关系,未谢罪。皇上让御史办理此案,张汤认为丞相应该知道偷窃的事,要归罪丞相。丞相府的三位长史都与张汤不和,就对丞相说,张汤这样做是想代替你的职位,并说他们知道张汤背后干的违法事情。他们揭发了张汤每次奏请政事,商人田信就先知道,囤积货物取利,与张汤分之,及其他奸事。武帝让人审查张汤此案,并使人对照证据审问张汤,张汤自己说无此事,不服。最后武帝让廷尉赵禹处理张汤的案子,赵禹对张汤说:"你怎么不知道你的身

① 《汉书》卷59《张汤传》。

分呢？你办案时牵连诛杀了不知多少人。现在别人告发你都有证据，天子要办你的罪，是想让你自己自杀，你为自己辩护有什么用？"张汤上书谢罪说："汤对国家无尺寸之功，从文书小吏起家，蒙陛下厚爱使居三公之位，没有什么功劳报答。然而图谋诬陷加给臣罪名的，是三长史也。"而后自杀身亡。

杜周，南阳杜衍人。酷吏义纵为南阳太守时，杜周是他的爪牙，并把他推荐给张汤做廷尉史。杜周审理边境士卒逃亡的案子，诛杀的人很多。杜周后来与另一叫减宣的官吏互相轮换当御史中丞有十几年。杜周奏事能合武帝的意旨，外表上说话少、反应迟慢，用法却深刻无比。杜周当廷尉后，大体仿依张汤，善观察领会皇上的意图，皇上要排挤的人他就陷害；皇上要释放的人他就拘留等待审问而显示其冤情。有人责问杜周："你为天下审案，不按法律办理，专门以天子意旨作为断案的根据，断案应这样做吗？"杜周回答说："法律从何产生呢？先前君主认为是的写下来就是法律，后面君主认为是的就是法令，当时认为是的就是是，有什么古代的法律可依据呢？"①

杜周当廷尉时，审理的案子更多了，二千石的高级官员被捕在狱中，来的去的不下百余人，郡吏和丞相、御史府等官府送廷尉办理的案子一年有千多件。大案子一个牵连逮捕的人有数百人，小的也达数十人；这些人远的数千里，近的数百里。为让依据告发的案情服罪，如不服，就以严刑拷打定案。因此，听说有牵连要逮捕的都逃亡藏匿。案子拖久的经数次赦免历十几年还在诉讼，大都判的是不道以上的罪名。廷尉和中央各官府判罪逮捕的就有六七万人，属吏增加的罪人至十万有余。

① 《史记》卷 122《酷吏列传》载其原文为："三尺（以三尺竹简写的法律）安出哉，前主所是著为律，后主所是疏为令，当时为是，何古之法乎！"

杜周当廷尉被罢职，后来又当了执金吾①，在逮捕、审讯桑弘羊财政改革时的犯法者、卫皇后子侄的案件中，用法严苛，皇上认为他尽力无私，提升他为御史大夫。杜周为廷尉史时，家中有一匹马，后任御史大夫、位列三公，两个儿子也作了郡守，"家资累数巨万"。杜周及其作郡守的两个儿子，都执法酷暴，惟其幼子杜延年行事宽厚，后受霍光重用，被封为建平侯，任太仆右曹给事中。②

赵禹，扶风斄人（今陕西武功县西南），曾为京师官府吏。周亚夫为丞相时禹为丞相史。赵禹廉洁，然而周亚夫却不加任用，并说："我知道赵禹清廉，然而用法深刻，不适合在丞相府任事。"武帝即位后，赵禹因办理法律文书之事有功，升为御史。武帝认为他能干，提升他为太中大夫，与张汤共同制定法律，作"见知不举"、"吏转相监司"等法律，用法深刻就是从此开始的。赵禹后被免官，后来又做了廷尉，处理事情严酷急躁。年老时调任燕国相，后被免官归家，在张汤死后十余年，在家寿终。

上述三人是武帝时期重要的执法大臣，三人都做过廷尉，其中两人当了御史大夫、位列三公。此外，武帝时期还有一批酷吏，如宁成、周阳由、王温舒、尹齐、杨仆等人，都执法严酷。这些人在镇压诸侯王叛乱、打击豪强方面起了积极作用。在推行武帝解决国家财政困难的改革措施方面也执法严厉，既为解决财政困难做出了贡献，也搜刮了商人和民众的钱财。同时他们也残酷地镇压民众，如张汤曾令酷吏尹齐"使督盗贼"，再如杨仆为御史时，曾奉命"督盗贼关东"。这里的"盗贼"应是反抗的民众。

《史记·酷吏列传》载十一位著名的酷吏分别是郅都、宁成、周阳由、赵禹、张汤、义纵、王温舒、尹齐、杨仆、减宣、杜周。其中，

---

① 武帝太初元年改中尉为执金吾，为督巡三辅地区治安的长官。
② 《汉书》卷60《杜周传》。

除郅都一人为武帝之前的酷吏,其他十人均系武帝时任用。此外还有蜀守冯当、广汉李贞、东郡弥仆、天水骆璧、河东褚广、京兆无忌、冯翊殷周、水衡阎奉等等,"何足数哉!何足数哉!"①这说明酷吏之多是无法计数的。同时也说明武帝对酷吏依赖之深。

第四节　武帝与其军事将领

汉武帝时的军事将领是一个特殊的群体。武帝除任用的卫青、霍去病、李广利三大将领外,每一大将领之下,又有许多将领。《汉书·卫青传》载卫青之下,有"裨将、及校尉侯者九人;为'特将'(独自别为将而出征)者十五人"。如果再把霍去病、李广利下属将领算上,数量就更多了。因此,只能择其要者列述如下。

一、武帝与三大军事将领

中国的封建君主专制制度特点之一是建立在特权等级之上的一种制度。《汉书·诸侯王表》说:"亲亲贤贤,褒表功德,关诸盛衰,深固根本",讲的就是封建制下的用人原则。所谓"亲亲"就是要用亲属,体现了封建宗法制度的用人原则;所谓"贤贤"就是要用一些有德才的人来共同治理天下,以巩固统治。具体到汉武帝选用军事将领则注重任用外戚。卫青、霍去病、李广利三大将领都是从外戚中选用的。武帝时的最高军事将领从外戚中选用是有道理的:拥有重兵的军事将领从刘姓宗亲中选拔明显不合适,因为他们也是高帝后裔,也可以继承皇位,是皇位的竞争者,是绝不能委以军权的;从异姓臣下中选用怕出现韩信式的将领不好控制,或卢

---

① 《史记》卷122《酷吏列传》。

绾式的人物投降匈奴；从皇后、宠妃的家族中选用，这些人和皇帝已结为一荣俱荣、一衰俱衰的共同体，在一般情况下，他们既不能叛向敌方又无法篡夺皇位，再加上皇帝还可以给他们以种种限制，所以任用他们是最可靠而又放心的。武帝对卫青既放手使用、恩宠有加，又加以种种限制，而卫青对武帝一直是又感恩、又尽力、又驯服。这是成功使用外戚最高将领的一个事例。所以武帝从外戚中选任最高军事将领是有一定道理的。然而，成功使用外戚将领双方都应具备一定条件，否则就容易出问题，武帝后期使用李广利出问题就是一例。因此，不能抽象地说，封建时代任用外戚是好还是不好，是对还是不对，而应具体情况具体分析。

1. 卫青。卫青原为奴产子，《汉书·卫青传》说：卫青，字仲卿。父亲叫郑季，河东平阳（今山西临汾县）人，做县吏，被派到平阳侯曹寿家办事，曹寿系汉初功臣曹参之后，娶武帝姊阳信长公主（平阳公主）为妻。郑季与侯家婢女卫媪私通，生青。卫媪的丈夫姓卫，所以青就冒姓卫。卫媪在卫青之前还生过一男三女，男名卫长君，长女卫君孺、次女卫少儿、三女卫子夫。此外，卫青还有一个弟弟叫步广，也冒姓卫。卫青是平阳侯的家人，小时归其父郑季养育。郑季让他牧羊。郑季妻子生的儿子把他当奴隶看待，不把他当兄弟。卫青曾跟着人到过甘泉宫，有一钳徒（剃去头发、颈上戴着铁枷）给他相面说："贵人也，官至封侯。"卫青笑着说："奴仆的生活，不受笞打、责骂就满足了，怎么谈得上封侯？"卫青长大，为平阳侯家骑士，随平阳公主。青姊卫子夫入宫，受武帝宠幸。陈皇后母亲、武帝的姑姑大长公主听说卫子夫有身孕，嫉妒，使人捕青。这时，卫青在建章宫做事，还不出名。大长公主囚禁了卫青，想把他杀掉。卫青的友人骑郎公孙敖与几位壮士，把他夺了出来，因此未死。武帝知道这件事以后，就召卫青为建章监侍中。此时，卫君孺做了太仆公孙贺的妻子；卫少儿原与汉初名臣陈平曾孙陈掌私通，武帝召陈掌，赐给他财富，让他富贵。不久，卫子夫当了武帝的夫人，卫青也作了太中大夫。

从元光六年(前129)卫青拜车骑将军出上谷击匈奴之后，到元朔五年(前124)、元朔六年(前123)两次出定襄越阴山击匈奴至元狩四年(前119)的漠北之战，卫青领兵七次击匈奴，均获胜。《汉书》卷55《卫青传》说："大将军青凡七出击匈奴，斩捕首虏五万余级。一与单于战，收河南地，置朔方郡。再益封，凡万六千三百户；封三子为侯，侯千三百户，并之二万二百户。其裨将及校尉侯者九人，为特将(独别为将而出征)者十五人。"封长平侯、大将军、大司马，其三个儿子，卫伉封宜春侯、卫不疑封阴安侯、卫登封发干侯。

卫青是武帝时期一位卓越的军事将领，无论当时人和后人都对他多所赞誉。《汉书》卷45《伍被传》载淮南王造反前曾问谋士伍被说"大将军何如人也？"伍被回答说：

> 臣所善黄义，从大将军击匈奴，言大将军遇士大夫以礼，与士卒有恩，众皆乐为用。骑上下山如飞，材力绝人如此，数将习兵，未易当也。及谒者(掌宾赞受事的官员)曹梁使长安来，言大将军号令明，当敌勇，常为士卒先；须士卒休，乃舍；穿井得水，乃敢饮；军罢，士卒已逾河，乃度。皇太后所赐金钱，尽以赏赐，虽古名将不过也。

淮南王刘安想造反，担心他在山东地区叛乱后，汉朝定会派大将军卫青统兵平定山东，所以问谋士伍被"大将军是个什么样的人呢？"伍被回答说：与臣友好的黄义，曾跟从大将军击匈奴，说大将军待士大夫有礼，对士卒有恩，众人都乐为所用；骑马上山下山如飞，材力绝伦超群，又几次为将领熟习兵法，不易抵挡。执掌"宾赞受事"的谒者(官名)曹梁出使长安回来说："大将军号令明，遇敌勇，常身先士卒；等待士卒休息后，自己才到房间休息；打井得到水,才敢饮用;退兵时,士卒已渡河,自己才过河。皇太后赐给的金钱,全赏赐给了部属。虽然古代的名将也不能超过他。这是当时人对卫青将军的评价。明代李贽据《史记》、《汉书》有关记载和评价对卫青作了下述评价:"青虽出奴虏。然善骑射。材力绝人。遇士大夫以礼。与士卒有恩。有将帅才。故每出辄有功。天下由此服上之知人。"①卫青不愧是汉代卓越的军事家,武帝因为他得了个"知人"的美名,当时人和后世史家都给卫青以高度评价。卫青是中国古代军事史上的骄傲!

卫青不仅是个优秀的军事将领,在领兵打仗的过程中,他的一些好的品质也有记载。《史记·卫青传》元朔六年(前123)卫青率六将军两次出定襄击匈奴,虽然胜利,但局部上也有损失。在战争中右将军苏建与前将军赵信合军三千余骑,逢单于所率匈奴兵主力数万,与战一日,在匈奴引诱下赵信率其余骑八百降匈奴,苏建尽亡其军,只身投归卫青。卫青问有关下属军吏,苏建犯了什么罪呢?议郎周霸说:"自大将军出征,未尝斩裨将,今苏建丢弃了军队,斩之,以明将军之威。"属吏闳与长史安则说:"苏建以数千当单于数万,力战一日余,士卒不敢有二心。自己回来而斩之,是表示以后无反意的人应处斩吗?不当斩。"卫青说:"即使臣下的职权可以斩将,以臣之尊宠不敢擅自专诛于境外,这样的权力应归天子,天子自己去裁决,以示人臣不敢专权,不是也可以吗?"因此,遂囚苏建返回。苏建回到长安,武帝没有诛杀,令赎为庶人,后苏建为代郡太守。这个事情的处理,说明卫青作为大将军具有不擅自专权、爱护部属的好品质。如果与田蚡的贪得无厌相比,卫青还有一个好处就是不贪。元朔五年(前124)卫青出高阙击右贤王大胜,武帝派使迎大军至塞,拜青为大将军,益(增)封八

---

① 李贽:《史纲评要》卷七《汉纪》,中华书局1974年版。

千七百户①,封卫青三子为侯。卫青再三辞谢说:"臣有幸待罪行伍之中,赖陛下神灵,军大捷,皆诸校尉力战之功也。陛下已加封臣青,臣青的儿子还在襁褓之中,未有勤劳,陛下封为三侯,这不是臣在军中劝勉战士奋力作战的用意啊! 臣儿子伉等三人怎么敢受封啊!"卫青这几句是他内心世界的真实表白,是啊! 打了胜仗,前线奋力拼杀的将领、士卒没有受封,而他不仅自己加官增封,连他的三个小孩也封了侯,他怎么能对得起他的部下,以后他怎么还能激励他们奋力杀敌呢? 武帝说,他并非忘记诸校尉之功,封了公孙敖、韩说、公孙贺、李蔡等七人为侯,封李沮、李息、豆如意等四人为关内侯等等,卫青才接受了封赏。这件事情说明卫青不仅不贪得无厌,而且首先能想到自己的部下,这恐怕是他能使将士效力的一个重要原因吧!

汉武帝对卫青是放手任用的,卫青能统率汉朝的精兵强将驰骋大漠南北立下赫赫战功就是明证;汉武帝拜卫青大将军、大司马,位在丞相之上,并且是武帝所封列侯中封户最多的,后来武帝下诏卫青与丈夫已死的其姊平阳公主(阳信长公主)结为夫妻。卫青是武帝时地位最高的亲上加亲的大臣。然而,武帝对卫青却加以种种限制,姑且不说武帝加封卫青为大司马仅仅是个荣誉性的虚衔,并无实权,就是平时在朝政问题上也并不让卫青插手。《汉书》卷92《游侠传》载徙豪侠茂陵时,郭解"贫,家产不够迁徙条件,吏恐惧,不敢不徙。"卫青说:"郭解家贫,不中徙。"武帝说:"郭解作为布衣平民,权至使将军,此其家不贫。"结果,把郭解徙至关中。可见武帝为贯彻自己的意图,并不照顾卫青的面子。《史记》卷112《平津侯主父列传》载,武帝元光元年,主父偃"以为诸侯莫足游者,乃西入关见卫将军。卫将军数言上,上不召。资用

---

① 《史记》卷111《卫将军骠骑列传》载"益封六千户。"此据《汉书·卫青传》。

乏,留久,诸公宾客多厌之,乃上书阙下。朝奏,暮召入见。所言九事,其八事为律令。"为什么主父偃通过卫青数次想见武帝,武帝就是不召见呢?为什么主父偃自己早上上书武帝,傍晚武帝就加以召见呢?这个道理《史记》卷111《卫将军骠骑列传》最后讲的是很明白的,内云:

> 太史公曰:苏建语余曰:"吾尝责大将军至尊重,而天下之贤大夫毋称(不称赞)焉,愿将军观古名将所招选择贤者,勉之哉。"大将军谢曰:"自魏其(窦婴)、武安(田蚡)之厚宾客,天子常切齿。彼亲附士大夫,招贤绌(黜)不肖者,人主之柄(权)也。人臣奉法遵职而已,何与招士!"骠骑亦仿此意,其为将如此。

太史公引述苏建与卫青的对话把问题讲明白了,苏建对他说:"我曾经责备大将军过分严肃,而天之贤士大夫不称赞,希望大将军仿效古代名将招贤进士的样子以自勉。'大将军答谢我的劝勉说:'自窦婴、田蚡厚交宾客,天子对此常切齿嫌恶。所以,那些亲附士大夫,招纳贤才罢黜不肖者的事情,是人主的权柄。当臣下的只要遵法守职就可以了,为什么要招贤纳士!"这就是说在武帝心目中招贤纳士这类事情是皇帝的权柄,不能下移臣下,所以他对窦婴、田蚡等人厚交宾客之事常常切齿嫌恶!了解这一点,就可以明白汉武帝为什么不接受卫青不迁徙郭解和推荐主父偃的建议了,这就是防止卫青结交豪侠、士人而不守臣道。卫青、霍去病也以窦婴、田蚡为前车之鉴,"奉法遵职"而谨守臣道。不仅如此,元狩五年(前119)漠北大战之后,武帝令卫青、霍去病"皆为大司马",二人"秩禄(俸禄)"相等。"自是之后,大将军青日退,而骠骑(霍去病)日贵",而原大将军的故人、门下多数去了骠骑将军霍去病的门下作事,而且常常得到官爵。相反,大将军卫青的势力就一天天走向衰落。这样,汉武帝通过提拔霍去病,客观上就使卫青遭到贬抑,这也应视为武帝限制卫青的一种措施。

　　在上述情况下,卫青并无怨恨武帝之意,司马迁说"大将军为人仁善退让,以和柔自媚于上"。这里所谓"仁善退让"合理推理是说卫青将军不为个人而争名夺利,能善良而谦谨退让,这不恰恰是一种可贵的美德吗?至于说"以和柔自媚于上",这明显是一种贬意词,合理的推理是说卫青迎合、讨好武帝。从《史记》、《汉书》有关记载来看只有一条事实符合这一论断。元朔六年(前123)卫青两次出定襄击匈奴之后,武帝赏赐他千金,当时王夫人受武帝宠幸,有个叫宁乘的人对他说"今王夫人幸而宗族未富贵,愿将军奉所赐千金为王夫人亲(母亲)寿。"卫青拿出五百金当了寿礼。武帝问起这件事时,卫青以实相告,武帝于是拜宁乘为东海都尉。这件事的确是为讨好武帝,然而这件事并不危害别人。况且卫青是皇后的弟弟,个人出身卑贱,卫青的一切都是武帝给的。因此他不可能没有感恩图报的思想,武帝赏赐他千金,他拿出五百金给武帝宠幸的王夫人母亲作寿礼,根本就不算问题。至于武帝姊平阳公主嫁他,这是公主自己提出来的,也是武帝的诏命,卫青自己是无法决定的。

　　这样说并非说卫青将军是个完人,没有缺点。他有缺点、错误,根据历史记载他和李广将军有过结,李广将军自杀和他有关系,这个问题后面还要谈及,此不述。

　　2. 霍去病。霍去病是皇后卫子夫、卫青之姊卫少儿的儿子,卫青是霍去病的舅舅。霍去病的父亲叫霍仲孺,卫少儿先与霍仲孺通,生霍去病。后来卫少儿才做了陈平曾孙詹事陈掌的妻子。霍去病因为是皇后姊的儿子,十八岁当了侍中,侍从皇帝左右,出入宫廷,善骑射,后跟从大将军,为票姚校尉。元朔六年(前123)卫青率军两次出定襄击匈奴时,霍去病率轻勇骑兵八百追击匈奴数百里,斩杀两千多,武帝说:"票姚校尉,与轻勇骑八百远离大军数百里追

394

杀敌军,斩捕首虏超过自己统领军队的人数,斩单于祖父辈的藉若侯产,捕单于季父(叔父)罗姑,……以二千五百户封去病为冠军侯。"同时受封的有上谷太守郝贤为终利侯,骑士孟已为关内侯。

元狩二年(前121)春,霍去病以冠军侯为骠骑将军,率万骑出陇西有功。武帝说:"骠骑将军率戎士,……杀折兰王,斩卢侯王,锐悍者诛,全甲获醜,执浑邪王子,及相国、都尉,首虏八千九百六十余级,收休屠祭天金人,使匈奴的军队十减七成,益(加)封去病二千二百户。"①

这年夏天,霍去病与合骑侯公孙敖均出北地,二人异道。霍去病率军至祁连山,捕首虏甚多。武帝说:"骠骑将军逾居延,遂过小月氏(大月氏迁走后,留下的部众称小月氏),攻祁连山,得酋涂王,以众降者二千五百人,斩首虏三万二百级,获五王,五王母、单于阏氏、王子五十九人,相国、将军、当户、都尉六十三人,所统汉军大约十减三,加封去病五千四百户。"②合骑侯公孙敖犯了在路上滞留不能与骠骑将军按期会合,当斩首,赎为庶人。诸宿将(老将)所率骑士、马匹、步兵也不如骠骑将军所率领的精壮,骠骑将军所率领的是精心挑选出来的。骠骑将军也敢于深入敌境,常和精壮的骑兵走在大军的最前面。他率领的军队也很幸运,未曾陷入困穷绝境。而诸老将常因滞留、落后遇不到敌人而犯法。因此,骠骑将军常常受到皇帝的亲近、贵宠,可以和大将军相比。

这年秋天,匈奴单于怒浑邪王为汉军大败,损失数万人,欲诛杀浑邪王。浑邪、休屠王遂降汉,武帝恐他们诈降乘机袭边,所以令霍去病前往接应。霍去病胜利完成了这一任务。武帝称赞霍去

---

① 《史记》、《汉书》霍去病本传。
② 此据《史记》霍去病本传。《汉书》霍去病传与《史记》所载稍有出入如上引《史记》谈这次战争"斩首虏三万二百级",《汉书》则说"捷(战利品)首虏三万二百",这二者有差异。此处从《史记》。

病之功说:"骠骑将军霍去病率军征匈奴,西部浑邪王及其部众都奔走归降,汉以军粮给其食,骠骑将军同时率弓箭兵诛强悍不降的叛军八千余人,使匈奴之王三十二位归降。汉朝战士不因远征而离别、悲伤,就使匈奴十万之众都来归降,……以千七百户加封骠骑将军。"减陇西、北地、上郡戍卒之事,以减天下的徭役。

元狩四年(前119)春,武帝令卫青、霍去病各率五万骑兵,转运之士及后应步兵数十万出击匈奴,而挑选"敢力战深入之士"属骠骑将军。骠骑将军从代郡出发获大胜,军队回来后,武帝说:"骠骑将军去病统兵,亲自率领所俘获的匈奴降兵,带着简单的行装,跨越大沙漠,……获匈奴屯头王、韩王等三人,将军、相国、当户、都尉八十三人,在狼居胥山做坛祭天,在姑衍山为墠祭地,登临高山以望漠北之翰海。执、掳获其族类七万有四百四十三级。所领军队减十分之三,军粮供应取自敌人,行殊远而粮不绝,以五千八百户加封骠骑将军。"

《汉书》卷55《霍去病传》载:"骠骑将军去病凡六出击匈奴,其四出以将军,斩首虏十一万余级。浑邪王以众降数万,开河西、酒泉之地,西方益少胡寇。四益封,凡万七千七百户。其校尉吏有功者六人,为将军者二人。"

骠骑将军少言寡语、不泄露别人说的话,有气魄敢于承担任务,武帝曾想教他学孙吴兵法,他回答说:"就看战略如何了,不只是学习古代兵法。"①武帝为他建造府第,令他去看看,他回答说:"匈奴未灭,无以家为也。"因此,武帝更加看重和喜爱他。他年轻时在宫中当侍中侍奉皇帝,富贵后,不知体恤士卒。从军出征时,武帝为他派遣主膳食的太官装载数十车食物等东西,回师后,不少车上丢弃剩余的粮食、肉,而士卒有饥饿的人。在塞外时,士卒因

---

① 《史记·卫将军骠骑列传》原文为:"顾方略何如耳,不至学古兵法。"

缺粮饿得站不起来，而骠骑将军还在踢足球，①事多类此。

霍去病做大司马后，曾上疏要求立武帝之子刘闳、刘旦、刘胥为王，经武帝批准后，封三人分别为齐王、燕王、广陵王。

元狩六年（前117），骠骑将军霍去病去世，武帝深为悼念，派浑邪王降汉后安置于五郡的匈奴铁甲军，从长安到茂陵列成军阵，为他造的冢墓形状像祁连山，以纪念他的功绩。因为他勇武和有广地之功，谥曰：景桓侯。

霍去病是汉武帝培养出来的与卫青齐名的一位杰出军事将领。他带领一支挑选出来的精锐部队勇冠三军，所向披靡，为武帝时反击匈奴战争的胜利作出了重大贡献，在中国古代战争史上写下了不朽的篇章。然而，霍去病也有自己明显弱点，就是青年时显贵，不体恤士卒，玩足球虽不算缺点，然而在士卒饿得站不起来时，他竟然毫不顾及，依然去玩他的足球，这与中国古代名将吴起等人爱护士卒的态度截然不同，这不能不说是霍去病为将的一个缺点。另外，李广将军之子李敢在元狩四年（前119）的漠北大战中是他的得力助手，李敢因其父李广自杀打伤卫青将军，霍去病不是依法处理和利用自己的身份化解矛盾，而是用箭射死李敢。这说明他不善于处理将领之间的内部矛盾，不能不说是他的另一个缺点。

3. 李广利。元封五年（前106）大将军卫青去世后，太初元年（前104）武帝又从外戚中选用李广利为贰师将军。李广利是武帝宠妃李夫人的兄长，李夫人给武帝生了一个儿子就是昌邑王刘髆。武帝选用李广利为将军的同年，令他攻大宛，目的是至大宛贰师城"取善马"，所以称他为"贰师将军"。李广利征大宛第一次败归；

---

① 《史记·卫将军骠骑列传》载"骠骑尚穿域蹋鞠"。注引《集解》引徐广曰：穿域即"穿地为营域"，也就是穿地划出球场的界限。《索隐》说"穿域蹋（踏）鞠"，就是"穿域蹍鞠"。鞠，以皮为之，中实以毛，就是皮球；蹍，踢也。所以"穿域蹋鞠"，就是作球场、踢球。

第二次虽然胜利，但耗费巨大，出发时六万士兵，回来时入玉门者万余人，因将吏贪暴，士卒死亡甚众。两次征大宛前后历时四年，太初四年（前101）春李广利至长安。武帝下诏说："贰师将军李广利征讨大宛，取得了胜利。赖天之灵，从溯河山，涉流沙，通西海，山雪不积，军士将佐径直可以通过，获王首虏，珍怪之物都陈列于阙下。因此，封李广利为海西侯，食邑八千户。"

汉武帝选任外戚为最高军事将领；他们一有军功就封侯，而且封户多。汉武帝这种特殊关照外戚的措施当时已为人知，如《史记·卫将军骠骑列传》载宁乘说大将军："将军所以功未甚多，身食万户，三子皆为侯者，徒以皇后故也。"虽然如此，由于卫青、霍去病战功显赫，当时人称赞武帝"知人"，并无别的非议。后来任用李广利，征讨大宛在武帝坚持之下虽最后取得了胜利，但损耗太大，汉朝人就有得不偿失的议论。天汉二年李广利率三万骑击匈奴失败，汉武帝似乎有点怕人议论他用人不当，恰巧这年李陵又降匈奴，司马迁为李陵辩护，武帝就敏感地认为他是在诋毁贰师将军，这实际上就是在讥讽自己，所以一怒之下判处司马迁腐刑。天汉四年又令李广利出击匈奴，让他带了六万骑兵比前一次多了一倍，此外又增加了七万步兵，加上其他将领所带骑、步兵，总数达二十一万人，目的就是为了让李广利打个胜仗，没想到李广利又不利而归。第三次李广利率七万大军出击匈奴却因要立昌邑王为太子的阴谋败露而败降匈奴。所以，任用李广利为最高军事将领实是汉武帝的一个重大失误。

二、李广家族的悲剧

李广家族的主要代表人物是名将李广及其子李敢和孙子李陵。李广自杀身亡，李敢因打伤卫青将军被霍去病射死，李陵备受武帝器重但在关键时刻又变节投降匈奴。这个家族的悲剧结局及其是非曲直一向为后人所关注。这里就谈一谈这一问题。

李广，陇西郡成纪县人，李广祖上叫李信，曾当过秦朝的将领，家中世世传授射法。文帝十四年（前166）匈奴入萧关，李广以良家子从军击胡，因善骑射，杀敌多，为汉朝中郎。广的从弟（堂弟）李蔡也为郎，二人均为皇帝的武骑常侍，俸禄八百石。李广曾从文帝出行，每当冲锋陷阵、破关夺隘、格斗猛兽时，文帝就说："可惜啊！你生不逢时，如果生逢高帝时，封个万户侯也算不了什么？"景帝即位，李广为陇西都尉，又为管理骑郎的骑郎将。吴楚之乱时，广任骁骑都尉，从周亚夫击吴、楚军，在昌邑城下夺取了敌人军旗，① 功名显于当时，梁王以自己的名义授李广将军印。回长安后因李广私自接受了梁王所给授印，汉不加赏赐。后又迁李广为上谷郡太守，匈奴兵天天来和他交战。典属国（管理少数民族事务的官员）公孙昆邪在皇帝面前哭诉说："李广才气，天下无双，依仗自己本领高强，经常与匈奴作战，恐怕会发生意外。"因此，又改派他为上郡太守。他曾做过陇西、北地、雁门、代郡、云中各郡太守，都以"力战"出名。

匈奴大举入侵上郡时，景帝派了一个宦官头目跟随李广训练军队、抗击匈奴。这个宦官带几十名骑兵，与三个匈奴人战。三个匈奴人射伤宦官，把他带的骑兵几乎杀光。宦官逃到李广营中，李广对他说："这必定是匈奴的射雕之人"。遂带领百骑急追，追上三人后，李广亲自射杀二人，活捉一人，果然是匈奴射雕的人。这时看见匈奴数千骑兵，他们以为李广是诱敌的骑兵，都吃惊，立即上山列阵。李广带的百余名骑兵也都惊恐，想往回奔驰。李广说：今以百骑走，匈奴如追射，我们会被他们杀尽。现在我们留下来，匈奴必定会以为我们是为后面大军来诱敌的，不敢来攻击"等等。

---

① 昌邑，县名，秦置，汉初属梁国，治所在今山东巨野东南。

大家按照李广的意见办,一直到天将黑,匈奴感到奇怪,不敢攻击他们。到了半夜,匈奴兵以为汉朝有大军埋伏在旁边要趁夜攻击他们,就赶快撤走了。第二天李广等人平安回到大军军营。这个事实说明李广的勇敢和胆略都是过人的。

武帝即位后,皇帝左右的人都认为李广是名将,于是从上郡太守调任未央宫卫尉。另一位名将程不识任长乐宫卫尉。二人风格不同,出击匈奴时,李广行军无部伍编制和行列阵势,在靠近水草好的地方扎营,休息时人人自便,晚上不敲铜锣巡更,幕府简化文书簿籍之事,然而到很远的地方去放哨,从未遇到过危险。程不识对部曲的行伍、营阵要求严格,晚上敲铜锣巡更,官吏办理文书簿籍彻夜不眠,士卒得不到休息,然而也从未遇到危险。程不识说:"李广治军极为简单省事,敌人如突然来侵犯,就无法阻止;他的士卒也很安逸快乐,都乐意为他效死。我治军虽然事烦忙扰,然而敌人也不能侵犯我。"二人都是名将,然而匈奴人畏惧李广的胆略,士卒也乐于跟随李广。

汉武帝反击匈奴战争开始后,李广多次以将军身份随军出击匈奴,以其武勇竟然未能立功,今把李广出击匈奴简况列述如下。

元光二年(前134)在马邑之谋中,李广为骁骑将军,在护军将军韩安国统领下伏击匈奴,因单于退去,"汉军皆无功"。李广当然也无例外。

元光六年(前129),卫青、公孙贺、公孙敖、李广各率万骑击匈奴,李广出雁门,被匈奴俘获,后夺匈奴士卒马匹、弓驰归。李广与亡失七千骑的公孙敖,当斩,赎为庶人。后李广在家居数年,又被武帝召拜右北平太守。郎中令石建死后,又召广为郎中令。武帝对李广有很高的期望,曾赐诏书说:"将军者,国之爪牙也。……振旅抚师,以征不服,率三军之心,同战士之力,故怒形则千里竦,威振则万物伏,是以名声暴于夷貉,威棱憺乎邻国。夫报忿除害,损残去杀,朕之所图于将军也。"①

元朔六年(前123)春、夏大将军率六位将军两次击匈奴,广为后将军,无功。

元狩二年(前121),霍去病率军出陇西击匈奴,广以郎中令率四千骑、博望侯张骞率万骑出右北平,二人异道。李广行数百里被左贤王所率四万骑包围,土卒皆恐,李广令其子李敢率数十骑直冲匈奴骑兵,从其左右穿过而还,对广说"匈奴兵容易对付",土卒情绪才安定下来。李广指挥军队列圆阵,匈奴兵急攻,矢如雨下,汉兵死者过半。箭将用完时,广令士卒拉满弓不射,广以连发的大黄肩弩射匈奴副将,杀数人,匈奴兵的攻击才缓和下来。时值天将黑,李广意气自如,加紧整饬军队,官兵都佩服李广的勇敢。第二天,李广又率兵奋力作战,恰好博望侯的军队赶到,匈奴兵退去,汉军没有追击。依汉朝军法,博望侯张骞迟到,应处死;赎为庶人。李广功过相抵,无赏。

元狩四年(前119)卫青、霍去病率大军进行漠北大战时,李广几次请求随军出征,武帝认为他年老,不许,考虑好久才答应了他的要求,并让他作前将军。临出发前,武帝又对卫青说:"李广老了,数次出征都因奇怪的遭遇而致败,运气不好,不要让他正面与单于交锋,恐怕不能达到目的。"卫青领兵出塞,从捉到的俘虏口中知道了单于的驻地,计划自统精兵进击,令李广与右将军赵食其合军,从东路出发。东路迂回路远,水草少,对屯兵、行军不利。李广向卫青请求说:"我为前将军,大将军令我从东路行军。况且我从小与匈奴作战,现在得到一次与单于作战机会,因此愿作前锋,和单于决一死战。"卫青不采纳李广的意见是因武帝曾交代不要让李广与单于交战。另外,也因对卫青有救命之恩的中将军的公

① 《汉书》卷54《李广传》。武帝赐诏书时间为元朔二年。

孙敖新失侯爵,卫青想让公孙敖与自己一道击匈奴以立功补过。李广知道后面这一情况,坚决推辞从东路出发。卫青不接受李广请求,令长史下公文给李广幕府说:"按公文所下达命令,急归所部。"李广无计而施不辞而走,只得带军与右将军赵食其合军出东路。又因军无向导,迷路,误了与大将军约会的日期。卫青至漠北与单于接战后,返回漠南遇见了李广、赵食其,令长史拿着干粮、酒给李广,问二人迷失道路的情况,想上书武帝报告其迷路与失期的原因,李广没有回答。卫青使长史急切督责李广幕府有关官吏接受审讯说明原委。李广说:"诸校尉无罪,是我自己迷失道路,我自己去受审问。"至幕府,李广对部下说:"我从年轻时开始就与匈奴作战,大小七十余战,今有幸随从大将军出击单于,而大将军又让我部军队走迂回的远路,军队迷失了道路,这岂不是天意?况且我已六十余岁,毕竟不能接受办理文书的刀笔小吏的问讯。"于是,抽刀自杀,部下将士"一军皆哭",百姓听到后都为之"流涕"。右将军赵食其,当死,赎为庶人。

　　李广常为自己的坎坷的命运而感叹。李广的堂弟李蔡与他同时侍奉文帝,景帝时二人都是二千石的官秩。武帝时李蔡因军功封乐安侯,还当了丞相。而李蔡的品行不好,其名声比李广也差得太多,地位比李广却高得多。广部下的军吏、士卒有的也封了侯。李广曾对望气占卜的方士王朔说:"从汉朝反击匈奴以来广都在其中,军队中校尉以下的军官,才能不及中等人,然而在反击匈奴战争中以军功封侯爵的有数十人,而李广我不为人后,然而却无尺寸之功得以封侯,这是为什么呢?是我的相貌不应当封侯?还是命该如此呢?①"这说明李广对自己为什么没有立功封侯也无法理解,最后只能归之于天意和运气了。或许是因此牵涉到对个人前

---

　　① 《史记》卷109《李将军列传》。

途和预卜未来的神秘性,以及对名将李广的关切,所以为当时和后人所关注。

那么,李广为什么立功没有封侯呢?是不是有人在打击和排斥他呢?从现在《史记》、《汉书》有关记载来看,应当说基本上不存在这个问题。因为:

其一,汉武帝对他很重视,然而使用上却有缺点:元光二年在马邑之谋中,李广作为骁骑将军是韩安国所统诸将之首。元光六年,武帝又令卫青、公孙贺、公孙敖、李广四位将军各统万骑击匈奴,其中卫青是皇后的弟弟、公孙贺是皇后的姐夫、公孙敖是卫青的救命恩人,李广同这三位一同出征,并未降低他的身分。这次他曾因被俘,当斩,赎为庶人,后在家闲居了几年,武帝又任命他为右北平太守、郎中令;特别是郎中令,在九卿中地位重要,郎官、大夫、谒者等在皇帝左右办事的人都归其管理。元狩四年漠北大战前武帝背着人对卫青说过那句不让李广和单于交战的话,当然也不是什么排挤他的话。武帝让他随军出征可能是想以他年老志壮的精神来鼓舞军队的士气。真正要打硬仗武帝却不敢用他。须知武帝本人就是个很迷信的人,知他武勇非凡而屡屡机遇不好而落败,怕他关键时刻又出什么问题。这是武帝对李广将军的关心和爱护,并无别的用意。然而,这并不是说武帝对李广的使用没有缺点。武帝的缺点在于使用李广时未能用其所长。李广的特长是善骑射,是射箭专家,《汉书·艺文志》载有他射箭的著作三篇,《史记·李将军列传》说:"广为人长(大个子),猿臂,甚善射亦天性也,虽其子孙他人学者,莫能及广。"李广将军的另一特长是战斗中能勇冠三军;危难时则能连连射杀敌将、稳定军心。据《史记》、《汉书》所载在小的保卫战中李广将军常能取胜,匈奴兵害怕他,不敢进攻他镇守的地方。李广将军的缺点恰在于他不善于独立带兵深入匈奴腹地歼敌。因为这涉及到了更为复杂的问题,如向导问题、侦探敌方的情报问题、遇到紧急情况临时应变问题、避实击虚寻机歼敌等等。前述五次战役中李广将军四次独领一军作战竟无一次胜利就是证明。汉武帝若能用李广之长,如让他去为汉朝训练一支射箭专业队、让他在一大将统领下带一支精勇之旅去冲锋陷阵、退兵时又令他去断后,李广将军很可能会立功封侯。武帝反击匈奴战争开始后,除马邑之谋李广是在韩安国统领下分领一军外,其他四次都是独领一军、单独从特定地区出发击匈奴的,而这恰是李广的短处,怎能取胜。因此,武帝未注意使用李广之长是李广失利的一个因素。

其二,卫青是否排斥、打击李广。目前从《史记》《汉书》有关记载来看无法得出卫青排斥、打击李广的结论。李广在景帝时为郡太守、二千石级官员、名将,景帝三年(前154)平定吴楚七国之乱中有军功。卫青于元光六年(前129)出上谷至龙城,得匈奴首虏七百,在军事上初露头角。元朔五年(前124)卫青击匈奴右贤王,得首虏万五千级,拜为大将军。从上述情况可看出:首先,李广是卫青父辈的人、老一代的名将。卫青在当大将军前与李广同为将军,二人级别差不多,当大将军后虽在战时可总领诸将,然而平时并无太多的权力。李广的任命、使用为武帝直接掌握,卫青管不了,漠北大战出发前武帝对卫青说李广老了,不要与单于对阵云云,也说明李广的使用是武帝直接安排的。其次,《史记·李将军列传》载元狩四年(前119)漠北大战前后卫青、李广的关系是很符合逻辑的。先是卫青不接受李广的请求,令他从东路出发;回来时见到李广,李广生气不和他说话,而回自己营中。因此,卫青使长史拿着干粮、酒送李广军以示慰问,并问李广、赵食其迷失道路的情况,李广不回答。卫青又使长史急督责李广幕府有关官吏去接受审讯说明情况,后即发生李广将军自杀事件。卫青急于要了解二位将军迷失道路的情况和原因是要向武帝报告。因为两位将军的这一过失，按军法当斩，如何处置卫青作不了主，应上报武帝决定。如果两位将军过失严重，卫青作为上司也有责任，所以卫青没必要就李广迷失道路作什么文章。值得注意的是，李广将军与卫青地位相差太远，卫青战功卓著非李广将军可比，卫青的贵戚身分李广将军也望尘莫及，二人在利益上没有冲突。以卫青后来的身分，去排挤、打击一位落难的老一代名将实难令人相信。况且，卫青做事一贯小心谨慎，讲究退让，说他排挤李广云云也和他一贯作风不合。因此，说卫青排挤、打击李广缺乏事实依据，应予以否定。

李广虽然没有立功封侯，并不能否定他是那时的名将。他的一些优点，确为人所不及。《史记·李将军列传》称赞他非常廉洁，"广廉，得赏赐常常分给部下，饮食与士卒共之。李广一生，为二千石四十余年，家无余财，终生不言家产之事。""广之领军，到自然条件恶劣的地方，见水，士卒不尽饮，广不近水，士卒不尽食，广不尝食。对士卒宽缓，不严苛，士卒因此爱戴他，乐为所用。"这些优点确实是突出的。但这些优点并不能保证他常打胜仗。因为打胜仗还需要其他的条件。如：李广将军形成一些射箭的习惯，既是他制胜的法宝，又是导致失败的致命伤，《史记·李将军列传》说他射箭时，"敌人逼近，非在数十步之内，估计射不中不发，发即应弦而倒。因此，他领兵数次受困辱，其射猛兽也为所伤。"这说明他的射箭习惯，既是优点也是缺点，既能导致胜利，也能导致失败。在几十步之内，箭还未发，敌兵就会飞骑赶到，自己就当俘虏；或箭还未发出，猛兽就会扑过来而使自己受伤。元光六年李广率万骑出雁门击匈奴，士卒并未亡失，他自己却被俘，就是这种射箭习惯造成的。在这种情况下，汉武帝对他不放心、不让他与单于对阵是有知人之明。总之，李广将军是一位优点、缺点都很突出的人，不能随着形势的变化而不断提高、完善自己，也是他不能立功封侯的一个重要原因。

汉武帝时期反击匈奴的战争,对领兵将领是个风险很大的事业,这次战争打胜了,就立功封侯,下次战争打败了,就按军法当斩,赎为庶民,李广、张骞、公孙敖、苏建、赵破奴等人都有这样的经历。值得注意的是,汉代的军法所规定的赏罚并不完全合理,各位将领深入匈奴境内遇到的情况千差万别,而衡量战功完全以斩杀、俘虏敌人的数量和物资为标准,这就可能使一些将领受冤屈,如:元狩二年李广所率四千骑,与左贤王四万骑对阵,兵力对比是1∶10,按常规是要全军覆没的,赖李广将军骁勇善战、指挥得当,汉军虽损失两千多人,但也杀死了敌人两千多人,同时保全了汉军约两千人。如果合理评价这次战斗,李广应是有战功的。然而,按军法却说是得、失相当,无功,不受赏,也不受罚。然而,军法当时就是这样规定的。所以,历史有时就是这样的冷酷与无情。它不仅给李广将军本人,也给后人留下了不尽的遗恨与回味!

评价一位军事将领,不是看他有多大的名声,而是要看他的战绩。从武帝反击匈奴战争开始之后,李广多次参战,竟然未打过一次漂亮的胜仗,让汉武帝、卫青怎样去放心地使用他。明代王船山就李广将军之事写了下述一段发人深思的话:

广出塞而未有功,则曰数奇,无可如何而姑之辞尔。其死,而知与不知皆为垂涕,广之好名市惠以动人,于此见矣。三军之事,进退之机,操之一心,事成而谋不泄,悠悠者而恶(焉)足以知之?广之得此誉也,家无余财也,与士大夫相与而善为慷慨之谈也。呜呼!以笑貌相得,以惠相感,士大夫流俗之褒讥仅此耳。……卫青之令出东道避单于之锋,非青之私也,阴受武帝之戒而虑其败也。方其出塞,武帝欲无用,而固请以行,士大夫之口啧啧(称赞)焉,武帝亦聊以谢之而姑勿任之,其知广深矣。不然,有良将而不用,赵黜廉颇而亡,燕疑乐毅而偾(败),而武帝何以收绝幕之功?……则置广于不用之地,姑以掣匈奴,将将之善术,非士大夫流俗之所测,固矣。东出而迷道,广之为将,概可知矣。广死之日,宁使天下为广流涕,而弗使天下为汉之社稷、百万之生灵痛哭焉,不已愈乎!①

王船山这段话透彻地表述了以下几层意思。其一,李广出塞无功,则说"数奇",这实际是无可奈何之辞。李广死后,了解和不了解他的人都为他落泪,李广以优惠廉价的方法博取好名声而感动人,于此可见。三军之事,进退之机遇,运用在乎一心,事情成功了而机谋不泄露于外,以平常心对待之不足以知之。李广得此荣誉,是因家无余财以济人,与士大夫交好而为慷慨之谈的缘故。其二,卫青令李广从东路出发是为了让他避开单于的锋锐,并非出自卫青的私心,而是因背后受了汉武帝的告诫而忧虑他吃败仗。在刚考虑出塞时,武帝就不想用李广,而李广坚决请求前往,仅此一点就会受到士大夫的称赞,武帝也聊表谢意而姑且任其前往,可见汉武帝对李广了解是很深的。其三,有好的将领不任用,武帝去漠北征讨怎么能成功。李广从东道前往而迷失道路,则李为将的才干,不就可以知道了吗?李广自杀而死之日,宁让天下为李广痛哭流涕,而不使天下为汉朝社稷与百万生灵而痛哭,这不是很好吗?王船山对李广的评价,确实值得后人深思。

李广有三子,即当户、椒、敢。李敢系李广第三子,也是一位勇将。元狩二年李广率四千骑遇左贤王四万骑时,李广令李敢领数十骑向匈奴大军冲击,李敢"出其左右而还",并对李广说:"匈奴兵容易对付"。士卒才安定了下来。在元狩四年(前119)的漠北大战中,李敢以校尉随骠骑将军霍去病击匈奴左贤王,时霍去病无

---

① 王船山:《读通鉴论》卷三《武帝》18,中华书局1975年版。

副将,遂以李敢等人为副将,李敢力战,夺左贤王旗鼓,斩首多,赐爵关内侯,食邑二百户,李广死后,敢代替李广为郎中令。不久,李敢怨恨大将军卫青让其父李广走东路致使父亲遗恨而死,就"击伤大将军"。大将军把这件事隐匿了起来。过了不久,李敢随武帝从雍(今陕西凤翔县境)去甘泉宫打猎。因卫青是霍去病的舅舅,霍去病就用箭射死了李敢。由于霍去病当时正受宠幸,武帝把这件事隐瞒了起来,说李敢是被鹿撞死的。一年多以后,霍去病也死了。李敢有一女儿,为戾太子侍妾,受爱幸。

从这些事实来看,汉朝像霍去病、李敢这样三公、九卿级的大官竟没有法律观念。二人都不从大局出发,李敢为报私仇竟打伤大将军卫青。霍去病作为大司马,又是李敢原来的上级,应向李敢说明不让李广与单于对阵是武帝的意旨,设法调解李、卫矛盾,促使二人和解,共辅汉朝。然而,霍去病竟然也为报私仇,射死郎中令李敢。事情闹到了这种地步,武帝无法深究,只好以隐瞒事实真相了事。这个事情不能不说是霍去病历史上的一个污点。

李陵是李广长子当户之子。当户曾为郎,武帝与其姑姑大长公主的男宠韩嫣游戏时,韩不恭顺、不礼貌,当户遂击韩嫣,韩逃走。因为这件事情,武帝以为当户勇敢。由于当户死得早,武帝拜李广的第二个儿子椒为代郡太守。当户与椒均先李广而死。

李陵是李广的长孙,年轻时曾为侍中,后为建章监,即建章营骑后改名羽林骑的长官,也就是皇帝近卫军的长官。卫青曾作建章监,后李陵也任此职,正说明武帝对李陵的信任和重视。并认为他是将门之子,经试用任命他为骑都尉,率领丹阳郡楚人五千,教他们射箭,并屯戍酒泉、张掖地区,防备匈奴。

关于李陵的事迹前已有述。这里略提三点。一是李陵率五千士卒击匈奴的时间问题,《史记·李将军列传》附李陵载"天汉二年秋,贰师将军李广利将三万骑击匈奴右贤王于祁连山",同时令李陵策应出居延北千余里,目的是"分匈奴兵"。按此记载则李陵出兵击匈奴应与李广利是大约同时。《汉书·武帝纪》则载李广利击匈奴右贤王为天汉二年五月。《汉书·李广传》附李陵传载武帝给李陵诏书让李陵九月出兵。按《汉书》所载则李陵出兵当在李广利失败之后。又匈奴单于曾调遣左、右贤王共八万兵力围追李陵,如果与李广利同时出兵,匈奴绝不可能倾全国兵力对付李陵。二是李陵失败的主要原因是汉武帝没有派出后续援军按时接应造成的。李陵降匈奴则是他个人的责任,如果与苏武相比这个问题看得就很清楚。苏武在匈奴以死相威胁面前,坚贞不屈。李陵就没有把握住自己。三是汉武帝听了错误的传言,杀死李陵全家,这是武帝的错误。这两个问题前文已述,此略。

武帝去世后,昭帝即位,大将军霍光与左将军上官桀辅政,二人曾与李陵交好,特遣李陵老朋友陇西任立政等三人至匈奴招李陵归汉。任立政见李陵后说:"汉朝已大赦,中国安乐","请少卿(指李陵)来归故乡,毋忧富贵。"李陵最后回答说:"丈夫不能再辱!"遂不归汉。李陵降匈奴之后"李氏名声败坏,而陇西郡的士人曾居其门下的,都因李陵降匈奴而感到耻辱"。

上述李广家族的三位军事将领世受国恩,英勇善战,却未善终,令后人遗憾。然而,如分析历史记载,也会发现这与他们的缺点是有关系的。如:李广赎为庶人后在家闲居,与颍阴侯灌婴之孙灌强一同打猎,有天晚上带一骑,行到霸陵县亭,县尉喝醉了酒,喝斥李广,禁止他通行,随从说"这是前任李将军",县尉说:"现任将军也不能夜间行走,何况是前任将军!"李广遂被留宿在驿亭。后武帝又任李广为右北平太守,李广请武帝派遣霸陵县尉也去右北平。县尉到了军中,就被李广斩了。这说明李广没有法律观念,骄横，擅自斩杀县尉。这都是严重的犯法行为。再如李敢，在其父自杀后，又不明情况，就鲁莽地打伤大将军，做得也出圈了。再如李陵，他是武帝一手培养提拔起来的，年轻时当侍中、建章营羽林军长官，关键时刻败降匈奴，像他这样的人都不能为汉朝死节，还能指望别人以死报国吗？所以武帝知道他败降匈奴后非常生气与沮丧，可能就是这个原因。《孙子兵法》提出为将应具备的五个条件是：智、信、仁、勇、严。李广家族的这三位将领在综合素质上明显有欠缺。这样说并不是要贬低历史人物，而是为了从历史中受到启迪。

三、其他将领的结局

在上述三大将领和李广家族的三位将领之外，还有一大批将领。了解这些将领的经历、出身、命运与最后的结局，有助于我们从另一个侧面了解汉武帝的治军及其对军事将领的管理。同时，也有助于我们了解那个时代错综复杂的各种社会矛盾与斗争。

1. 对失败和犯法受罚及无功将领的重新启用。张骞第一次通西域回来后，以校尉从大将军击匈奴有功封博望侯。元狩二年（前121）与李广出右北平随骠骑将军出陇西击匈奴，误期当斩，赎为庶人。其后又第二次通西域，官拜大行而卒。苏建，以校尉从卫青将军击匈奴有功，封平陵侯，以将军筑朔方城。元朔六年（前123）随大将军出定襄击匈奴，尽失其军，当斩，赎为庶人。又启用为代郡太守，后卒。将军路博德，西河郡平州人，以右北平太守立军功封符离侯。又以卫尉为伏波将军，伐南越有功，增封。后犯法失侯。又重新起用为强弩都尉，屯居延，卒。将军李沮以左内史为强弩将军，未见立功。

有的无功将领，虽几次出兵无功，仍然使用。如：将军李息，北地郡郁郅县人。马邑之谋时为材官将军;"后六岁,为将军,出代后三岁,为将军,从大将军出朔方,皆无功。凡三为将军,其后常为大行。"

2. 在巫蛊之祸中被处死的将领。公孙贺,义渠胡人,后为卫皇后姐夫。元朔五年(前124)从大将军击右贤王为骑将军有功,封南窌侯,食邑一千三百户。元鼎五年(前112)坐酎金律失侯,后为丞相,封葛绎侯。后来坐子敬声与阳石公主为巫蛊,灭族。将军公孙敖,义渠胡人,对卫青有救命之恩,元光六年(前129)为骑将军击匈奴,亡卒七千,当斩,赎为庶人。元朔五年(前124)以校尉从大将军击右贤王有功,封合骑侯。元狩二年(前121),又随骠骑将军击匈奴,失道,当斩,赎为庶人。天汉四年(前97),随李广利,分道击匈奴,至余吾水(今蒙古人民共和国土拉河),亡士卒多,当斩,诈死,亡匿居民间五六年,后被发觉,收捕,因坐其妻巫蛊,族诛。将军韩说,以校尉从大将军击匈奴有功,封龙额侯,坐酎金律失侯。元鼎六年(前111),诏为横海将军,击东越有功,封按道侯。后为光禄勋,因入太子宫掘蛊,被卫太子杀死。赵破奴,从骠骑将军出北地击匈奴,以功封从票侯,坐酎金律失侯。后击楼兰,虏楼兰王,封浞野侯。后被匈奴左贤王俘虏,没其军。在匈奴居十岁逃归汉,武帝以礼相待,后坐巫蛊,族诛。

3. 坐法失侯、赎为庶人后未见启用的将军。将军张次公,以校尉从卫青将军有功,封岸头侯。后又两次为将军,从大将军出征,坐法失侯。将军赵食其,以主爵都尉(掌管封爵之事)为右将军,从大将军击匈奴,失道,当斩,赎为庶人。将军郭昌,云中郡人,以校尉从大将军。元封四年,以太中大夫为拔胡将军,屯朔方,后击昆明,无功,夺印。

4. 其他将军。将军李蔡,以轻车将军从大将军有功封乐安侯。后为丞相,坐法死。将军赵信,以匈奴相国降汉、为翕侯。后

411

为前将军与苏建同从大将军击匈奴,败降匈奴。将军荀彘,以侍中,为校尉,数从大将军。元封三年为左将军击朝鲜,捕楼船将军,坐法死。

《史记》卷111《卫将军骠骑列传》所载卫青、霍去病十几位下属将领的结局就是如此。其中战争中失败、犯军法、无功而被使用的将领五人,曾经做过将军在巫蛊之祸中非正常死亡者四人。犯法失侯和赎为庶人而未见起用者三人。曾为将军后任丞相坐法死者一人,降匈奴者一人,在战争过程中擅自专权捕其他将领而死者一人。

汉武帝时军法很严,但对于受军法处置失侯、降为庶人的人,过些时间又重新任用。像李广、苏建、公孙敖、赵破奴等人都有此经历。苏建重新任为太守,后来就死在任上。他的三个儿子,大儿子苏嘉、三儿子苏贤均官居都尉(比二千石级的官员)、二儿子苏武成了留名千载的有民族大义忠于国家的名人。所以,在一般情况下,武帝还是讲人情的,能够保护将军们的正当权益。至于巫蛊之祸是一种非正常情况,连武帝自己的皇后、儿子、女儿都死了,至于其他人被牵连在内自然难于幸免。

第五节　武帝与其兄弟姊妹

《汉书》卷53《景十三王传》记载了武帝之外,汉景帝的十三个封王的儿子。这十三人都是武帝的同父兄弟。按汉朝的定制,皇帝的儿子没有继承帝位的要封王,所以武帝的这十三个兄弟都封了诸侯王。这十三人分别为景帝的五位夫人所生。此外,武帝还有几位同母姊妹。从武帝与其兄弟姊妹的关系中,有助于了解武帝及其兄弟姊妹的贵族生活。

1. 栗姬子三人:临江哀王刘荣、临江哀王刘阏、河间献王刘德。

刘荣系景帝长子,于景帝前四年(前153)立为皇太子,景帝前七年(前150)废太子,改封为临江王。景帝中二年(前148)临江王刘荣因侵文帝庙地为宫,被征赴中尉府受审,自杀。

临江哀王刘阏,据其传所载,刘阏在景帝前二年(前155)立为临江王;三年而薨,即在景帝前四年(前153)死,无子;取消封国,改为郡。

栗姬生的另一位儿子是河间献王刘德,刘德在景帝前二年(前155)封为河间王,刘德修学好古,实事求是,在搜求遗书遗乐等文化事业方面曾作出贡献。武帝元光五年(前130)冬十月来朝献雅乐,对武帝所问三十余事,皆"推道术而言,得事之中,文约指明"。这年春正月河间王薨①。大行令上奏:"聪明睿知(智)曰献,宜谥曰:献王。"班固在赞中曾指出:献王刘德在景帝的诸子中"卓尔不群",②是突出的一位有文化干了正事的人。

2. 程姬生三人:鲁共王刘余、江都易王刘非、胶西于王刘端。

鲁共(恭)王余在景帝前二年(前155)封为淮阳王,次年徙鲁为鲁王。刘余"好治宫室苑囿狗马",末年"好音","不善辞令","为人口吃难言"。因为好治宫室,为扩大宫室坏孔子旧宅,听到了"钟磬琴瑟之声,遂不敢复坏,于其壁中得古文经传"。元朔二年(前128),刘余在封王后二十七年而死。

江都易王刘非,景帝前二年(前155)封为汝南王。吴楚七国之乱时,非年十五,上书自请击吴。景帝赐非将军印,灭吴后,徙刘非江都,治吴王濞所统治的吴国。元光年间,匈奴侵犯汉边境,刘非上书武帝愿击匈奴,不许。刘非好气力,治宫馆,招四方豪杰,骄

① 《资治通鉴》卷18《汉纪》10。
② 《汉书》卷53《景十三王传》赞曰。

奢甚。约在元朔元年或元朔二年死，①其子刘建继位。刘建荒淫无度，为王太子时，邯郸人梁蚡想把女儿献给易王，刘建闻其美，私招入，留之不出。梁蚡说：这是子与父争妻。刘建指使人杀梁蚡，梁蚡上书朝廷告发，下廷尉审理，又逢大赦，没有处理。再有易王刘非死后还未安葬，刘建竟然召易王所爱的美人淖姬等十人奸淫。刘建的妹妹征臣出嫁，回来为易王送丧，刘建又复与其奸。刘建的异母弟刘定国知道他的罪行，花钱让一个叫荼恬的上书告刘建淫乱，事下廷尉审理。廷尉却以荼恬受人钱财上书，判荼恬弃市罪，不对刘建治罪。刘建后来更加放肆，如同禽兽，干出桩桩坏事，如有意弄翻小船让人淹死、纵狼吃人、令人与禽兽交等等，专为淫虐。又自知罪多，国中颇有人想告发，刘建害怕受诛，就同王后成光共同让越婢下神祝诅皇帝。后与淮南王、衡山王勾结谋反，作黄屋盖，刻皇帝玺，铸将军、都尉金银印等等。事发觉后，列侯、二千石、博士皆说，刘建"所行无道，虽桀纣恶不至于此。……当以谋反法诛"。元狩二年（前121）刘建自杀，其后成光等人皆弃市。其封国除，改为广陵郡。

　　胶西于王刘端，景帝前三年（前154）立为王，胶西国在今山东胶河以西、高密以北地区。为人贼戾，阳痿，一近妇人，病数月。他所爱幸的少年为郎，与后宫乱，端擒灭之，杀其母子。数次犯法，汉朝公卿几次请皇上诛灭刘端，因刘端是天子的兄长，不忍，所以刘端更加放任。有关机构再请加以处罚，遂削去其国三分之二的土地。汉朝派去的二千石的国相，遵照汉朝法律治国，刘端常常寻求他们的罪状加以告发；对无罪的国相又以欺诈的办法用药杀害；国

① 《汉书》卷53《景十三王传》载刘非为王以后，27年死。《汉书》卷14《诸侯王表》载其封王后28年死，并载其子刘建元朔二年嗣。故其死年应在元朔元年或元朔二年。

相如按国王刘端的办法治国,汉朝就以法治罪。所以,胶西国虽是个小国,杀伤的二千石的官员却很多。而且,这个国王刘端还是位"强足以拒谏,智足以饰非"的人物。《汉书》本传说他立为王四十七年而死,无子,国除。地入于汉,为胶西郡。

董仲舒曾先后任江都王刘非、胶西王刘端的国相。约在元狩二年(前121)因胶西王刘端暴戾,惧祸辞官,此后以修学著书为事。

3. 贾夫人生二人:赵敬王刘彭祖、中山靖王刘胜。

赵敬肃王刘彭祖,景帝前二年(前155)立为广川王,后徙赵为赵王。彭祖为人巧佞,好法律,凭诡辩以中伤人,多宠姬及子孙。二千石的国相,在赵相依法治国,会有害于赵王。所以有二千石的国相至国,彭祖就穿帛布单衣到他住的房舍去迎接,并多设疑事以诈动之,得其失言,立即记录下来;国相欲依汉法治国,就以记下的失言相胁迫,如不听,就上书告发或诬以奸利事。所以,彭祖立为王六十余年,国相没有能满二年的,总是以罪免职,罪大者死,罪小者刑,因此二千石不敢治,在国内形成了赵王专权的局面。又在国内垄断专卖,收入多于国家税收。彭祖所立太子刘丹与其妹和其同母的姐姐奸,又使人椎杀人而埋之。江充告丹淫乱,武帝派遣使发吏卒捕丹,下魏郡狱,论罪当死。彭祖上书为丹讼冤,愿随从国中勇敢之士击匈奴,以赎丹罪,武帝不许。时间久了,竟然受到赦免出狱。后来,彭祖入朝,通过武帝姊妹平阳、隆虑公主请求再立刘丹为太子,武帝不许。彭祖曾娶江都易王宠姬、王建所奸者淖姬为妻,生一子,号淖子。武帝和臣下商议,立淖子为赵王太子。征和元年(前92)彭祖死,谥敬肃王。

中山靖王刘胜,景帝前三年(前154)立,中山国治所在今河北定县。吴楚七国乱后,汉朝削弱诸侯王势力,诸侯王感到"今或无罪,为臣下所侵辱,有司吹毛求疵,笞服其臣,使证其君,多有冤案"。建元三年(前138)代王登、长沙王发、中山王胜、济川王明来朝,天子设酒招待,席间刘胜闻乐声而泣哭,武帝问其原因,刘胜就谈了诸侯王的上述感受,并谈了朝廷官吏侵害的具体情况。武帝听了后"乃厚诸侯之礼",并减省了有关机构所奏诸侯之事,以此表示"加亲亲之恩"。刘胜好酒色,儿子有120余人。常与赵王彭祖说:"兄为王,专代吏治事。王者当日听音乐,御声色。"赵王也说:"中山王但奢淫,不佐天子拊循百姓,何以称为藩王。"武帝元鼎四年(前113)中山靖王刘胜死。从1968年发掘的河北满城中山靖王墓出土金缕玉衣等随葬品来看,其生活确实奢侈。

4. 唐姬生一人:长沙定王刘发。唐姬原为程姬侍者。景帝招程姬,程姬回避,不愿去,而饰侍者唐儿使夜进,景帝醉,不知,以为程姬幸之,遂有身孕,生子,名发。景帝前二年立(前155),因其母无宠,故封在地方卑湿的贫穷的长沙国。元朔元年(前128)死,子刘庸嗣。

5. 王夫人生四人:广川惠王刘越、胶东康王刘寄、清河哀王刘乘、常山宪王刘舜。此王夫人即武帝母王太后妹。广川国治所在今河北冀县。刘越在景帝中二年(前148)封为广川王,十三年死。子刘齐继,后四十四年死。刘齐有幸臣乘距,乘距有罪逃亡,刘齐擒其宗族。距怨王,上书告刘齐与其姊妹奸淫。此后,刘齐数次诬告别人,有司案验,与王所言不合,遂弹劾刘齐诬罔,大不敬(不敬天子之罪),请逮治。刘齐恐惧,上书愿与广川勇士奋击匈奴,武帝允许。未出发,病死。有关官府奏请除去封国,为武帝批准。过了几个月,武帝又下诏说:"广川惠王乃朕的兄弟,朕不忍绝其宗庙,其以惠王孙去为广川王。"刘去即刘齐的太子,让刘去为广川王,就恢复了广川国。哪知刘去是个很荒唐的人,继王位后有幸姬王昭平、王地余两人,许诺其为后。刘去有病时,阳成昭信侍视甚勤谨,更为爱慕。这激起了昭平、地余两人不满。刘去与地余游戏,发现地余袖里有刀子,笞打追问地余为什么带刀子,地余回答说想与昭平共杀侍王好的阳成昭信。刘去又笞打着追问昭平,昭平不服,就以铁针刺之,强迫昭平服罪。刘去就把诸姬都找来,刘去用剑击杀地余,又令阳成昭信击杀昭平。昭信又怕把此事泄露出去,又杀死从婢三人。刘去后来就立昭信为后,昭信爱进谗言,在昭信怂恿之下,刘去就残酷地不断杀人。太始三年(前94),相、内史奏明其状况,武帝遣大鸿胪、丞相长史等治其狱,奏请逮捕刘去及其后昭信,武帝下制说:"王后昭信、诸姬奴婢证者皆下狱。"有关官府请诛王,武帝又下制说:"与列侯、中二千石、二千石、博士议。"议者都以为"刘去悖虐,听王后昭信谗言,焚烧烹煮,生割剥人,距师之谏,杀其父子。凡杀无辜十六人,至一家母子三人,逆节绝理。……当伏显戮以示众。"武帝又下制说:"朕不忍致王于法,议其罚。"有关官府请废其王爵勿王,与妻子迁徙上庸,被批准。与其汤沐邑百户。刘去在道上自杀,其后昭信弃市。

胶东康王刘寄,景帝中二年(前148)立为王,胶东王的治所在今山东平度,辖地包括平度、莱阳、莱西等地。立王后二十八年死。淮南谋反时,刘寄听说后,曾私作兵车鏃矢,准备战守,以备淮南起。刘寄因系武帝母亲王皇后妹王夫人之子,与武帝最亲近。审理淮南王谋反狱时,他的事情也暴露了出来,自己哀伤发病而死,不敢置后。武帝听说刘寄的长子叫刘贤,母亲不受刘寄宠爱,武帝可怜刘贤的处境,就立他为胶东王,继承王位。同时又封刘寄的少子刘庆为六安王,封原来衡山王所辖地区。胶东王刘贤立为王以后十五年而死。刘庆立为六安王以后三十八年而死。

清河哀王刘乘,景帝中三年(前147)立为王,清河国治所在今河北清河东南,辖境约当今河北枣强、南宫的一部分及今山东清河、临清、武城等地的一部分。立王后十二年而死,无子。国除。

常山宪王刘舜,景帝中五年(前145)立为王。常山国辖区约相当今河北唐河以南、任丘以北一带。刘舜,景帝少子,骄淫,数犯禁,武帝常从宽对待。元鼎四年(前113)死,其子勃继为王。宪王刘舜有不爱姬生长男名棁,棁因母亲无宠的缘故,自己也得不到宪王的喜欢。王后修生太子勃,而受王宠幸的姬又生儿子刘平、刘商,王后很少与王同居。宪王病重时,诸受王宠幸的姬侍病,王后因嫉妒不常在,而往往在自己的房间。医生让用茶时,太子刘勃自己不尝茶,也不在宪王病房留宿侍疾。宪王死,王后、太子才到。宪王不以棁为儿子,不分与财物。有人说太子、王后,让分给棁财产,皆不听。太子继立为王,也不承认和体恤棁,棁怨王后及太子。汉朝使者视察宪王刘舜丧事时,棁向使者告发宪王病时,王后、太子不侍候,及死,过了六天才出来办理丧事,太子勃私奸、饮酒、博戏、击筑(乐器),用车载着女子奔驰,环城过市,到狱中看视囚犯。天子派大行张骞验问,逮捕各有关证人,刘勃又藏匿了证人。吏要逮捕证人,刘勃就使人击、笞、掠吏,并擅自放出汉朝所关押的囚犯。有关官府奏请诛刘勃和宪王刘舜的王后修。武帝说:"修素无行,使棁陷之罪。勃无良师傅,不忍加以诛杀。"有关官府又奏请废勃勿王,因此就徙刘勃及家属去房陵。武帝批准了。刘勃继王位数月,废,国除。过了一个多月后,天子认为宪王刘舜和自己最亲近,又诏有关官府说:"常山宪王早夭,后、姜不和,嫡、庶诬争,陷于不义以灭国,朕甚闵焉。其封宪王子刘平三万户,为真定王;子刘商三万户,为泗水王。"这就又把宪王刘舜的另外两个儿子都封了王。

武帝的这十三位兄弟及其儿子,除河间献王一人"卓尔不群"有德有才外,其他诸人大多荒唐淫佚、犯法违禁、生活奢靡。这完全是他们的贵族地位、特权生活所养成的,所以班固在《赞曰》深刻指出:

> 昔鲁哀公有言:"寡人生于深宫之中,长于妇人之手,未尝知忧,未尝知惧。"信哉斯言也。虽欲不危亡,不可得也。是故古人以宴安为鸩毒,亡(无)德而富贵,谓之不幸。汉兴,

至于孝平,诸侯王以百数,率多骄淫失道。何则? 沉溺放恣之中,居势使然也。

班固这几句话是历史经验的总结,也是告诫后世王公贵族、富贵者的,奢侈骄淫的生活就如鸩毒一样能毁灭他们自己!

6. **武帝生母生四姊妹**:武帝即位后其生母为王太后,王太后兄弟王信、田蚡、田胜均封侯。王太后与其前夫金王孙生一女,武帝知道后,乃以车驾前往迎接,其家在长陵县小市。武帝车驾至其门,使左右入求之,家人惊恐,其女逃匿。后扶出,武帝下车说:"大姊,何藏之深也?"载至长乐宫,与武帝一同拜见王太后,母女垂涕悲泣。武帝赐其钱千万,奴婢三百人,公田百顷,甲第(上等的住宅)。并赐汤沐邑,号修成君。修成君后生男女各一人,女嫁诸侯,男号修成子仲,因王太后缘故,"横于京师"。[1] 酷吏义纵为长陵及长安令时,用法"不避贵戚",曾捕王太后"外孙修成君子仲",武帝"以为能"。[2]

据《史记·外戚世家》、《汉书·外戚传·孝景王皇后》载,王美人与景帝生三女。其中,平阳公主、南宫公主为武帝姊,隆虑公主为武帝妹(女弟)。[3] 平阳公主丈夫死后,男宠叫韩嫣。隆虑公主之子昭平君犯法当死,后得武帝同意以钱赎死罪。后又犯死罪,终被处死。

当时贵戚子弟,骄纵不法,实当时社会通病。武帝既要打击其不法行为,又碍于亲情而又不能不减轻打击力度。武帝当时能作到这一点还是难能可贵的。然而,特权滋生腐败,在封建社会这个问题是无法彻底解决的。这是历史的局限性使然。后世应引以为戒。

---

① 《汉书》卷 97 上《外戚传·孝景王皇后》。

② 《史记》卷 122《酷吏列传》。

③ 隆虑公主,本名隆虑,避东汉殇帝讳,改名林虑。

第十一章　后宫制度与淫侈生活

汉武帝时改革后宫制度使嫔妃等级增多,并使宫女数量大量增加。在这方面,汉武帝也大大超越了前代。

第一节　后宫制度的发展变化

中国古代对帝王之家的夫妇关系是极为重视的。《史记》卷49《外戚世家》说,"夫妇之际,人道之大伦也。⋯⋯阴阳之变,万物之统也。可不慎与?"又指出:"自古受命帝王及继承先王体制的守文君主,非独内德茂也,盖亦有外戚之助焉。""夏朝的兴起,是因娶了涂山氏之女,而桀之被放逐是因为娶了妹喜;殷商的兴起也是因为娶了有娀国的女子,而纣的被杀则是因为宠爱妲己。"这些观点虽然不一定完全正确,但反映了古代人们对婚姻问题的重视和认识。至于古代的后宫制度,据说周代是"王者立后,三夫人,九嫔,二十七世妇,八十一女御,以备内职"①。秦汉的后宫制就是在这个基础上形成的。

一、皇后、嫔妃与宫女制

据《汉书》卷 97 上《外戚传上》所载,汉武帝时期的皇后、嫔

---

① 《礼记正义》卷 61《昏义》,并见《后汉书》卷 10 上《皇后纪上》。

妃、宫女制度主要情况如下。

1."汉兴，因秦之称号，帝母称皇太后，祖母称太皇太后，適(嫡)称皇后"。这就是说汉代皇后的称号是因袭秦代而来的，按辈数区别分为三级：皇帝的母亲称皇太后，皇帝的祖母称太皇太后，皇帝的正妻称皇后。唐代颜师古注曰："后，亦君也。天曰皇天，地曰后土。故天子之妃，以后为称。"所以，皇后的地位不是臣，而是君，这是值得特别注意的。从汉朝的历史来看，太皇太后、皇太后都常常干预朝政，如武帝即位后，武帝祖母太皇窦太后就曾干预朝政，武帝母亲王太后也曾干预窦婴、田蚡案件的处理。太皇太后，皇太后还可以以长辈的身分管教皇帝。太皇太后、皇太后、皇后的家族在朝廷中一般也都有很高的地位。

2.嫔妃十四等级制的形成。皇帝除正妻称皇后之外，还可以有妾，"妾皆称夫人"。夫人可以有若干位。此外，有"美人、良人、八子、七子、长使、少使之号"。汉武帝时又制定出"倢伃、婕娥、傛华、充依"等称号，并"各有爵位"。到汉元帝时又加"昭仪之号"。这就形成了"十四等"妃嫔制度。这十四等制不包括皇后在内，是皇后之下的宫中的妃嫔（女官）制度。据记载这十四等制度如下：(1)昭仪："昭仪位视丞相，爵比诸侯王"。(2)倢伃："倢伃视上卿，比列侯。"(3)婕娥："婕娥视中二千石，比关内侯。"这就是说，婕娥是当作"中二千石"的官员看待的。师古曰："中二千石，实得二千石也。中之言满也，月得百八十斛，是为一岁凡得二千一百六十石。"(4)傛华："傛华视真二千石，比大造。"真二千石，即月得百五十斛，一岁得千八百石。(5)美人："美人视二千石，比少上造。"二千石，即月得百二十斛，一岁得一千四百四十石。(6)八子："八子视千石，比中更。"中更，为二十等爵制中的第十三等爵。(7)充依："充依视千石，比左更。"左更为第十二等爵。(8)七子："七子视八百石，比右庶长。"右庶长为第十一等爵。(9)良人："良人视八百石，比左庶长。"左庶长为十等爵。（10）长使："长使视六百石，比五大夫。"五大夫为第九等爵。（11）少使："少使视四百石，比公乘。"公乘为第八等爵。（12）五官："五官视三百石。"（13）顺常："顺常视二百石。"（14）无涓、共和、娱灵、保林、良使、夜者皆视百石。这十四等嫔妃制是在汉初的制度基础上经武帝、元帝时的变化而形成的。

3. 宫女。"上家人子，中家人子视有秩斗食云。"师古曰："家人子者，言采择良家子以入宫，未有职号，但称家人子也。"秩禄谓斗食者，"言一岁不满百石，日食一斗二升。"这些没有入等，未有职号的，从民间选拔入宫的女子就是宫女。

上述西汉的后宫制度可能太繁杂了，所以光武中兴以后，改为"六宫称号，唯皇后、贵人。……又置美人、宫人、采女。"实际上分为五个等级，较西汉大为简化。①

二、后宫等级与人数增加

从西周经东周至秦，后宫的人数逐渐增加。《礼记正义》卷61《昏义》载："古者天子、后立六宫，三夫人，九嫔，二十七世妇，八十一御妻，以听天下之内治。"从这记载中可以看出周代后宫从王后、夫人、九嫔、世妇、御妻共五个等级；从人数上看，从王后到三夫人、九嫔、二十七世妇、八十一御妻，总共为112人。秦灭六国后，宫室、嫔妃人数都比以往增加，《后汉书》卷10上《皇后纪上》说："秦并天下，多自骄大，宫备七国，爵列八品。"《史记》卷6《秦始皇本纪》载："秦每破诸侯"，仿其宫室，"作之咸阳北阪上（坡上），南临渭……，所得诸侯美人钟鼓，以充入之"。这都说明，秦灭六国后，宫室和后宫的美女人数大为增加，但具体人数不详。至于说后

---

① 《后汉书》卷10上《皇后纪上》。

宫"爵列八品"也是事实,据前引《汉书·外戚传上》载这八品应是:王后、夫人、美人、良人、八子、七子、长使、少使。而西汉时武帝、元帝时的增加,仅嫔妃就有14个等级,如果再加上皇后和最下层的宫女那就达到了十六个等级。这比西周与秦朝后宫的等级都大大增加。

值得注意的是汉武帝时后宫的人数比以往增加了很多。《汉书》卷72《贡禹传》载谏大夫贡禹说:"至高祖、孝文、孝景皇帝,循古节俭,宫女不过十余,厩马百余匹。孝文皇帝衣绨履革,器亡(无)琱(雕)文金银之饰。后世争为奢侈……。武帝时,又多取好女至数千人,以填后宫。及弃天下,昭帝幼弱,霍光专事,不知礼正,妄多臧(藏)金钱财物、鸟兽鱼鳖牛马虎豹生禽,凡百九十物,尽埋藏之①,又皆以后宫女置于园陵,大失礼,逆天心……。昭帝晏驾,光(霍光)复行之。至孝宣皇帝时,……群臣亦随故事,甚可痛也。"

《汉武故事》载:武帝"又起明光宫,发燕赵美女二千人充之。率取年十五以上,二十已下,满四十者出嫁,掖庭令总其籍,时有死出者补之。凡诸宫美人可有七八千。建章、未央、长乐三宫,皆辇道相属,悬栋飞阁,不由径路。"《后汉书·皇后纪上》也说西汉"自武、元之后,世增淫费,至乃掖庭三千,增级十四"。这里所说的"掖庭三千"与后来所说的"后宫三千"是一个意思,均指后宫美女数量众多而言,而非限定就是三千。

从上述记载可以看出,武帝以后不仅后宫嫔妃设了十四个等级,而且数量至"数千",或"七八千"。这在历史上是前所未有的。

汉武帝这种淫侈奢靡的生活,不仅影响了其继承者昭、宣以后的诸帝的生活方式,而且也影响了整个社会。元帝时,贡禹就痛切

---

① 原文为:"尽瘗藏之",意为"尽埋藏之"。

地指出："故使天下承化,取女皆大过度,诸侯妻妾或至数百人,豪富吏民畜歌者数十人,是以内多怨女,外多旷夫。及众庶葬埋,皆虚地上以实地下。其过自上生,皆在大臣循故事之罪也。"《盐铁论·散不足篇》也指出："古者夫妇之好,一男一女而成家室之道。及后,士一妾,大夫二,诸侯有侄娣九女而已。今诸侯百数,卿大夫十数,中者侍御,富者盈室。是以女或旷怨失时,男或放死无匹。"整个社会上的统治阶级都盛行着淫侈的习风,这与武帝以来社会的贫富分化加剧等现象有关,与武帝以来皇帝后宫生活的淫侈无度的影响也有极大关系。上述贡禹所说"其过自上生"就说明了这一点。

第二节 皇后、嫔妃与淫侈生活

一、陈皇后与卫皇后

中国封建时代皇帝、皇太子也无婚姻自由。在利益的趋动下,皇太后常把自己的近亲嫁给皇太子、皇帝。如汉初吕后就把自己女儿鲁元公主之女,许配给自己的儿子惠帝为皇后,并想让生子以继承帝位,然而想尽了一切办法还是不能生孩子。文帝之母薄太后也想办法把娘家的一个女儿嫁太子为妃,太子继帝位(景帝),薄妃为皇后,薄皇后一生无子无宠。武帝第一个皇后叫陈阿娇,陈阿娇的母亲是文帝窦皇后的长女、景帝之姊、武帝的姑姑,叫嫖。陈皇后也是由其母作主,在武帝四岁时许配武帝。

1. 陈皇后。陈皇后父乃堂邑侯陈午。陈午的曾祖父叫陈婴,秦末为东阳县令史,时县中少年杀县令,聚数千人,就立陈婴为长,县中随从者有二万人。婴率众投项梁,后曾为楚上柱国。项羽死后,陈婴归汉。《史记·高祖功臣侯者年表》载陈婴归汉后,因平定豫章、浙江有功,高帝六年十二月封为堂邑侯。文帝三年,陈婴曾孙陈午继承侯位,后与叫嫖的馆陶长公主相匹配。陈午与长公主生的女儿就是武帝的陈皇后。由于馆陶长公主与景帝是同父母所生,所以长公主在皇室成员中地位非同一般。长公主嫖想让女儿阿娇当太子妃,所以当武帝母亲王夫人答应了阿娇与刘彻的婚事后,就在刘彻被立为太子问题上起了重要作用。阿娇在母亲的操办下当上太子妃继而又当了皇后。然而,阿娇一生的生活并不幸福,一则是因为她自己不能生育,二是由于汉武帝太好色;而她不能生育子嗣又为汉武帝的贪色提供了理由和借口。然而,陈皇后也不是好惹的,"陈皇后骄贵,闻卫子夫大幸,因愤怒怨恨,几次闹得差点儿死去。"武帝为此愈来愈恼怒。于是,陈皇后就让女子楚服等人通过用巫术诅咒来达到目的,武帝也颇知此事。元光五年(前130),武帝派侍御史张汤"治陈皇后巫蛊狱",女子楚服等坐为皇后巫蛊,大逆不道,牵连被诛者三百余人。武帝使有司赐皇后书曰:"皇后失序,惑于巫祝,不可以承天命。其上玺绶,罢退居长门宫。"这就是指责说皇后失去纲纪,原因是她为巫蛊所迷惑,因此不能承天命为皇后,所以要交上印绶,罢去皇后,从原先住的宫殿退居长门宫。此后,陈皇后的母亲大长公主几次对武帝姊平阳公主说:"不是我武帝怎么会继帝位,后来居然抛弃了我的女儿,为什么如此不自重而忘本呢?"平阳公主回答说:"是因为没有孩子而废弃的。"陈皇后为生孩子,求医看病花钱花了九千万,最后还是没有孩子。

陈皇后被废的第二年,堂邑侯陈午去世,其子陈须继承了侯爵。窦长公主寡居,与男宠董偃亲近,十余年后,去世。其子陈须因淫乱和与兄弟争财,当死,自杀,封国被除。又过了几年,废后阿娇也离开了人世,结束了她不幸的一生。

2. 卫皇后。卫皇后及其母均为武帝姊平阳公主家的家奴。武帝母王太后入宫后生了三个女儿,大女儿就是平阳公主。平阳公主原为阳信长公主,后因与平阳侯曹寿匹配,所以称平阳公主。平阳侯家有一奴婢称卫媪(年老之号)。卫媪生了三个女儿,长女君孺,次女少儿,三女子夫。卫媪还生了三个儿子:卫长君、卫步广、卫青。① 卫子夫不仅母亲是奴婢,她自己也是平阳侯家一位唱歌的奴婢。武帝即位几年以后,路过平阳公主家。看见了公主家从良家女选出的美人十余名,都没有什么表示。饮酒时,唱歌的奴婢进来,独喜欢卫子夫。帝起身更衣,卫子夫侍候武帝换衣服,在轩车中为帝所幸。武帝回来后,十分高兴,赐平阳公主金千金。平阳公主遂奏送子夫入宫。子夫上车时,公主拍着她的背说:"好好去吧,如果以后富贵了,不要忘了我啊!"子夫"入宫岁余,不复幸"。武帝选择宫人中"不中用者斥出之,子夫得见,涕泣请出。"武帝怜之,复幸,遂有身孕。因此,受到了宠幸。其后,武帝召其兄卫长君及其弟卫青为侍中。② 子夫为武帝生了三个女儿,大女儿就是卫长公主,武帝把她嫁给了方士栾大。二女儿就是诸邑公主、三女儿是阳石公主,后两个女儿在征和元年(前92)公孙贺父子巫蛊之狱时被处死。③ 元朔元年(前128)卫子夫生了一个男孩,叫刘据,就是后来的戾太子。这一年,汉武帝二十九岁,立卫子夫为皇后。

卫皇后虽然出身卑贱,但卫氏家族却是一个对汉朝作出重大贡献的家族。卫皇后的姊妹兄弟,除了其兄卫长君当侍中早死和其弟卫步广没有什么业绩外,其他各家都有善可述。卫皇后的弟弟卫青以军功封大司马、大将军、长平侯,为关照皇后家武帝把卫青的三个孩子也封了侯,其中卫伉为宜春侯、卫不疑为阴安侯、卫登为发干侯;卫皇后的二姐卫少儿的儿子霍去病以军功封大司马、

---

①② 《汉书·外戚传上》孝武卫皇后传载武帝"召其兄卫长君、弟青侍中"。《汉书·卫青传》载"子夫男弟步广,皆冒卫氏"。这说明卫子夫,有兄卫长君,及弟卫步广、卫青。

③ 《汉书·武帝纪》载征和二年夏四月"闰月,诸邑公主、阳石公主皆坐巫蛊死"。

骠骑将军、冠军侯,地位与卫青等。《汉书·外戚传上》说"卫氏支属侯者五人"。而且卫青后来还与武帝姊平阳公主婚配。卫氏家族可谓隆贵已极。卫皇后大姐卫君孺的丈夫公孙贺在去世前曾作过十一年的丞相。

从有关古籍的记载来看,卫皇后是一位守本分的人。她善于自处,处事也很小心谨慎。《汉武故事》:"大将军四子皆不才。皇后每因太子涕泣,请上削其封,上曰:'吾自知之,不令皇后忧也。'少子竟坐奢淫诛,上遣谢后,通削诸子封爵,各留千户焉。"这一记载说明了,皇后因武帝对太子不满意的事,常常"涕泣",再加上卫青的四个儿子"皆不才",所以心中不安,请武帝削其封,武帝依法诛杀了骄奢淫佚的少子,其他的留下一千户的封邑。据《史记》卷20《建元以来侯者年表》载:卫青子卫伉元朔五年因卫青击匈奴右贤王大胜封侯,元鼎元年因矫制犯法,除国。卫青死后,太初元年嗣长平侯,太初五年因私自入宫犯法,判处完为城旦罪(四岁徒刑)。卫不疑元朔五年封阴安侯,元鼎五年坐酎金律免。卫登也是元朔五年封侯,元鼎五年坐酎金免。① 公孙贺巫蛊之狱的起因也是因其子公孙敬声为太仆时,"骄奢不奉法",擅用北军钱千九百万而引发的。而卫皇后的两个女儿和卫青子卫伉都被牵连受诛。对太子与武帝的矛盾,皇后也"戒太子,宜留取上意,不应擅有所纵舍",就是要求太子按武帝的意旨办事,以免获罪。汉武帝是个食色不倦的皇帝,使皇后深深受其伤害,但皇后并没有什么不理智的表现。而是"善自防闲,避嫌疑",所以能够"虽久无宠,尚被礼遇"。② 在巫蛊之祸中,皇后在被逼无奈的情况下,才与太子决定"共诛"江充。最后在武帝下诏派人"收皇后玺绶"的情况下,

---

① 《汉书》卷18《外戚恩泽侯表》。
② 《资治通鉴》卷22《汉纪》14。

皇后再也无法忍受了,所以"自杀"身亡。直到卫皇后的曾孙汉宣帝即位后,才对这位出身卑贱、蒙受冤屈的皇后,进行了改葬,"追谥曰思后,置园邑三百家",以守护陵园。"卫氏悉灭"了,不过霍去病的同父异母弟霍光却是凭借霍去病的军功当了侍中的,在血统上霍光与卫氏家族无关,在政治上霍光应视为卫氏家族势力的延续。昭帝去世后,在霍光的支持下,卫皇后的曾孙、戾太子的孙子刘询继皇位为宣帝。而宣帝则是一位使汉朝实现了中兴、国力达到极盛时期的皇帝。所以,综观卫皇后家族不仅出现了卓越的军事家卫青、霍去病,而其影响延及后世,对汉朝历史所作出了重大贡献。这一点是千古不朽的。一个出身如此卑贱的家族对历史竟然作出这样重大贡献,也是永远值得后人深思的。

二、几位宠妃

中国古代帝王侍妾,称妃,妃的地位次于皇后。宫中的女官称嫔。所以妃嫔就成了次于皇后的妾、夫人的通称。据《史记·外戚世家》载武帝的妾或夫人有王夫人、李夫人、尹婕妤、邢夫人、钩弋夫人。《汉书·外戚传上》载则有王夫人、李夫人、尹婕妤、钩弋夫人,此外还有一位生了燕王旦、广陵王胥的李姬。今据记载,就有关这几位夫人的事迹列述如下。

1. 王夫人。《史记·外戚世家》载:"卫后色衰,赵之王夫人幸,有子",为齐王刘宏。元狩四年(前119)王夫人死去,武帝思念,方士齐人少翁能在夜间招引来与王夫人相貌相似的鬼,武帝从帐帷中可以望见,于是作诗曰:"是邪,非邪? 立而望之,偏何姗姗其来迟!"①王夫人所生刘闳,于元狩六年(前117)被册立为齐王。

---

① 《通鉴》考异曰:《汉书》以此事置李夫人传中,并据《史记·封禅书》记载指出,此处应为王夫人。

元封元年(前110)死,无子。《汉书》卷63《武五子传》载:"闳母王夫人有宠,闳尤爱幸,立八年,薨,无子,国除。"据学者考证,武帝元鼎四年,幸河东,祠后土,作《秋风辞》,①可能与怀念王夫人有关,其辞曰:"秋风起兮白云飞,草木黄落兮雁南归。兰有秀兮菊有芳,怀佳人兮不能忘。泛楼船兮济汾河,横中流兮扬素波。箫鼓鸣兮发棹歌,欢乐极兮哀情多,少壮几时兮奈老何。"这首辞写景喻情,感情真挚,表述了武帝对已故佳人的深切怀念。

2. 李夫人。汉武帝所宠爱的李夫人,系中山国人,出身音乐、歌舞之家。李夫人之兄李延年通音律、善歌舞,被武帝所喜爱。李延年有一次侍奉武帝,起舞唱歌,歌辞曰:

> 北方有佳人,绝世而独立,一顾倾人城,再顾倾人国。宁不知倾城与倾国,佳人难再得!②

武帝听后叹息地说:"善!世岂有此人乎?"平阳公主就介绍说,李延年有女弟,武帝就召见,确实"妙丽善舞",由此得武帝宠幸,生一男,即昌邑王刘髆。刘髆天汉四年(前97)立为王,后元元年(前88)死。李夫人早卒,武帝怜悯她,画其形象于甘泉宫。李夫人病重时,武帝亲自临床探视,李夫人蒙着被子说:"妾久寝(卧)病,形貌毁坏,不可以见帝愿以王(昌邑王)及兄弟为托。"武帝曰:"夫人病甚,殆(恐怕)将不起,一见我嘱托王及兄弟,岂不快哉?"李夫人回答说:"妇人貌不修饰,不见君父。妾不敢……见帝。"武帝对她说:"夫人一但见我,将加赐千金,而予兄弟尊官(给予你的兄弟以尊贵的高官)。"夫人回答曰:"尊官在帝,不在一见。"武帝必欲见之,夫人转向而泣不再说话,武帝不悦起身而去。武帝走后,夫人的姊妹责备夫人说:"贵人最后都不让武帝见一面,怎能嘱托兄弟

---

① 逯钦立辑校:《先秦汉魏晋南北朝诗》上,中华书局1983年版,94—95页。
② 《汉书》卷97上《外戚传上》。

之事？为何恨上如此呢？"李夫人回答说："所以不欲（想）见帝者，乃是为了深托兄弟也。我以容貌之好，得从微贱爱幸乎上。夫以色事人者，色衰而爱弛，爱弛则恩绝，上所以恋恋顾念我者，乃以平生容貌也。今见我毁坏，颜色非故，必畏惧、厌恶而吐弃我，怎么还会再追思怜悯而录用我的兄弟呢？"李夫人认为，他所以受武帝宠幸是因为容貌好、色美，如果色衰则会导致恩绝，恩绝了如果再嘱托兄弟之事怎么会被答应呢？所以坚持最后不让武帝看自己已被毁坏的容貌，认为这样作，反而能让武帝答应自己托付中提出的要求。果然，李夫人死后不仅自己破格以皇后的规格被"礼葬"，而且他的兄长李广利被封为海西侯、李延年被迁为协律都尉。在李夫人的心目中，武帝对她的宠幸，完全是建筑在武帝好色的基础上的。李夫人死后，汉武帝很哀伤，为此作《悼李夫人赋》，其辞曰："美连娟以修嫭（美）兮，命樔（截）绝而不长，饰新宫以延贮兮，泯（灭绝）不归乎故乡。……秋气以凄泪兮，桂枝落而销亡。……"这首赋说明对李夫人的死，武帝是很悲伤的。后来，因李延年弟季（年龄最小的弟弟）奸乱后宫犯罪和李广利降匈奴，李夫人家族被灭。

3. 钩弋夫人。武帝另一位受宠爱的夫人就是钩弋夫人。钩弋夫人家在河间（今河北献县东南），武帝巡狩（视察）路过河间，方士说此地有奇女子，武帝使使者召来相见。《汉武故事》对此事记载较详，内云："上巡狩过河间，见有青紫气自地属天，望气者以为其下有奇女，必天子之祥，求之，见一女子在空馆中，姿貌殊绝，两手一拳。上令开其手，数百人擘（分剖），莫能开。上自披，手即申。由是得幸，为'拳夫人'，进为婕妤，居钩弋宫。……大有宠，有身，十四月产昭帝。上曰：'尧十四月而生，钩弋亦然，'乃命其门曰尧母门。"《汉书·外戚传上》又说："钩弋子年五、六岁，壮大多知（智），上常言'类我'，又感其生与众异，甚奇爱之，心欲立焉，以其子幼母少，恐女主专恣乱国家，犹豫久之。"从上述这些记载中不难看出，武帝一生很迷信，多次受方士欺骗，钩弋夫人的奇事，应是地方官吏与方士为讨好武帝而设的圈套。武帝本来就是个贪色之徒，一看见此女子长得漂亮，就上了钩。从钩弋夫人一出现方士就说是祥瑞；及到刘弗陵怀孕十四个月出生，武帝又认为他与众不同；及长到五六岁，又认为他"壮大多智"类似自己，所以遂生立其为太子之心。实际上，刘弗陵还是个儿童根本当不了政。而太子刘据元朔元年（前128）出生，征和二年（前91）发生巫蛊之祸时周岁已三十七岁，而且在巫蛊之祸中有主见、有决断，仍然不愧是太子的最佳人选。所以，武帝从生活上的贪色到思想上的迷信，最后发展到更换太子，实是导致巫蛊之祸过程中国家动乱的总根源。司马光说："为人君者，动静举措不可不慎，发于中必形于外，天下无不知之。当是时也，皇后、太子皆无恙，而命钩弋之门曰尧母，非名也。是以奸人逆探上意，知其奇爱少子，欲以为嗣，遂有危皇后、太子之心，卒成巫蛊之祸，悲夫！"司马光的这一评论是值得后人深思的。武帝从生活上的贪色最后导致国家的一场动乱也是值得后人引以为戒鉴的。

4. 李姬。受武帝宠幸的夫人还有一位李姬，生了燕王刘旦和广陵王刘胥。关于李姬史籍缺乏记载，《史记·外戚世家上》说燕王、广陵王"其母无宠，以忧死"。从上述情况看李姬可能一度曾受武帝宠爱，所以生了两个孩子。后来被冷落或受处罚，所以"以忧死"。两个孩子中燕王刘旦，"壮大……，为人辩略，博学经书杂说，好星历数术倡优射猎之事"。巫蛊之祸后，太子刘据亡，齐王刘闳早卒，旦自以按次第排立自己当立为太子，遂"上书求入宿卫"。武帝怒，下令捕其使者入狱。后刘旦因"藏匿亡命"犯罪，封国被削去良乡、安次、文安三县。武帝由此厌恶旦。昭帝时，刘旦与上官桀等人勾结谋反，事发觉，自杀。广陵王刘胥与齐王刘闳、燕王刘旦同年同日被策立为王。刘胥"壮大，好倡乐逸游，力扛鼎,空手搏熊羆猛兽。动作无法度,故终不得为汉嗣"。①

5. 尹夫人与邢夫人。《史记·外戚世家》载武帝还有两位受宠的夫人,即尹夫人与邢夫人。尹夫人即尹婕妤,婕妤秩比列侯;邢夫人号娙娥,娙娥秩比中二千石。这两位夫人同时受到武帝的宠幸,有诏令二人彼此不能相见。尹夫人向武帝请求,愿望见邢夫人,得到了武帝的许可。武帝即令其他夫人化妆为邢夫人,随从御者数十人,以邢夫人的名义来见。尹夫人上前见之,曰:"此非邢夫人身也。"武帝曰:"为何如此说呢?"对答说:"视其身貌形状,不足以当人主矣。"因此,武帝就下诏让邢夫人穿着原来穿的衣服,独身来见。尹夫人望见后说"此真邢夫人也。"于是乃低头而泣,而痛其不如也。从中山李夫人卒后"则有婕妤之属,更有宠。然皆以倡(歌舞艺人)见,非王侯有土之士女,不可以配人主也。"这就是说,尽管汉武帝以唱歌的奴婢卫子夫为皇后,对歌舞艺人中山李夫人以皇后礼仪而安葬,但就整个社会习俗来说对歌舞艺人这样的妇女仍然是看不起的,认为他们"不可以配人主"。那么,什么人可以与人主相匹配呢? 答案是"王侯有土之士女"。可见社会的偏见是何等地难以打破!

上述武帝的几位夫人,如果依次加以排列的话,应是:生了齐王刘闳的赵之王夫人;生了燕王刘旦、广陵王刘胥之李姬;生了昌邑王刘髆的中山李夫人;尹夫人与邢夫人;生了刘弗陵的钩弋夫人。共计六位夫人,其中以王夫人、中山李夫人、钩弋夫人三位最为有宠。

前述武帝在夫人中增加了四个等级,上述几位夫人中已有婕妤、娙娥两个等级。《汉武故事》载:武帝让宫女中"其有孕者,拜爵为俗华,充侍衣之属"。俗华是"充侍衣之属",似乎爵位比真正

---

① 《汉书》卷63《武五子传》。

的"侍依"要高。因此,不难看出,武帝增加的"侍依"这一等级的职务就是侍奉皇帝穿衣了。

三、淫侈生活

中国封建社会中,在政治、经济上占统治地位的统治者婚姻方面实行的是一妻多妾制。皇帝是这一情况的典型代表。皇宫中除皇后、妃嫔外,还有几百名甚而上千的宫娥彩女。而汉武帝比一般皇帝在这方面的所为要超过很多。所以古籍留下了这方面的记载和传说。

《汉武故事》载:"上行幸平阳主家,子夫为讴(唱歌)者,善歌,能造曲,每歌挑上,上意动,起更衣,子夫因侍衣得幸,头解,上见其美发悦之,欢乐。主遂子夫于宫。上好容成道,信阴阳书。① 时宫女数千人,皆以次幸;子夫新入,独在籍末,岁余不得见。上释宫人不中用者出之,子夫因涕泣请出;上曰:'吾昨梦子夫庭中生梓树数株,岂非天意乎?'是日幸之,有娠,生女。……"又载:"凡诸宫美人可有七八千。……常从行郡国,载之后车。与上同辇者十六人,员数恒使满;皆自然美丽,不假粉白黛黑,侍衣轩者亦如之。自言能三日不食,不能一日无妇人。善行导养术,故体常壮悦。"不仅如此,武帝还常常外出猎艳,《太平广记》载:"汉武帝尝微行造(到)主人家。家有婢,国色。帝悦之,仍(乃)留宿。夜与主婢卧。"②从上述记载和传说来看,汉武帝真是一位超级风流天子。

汉武帝不仅生前风流,传说中死后也风流。《汉武故事》载,武帝死后"常所幸御,葬毕,悉居茂陵园。上自婕妤以下二百余

---

① 容成道、阴阳书,指房中术一类方法、著述。《汉书·艺文志》著录有《容成阴道》26卷。

② 《太平广记》卷161《感应一》。

人,上幸之如平生,而傍人不见也。光(霍光)闻之,乃更出宫人,增为五百人",等等。

汉武帝时宫廷、妃嫔用器奢侈。如李夫人用"玉簪搔头。自此后,宫人搔头皆用玉,玉价倍贵焉。"①又武帝时,"西域献吉光裘,入水不濡(湿),上时服此裘以听朝。"②又"武帝时,身毒国献连环羁(马笼头),皆以白玉做之,马瑙石为勒(有嚼口马络头),白光琉璃为鞍。鞍在暗室中常照十余丈,如昼日。自是,长安始盛饰鞍马,竟加雕镂,或一马之饰直百金。"③汉朝的皇帝死后送葬时,都穿用"玉匣"即金缕玉衣送葬。"武帝匣上,皆镂为(刻着)蛟、龙、鸾、凤、龟、鳞之象(图案),世谓为蛟龙玉匣。"④汉武帝用多种宝物装饰的床,名为七宝床,"杂宝案、杂宝屏风、杂宝帐、设于桂宫,时人谓之四宝宫。"⑤在上述情况下,统治阶级上层弥漫着淫侈的风气,如武帝姑姑馆陶长公主的男宠韩(董偃)嫣"好弹,常以金为丸。一日所矢者十余。长安为之语曰:'若饥寒,逐金丸。'京师儿童每闻嫣出弹,辄随逐之,望丸之所落,而竞拾取焉。"⑥

武帝奢靡、淫侈的生活方式,古籍多有记载,此不一一赘述。

汉武帝的奢靡生活绝不能视为仅仅是个人生活问题。他这种生活方式影响了整个社会,其结果大大加重了人民负担,激化了社会矛盾和阶级矛盾。东方朔就指责这种风气是"以靡丽为右,奢侈为务,尽狗马之乐,极耳目之欲,行邪枉之道,径淫辟之路,是乃国家之大贼,人主之大蜮。"⑦其后,不断有人对此加以批判。

---

① 《西京杂记》卷二《搔头用玉》。
② 《西京杂记》卷一《吉光裘》。
③ 《西京杂记》卷二《武帝马饰之盛》。
④ 《西京杂记》卷一《送葬用珠襦玉匣》。
⑤ 《太平广记》卷 229《桂宫》。
⑥ 《太平广记》卷 236《奢侈一》。又见《西京杂记》卷 4《韩嫣金弹》。
⑦ 《汉书》卷 65《东方朔传》。

第十二章　汉武帝的历史地位

汉武帝在中国历史上应有什么样的历史地位呢？换句话就是说应给汉武帝一个什么样的评价呢？这个问题不仅牵涉到历史上对汉武帝评价的争论、及武帝成就其事业的原因等问题，而且也牵涉到历史人物评价的理论、方法问题。

第一节　汉武帝评价种种

一、功过论与代价论

武帝生前朝臣们对他的举措的争论就是很激烈的。武帝去世不久，昭帝始元六年（前81）召开的盐铁会议上对武帝时盐铁酒专卖、平准均输等经济政策的讨论分成了两派，从民间来的贤良文学全面否定武帝时推行的各项经济政策。这些意见一直延续到了后世。

宣帝即位的第二年即本始二年（前72）夏，围绕祭祀武帝要不要增加庙乐的问题，对武帝的功过进行了争论。先是这年五月宣帝下诏书说："孝武皇帝躬行仁义，厉行武威，北征匈奴，使单于远遁；南平氐羌、昆明与瓯、骆两越；东定薉、貉、朝鲜。扩地开境，立郡县，百蛮率部归服，从边塞外自至，珍宝贡纳、陈列于宗庙。协调音律，造作乐府歌诗，祭祀上帝、封禅太山、立明堂、改正朔、易服色；明开圣业，尊贤显功。兴灭继绝，褒周之后；备天地之礼，广道术之路。上天报赐,符瑞并应,宝鼎出、获白麟、海致巨鱼、神人并见,山称万岁,功德茂盛,不能尽宣。然而,祭祀时却无庙乐,朕甚悼焉。请与列侯、二千石、博士商议此事,应怎么办?"①郡臣为此在朝廷上进行了讨论,都说应如诏书所说,武帝功业盛大,祭祀时应奏庙乐。此时,光禄大夫夏侯胜却说:"武帝虽然有攘四夷广土开拓境域之功,然而多杀士众,竭民财力,奢侈无度,天下虚耗,百姓流离,物故(死)者半。又蝗虫大起,赤地数千里,或人民相食,蓄积至今未能恢复,无德泽于民。因此,不宜为武帝立庙乐。"并说,宣帝所下"诏书不可用也。人臣之议,宜直言正论,不能苟合阿意顺旨,议已出口,虽死不悔。"其结果,夏侯胜等人被下狱。经朝臣廷议,尊孝武帝庙为世宗庙,祭祀奏乐舞,以明盛德。武帝巡狩所到郡国凡四十四,皆立庙,如高祖、太宗(文帝)。②

夏侯胜对汉武帝失误造成的社会恶果也有夸大之处。《汉书·昭帝纪》赞中说武帝活动付出的代价是"天下虚耗,户口减半"。"户口减半"说明农民流亡人口多,前引《盐铁论·未通篇》等材料就说明了这一点。夏侯胜则把"户口减半"说成"物故(死)者半"明显是夸大之词。

元帝时,贾谊曾孙贾捐之又说:"至孝武皇帝,……西连诸国至于安息,东过碣石以玄菟、乐浪为郡,北却匈奴万里,更起营塞,制南海以为八郡,则天下断狱万数,民赋数百,造盐铁酒榷(专卖)之利以佐用度,犹不能足。当此之时,寇贼并起,军旅数发,父战死于前,子斗伤于后,女子乘亭鄣,孤儿号于道,老

---

① 《汉书》卷75《夏侯胜传》载宣帝这一诏书详文,但未记诏书颁布时间。《汉书》卷8《宣帝纪》载这一诏书下达时间与诏书简略大意。
② 《汉书》卷75《夏侯胜传》。

母寡妇饮泣巷哭，遥设虚祭，想魂乎万里之外。淮南王盗写虎符，阴聘名士，关东公孙勇等诈为使者，是皆廓地泰大，征伐不休之故也。"①

从上述评价汉武帝的不同意见中可以看出：其一，对武帝持否定意见者，一是强调武帝时期长期战争给民众带来的深重灾难；二是否定武帝时期笼盐铁、酒类专卖、平准均输等经济政策，而这些政策又恰是武帝"制四夷、安边足用之本"②。所以，按这一意见，最后必然导致否定武帝反击匈奴的战争、否定武帝的历史功绩。这自然是人们所不能完全同意的。其二，肯定武帝历史功绩的意见，常常否定武帝时期长期战争及其经济政策给民众带来的苦难，如桑弘羊等人在盐铁会议上说"笼天下盐铁诸利，以排富商大贾，买官赎罪，损有余，补不足，以齐黎民。是以兵革东西征伐，赋敛不增而用足"③。这种意见也不实事求是，也难以令人信服。上述两种意见不断争论势必影响对武帝的评价。

汉元帝与成帝时朝廷几次讨论，功劳大的汉朝皇帝可单独立宗庙受祭祀，其他的按中国古代的昭穆制度配祭祖庙。④ 朝臣在讨论中公认除高祖外，太宗（汉文帝）应立庙受祭，至于世宗（汉武帝）则有不同意见。成帝崩，哀帝即位，丞相孔光、大司空何武上奏议后，朝臣再一次讨论，认为汉武帝过失太大，其庙"宜毁"。⑤ 在这种情况下，太仆王舜、中垒校尉刘歆详细地论述了汉武帝的历史功绩，由于这篇文献对如何评价武帝具有重要

① 《汉书》卷 64 下《贾捐之传》。

② 《汉书》卷 24 下《食货志下》。

③ 《盐铁论》卷 14《轻重》。

④ 《后汉书》志 9《祭祀下》注引《决疑要注》："凡昭穆，父南面，故曰昭。昭，明也。子北面，故曰穆。穆，顺也。始祖，特于北，其后以次夹始祖而南，昭在西，穆在东，相对。"

⑤ 《汉书》卷 73《书贤传》。

性，所以引证如下：

"臣闻周室既衰，四夷并侵，猃狁最强，于今匈奴是也。至宣王而伐之，诗人美而颂之曰：'薄伐猃狁，至于太原'，又曰'……显允方叔，征伐猃狁，荆蛮来威（被威服）'，故称中兴。及至幽王，犬戎来伐，杀幽王，取宗器。自是之后，南夷与北夷交侵，中国不绝如线。春秋纪齐桓南伐楚，北伐山戎，孔子曰：'微管仲，吾其被发左衽矣。'是故弃桓之过而录其功，以为伯（霸）首。及汉兴，冒顿始强，破东胡，禽月氏，并其土地，地广兵强，为中国害。南粤尉佗总百粤，自称帝。故中国虽平，犹有四夷之患，且无宁岁。一方有急，三面救之，是天下皆动而被其害也。孝文皇帝厚以货赂，与结和亲，犹暴无已。甚者，兴师十余万众，近屯京师及四边，岁发屯备虏，其为患久矣，非一世之渐也。诸侯郡守连匈奴及百粤以为逆者非一人也。匈奴所杀郡守都尉，掠取人民，不可胜数。孝武皇帝愍中国罢劳无安宁之时，乃遣大将军、骠骑、伏波、楼船之属，南灭百粤，起七郡；北攘匈奴，降昆邪十万之众，置五属国，起朔方，以夺其肥饶之地；东伐朝鲜，起玄菟、乐浪，以断匈奴左臂；西伐大宛，并三十六国，结乌孙，起敦煌、酒泉、张掖，以鬲婼羌，裂匈奴之右肩。单于孤，特远遁于幕北。四垂无事，斥地远境，起十余郡。功业既定，乃封丞相为富民侯，以大安天下，富实百姓，其规抚可见。又招集天下贤俊，与协心同谋，兴制度，改正朔，易服色，立天地之祠，建封禅，殊官号，存周后，定诸侯之制，永无逆争之心，至今累世赖之。单于守藩，百蛮服从，万世之基也，中兴之功未有高焉者也。高帝建大业，为太祖；孝文皇帝德至厚也，为文太宗；孝武皇帝功至著也，为武世宗。……孝宣皇帝举公卿之议，用众儒之谋，既以为世宗之庙，建之万世，宣布天下。臣愚以为孝武皇帝功烈如彼，孝宣

皇帝崇立之如此,不宜毁。"上览其议而从之。制曰:"太仆
舜、中垒校尉歆议可。"①

上述这段文字是西汉时期从积极方面较为全面评价汉武帝的最有
力的文字。它主要从历史角度出发,讲了从犬戎杀周幽王灭西周,
东周时出现了"南夷与北夷交侵,中国不绝如线"的危急状况;到
汉朝初年匈奴强盛、南越赵佗称帝;汉朝虽屈辱求和实行和亲政
策,但匈奴却一再侵暴不已,诸侯王又勾结匈奴、南越试图谋反,汉
中央朝廷也处在岌岌可危的状态。而汉武帝一改这种被动受凌辱
侵欺的局面,外事四夷,取得了胜利,使"百蛮服从",又采取一系
列的"定制度"、"定诸侯之制"、"富实百姓"的措施,因此是一位
"中兴之功未有高焉者也"、"功至著"的皇帝,因此为他建的宗庙
"不宜毁",而应传之万世。汉哀帝看了这一奏议,认为可以,保留
了武帝的宗庙。这是西汉时期朝廷对武帝的最后一次定位。在刘
歆等人的论议的影响下,终于保住了武帝的宗庙。东汉时班彪考
察西汉后期"毁宗庙"与保宗庙的争论,感慨地说"考观诸儒之议,
刘歆博而笃矣。"刘歆的观点是值得后人深思的。

一直到明清对武帝的评价仍在争论,不过从消极方面评价的
观点却少有新意,从积极方面评价的观点却有所发展。如李贽说,
汉武反击匈奴"虽民劳财伤,骚然称费,精力已几竭矣。盖至于易
姓更主,而百姓安堵如故者,然后知其为孝武之赐而不自知也。截
长补短,其利百倍,有为之功业亦大矣。"②夏燮也说,武帝"穷追匈
奴,虽曰劳民伤财,边患亦因之稍息。……微汉武,则汉之所以世
备边患,戍役转饷,以尤累县官者,可得而预计哉!"③这就是说,汉

① 《汉书》卷73《韦贤传》。
② 《藏书》卷32《德业儒臣后论》,中华书局1959年版。
③ 《中西纪事》卷22,同治刊本。

武帝反击匈奴,外事四夷,虽当时给民众带来了灾难和痛苦,却换来了后世边境的安宁。这也就是说不能因为汉武帝的活动给当时人民带来的痛苦而否定他给后世人民带来的好处。所以,上述观点是有新意的,值得注意。《汉书·匈奴传下》赞中说,呼韩邪单于臣服于汉后,"是时边城晏闭,牛马布野,三世无犬吠之警,黎庶无干戈之役"。所以,武帝对后世所建树的功绩是不可抹煞的。总之,只要把汉武帝外事四夷的活动放在整个历史发展过程中加以考察,汉武帝不仅对汉朝而且对中华民族的发展都有着巨大的历史功绩,这一点应是毫无疑问的。

汉武帝一方面有巨大的历史功绩,另一方面又给人民造成了深重的灾难,前者是建立在后者的基础上的。所以,这是一个问题的两个方面。然而,如果着眼于他给当时人民带来的痛苦,从"民为邦本"的观点出发,看消极方面多了,就会否定其巨大的历史功绩。反之,如果着眼于他建树的巨大历史功绩,又会忽略其消极方面。如何把这二者有机地结合起来给汉武一个正当的历史地位,就成了一个问题。在这种情况下,就出现了"代价论"。如范文澜先生说,汉武帝"付出'海内虚耗,人口减半'的代价,造成军事、文化的极盛时期",[1]又说,汉武帝的活动"为现代中国的广大疆域奠定了初步的基础"。[2] 因此,可以说代价论在评价汉武帝时把他的积极方面和消极方面有机地结合了起来,把二者有机地统一在一起。为正确评价汉武帝提供了一个好的供人选择的思路。

代价论首先指出"匈奴从殷周以来,一向是侵略"南方农业民族的"强敌"。从"秦末到汉初三四十年间,匈奴族……武力达到空前未有的强盛",不仅拥有辽阔的土地,而且有"骑兵三十万"。

---

[1] 范文澜:《中国通史简编》修订本第二编,人民出版社 1958 年版,39 页。

[2] 同上,80 页。

在汉朝"忍让"的和亲政策下,"匈奴愈益骄横,连年入侵边郡,抄掠人口畜产,……西汉完全处于被动挨打的地位"。既然如此,那么汉武帝反击匈奴的战争就是正义的,是历史发展所需要的。而要打仗,匈奴族又是那么强大,不付出代价是不行的,总不能又让马儿跑得好、又让马儿不吃草吧!所以农民出力、富人多出钱就都是应该的。虽然代价论也承认汉武帝有严重失误,但他在两千多年前"就为现代中国广大疆域奠定了初步基础"的功绩是巨大的,错误和巨大功绩比较起来当然是次要的,所以汉武帝所建树的巨大历史功绩是应当肯定的。总之,代价论这种观点,在评价汉武帝时容易为持各种不同意见的人所接受,值得重视。

从上述评价武帝的不同意见来看,虽意见各有不同,但在方法论却有共同之处,就是把武帝的一生分为功与过两个方面,即武帝历史作用的积极与消极两个方面。有的以其过否定其功,有的则以其功而掩饰或否定其过。从西汉时期开始这两种意见就在不断进行争论。范文澜坦言,自己一度对汉武帝"没有着重写他积极的一面"而"着重写了"他消极的一面。对武帝的评价有欠全面。[①] 代价论的优点是找出武帝功与过的内部联系,指出武帝的功(即在历史上所起积极作用)是以其过(即在历史所起消极作用)为代价而取得的。代价论是在评价汉武帝过程中,学者总结出来的一种理论。因此,我们应予以注意,以免在这个问题重蹈前人覆辙。

二、事业成败与政策转变说

评价汉武帝还有一种方法。就是把汉武帝在位的五十四年划分为若干时期,看其每个时期事业的成败;如果由于没有及时转变

---

① 范文澜:《关于中国历史上的一些问题》,见《范文澜历史论文选集》,中国社会科学出版社 1979 年版,19 页。

政策而导致失误,原因就应当从没有及时转变政策上去找寻。田余庆先生就说,"汉武帝在元封年间已经完成了历史赋予他的使命,从此着手实行政策转折,应当说正是时候"。并且指出,"在元封年间改变政策以安抚百姓,也完全是形势所需要的"。① 这也就是说武帝后来的失误主要是由于没有及时转变政策而造成的。

政策转变说在评价武帝时突破了功过论的框框,试图从事物的发展演变过程找到一个合理的界限。这应当说是很有新意的。现在我们就顺着这一思路,探讨一下汉武帝应何时转变政策和未及时转变的原因。

从武帝当皇帝后的五十四年看,他的事业可以分为以下三个阶段:

1. 从建元元年(前140)至元鼎六年(前111)为第一阶段。这一阶段是武帝取得辉煌胜利的时期,这表现在以下几个方面:(1)尊儒术、重法制、悉延(引)百端之学的以儒家为统治思想而又兼用百家的格局就是在这一时期形成的等等。(2)在统一国家方面,反击匈奴战争获胜,尤其是元朔二年取河南地之战、元朔五年大败右贤王高阙之战、元狩二年河西之战、元狩四年漠北之战,取得重大胜利,使汉朝军事力量的压倒优势不可逆转。这一时期平定两越,建元三年迁东瓯于江、淮间,元鼎六年平定南越,在其地置九郡,次年即元封元年又徙东越民于江、淮间。通西南夷方面,元光五年通夜郎、置犍为郡、开道路,元光六年以邛都为越巂郡、莋都为沈黎郡、冉駹为汶山郡、白马为武都郡、南夷为牂柯郡,问题基本解决。(3)在打击分封割据势力与豪强方面,元朔二年行推恩分封,元狩元年淮南王、衡山王谋反被诛,元鼎五年坐酎金律列侯夺爵者106人。在打击豪强和高赀富人方面,元朔二年徙郡国豪杰

---

① 《论轮台诏》,《历史研究》1985年1期。又见《秦汉魏晋史探微》,30页。

及资三百万以上者于茂陵,元狩四年"摧浮淫并兼之徒",酷吏义纵、王温舒等人严厉打击豪强。在经济方面一些主要措施也基本出台。

从上述事实看,在第一阶段武帝可以说基本上完成了自己所承担的历史任务,不仅对内在思想文化、打击分封势力、豪强、富商大贾等方面是如此;在统一国家方面也是如此,不仅胜利平定了南越、东越,西南夷的问题基本上获得了解决。而且,反击匈奴的战争也取得了胜利,汉朝从匈奴方面取得了河南地和河西,给了匈奴以沉重打击,漠南无王庭,匈奴对汉朝已构不成重大威胁,说明对匈奴的战争也基本告一段落。

2. 从元封元年(前110)到太初四年(前100)这十年为第二阶段。这十年历经了元封、太初两个年号,这两个年号都有标志政策转变的含义。元封以举行封禅大典而得名,其意思是"王者功成治定,告成功于天",既然如此接下来实行政策转变就是顺理成章的事情。太初以颁布太初历而得名,实行改正朔、易服色等方面的改制,标志着要除旧布新、改弦更张之义,也是政策转变的好时机。而且这十年社会矛盾、阶级矛盾已相当尖锐,元封四年关东流民二百万口就说明了这一点;但是,农民起义与战争的失败还未发生,所以这时正是转变政策的最佳时机。那么这时武帝为什么没有能实行政策转变呢? 这一点从元封元年武帝的诏书和以后的行动中可以看出。元封元年冬十月武帝下诏说:"南越、东瓯咸伏其辜,西蛮北夷颇未辑(和)睦,朕将巡边垂,择兵振旅,躬秉武节,置十二部将军,亲率师焉。"接着又遣使告单于说:"南越王头已悬于汉北阙关。单于能战,天子自将待边;不能,亟来臣服,……。"这就是说武帝要求匈奴"臣服"汉朝,单于震慑于汉武帝的威势,没有前来接战,也没有"臣服"。此后,汉武帝试图通过和谈让匈奴"臣服",这不能不说是政策上的一个调整。这种政策的调整,还可从元封二年(前109)武帝派汲仁、郭昌率数万人堵塞瓠子决口看出。瓠子决口堵塞后,朝臣争言水利,如果顺着这个势头发展下去,就会逐渐转变为以重农、富民为中心的路线上去。然而,这时汉武帝并没下定不再出兵的决心,而这时下述两方面的事情又促成了他的继续出兵:一是边境不断发生事情,有发兵的需求,如西南夷方面,侵犯汉使吏卒,所以元封二年派郭昌击滇,滇王降,置益州郡。这年朝鲜派兵击辽东,杀辽东都尉,武帝派杨仆等击之,次年朝鲜降,置四郡。元封六年,益州郡昆明地区反,武帝又派郭昌击昆明。二是"西蛮北夷,颇未辑睦"。西域各国原为匈奴属国,汉朝使者通西域后,有的国家阻拦、攻掠汉使,于是有元封三年(前108)赵破奴破楼兰、车师之事。从元封六年(前105)汉朝以宗世女为公主嫁乌孙,武帝是想通过和平友好的办法争取西域,但此时发生了大宛不与汉使买卖天马,并设法杀汉使取其财物的事件。结果遂发生从太初元年(前104)秋开始到太初四年(前101)春李广利的两次伐大宛。两次伐大宛,虽取得胜利,但耗费巨大,大大激化国内的社会矛盾和阶级矛盾。如果李广利第二次伐大宛取胜后,立即转变政策,从此不再出军,仍然可以。然而武帝没有抓住这一时机,结果就陷入了困境。

3. 从天汉元年(前100)至后元二年(前87)为第三阶段。这一阶段共十三年,经历天汉、太始、征和、后元四个年号。武帝开始用年号为一个年号六年,太初改制后一个年号四年。太初四年(前101)春李广利伐大宛后,西域各国纷纷臣服汉朝,武帝没有抓紧时机转变政策。天汉元年(前100)汉朝和匈奴和谈失败,汉使苏武被匈奴扣留。这使武帝想通过和谈让匈奴臣服的希望落空。接着,武帝就想通过军事征伐迫使匈奴臣服。征和二年(前91)武帝分别派李广利、李陵统兵讨伐匈奴都以失败而告终。尤其值得注意的是这一年各地小股农民起义纷纷发生。所以武帝就立即又

444

转而镇压农民起义,这次农民起义经几年才镇压下去。农民起义还未镇压下去,天汉四年(前97)李广利等四将讨伐匈奴又无功而归。过了五年,即征和元年(前92)就发生了丞相公孙贺家因巫蛊被族。巫蛊之祸刚告一段落,征和三年(前90)李广利率七万大军败降匈奴。征和四年(前89)武帝在内外交困的情况下颁轮台诏,表示从此不复出军,才下决定实行政策转变。

三、高指标是失误的主要原因

从汉武帝上述三个阶段的情况不难看出,元封以后未能及时实行政策转变的主要原因是:低估了匈奴的综合国力,因此制定了要匈奴"臣服"这一当时汉朝还无力达到的高指标所造成的。为什么说这个指标是无力达到的高指标呢?从汉武帝为达到这一目标先是和谈后又用兵,对此可以说是孜孜以求、不达目的誓不罢休,最后还是以达不到目的而告终就可以看出这一点。从宣、元时匈奴归降汉朝的全过程也可以看出这一点。昭、宣时期匈奴又遭受天灾、汉与乌孙联军、内部分裂的沉重打击,呼韩邪单于才从本民族的利益与个人前途出发于宣帝甘露三年(前51)臣服汉朝。这离武帝去世已有三十六年。又过了十四年即元帝建昭三年(前37年)陈汤等人才率军击毙了郅支单于,匈奴才沦为汉朝的藩属国。汉朝付出的代价是以不同形式给匈奴大量的钱财、粮食,换得边境的和平安宁。如果从元光二年(前133)马邑之谋算起整整用了九十六年,历武、昭、宣、元四代才取得了这样一个结果。这个结局不仅是匈奴在战争中失败的产物,同时也是匈奴内部分裂、斗争的产物。所以,武帝给自己定下的上述指标是个自己一代无法实现的高指标。这个高指标就是武帝没有及时转变政策的根本原因。

高指标来源于对匈奴综合实力估计过低,不能实事求是地认识对方造成的。这一点并不始于武帝,贾谊在《治安策》中就说:

汉朝与匈奴的关系颠倒了,本应汉为君、匈奴为臣,而汉天子岁贡金絮采缯以奉之,是臣下之礼也,匈奴反而成了君主。"匈奴之众,不过汉一大县,以天下之大困于一县之众,甚为执事者羞之"云云,就反映过低估计匈奴综合实力的倾向。在这种情况下,武帝元封元年提出让匈奴臣服于汉朝的要求自然是不奇怪的,但匈奴认为自己是"天子骄子"怎么能屈居汉朝之下呢? 所以无法接受。在汉朝方面看匈奴人数少,地处漠北苦寒,再打几个胜仗,就会使匈奴臣服;在匈奴方面则有广大回旋的余地,虽地处寒苦,然汉人得地不能久留,这正是自己的有利条件,汉朝又能把他怎么样? 因此双方谈判达不成协议,武帝后期几次出兵只是劳民伤财,不仅没得到好处反而使自己沿着下坡路加速滑去。反之,如果武帝不坚持让匈奴臣服,标准低一点,虽然多次打败匈奴,双方仍可以以兄弟相称,争取达成个互不侵犯、开关市公平交易的协定则是有可能的。这样,武帝也可早早转变政策,改弦更张,利国利民。

历史上由于不从实际出发、不实事求是地给自己制定高标准,劳民伤财的事例比比皆是,即使像汉武帝这样英明的很注意吸取秦朝亡国教训的君主也不能幸免,惜哉! 惜哉!

评价汉武帝时的政策转变说,要求随着历史发展适时转变政策,其目的是为了改正过去的失误,也是为了使政策符合未来的实际和需要,以利民利国。汉武帝主要由于以上原因,转变政策延误了约二十年到十年,造成了重大损失,这个教训是值得后人汲取的。

第二节　汉武帝的历史地位与贡献

一、汉武帝的历史地位

汉武帝在历史上应有什么样的历史地位,历史上有不同意见。

最初,汉代人认为汉武帝是两汉时期四个有作为的皇帝之一。这四个皇帝是汉高帝、汉文帝、汉武帝、汉光武。汉高帝崩于长乐宫,葬长陵。埋葬后,群臣曰:"帝起细微,拨乱反正,平定天下,为汉太祖,功最高。"上尊号曰高皇帝。[1] 汉文帝崩于未央宫,葬霸陵。景帝元年,丞相申屠嘉等奏:"世功莫大于高皇帝,德莫盛于孝文皇帝。高皇帝宜为帝者太祖之庙,孝文皇帝宜为帝者太宗之庙。天子宜世世献祖宗之庙。郡国诸侯宜各为孝文皇帝立太宗之庙。"制曰"可"。[2] 汉武帝崩于五柞宫,葬茂陵。孝宣帝本始二年(前72)诏尊孝武庙为世宗庙。因有的臣下认为汉武帝过失大,不宜立宗庙,反复议此事。哀帝即位后,刘歆等人力陈汉武帝功大,应立"世宗之庙,建之万世"。此后才统一了认识。东汉,因光武帝有复兴汉朝之功,庙号被尊为世祖。在两汉范围内,把汉武帝与汉高帝、汉文帝、汉光武并列,作为汉代四位功德大的皇帝。这是一种意见。

然而,以汉武帝所成就的事业,仅仅局限在两汉范围内来评价是很不够的,这实际上等于降低了武帝的历史地位。所以,东汉末年应劭打破了朝代的界限,从中国历史的发展出发说:

> 高祖践祚(皇位),四海乂(治)安。世宗(汉武帝)攘夷辟境,崇演礼学,制度文章,冠于百王矣。

这一段话第一次指出:在秦末大乱之后,汉高帝登皇位,使天下安定。汉武帝在"攘夷辟境,崇演礼学,制度文章"诸方面的功绩都"冠于百王",即在以前的帝王之上。这也就是说,在黄帝之后,历夏商周三代,春秋战国至秦汉,汉武帝的功绩为各位帝王之首(冠于百王),这就给了汉武帝一个极其崇高的历史地位。值得注意

---

[1] 《汉书·高帝纪》。
[2] 《汉书·景帝纪》。

的是,应劭这一评价是符合历史实际的。从"攘夷辟境"方面讲,汉武帝不仅制止了少数民族对中原地区的威胁,平定了南越、东越、西南夷,臣服了西域三十六国,而且打败了从商代起就威胁着北方的匈奴,导致宣元时期匈奴臣服于汉,开拓的疆土当然是历史上任何帝王都无法与他相比。从"崇演礼学"方面讲,汉武帝制礼作乐,像以前一切帝王一样祭天、祭祖宗、名山大川;他之前秦始皇到泰山封禅去过一次,他却封禅六次,以告成功于天;又在甘泉祭三一,在汾阴祭后土;他之前郊祀不用乐舞,他用了乐舞等等,都表明"崇演礼学"超过了以往的帝王。从"制度文章"方面看,汉武帝尊儒术而悉延百端;发展乐府歌诗,订立采诗夜诵收集民歌的制度;为强化专制主义中央集权,改革选举制度、监察制度、设立内朝、改革军制、设置官营农业、盐铁官营等等;他在实行德治的同时,又重视法治;他重视知识分子,在哲学、文学、史学以至天文历法诸方面的成就都闻名后世。这说明在"制度文章"方面也超越了以前的帝王。总之,汉武帝是位既吸收了以前帝王的长处,又超越以前帝王的皇帝。他文治、武功俱佳,是位在事业上超越以前帝王功绩卓著的皇帝。应劭说他"冠于百王"就反映了他应具有的崇高的历史地位。同时,这也是符合历史实际的评价。

从应劭称赞汉武帝"冠于百王"之后,后来称汉武帝对整个中国历史有重大影响的人不断出现。如曹植赞汉武帝说:"世宗光光,文武是攘,威震百蛮,恢拓土疆,简定律历,辨修旧章,封天禅土,功越百王。"从赞扬武帝"功越百王"来看,其意与应劭类似。①到了明代,李贽评价武帝说:

---

① 《艺文类聚》卷12《帝王部二·汉武帝》。

孝武绍(继)黄帝以增廓,皆千古大圣,不可轻议。①

孝武乃大有为之圣人也。当其时拓地几二万余里,视汉高所遗不啻倍之。……有为之功业已大矣。②

近代人夏曾佑(1865—1924)在其所著《中国古代史》中说:

有为汉一朝之皇帝者,高祖是也。有为中国二十四朝之皇帝者,秦皇、汉武是也。③

夏先生用这种形象的语言,告诉人们汉武帝是中国和中华民族历史上影响各代的历史人物。此外,还有的学者分别从某一方面如从文化上、制度上、疆域上等论述了汉武帝对后世的深远影响的。这些就是前人对他在中国历史上地位的论述。

二、汉武帝的创新精神

汉武帝时期是一个充满生机的不断创新的时期,而汉武帝本人也是个富于创新精神的人,所以那个时期有许多创设。

1. 汉武帝是第一位使用年号的皇帝,先是六年一个年号,后来四年一个年号。

2. 汉武帝是第一位在统一的国家制定、颁布太初历的皇帝,以正月为岁首这一点,一直用到现在。

3. 汉武帝时期写出了我国第一部纪传体的史书《史记》,对后世的史学产生了巨大影响。

4. 汉武帝时期出现了秦统一后我国见于史籍记载的《舆地图》,元狩四年四月丙申,"太仆臣公孙贺行御史大夫事……,奏舆地图,请所立国名。"④《汉书·武帝纪》载元鼎六年秋"遣浮沮将军

---

① 李贽:《藏书》卷1《世纪总论》。

② 李贽:《藏书》卷32,《德业儒臣后论》。

③ 夏曾佑:《中国古代史》,三联书店1955年版,255页。

④ 《史记》卷60《三王世家》。

公孙贺出九原",注引臣瓒曰:"浮沮,井名,在匈奴中,去九原二千里,见汉舆地图。"据颜师古说,臣瓒生活的时代"在晋初"。① 这说明汉代的舆地图晋初臣瓒还见过。这也说明汉代已明确出现了关于国家的地域概念。这对后世自然地理研究有不可忽视的影响。

5. 举贤良方正直言极谏之士对策,武帝亲自策问,选拔人才做官。后世科举之制始此。

6. 汉武帝尊儒术,以儒家思想作为国家的统治思想始于此。

7. 元朔五年为五经博士置弟子五十人,复其身;地方郡国可按一定条件选送一些人,可受业如弟子。经考试,能通一艺以上,可用作官吏。从国立太学生中选拔官吏始此。

8. 汉武帝在尊儒术时,又"悉延(引)百端之学",形成了在以儒家思想为统治思想的同时,又兼用百家的格局。这点对后世也影响巨大。

9. 元封二年(前109),汉武帝亲临现场督察堵塞黄河瓠子决口。秦统一后,皇帝亲临现场治理黄河,这是第一次。

10. 汉武帝时推广耧车(土法播种机)下种,此后这一方法在中国用了两千多年。

11. 汉武帝派张骞通西域,打通了丝绸之路,促进了中、西双方的经济、文化交流。这在中国史上属首次。

12. 汉武帝元封六年(前105)以宗世女细君为公主嫁乌孙和亲。这是中国历史上首次与西域国家和亲。

13. 在轮台、渠犁屯田,并置使者、校尉。这是中国历史上首次在今中国新疆地区屯田。

14. 汉武帝时用井渠法作龙首渠,后传入今中国新疆地区,并进而入波斯等地。

---

① 颜师古《汉书叙例》。

15. 从西域引进葡萄、苜蓿种植,从大宛引进了良种马——天马,西域的乐曲、魔术传至中国,中国的铸铁技术、丝织品、漆器传至大宛等地。

16. 汉武帝外施仁义,实行德治;同时又重视法治,用严刑峻法治理国家。这在历史上也是首次。

17. 元封五年(前106),为加强对地方官吏和豪强的监察,置十三州部刺史,令六百石级别的刺史督察二千石级别的郡国守相。

18. 为加强皇权,改革丞相制度,设立中朝(内朝),对后来的丞相制度演变发生了重大影响。

19. 元鼎二年(前115)禁郡国铸钱,专令国家所属上林三官铸钱,非三官钱不得流通,郡国以前所铸钱皆废销。从此国家垄断了铸造钱币的权力,对后世影响重大。

20. 汉武帝通过大量移民在西北边郡屯田,这对反击匈奴战争的胜利、经营西域起了重大作用。对后世也有重大影响,曹操在《置屯田令》中曾说"孝武以屯田定西域,此先代之良式也",①就说明了这一点。

21. 汉武帝时任用官吏是多元化的。二千石以上官吏可通过任子制度使子孙当官;有钱人可通过"赀选"当官;先贤的后裔可以受照顾,如贾谊的两个儿子就被关照当了郡守。然而,尤为突出的是武帝用人唯才是举、不拘一格。如皇后卫子夫是从奴婢中选拔出来的。卫青、霍去病分别是从奴仆和奴产子中选拔出来的。而丞相公孙弘、御史大夫儿宽,以及严助、朱买臣等人都是从贫苦平民中选拔上来的;御史大夫张汤、杜周和廷尉赵禹则是从小吏中选拔出来的。尤其值得注意的是汉武帝任用的一些将军是越人、匈奴人。而金日磾这样一位匈奴的俘虏在宫中养马的奴隶,竟然

---

① 《三国志》卷1《魏志·武帝纪》注引《魏书》。

与霍光、上官桀一齐被选拔为托孤的重臣。这些情况说明汉武帝选拔人才是不受阶级出身与民族差别限制的。然而,这不是说汉武帝用人没有标准,标准还是有的,标准就是"博开艺能之路,悉延百端之学","州郡察吏民有茂材异者,可为将相及使绝国者"。这就是说,只要愿为汉朝事业奋斗,有艺能、有才干的人,能为将相和可以出使遥远国度的人都可任用。一句话,用人的标准是唯才是举。正因如此,汉武帝时人才济济。班固就惊叹地说:"汉之得人,于此为盛!"这种现象的出现是值得认真研究的。

22. 汉武帝是中国历史上第一位派大军深入匈奴腹地进行决战的皇帝。

23. 汉武帝是中国历史上第一位提出要北方游牧民族——匈奴臣服于中原王朝的皇帝,为此又在今内蒙筑受降城。武帝生前虽未达此目的,但在宣、元时期,匈奴归服汉朝为藩臣。

24. 李广利伐大宛后,西域南道诸国多臣服于汉,宣帝神爵二年(前60),匈奴日逐王降汉,匈奴不敢争西域,罢僮仆都尉。宣帝任命郑吉为西域督护,管理西域南、北道诸国,西域诸国臣服于汉。这在中国历史上是首次。

25. 汉武帝平定南越后,首次在今海南岛置儋耳郡、珠崖郡。

除上述二十五项创设之外,还可列出其他在中国历史上的若干个第一来,此处不再一一赘述。

三、武帝创设对后世的影响

汉武帝时期的创新,有的是武帝吸取历史上的经验教训而创设的,有的是根据当时的需要而创设的。这些创设有的对后世产生了深远的影响。

1. 在学术思想政策方面。秦始皇尊法而焚毁"诗、书、百家语";汉初以黄老"无为而治"为指导,各家并进,国家设立研究各家学问的博士官;汉武帝尊儒术,以儒家思想为统治思想,国家在太学设儒家的五经博士,提高了儒学的地位;同时又"悉延(引)百端之学"。形成了尊儒术而又兼用百家。这一点奠定了中国以后封建社会学术思想的格局,即以儒家思想为统治思想,而诸子百家兼用。不仅如此,汉武帝时西域胡乐、魔术的传入,说明在文化上也通过开放,发展、壮大自己。

2. 在政治制度方面。周代重视德治,儒家的仁义、仁政、王道政治伦理思想就是对周代德治思想的总结与发挥;秦始皇"毁先王之法,灭礼谊(义)之官,专任刑法",即割断历史传统,废先王之道,废除德治,只讲法治,靠严刑峻法治国。后来贾谊在《过秦论》指出秦灭亡的主要原因是:不施仁义。① 汉武帝则是外施仁义,实行德治;同时又重视法治,以严刑峻法治国,二者兼用,恩威并举。《汉书·元帝纪》载汉宣帝说:"汉家自有制度,本以霸王道杂之,奈何纯任德教,用周政乎!"这就是说,汉代的根本政治体制是既用周代的德治,又重视法治,以严刑治国,二者兼施。这种体制汉武帝是主要的创始者和完成者。并且,此制对后世影响巨大,以后各个朝代一般均是二者兼用的。这里既有社会的需要,也有历史继承发展的逻辑规律在内。一下割断历史、一切从头开始是不行的。秦始皇废先王之道,要割断历史传统,结果使秦朝短命而亡。汉武帝吸取了历史的经验,既施仁义,又重法治、用刑罚,结果他成功了。

3. 汉武帝时官吏来源的多元化,而又唯才是举,不是偶然产生的,而是春秋战国时期士人奔走各国求官入仕现象的逻辑发展。汉武帝时通过"举贤良对策"和在太学生中选拔官吏当官等途径把选拔知识分子和有才能的人当官制度化了。后来随着大统一局面的出现又从少数民族选拔人才当官。这种国家选拔官吏没有地

---

① 贾谊原文为:"仁义不施,而攻守之势异也。"

区、家庭出身、民族区别的限制,后来就变成科举制度与历史传统。这一点正是中国古代选拔官吏制度的优点和特点。如果与印度古代的种姓制度、欧洲领主制下的世袭官吏制度相比,就不难看出。中国古代从被统治阶级中大量吸收优秀人才加入封建统治阶级,不僵化、凝固化,从而使国家、社会保持生机,不断发展。这一点应当说是中国封建社会的一个优点、特点。

4. 汉武帝时社会上多种经济成分共存,有地主经济、个体农民经济、工商业者的民营经济与国有经济。汉武帝虽非封建国有经济成分的创始者,然而汉武帝时期国有经济成分却大大扩大和增强了。各种类型的国有经济对国家和社会发展作用不同,不可一概而论。如国家垄断铸钱,铸的五铢钱质量好,对稳定物价和发展经济起了积极作用。再如边郡的养马业与屯田对反击匈奴、巩固边防有积极作用。有的如官营盐铁既有积极作用,也有不同程度的消极作用,有的则完全是消极作用,如武帝时"增海租三倍",使东莱地区"鱼不出"。又官府垄断捕鱼,使"海鱼不出",后又允许民众捕鱼,"鱼乃出"。① 汉武帝时按当时需要使国有经济比重大大增加,加重了对民众的盘剥和搜刮。所以武帝之后适当减少国有经济成分、降低其在国民经济中的比重是需要的。然而如果对国有经济完全取消或取消过多也行不通,汉元帝时一度罢盐铁官,后因"用度不足",又恢复"盐铁官",就说明了这一点。因此,武帝以后在整个中国封建社会中,国有经济在社会经济中所占比重虽时大时小,然而始终是社会中不可缺少的一种重要的经济成分。这个事实说明,汉武帝扩大封建国有经济成分的措施对后世有重大影响。同时也说明在中国封建社会中出现多种经济成分是客观需要所决定的,不是某个人的主观意志所能左右的。总的看

---

① 《汉书·食货志上》。

来,多种经济成分并存对经济发展有利。

5. 汉武帝的统一"为现代中国的广大疆域奠定了初步的基础"。"在北方击败了强敌匈奴,在西方取得了三十六属国,在西南恢复庄跻滇国的旧业,在南方消灭了南越赵氏的割据。"①值得注意的是,在平定南越后,汉武帝在海南岛设立珠崖、儋耳两郡,在今越南境内设立了交趾郡(今越南北部)、九真郡(今越南中部)、日南郡(今越南南部的部分地区)。从秦朝开始中国设置的南海郡的郡治在今广州市,汉武帝平定南越后,南海郡的郡治依旧设在今广州。南海郡不仅管辖着沿海陆地,也管辖南中国海的岛礁。"1975 年在广州发掘一处秦汉之际的造船工场,……可以造长约 30 公尺、宽约 8 公尺、载重量可达 60 吨的大木船"。② 当时可经海路从广东、广西到达海南岛等沿海地区和南海一些岛屿。

6. 实行"一国两制"。汉武帝有宏大理想,他想着要"德润四海,泽臻(至)草木","德泽洋溢,施乎方外,延及群生"。这也就是说,他想施德政,使恩泽洋溢流于四方,延及草木与群生。既然如此,他自然要使自己的恩泽达到周边的少数民族地区。这除了表现在尽量用招徕的办法让四夷臣服、优待归降的如匈奴浑邪王及其下属等之外,实行一国两制也是一个重要的原因。汉武帝平定南越、西南夷、羌人之后,采取"以其故俗治"的方针。他对匈奴浑邪王降汉的部众也采取了"因其故俗为属国"的方针。对西域各国也是如此。如乌孙老的昆莫(国君)子、孙为昆莫,要妻其后母、后祖母。为此,细君公主曾上书请示,武帝指示令"从其国俗,欲与乌孙共灭胡",既然为达到与乌孙共灭匈奴的目的,连汉人看来是乱伦的习俗都可服从,其他与汉朝不同的习俗、制度自然也都可

①　范文澜:《中国通史简编》第二编,人民出版社 1958 年版,80 页。

②　广州市文物管理处:《广州秦汉造船工场遗址试掘》,《文物》1977 年 4 期。

以共处了。宣帝时果然汉与乌孙联军大破匈奴。这些事实说明汉武帝实行一国两制,在汉朝统一中国的过程中确实起了重要作用。这一点不管人们是否认识到,对中国后世的影响都是无法忽视的。

第三节　武帝成就事业的深层原因

一、历史的蕴积

"人们自己创造自己的历史,但是他们并不是随心所欲地创造,并不是在他们自己选定的条件下创造,而是在直接碰到的、既定的、从过去承继下来的条件下创造。"①汉武帝一生事业的成就正是中国此前世代历史发展所造成的条件的合乎逻辑的产物。

中国在西周中后期出现了人工制铁,春秋中后期出现了铸铁。战国初期出现了生铁柔化技术,和用铁加热渗碳而制成钢的技术。这使中国的冶铁技术大大领先于世界各地。铁器的广泛使用不仅促进了水利兴修与农业劳动生产率的提高,而且使"木工、竹工、石工、土工等的效率不断提高,并使大规模的建筑工程得以顺利完成"。以木工为例,在广州这样的偏远地区,可制造长约 30 公尺、宽约 8 公尺、载重量可达 60 吨的大木船",《三辅黄图》载昆明池中有"可载万人"的大船。造船业的进步大大促进了水上交通的发展。以石工为例,西汉中期以前出现了"谷物加工用的转盘式的双扇石磨盘",大大提高了粮食加工的效率。由于农业、手工业迅速发展,人口增加,据估计战国时七国人口共二千万左右,西汉末人口近六千万。汉武帝全盛时期估计人口当在四千万左右,其末年"天下虚

---

① 马克思:《路易·波拿巴的雾月十八日》,《马克思恩格斯选集》第 1 卷,人民出版社 1972 年版,603 页。

耗,户口减半",国家控制的人口当在两千万左右。西汉前期有一些手工业制品举世无匹,其一为兵器,"铁制的长剑在西汉前就完全取代了战国以来的青铜短剑"。战国时的青铜剑,长度不到半公尺,汉代铁剑往往长达一公尺左右。汉代的铁戟、铁矛,仅戟头、矛头就近半公尺,加上木柄,全长可达二公尺半以上。[①]其他如箭镞、铁甲等均比以前大有进步。从西汉初年开始,汉朝先后禁止铁器输入南越、匈奴,其主要目的之一就是怕先进的兵器传入那里。其二为蚕丝制品,蚕丝是中国传统的优势项目。汉代缫丝、织造技术有了新的进步,出现了在世人眼中堪称精妙绝伦的高质量的丝织品,丝织品的数量大为增加,《史记·平准书》载汉武帝元封年间,一年之间"均输帛五百万匹"就说明了这一点。这些丝织品不仅用于交换,而且用作赏赐和馈赠的礼品。其三是漆器,漆器也是中国传统的手工艺品,到了汉代漆器成了制作精巧、色彩鲜艳、花纹优美、精致耐用高附加值的生活用品和收藏品,为中原地区和偏远地区统治阶级所喜爱。总之,经过世代的发展,到了汉代,中国成了一个用先进的冶铁技术、铁器武装起来的拥有当时世界上发达的农业、手工业生产的富裕的、先进的、令人羡慕和向往的经济强国。

随着铁器的使用与生产力的提高,春秋战国时以齐国的"相地而衰征"、晋国"作爰(辕)田"、鲁国"初税亩"、"用田赋",秦国"废井田"、"制辕田"为代表发生了土地、赋税制度的变化。这次土地、赋税制度变化的实质是庶民"共耕公田"与村社"三年一换土易居"定期轮换耕地的制度遭到了破坏,广泛出现了向国家纳税服役有一定程度自主经营权的一家一户就是一个生产单位的个体农民。这种个体农民就是后来两千多年中国封建专制制度的经济基础。秦汉时期的土地所有权具有两重性:一方面国家对全国

---

① 王仲殊:《汉代考古学概说》,中华书局1984年版,65页。

的土地具有最高的所有权、垄断权、支配权,不仅战国时的受田制和汉代的假民公田、徙民屯田可以说明这一点,汉代为加强中央集权迁徙东方六国的强族豪杰、高资富人的措施也可说明这一点。另一方面国家又在有一定条件下允许地主土地私有权的存在与发展,"名田制"(以名占田)的出现和允许土地买卖就说明这一点。在上述土地所有制两重性的制约下,农民被分为两部分:一部分是国家控制的自耕农,另一部分是地主的和封建国家的佃农。这两部分农民都有一定程度的自主经营权。在上述所有制和阶级结构下,封建国家可以在发挥地主私有制和农民自主经营积极性的前提下加强赋役的征收及对全国的调控,能集中全国力量办大事。这是秦汉封建国家经济体制强大的根源。

周朝实行分封制,天子王畿小,春秋战国时出现了郡县制。秦始皇总结了春秋战国诸侯国攻战不休的教训,为求天下"宁息",所以废分封、立郡县。汉初迫于形势,先分封异姓王,后又消灭异姓王;同时为翦除分裂割据势力的社会基础,又徙关东六国强族豪杰于关中地区。然而,汉初又总结秦朝速亡的历史教训、"惩戒亡秦孤立之败",[①]认为分封制在巩固一家一姓王朝的统治方面是有作用的,所以在消灭异姓王之后,又分封同姓王,采分封、郡县两种制度而兼用。这样,又造成了同姓诸侯王与汉中央政权的斗争,后经文景时镇压济北王与吴楚七国的叛乱,汉中央政权才巩固了起来。汉武帝继续镇压诸侯王的叛乱、徙关东高资富人于关中、打击豪强,同时又改革选官制度、设立中朝改革丞相制度、强化监察制度等等,来加强中央集权。这些就是汉武帝能成就其事业的政治体制方面的原因和保证。

中国经夏商周三代的发展,形成了一套礼仪制度和行为道德

---

① 《汉书》卷14《诸侯王表》。

伦理规范,这在儒家典籍上都有记载和总结。这既是统治阶级维护统治的需要,也是人类社会文明向前发展的一种表现。春秋战国出现的诸子百家学说,有时表面看起来互相矛盾的主张,实际上又都是可以互补的。汉初总结吸取秦始皇"燔诗书百家语"的教训,以道家"无为而治"为指导,各家共进,使经济迅速发展。汉武帝尊儒术、重法治,悉延百端之学,取各家之长以治国,办法多,套路广,获得了前所未有的成功。这是汉武帝的事业取得成功的文化、思想上的原因和保证。

从以上情况不难看出,到了汉代,中国在经济、科技、政治、文化诸方面的综合国力已居于世界领先地位。在周边少数民族看来,汉朝不仅是个富庶的经济大国,而且是个具有高度文明的礼仪之邦。这些情况就为国家的大统一、为汉武帝成就其事业创造了必要的条件。汉武帝要完成的事业,贾谊在《治安策》中几乎都一一列述了,无怪乎现在有的学者说汉武帝是贾谊主张的实践者了。贾谊在《过秦论》中说秦王政"续六世之余烈,振长策而御宇内,吞二周而亡诸侯,履至尊而制六合,执棰(槌)拊以鞭笞天下,威振四海",而统一六国、南取百越,并从匈奴占领下取河南地而置新秦中郡的。如果说秦王政是继续秦孝公、惠文王、武王、昭王、孝文王、庄襄王六代的事业而完成其事业的。那么汉武帝的事业则是继承周、秦和汉初高惠文景诸帝世代成就的业绩的基础上经武帝时代的努力而最后完成其事业的。这也就是说汉武帝所成就的事业是长期历史发展在各个方面蕴涵、积累的产物。因此,可以说汉武帝成就的事业有着深刻的历史根源,不能简单地归结于哪一代人或哪一个人奋斗的结果。

二、爱好、思维、性格特点的作用

汉武帝有大治天下的宏伟理想,然而理想能否实现及实现程度却决定于当时所具备的主客观条件。可能性并不一定必然变为现实性。从汉武帝一生的业绩来看,其爱好、思维与性格特点对其事业有重要影响。这一点从下述诸方面可以看出:

1.《汉武故事》说汉武帝长的"长大",是个大个子,身材魁梧、结实。青年时代的一个爱好就是喜欢打猎。《汉书·东方朔传》载建元三年武帝十八岁左右时常去长安南山"入山下驰鹿豕狐兔,手格熊、罴(棕熊)"。《汉书·司马相如传》载因"是时天子方好自击熊豕,驰逐野兽",所以司马相如上谏词曰:

> 今陛下好陵阻险,射猛兽,卒然遇逸(异)材之兽,骇(惊扰)不存之地,……舆不及还辕,人不暇施巧,虽乌获(秦武王时力士)、逢蒙(善射者)技不能用,枯木朽株尽为难矣。

这一谏词说,现在皇帝爱好经过险阻地段,追射猛兽,如突然遇上奇特的猛兽及令人惊异的不安全的地段,……车子来不及转辕掉头,人来不及施展自己的技能,虽有秦武王时大力士乌获的勇力、逢蒙善射之技能也不能用,虽有如同枯木朽株一样众多的人也难有好的救护办法,这不太危险了吗? 这说明武帝在狩猎活动中常表现出了不畏艰难险阻的勇敢的大无畏的精神。此外,武帝也爱好游山玩水与智力游戏,如"射覆"之类等等。这些活动对健康有益。从历史上看,汉武帝比高帝、文、景三帝的寿命都长,做皇帝的时间也长。高帝六十二岁去世,称帝十二年;文帝四十七岁去世,称帝二十三年;景帝四十八岁去世,称帝十五年;武帝七十岁去世,称帝五十四年。从上述数字可以看出,高帝、文帝、景帝这三位汉初著名的皇帝共称帝五十年,而武帝一人却称帝五十四年,比他曾祖父、祖父、父亲三位皇帝称帝的总和时间还长。因此,武帝成就的功业大,与他身体健康的体质条件及与此相联系不怕困难的精神都是有关系的,换一个体弱多病的皇帝是成就不了他所成就的英雄伟业的。

2. 汉武帝对国家、对汉朝的江山有着高度的责任心。如栾大是武帝女儿卫长公主的丈夫,栾大的诈骗行为被发现后,武帝诛杀栾大与荐栾大的乐成侯丁义。王船山评论说:"惩一人而天下诫,国家之福也"①云云,充分说明,武帝不因自己女儿已嫁栾大而赦免他,并把举荐栾大的人丁义也一同处死,制止了以后再有人举荐栾大一类人进行诈骗。再如,武帝在处理其妹之子昭平君的案子时"垂涕叹息良久"说"法令者,先帝之所造也,用(因)弟(女弟)故而诬先帝之法,吾何面目入高庙乎! 又下负万民"。为此东方朔称赞他如古代圣王"赏不避仇仇,诛不择骨肉"。② 再如武帝在晚年悔过,下《轮台诏》,转变政策,改弦更张,指出"当今之务,在于力农"。后人作诗称赞说:"亲承文景升平业,开辟唐虞未有天。到底英雄能挽悔,轮台一诏是神仙。"③这首诗把轮台诏视为神仙之举,而一般的皇帝是做不到的,只有武帝这样以社稷为重的大智大勇的皇帝才能做到。武帝为汉朝江山着想,有时也作出"暴"的事来,如立钩弋夫人之子刘弗陵为太子,却赐钩弋夫人死,实际是考虑"主少、母壮",为阻止再出现吕后专权之事而采取的预防措施。司马光评论此事说,武帝"鉴于诸吕,先诛其母,以绝祸源,其于重天下、谋子孙深远矣"。④ 上述事实说明,武帝对国家、社稷有高度责任心,这是他能成就其事业的一个十分重要的原因,也是他成就其事业的一个先决条件。

3. 汉武帝善于用人,对臣下严格要求,不养懒汉,不养不认真干事的人,要求他们全身心地投入其事业,完成其任务,否则决不宽贷。汉武帝是位尊儒重法的皇帝,不仅选拔人才、加以任用,具

① 王船山:《读通鉴论》卷三《武帝》。
② 《汉书》卷65《东方朔传》。
③ 《袁枚诗话》卷3《齐侍郎美文》条。
④ 司马光:《温国文正公集》卷73。

有很强的人情味。但同时要求严、急，铁面无私。对他"性严急"，用法深刻，杀戮多的一面，汲黯曾与他进行辩论，《汉武故事》对此有生动的记载，内云：

> 上喜接士大夫，拔奇取异，不问仆隶，故能得天下奇士，然性严急，不贷小过，刑杀法令，殊为峻刻。汲黯每谏上曰："陛下爱才乐士，求之无倦，比得一人，劳心苦神，未尽其用，辄已杀之，以有限之士，资无已之诛，臣恐天下贤才将尽于陛下，欲谁与为治乎？"黯言之甚怒。上笑而喻之曰："夫才当世出，何时无才，且所谓才者，犹可用之器，才不应务，是器不中用也，不能尽才以处事，与无才同也，不杀何施！"黯曰："臣虽不能以言屈陛下，而心犹以为非，愿陛下自今改之，无以臣愚为不知理也。"上顾谓群臣曰：黯……自言其愚，岂非然乎。

这一记载袒露了武帝的人才观。汲黯说他"爱才乐士，求之无倦"，得到以后，"未尽其用，辄已杀之，以有限之士，资无已之诛"，如果这样下去，人才杀尽了，将来谁和陛下一块治理天下呢？武帝笑着对他说：人才"犹可用之器"，如人才不能适应任务的需要，如同"器不中用"一样，"不杀何施？"况且"何时无才？"言外之意是说，不愁找不到人才。这说明了武帝对官员的要求是很严的。如果他们不能忠心不二地完成所担负的任务，他们将受到严厉惩罚。马邑之谋王恢就因不能主动出击敌人而被处死。武帝不仅在战争中对将领实行重奖重罚，对国家行政官员要求严格。这种高标准、严要求虽有杀人过多的弊病，但保证了政令、军令畅通，雷厉风行，言必行，行必果。督促各级官员、将领振奋精神，去完成自己所肩负的任务。试想国家任用大量官员、军事将领不就是为了让他们把国家的事情办好吗？如果他们不干事情，不完成任务，国家还有什么希望？他们为什么不应受惩处？从这种意义上说，武帝对臣下的高标准、严要求正是他能完成其英雄伟业的一个重要原因。

武帝时期有许多情况是很特殊的,如与匈奴长期处在战争状态,一次战争分兵几路,各路军队定期在什么地点汇合,辎重粮草如何携带运送等等,必须严格要求,一着不慎,全盘皆输等等。在这种情况下必须严格要求。因此,汲黯对武帝的批评虽然有一定道理,但并不完全正确。从总体上看,武帝的意见倒是正确的。

4. 武帝个人的聪明才智在其事业成功中的作用。汉武帝是中国传统文化和文景时期孕育出来的历史人物。从小受过很好的教育,博览诸子群书,有很高的智慧,思路缜密。这从对匈奴战争中可以看出:从元朔年间几次对匈奴战争看,主要都是为收复长安北边的河南地、置朔方郡。几次战役下来,稳固了这一地区控制,取得了胜利。而后在元狩二年春、夏两次派霍去病统大军大败匈奴,取河西地。这两个时期的战争,使汉朝控制了河南、河西两块战略要地,遂使匈奴对关中地区的威胁得以解除。同时,这两个时期的战争还大量歼灭了匈奴的有生力量,并使浑邪王率众四万归服汉朝。在这个基础上,元狩四年武帝派卫青、霍去病率大军进行漠北会战,寻歼匈奴单于主力,并取得胜利。匈奴问题,是汉武帝所要解决的主要问题,打败匈奴,其他问题就迎刃而解。在这一过程中,武帝充分显示了他大政治家、大军事家、战略家的素质与才干。

武帝才干自然是在学习、实践中成长起来的,然而与天赋聪明也有关系。朱熹曾说,武帝"天资高,足以有为,……末年天下虚耗,其去亡秦无几。然他自追悔,亦其天资高也。"①又云:武帝"天资高,志向大,足以有为","轮台之悔,亦是天资高,亦如此"。②这些话有一定道理。不过,应当指出,历史上一些天资高的人,因无机遇,并没有成就什么像样的事业。汉武帝是在特定历史条件、

---

① 朱熹:《朱子语类》卷 84。

② 同上,卷 135。

文化教育氛围,特定地位出现于历史舞台上的。在这种情况下,天资高低对其成就事业自然影响很大。如果当时在位的皇帝是位如汉惠帝刘盈那样"仁弱"的人,是绝对成就不了汉武帝所成就的事业的。这个事实说明,是否"天资高",是否聪明,在特定条件下,对其成就的事业会有重大影响。

正如武帝成就的英雄伟业既有历史提供的现成条件也有他个人的贡献一样,他的失误同样也是如此。在巫蛊之祸中他的严重失误就是明显的一例。

汉武帝时代离我们今天已经很遥远了。虽然如此,汉武帝在继承发展中国传统文化、统一中国、发展生产、科技等方面所建树的丰功伟绩将永远照耀在中国历史上。汉武帝开拓、进取的创新精神,勇于悔过的改革精神,善于总结历史经验辩证处理继承、发展关系的精神,勇于吸收外来优秀文化的精神,以及那时中国各族人民惊天动地的英勇奋斗精神,将永远启迪、激励着后人奋进。汉武帝时代中国迈向世界强国所积累的经验教训,今天仍然有可资借鉴之处。从这个意义上说,汉武帝时代在中国历史上是永垂不朽的。

后　记

本书从开始动笔到完成初稿,断断续续用了三年时间。在编辑过程中,张昭军同志提出了宝贵的意见,而后经修改付梓的。他的辛勤劳动,提高了本书的质量,在此特向他表示诚挚的谢意。

本书在写作过程中,得到了黄今言先生的支持与鼓励。今言先生是江西师范大学历史系经济史研究所所长、秦汉史学会副会长。我们曾就本书的一些问题坦诚地交换了意见。本书写汉武帝对少数民族采取了"一国两制"的办法,就采纳了他的意见。在此,我向他表示深深的谢意,祝愿他多做贡献。

我在上大学、当研究生时的三位老师,梁方仲教授、成庆华教授、汤明檖教授已经离开了人世。我深深地怀念三位老师。他们的成就、精神、对学生负责的态度,都深深感动着我。三位先生与我的师生之情,鼓舞着我前进! 在此,我向三位先生表示深切的哀悼。

天悠悠,地悠悠,人悠悠,事悠悠,不废江河万古流。要安定,要科学,要民主,要文明,祝愿中国向着振兴、富强急驰骋。

杨生民

1999 年 7 月于首都师范大学历史系

责任编辑:于宏雷

图书在版编目(CIP)数据

汉武帝传/杨生民 著. -北京:人民出版社,2015.2(2024.5
  重印)
(中国历代帝王传记)
ISBN 978－7－01－014355－2

Ⅰ.①汉… Ⅱ.①杨… Ⅲ.①汉武帝(前156~前87)-
传记 Ⅳ.①K827=341

中国版本图书馆 CIP 数据核字(2015)第 001918 号

汉武帝传
HANWUDI ZHUAN

杨生民 著

人民出版社 出版发行
(100706 北京市东城区隆福寺街 99 号)

北京新华印刷有限公司印刷 新华书店经销

2015 年 2 月第 2 版 2024 年 5 月北京第 2 次印刷
开本:850 毫米×1168 毫米 1/32 字数:361 千字 印张:15

ISBN 978－7－01－014355－2 定价:50.00 元

邮购地址 100706 北京市东城区隆福寺街 99 号
人民东方图书销售中心 电话 (010)65250042 65289539